현대 사회 윤리 연구

진교훈 지음

올력

현대 사회 윤리 연구

지은이 | 진교훈

펴낸이 | 강동호

펴낸곳 | 도서출판 울력

1판 1쇄 | 2003년 6월 30일

1판 3쇄 | 2007년 9월 10일

등록번호 | 제10-1949호(2000. 4. 10)

주소 | 152-889 서울시 구로구 오류1동 11-30

전화 | (02) 2614-4054

FAX | (02) 2614-4055

E-mail | ulyuck@hanafos.com

값 | 23,000원

ISBN | 89-89485-22-3 93190

머리말

필자는 윤리학은 삶과 세계에서 무엇이 가치 있는 것인가를 가르치는 것이며, 또한 가치 의식을 사람들에게 깨우쳐주는 것이라는 신념을 가지고 있습니다.

필자는 심리학주의, 주관주의, 상대주의, 합리주의, 형식주의, 공리주의에 반대하면서 가치론의 구성에서 심정(감정)이 필연적으로 관여하지 않을 수 없으며, 여기에 이성적인 이상과 실천적인 의지가 함께 고려되어야 한다고 생각합니다. 필자는 가치란 수학적 논리로 설명될 수 있는 것이 아니고, 가치 체험에 의해서 밝혀질 수밖에 없으며, 이 가치 체험 현상의 근거는 절대적인 "아포리오리"(선천적)한 양심 성찰과 사랑이라고 생각합니다.

윤리학의 정초는 필연적으로 가치의 본질에 대한 이해로부터 이루어집니다. 후설이 그의 『유고집』의 윤리학 강의에서 밝힌 것처럼, 가치는 평가하는 의식 작용에서 주어지며, 논리학에서 오성이 차지하고 있는 지위에 윤리학에서는 감정 이해 능력Gemüt이 상응하며, 윤리학은 "심정 논리학Gefühlslogik"으로 전개될 수밖에 없는 것입니다. 다시 말해서 윤리학은 파스칼이 말한 것처럼 소위 "마음의 논리Logique du coeur"로 전개되지 않으면 안 됩니다.

가치의 본질은 사람들이 필요에 의해서 만들어내거나 타협의 산물(예컨대 계약이나 절충에 의한 것)이 될 수 있는 것이 아니라 아포리오리(선천적)한 것입니다. 감정 능력의 아프리오리는 수동적인 감각적 감정과는 구별되며, 참으로 이미 존재하고 있는 가치를 구성하는 의식 작용입니다. 이 의식 작용은 그 자체로 인식되는 이성의 보편 타당한 규범 아래에 있습니다. 가치에 대한 감정 능력의 아프리오리는 내재적 목적론에 의해 지배되고 있습니다. 이 목적론적 구조는 하나의 궁극적인 근거와 동시에 필연적인 절대적 토대를 지시합니다. 그러므로 윤리학은 궁극적으로 하나의 형이상학이 되지 않을 수 없습니다.

필자의 윤리학에 대한 논의들은 이와 같은 논거에 의거하며 한마디로 자연법(본성법)적 사회 존재론과 인격주의 및 현상학적 실질적 가치론의 토대 위에서 전개된 것입니다.

필자는 철학 공부를 하면서 우리나라에서 누군가가 반드시 연구해야 할 분야들이 있는데 아무도 이를 하지 않고 있으면 "나라도 먼저 착수하지 않으면 안 되겠다"는 생각을 해왔습니다. 그러다 보니 철학적 인간학과 의학적 인간학, 응용 윤리학 분야에서도 특히, 직업 윤리, 환경 윤리, 성 윤리, 생명 윤리, 문화 윤리, 사회 윤리에서 선두주자라는 말을 듣게 되었습니다.

 이 책은 필자에게 몇 가지 특별한 의미가 있습니다. 필자의 윤리학 강의를 흥미 있게 들었던 몇몇 제자들이 오래 전부터 필자더러 사회 윤리에 관한 저술을 속히 출간해 줄 것을 청원해 왔고, 필자 자신도 한 권의 사회 윤리에 관한 저서를 출간하리라 염두에 두고 논문들을 발표해 왔습니다만, 막상 한 권의 책을 엮어내는 것은 차일피일 미루어졌습니다. 필자가 대학 강단에 선 이래 30여 년 동안 학회 또는 원고 청탁 등으로 발표했던 윤리학에 관한 글들 중에 이미 발간된 필자의 단행본 저서에 수록되지 않은 글들도 상당한 분량이 되는데, 필자의 퇴임에 임하여 이 글들을 묶어서 한 권의 책으로 출간하기로 필자의 문하생들이 결정하고, 류지한 교수가 적극적으로 나서고, 윤영돈 조교가 중심이 되어 필자의 글들을 모으고 편집하고 타자하고 교정을 보는 데 여러 달이 걸렸다고 합니다. 필자는 이런 일이 진행되어 온 것을 뒤늦게 알게 되었고, 금번 『현대 사회 윤리 연구』의 출간에 주저하면서 동의했습니다.

 이 책의 내용은 처음부터 하나의 주제 아래 체계적으로 기술된 것이 아니라 필자가 그때그때 현대 사회의 윤리 문제들에 관하여 논한 것입니다. 이 책은 3부 18장으로 구성되어 있으나 각 장마다 거의 독립된 논문들입니다. 따라서 독자들은 순서없이 각 장의 제목을 보고 관심 가는대로 선택해서 읽어도 필자의 윤리관의 일관된 논지를 파악하는 데는 지장이 없을 것입니다.

이 책의 제1부 "윤리의 의미와 보편적 가치 윤리학"에서는 윤리학의 정초는 보편 타당한 절대적 가치에 바탕을 두지 않으면 안 된다는 점을 밝혔습니다. 제1장부터 제4장까지 원래 각기 독립된 논문으로 발표했던 것인데 하나의 주제에 모으다 보니 그 내용에서 중복되는 부분이 생겼으나 원래 논문의 흐름과 뜻을 살려 원문을 거의 그대로 실었습니다. 예컨대 제1장 제2절의 "윤리와 가치관"과 제4장 제2절 "현대인의 가치관 혼란의 원인"에서 거의 같은 내용이 반복되는 부분이 생겼으나 그 글의 성격과 흐름을 살리다 보니 중복되는 것은 불가피했습니다. 제2부 "사회 윤리의 개념과 근본 원리"에서는 사회 윤리의 근거를 사회 존재론과 자연법에 두지 않으면 안 된다는 것을 밝혀보았습니다. 제3부 "현대 사회의 제문제와 윤리학의 과제"에서는 현대 사회 생활에서 어떻게 윤리 교육을 시행할 수 있는가를 구체적으로 다루어 보았고, 윤리학의 연구 과제로서 가정 윤리, 직업 윤리, 문화 윤리, 성 윤리, 생명 윤리, 생태 윤리를 다루면서 인간 존엄성의 보호에 주안점을 두고 논했습니다. 그러나 제3부에서도 제8장 제2절 "현대 사회 생활과 윤리 교육"에서 다룬 "가정 생활과 윤리 교육"과, 제9장 "가정의 근원적 의미: 가정 윤리의 기초"의 제1절 서론에서도 부분적으로 중복되는 내용이 있습니다. 이밖에도 논문 작성의 시기와 논문 구성이 다르긴 하나 필자의 일관된 윤리관을 펼치다 보니 내용 면에서 중복되는 부분이 생길 수밖에 없었습니다. 독자들께 양해를 구합니다.

끝으로 이 책을 출간하는 데 도움을 주신 분들에게 고마운 마음을 표시하지 않을 수 없습니다. 오랜 기간 필자의 논문들을 타자해 준 서울대학교 국민윤리교육과의 역대 조교들인 이인재, 김상돈, 김남준, 윤영돈, 이병갑과 최근에 이 책을 엮는 데 직접 수고해 준 류지한 교수, 홍석영 박사 등에게, 또 필자에게 사회 윤리 저술을 권했던 박찬구 교수, 박병기 교수 등에게도 감사하다는 말을 하지 않을 수 없습니다. 특기하고 싶은 것은 울력 출판사 강동호 사장과의 만남입니다. 그분은 단순한 출판업자가 아니라 신념을 가지고 출판업에 뛰어든 출판인의 귀감이 될 분이라는 것입니다. 그는 참으로 책을 사랑하고 우리 글의 진수와 묘미를 터득하고 있는 분입니다. 강사장은 필자 외에도 여러 사람들의 수 차례의 교정을 거친 글들을 일일이 자구 하나하나 그냥 넘어가지 않고 거의 매장마다 확인해 줄 것을 종용하고, 글들을 다듬고 독자 편에서 읽기 쉽고 편하게 교정해 주셨습니다. 강사장을 만나게 된 것은 필자에게 큰 행운입니다. 우리나라에 강사장과 같은 출판인이 있다는 것은 얼마나 다행스러운 일인지 절로 감탄과 감사의 소리가 나옵니다. 이 자리를 빌어 출판사 울력의 무궁한 발전을 기원하면서 머리말을 이만 줄입니다.

일러두기

1. 이 책은 3부 18개 장으로 구성되어 있으며, 지은이의 주는 각 장 말미에 배치하였다.

2. 책명은 『 』, 논문은 「 」으로 표시하였고, 원어만을 표기할 때에는 책명은 이탤릭체로, 논문은 " "로 표시하였다.

3. 본문 중에서 지은이가 강조한 부분은 우리말은 중고딕체로, 원어는 이탤릭체로 표시하였다.

4. 찾아보기는 인명과 사항을 구분하였고, 필요한 경우 원어를 병기하였다.

제1부 윤리의 의미와 보편적 가치 윤리학

제1장

윤리란 무엇인가?

I. 윤리의 의미

1. 윤리의 뜻

(1) 윤리와 윤리학의 정의

윤리倫理라는 말은 사람과 사람 사이의 관계, 즉 인간 관계의 이법理法을 가리키는 말이다. 윤리의 윤倫 자는 무리(類), 또래(輩), 질서 등의 뜻을 담고 있으며, 리理 자는 원래 "옥을 다듬는다(治玉也)"는 뜻을 가지고 있다.[2] 이 리理 자는 나중에 이치理致, 이법理法, 도리道理의 뜻을 가지게 되었다. 따라서 물리物理가 사물의 이치를 다루는 것처럼 윤리는 사람과 사람 사이의 관계, 즉 인간 관계의 이법이라고 할 수 있다.

유교에서는 부자父子, 군신君臣, 부부夫婦, 장유長幼, 붕우朋友라고 표현되는 이른바 오륜五倫을 인간 관계의 기본으로 보고, 그것을 인간이 모름지기 실천하여야 할 태도로 보며, 오륜의 실천 덕목으로서 친親, 의義, 별別, 서序, 신信을 말하였다. 이것이 이른바 오상五常이다. 이 오륜오상五倫五常은 유교 윤리의 핵심이며, 바로 인간 관계의 이법으로서의 윤리의 본질을 잘 밝혀준다.

독일어에 윤리*Sittlichkeit*라는 말이 있다. 이 말은 풍습이라는 말에서 나왔다. 윤리학이라는 말에 해당하는 독일어의 *Ethik*이나 영어의 *ethics*, 불어의 *ethique* 등은 그리스어의 *ethike*($\dot{\epsilon}\theta\iota\kappa\eta$)에서 유래하며, 이 말은 에토스$\dot{\epsilon}\theta o\varsigma$에서 나왔다: 에토스라는 말은 원래 동물이 서식하는 장소, 축사, 집 등을 의미하는 말이었으나 나중에 사회의 풍습, 개인의 관습 또는 품성을 의미하게 되었다. 영어에는 "윤리the ethical"라는 말과 거의 같은 뜻으로 쓰이는 말로 **모럴***the moral*이라는 말이 있다. 이 말은 우리말로는 흔히 도덕으로 번역되기도 한다.

모럴은 라틴어의 moralis에서 나왔다. 이 말의 어원은 mos인데, 이 모스의 뜻은 그리스어의 에토스와 마찬가지로 습관 또는 풍습의 뜻을 담고 있다. 따라서 서구에서는 윤리라는 말과 풍습은 밀접한 연관이 있다.

"도덕" 또는 "도덕적"이라는 말에는 두 가지 뜻이 담겨 있다. 우선 이 말은 옳은 것과 그른 것, 좋은 것과 나쁜 것에 관한 가치 판단을 하는 인간의 능력을 뜻하고, 또 윤리적인 기준과 일치하는 행동을 가리키기도 한다. 예컨대 어떤 사람의 행동이 "도덕적이다"라고 말할 때, 그 사람의 행동은 어떤 윤리적인 기준에 부합한다는 뜻으로 사용된다. 어떤 학자는 윤리와 도덕을 구분해서 사용하기도 한다. 윤리는 도덕을 개념화하여 체계화시킨 것이며, 따라서 윤리는 도덕에 관한 비판적 연구라고 말하기도 한다. 그러나 오늘날 대부분의 경우, 윤리와 도덕이라는 말은 구별되지 않고 사용된다. 우리는 이상과 같은 윤리라는 말의 어원적 탐구를 근거로 하여, 윤리학은 인간의 행위에 대한 도덕적 가치 판단과 규범을 연구하는 학문이라고 말할 수 있다.

그러나 모든 규범을 곧 도덕이나 윤리라고 말할 수는 없다. 어떤 규범들은 타율적이며 강제로 우리의 행위를 제약할 수는 있으나, 우리의 자율적인 의지의 결단을 거친 자유로운 행위를 보장해 주지는 못한다. 반면에 어떤 행위들은 자유로운 개인의 의지의 결단에서 나온 자율적인 행위일 수 있으나, 그 개인이 처해 있는 사회적 규범에 어긋날 때 우리는 그러한 행위를 도덕적이라고 말할 수 없다. 그러므로 바람직한 규범은 사회적 규범과 개인의 자율적인 의지에 근거를 둔 행위에서 성립하는 것이며, 윤리학은 바로 이러한 행위의 규범과 원리들을 연구하는 학문이다.

"규범"이라는 말은 무엇을 재는 자(尺度)를 뜻하지만, 윤리학에서는 질서와 행위의 규칙과 행위의 지침을 가리키는 뜻으로 사용되고 있다. 따라서 어떤 행동이 사회 규범에 맞을 때 그 행동은 선한 행동이 되고, 그렇지 않을 때 그 행동은 악한 행동이 된다. 그러나 어떤 사회 규범이 언제 어디에서 누구에게나 보편 타당한 것이라고 인정할 수 있는가 하는 점은 여전히 문제가 된다. 따라서 윤리학은 무엇이 본래 선한 것인가를 밝히는 것이어야 할 것이며, 보편 타당한 규범은 누구도 부인할 수 없는 도덕적인 사실에 근거하여야 할 것이다. 따라서 윤리학의 근본 과제는 이러한 도덕적인 사실을 규명하는 것이다.

모든 인간은 어떤 의미에서 선한 행동과 악한 행동, 옳고 그른 것을 구별하려고 한다. 그리고 선하고 옳은 일은 반드시 행해야 하고, 그릇되고 악한 것은 마땅히 피해야 한다는 의식을 경험한다. 또 우리는 행동을 할 때 선택의 자유를 경험한다. 그리고 우리는 우리의 행동에 대해서 책임감을 가지며, 우리가 남에게도 책임을 지우려는 성향을 가지고 있음을 경험한다. 정상적 인간은 이러한 도덕적인 사실을 경험한다.

우리가 이러한 도덕적인 사실을 어떻게 설명하고 해석하든지 간에 우리는 친절, 관용, 충성 같은 것에는 마음이 끌리고, 속임수, 살인, 험담 같은 것에는 혐오감을 느낀다. 우리는 친절과 관용을 실천하는 것을 당연하게 생각하는 동시에, 남을 속이거나 험담하거나 남의 명예를 파괴해서는 안 된다는 것도 당연하게 생각한다.

우리는 이러한 사실을 어떻게 설명해야 할지 모르지만, 이 사실을 의무로 받아들이고 있다. 우리는 행동 선택의 자유를 가지고 있다고 믿을 수 있기 때문에 자신의 행동에 대해서 책임을 지며, 남에게 책임을 지우려는 성향을 지니게 된다.

이러한 윤리적 사실들이야말로 윤리학이 다루고 있는 내용이고 과제이다. 물론 이러한 사실에 대해서 여러 가지 의문이 제기될 수 있다. 이러한 의문들에 대해서 오랫동안 많은 철학자들이 연구해 왔다.

그러면 선악의 구별과 윤리적 규범의 근거를 우리는 어떻게 제시할 수 있는가? 다시 말해서 "어떤 행동이 선한 행동이다"라고 말할 수 있는 궁극적인 근거는 무엇인가? 이 물음은 윤리학의 근본 문제이다.

(2) 윤리적 규범의 근거

우리는 윤리적 규범의 근거를 크게 셋으로 나누어 살펴볼 수 있다. 그 하나는 선천적인 것으로부터 찾아보는 것이며, 다른 하나는 경험적인 것으로부터 찾아보는 것이다.

① 이성론적인 근거

우리가 선이 무엇인가를 구체적으로 제시하려고 한다면, 선에 대한 확실한 근거를 제시할 수 있어야 할 것이다. 이러한 근거는 우선 이론적으로 납득될 수 있는 것이어야 할 것이다. 만일 그렇지 않다면, 우리는 단지 자기 마음에 드는 의견이나 감정만을 토로하고 말 것이며, 이것은 보편 타당한 것이 되지 못할 것이다. 그렇다면 이성적인 윤리의 근거란 도대체 무엇인가? 이 물음에 대하여 많은 철학자들이 답변을 하였는데, 그중에서 대표적인 세 철학자들의 이론을 살펴보기로 하자.

아리스토텔레스에 의하면 도덕적인 선은 인간의 본성인 이성에 의거하며, 이 이성 속에서 인간의 자기 완성이 실현된다. 이에 의하면, "자연은 쓸데없이 어떤 것도 만들지 않는다." 따라서 우주의 만물은 전부가 어떤 목적에 따라 만들어졌으며, 인간이 창조된 목적은 선의 실현에 있다. 따라서 인간 행동의 궁극적 목표는 선의 추구와 실현에 있다. 그는 "선은 덕에 부합하는 영혼의 행동이다"라고 정의했다.

다시 말해서 인간의 최고 목표인 선의 실현이 곧 행복이다. 인간 행동의 궁극적인 목표는 행복을 추구하는 것이며, 행복하기 위해서는 덕을 행해야 하며, 덕을 행하려면 덕이 무엇인가를 이성에 의해 바로 알아야 하며, 덕을 바로 행하는 것이 선이다. 따라서 그에 의하면, 선이 곧 행복이며 덕이다. 그래서 선과 덕과 복은 일치한다. 아리스토텔레스의 윤리학은 목적론이라고 불리며, 또는 행복주의라고 불리워지기도 한다.

토마스 아퀴나스에 의하면, 선은 인간의 이성이 목적으로 삼는 것이며, 악은 이 목적에 거슬리는 것이다. 이 근본 원리에 비추어 보면 선과 악은 구별될 뿐만 아니라, 무엇이 선이고 무엇이 악인지를 인간은 알 수 있게 된다. 예컨대 '살인하지 말라,' '부모를 공경하라' 등의 계명은 인간의 이성에 의해 밝혀진다. 이러한 계명은 선천적 도덕법이다.

토마스 아퀴나스는 이 선천적 도덕법을 자연법自然法이라고 말했다. 이 자연법은 이성을 통하여 인간에게 알려지며, 그 근원을 영원법에 두고 있다. 여기서 영원법永遠法이란 하느님이 창조한 피조물들이 하느님의 계획한 목적에로 나아가도록 만든 법으로서, 근원적으로 하느님의 본성에 속한다. 그래서 이 영원법은 신법神法이라고도 불리운다.

"선을 행하고 악을 피해야 한다"는 계명은 자연법의 제일 의무이며, 자연법의 제일 원리이며, 보편적 원리이다.

토마스 아퀴나스 외에도 어떤 행동이 하느님의 뜻이기 때문에 선하다고 말하는 사람들이 있다. 그들에게서는 선이란 하느님의 뜻에 따라 행동하는 것이다.

칸트에 의하면, 모든 인간은 도덕 법칙을 지켜야 할 의무를 지닌다. 도덕 법칙은 언제 어디서나 그리고 누구에게나 타당한 것으로서 모든 사람이 지켜야만 하는 것이다. 이 도덕 법칙을 존중하는 것은 곧 인간의 의무이다. 따라서 이러한 도덕 법칙은 언제나 우리에게 절대적인 명령으로서 나타난다. 이 절대적 명령이란, 도덕적 존재인 인간은 그 스스로가 목적이므로 절대적 가치로서의 존엄성을 지닌다는 것이다. 그러나 사물들은 그 가치가 언제나 공리적이고 실용적이므로 단지 상대적 가치만을 지닐 뿐이다. 그러므로 사물들은 그 쓰임새를 잃게 되면 아무런 가치도 지니지 못하게 된다.

인간은 이와 달리, 자신의 존엄성과 무한한 내재적 가치를 지니고 있다. 따라서 우리는 인간을 항상 목적으로 대우해야 하고 결코 수단으로 취급해서는 안 된다. 그러므로 우리는 서로서로 존중해야 한다. 이와 같이 인간의 존엄성이 곧 도덕성의 기초가 된다. 칸트에 의하면, 인간은 값으로는 따질 수 없는 매우 귀중한 존재이므로 언제나 변함없는 존엄성을 지니고 있다.

우리가 앞에서 살펴본 것처럼 세 철학자의 근본적인 윤리 사상은 같은 방향으로 가고 있다. 그들은 도덕적 선을 인간의 이성으로 규정하고 있다. 따라서 그들은 "인간은 무엇을 행해야 하는가"라는 물음은 "인간은 무엇인가"라는 물음과 근본적으로 깊은 관계를 맺고 있다고 생각했다. 동양의 유학에서도 인간의 본성은 이치(性卽理)이며 선이라고 보고 있다. 가령 인仁 · 의義 · 예禮 · 지智와 같은 사덕四德은 인간의 본성에 내재한다. 그러나 이렇게 윤리적 규범의 근거를 선천적인 것으로부터 찾는 것에 대해서 회의를 품고 우리 일상생활의 직접적인 경험에서부터 윤리적 규범의 근거를 찾아야 한다는 경험론자들의 주장이 있다.

②경험론적인 근거

경험론자들은 선천적인 윤리적 근거를 제시하는 이성주의자들과는 달리 인간이 이성적 존재로서 자유롭게 행위할 수 있는 정신적 존재임을 부정하며, 인간의 실천적 행위는 쾌감과 불쾌의 동기, 즉 감각적이고 경험적인 것에 따른다고 주장한다. 쾌락주의와 공리주의를 살펴보면 다음과 같다.

쾌락주의자들은 쾌락을 극대화하고 고통을 극소화하는 것이 선이라고 주장하는 사람들이다. 그들은 쾌감을 많이 충족시킬수록 사람들은 더욱 행복해질 수 있다고 생각하며, 그렇게 생각하는 사람들은 동서고금을 막론하고 많이 있다.

에피쿠로스Epikuros는 쾌락을 능동적인 쾌락과 수동적인 쾌락으로 나누어 보았다. 그에 의하면, 능동적 쾌락은 고통이 따르는 것으로서, 예컨대 성적 욕구를 충족시키는 것, 포식, 음주 등이며, 반면에 수동적 쾌락은 고통이 뒤따르지 않는 것으로서, 예컨대 담소談笑와 같이 마음이 편안한 상태를 가리키는 것이다. 그는 진정한 쾌락을 이 수동적인 쾌락에서 찾아볼 수 있다고 보았다.

마음이 편안한 상태를 "아타락시아Ataraxia"라고도 부르는데, 이것은 나중에 현실 도피 사상으로 발전하기도 했다. 이처럼 "쾌락의 원리를 윤리적 근거로 삼는 윤리학설을 쾌락주의hedonism"라고 하며, 이러한 쾌락주의는 영국의 경험주의적 윤리 이론을 발전시켰다.

경험주의적 윤리학은 선의 이론적 근거를 도덕적 감각에 둔다. 경험주의자들은 도덕적 가치들을 감각이나 정서에서 생겨나는 주관적 가치라고 주장한다. 사람들은 도덕적 감각에 의해 행복을 판단하며, 다른 사람들의 행복까지도 바라게 된다고 한다. 따라서 이러한 도덕적 감각은 주관적인 느낌이며 상대적인 것이 되고 만다.

공리주의는 선의 근거를 효용성utility에 둔다. 경험주의적인 도덕적 감각을 근거로 하여 생긴 경험주의적 윤리학이 공리주의utilitarianism로 발전했다. 이 공리주의는 영국의 경험주의자인 벤담J. Bentham, 밀J.S. Mill 등에 의해서 발전했고, 오늘날에도 영국과 미국에서는 중요한 윤리학설로 되어 있다.

벤담에 의하면, 쾌락이 충족될수록 인간은 행복해지는데, 이 쾌락은 질적으로 차이가 없으며 양적으로만 차이가 있다. 그러나 밀은 벤담과는 달리 쾌락은 질적 차이가 있다고 말했다. 밀에 의하면, 사람들은 질적으로 더 가치 있는 쾌락을 좋아한다고 주장했다. 그래서 그는 "만족해하는 돼지보다 불만에 차 있는 소크라테스가 더 낫다"고 말했다. 벤담의 공리주의를 양적 공리주의라고 부르며, 밀의 공리주의를 질적 공리주의라고 부른다.

공리주의자들은 "최대 다수의 최대 행복"을 선의 원리라고 주장한다. 왜냐하면 공리주의자들은 절대적인 선은 없고 상대적인 선밖에 없으므로 보다 많은 사람에게 보다 많은 쾌락을 가져다줄 수 있는 것을 선의 기준으로 삼기 때문이다. 그러나 행복과 선의 기준이 다수결에 따라 결정된다면 선과 행복의 기준은 항상 바뀔 수밖에 없게 된다.

또 효용성이나 유용성만을 인간 행위의 목표로 삼는 공리주의에 대하여 집단 이기주의라고 비판하는 사람들이 있다. 예컨대 도덕적 의무를 실천하는 것은 개인의 이익과 유용성과 무관할 수 있으나 타당한 진리라고 우리는 말할 수 있다. 그리고 유용성은 결코 수단을 신성하게 해주지 못한다는 거센 비판도 있다. 경험적인 윤리적 근거는 인간이 이성적 존재로서 쾌락이나 불쾌와 상관없이 자유롭게 행위할 수 있다는 사실을 간과했다. 쾌락주의자나 공리주의자들은 인간의 행위가 자연과학적인 의미의 인과 관계만으로는 설명되지 않는다는 사실을 보지 못한다.

③ 현상학적 근거

앞에서 우리가 살펴본 것처럼, 이성론적인 윤리적 근거는 인간의 이성에 바탕을 두고 있고, 경험론적인 윤리적 근거는 인간의 감각에 바탕을 두고 있다. 이와는 달리 윤리적인 근거를 현상학적인 가치감價値感에 둘 수 있다고 주장하는 사람들이 있다. 즉 셸러M. Scheler와 하르트만N. Hartman, 헤센J. Hessen 등이다. 이들은 이성주의자들이나 경험론자들처럼 합리적으로 윤리적 근거를 찾는 것이 아니라 윤리적 근거는 합리적일 수 없다고 생각한다.

셸러에 의하면, 윤리적 근거는 이성이나 감각이 아니라 인간의 가치 감정에 기인한다. 인간은 무엇이 가치 있고 무엇이 가치 없는가를 직접적으로 느끼는 가치감을 가지고 있다. 우리는 이 가치감에 의해서 가치 판단을 할 수 있다.

이 가치감은 합리론자들이 설명할 때 사용하는 수학적 논리와는 다른 마음의 논리, 즉 마음의 질서에 의해서 해명된다. 이 가치감은 날 때부터 완성된 모습으로 나타나는 것이 아니라, 우리의 인격이 성숙함에 따라 성숙한다. 그러나 이 가치감은 선천적인 바탕에 근거를 두고 있다. 예컨대 가치감의 선천적 특성은 양심의 현상에서 잘 나타난다.

양심이라는 말은 희랍어나 라틴어에서는 **함께 안다**(synderesis, conscientia)는 뜻을 가진다. 다시 말해서 인간이 신과 함께 안다는 뜻이다.

인간의 내면에는 자연적(본래적) 도덕법의 요청에 호응하는 기능이 있다. 이 기능은 도덕법의 요청을 파악하여 인간으로 하여금 결단을 하게 해주며, 구체적인 윤리적 행위를 하도록 이끌어준다. 이것이 바로 양심이다. 따라서 윤리적인 근거는 선을 위한 양심의 결단이다. 양심은 인간이 윤리적 결단을 내리게 하는 최종적이고 주체적이며 내면적인 규범이다. 따라서 양심은 선과 악에 대한 기준이며 윤리적 근거가 된다.

우리가 나쁜 짓을 하려고 하거나 남에게 해로운 짓을 하려고 할 때 양심은 우리에게 경고하고 올바른 행위를 하도록 타이르며, 잘못한 일에 대해서 스스로 유죄 판결을 내리며 죄의식을 불러일으킨다. 그러나 실제로 어떤 사람의 양심은 무디다. 그러므로 양심도 발전하고 성숙한다고 말할 수 있다.

우리는 수학을 배우지 않고서는 수학적 계산을 할 수 없다. 그러나 수학적인 관계는 독자적으로 있으며, 선천적으로 직관될 수 있다. 그러므로 어떤 사람의 양심이 무디거나 민감하게 반응하지 않는다고 해서 양심이 없다고 말할 수는 없다.

윤리적 가치를 보지 못하거나, 또는 어떤 윤리적 가치에 대해서 민감하지 못한 사람들이 있을 수 있다. 그러므로 어떤 사람은 가치감이 부족하다고 말할 수 있다. 그러나 인간은 자기 단련으로 부족한 가치감을 풍부하게 할 수 있다. 이 가치감은 너무나도 섬세한 뉘앙스를 가지고 있기에 말로 다 표현할 수 없다. 현상적인 윤리적 근거를 가치감에 두는 것을 비판하는 사람들이 있다. 그들은 "가치감은 너무나도 주관적이고 그 배후에 종교적 색채가 농후하다"고 비판한다.

2. 윤리와 사회

(1) 현대 사회의 윤리적 상황

현대 사회는 인간성과 윤리 의식을 상실한 시대라고 개탄하는 사람들이 많다. 현대 사회에서는 인간의 고귀한 가치나 존엄성은 무시되고 금전 만능의 풍조가 만연되어 있고, 엄청난 양의 마약, 알코올이 소비되고 있으며, 온갖 종류의 범죄 등 비윤리적 만행이 나날이 늘어가고 있기 때문이다.

산업 사회 이전에는 전통적인 윤리 의식이 인간 행위의 준거가 되었으며, 도덕적 규범은 수시로 변하는 것이 아니었다. 역사적으로 보면 고려시대는 인과응보와 자비의 윤리가, 조선시대에는 삼강오륜을 기초로 한 유교의 윤리가 모든 행위의 중심 원리였고, 중세 서양에서는 크리스트교의 윤리 의식이 삶의 중심 원리였다. 이러한 현상은 대체로 사회가 큰 변동없이 존속되었고, 대부분의 사회 구성원이 기존의 윤리 의식에 크게 저항감을 느끼지 않았기 때문이었다.

그러나 현대에 들어와서는 사정이 크게 달라졌다. 사회 구조가 급속히 변화하고 있으나, 전통적인 윤리 의식은 사회의 변화에 제대로 대응하지 못하고 있다. 전통 의식 속에는 때로는 지양되고 개선되어야 할 내용도 부분적으로 들어 있다. 전통은 대체로 오랜 기간 동안 많은 사람들의 지혜가 축적되고 많은 수정과 보완을 거쳐 이루어진 사회 질서의 근간이다. 그래서 인간은 문화적 존재이며, 역사적 존재라고 말할 수 있다.

현대인들은 전통 의식과 단절되고 있다. 전통과의 단절은 윤리 의식에 큰 혼란을 주고 있다. 많은 현대인들은 가치 혼란의 상황 속에 놓여 있다. 그래서 사람들은 무규범 상태에서 즉흥적으로 행동하기도 한다.

우리는 지금 과학·기술이 고도로 발달한 시대에 살고 있다. 과학과 기술은 지난 2세기 동안 눈부신 발전을 거듭하여 인간에게 많은 혜택을 가져다주었다. 그러나 과학·기술은 윤리적인 반성을 배격하면서부터 인류에게 엄청난 재난과, 특히 인간의 윤리 의식에 큰 타격을 가했다. 기술 그 자체는 자기 반성과 절제를 모른다. 그래서 기술의 발전은 지구의 중요한 자원을 급속하게 소모시키며 마침내는 자연 파괴와 가공할 공해를 초래케 했으며, 인구 집중 및 도시화와 공업화를 초래했다. 산업의 고도 성장은 대량 생산 체제를 이룩하였다.

대량 생산 체제는 인간에게 많은 이로운 면을 가져다주기도 하지만 동시에 여러 가지 부정적인 측면, 많은 해로운 부작용을 초래했다. 가령, 산업화는 신속화, 기계화, 자동화, 계량화, 물량화, 규격화, 대중화 등을 요구한다.

신속화는 자기 반성을 할 시간적 여유를 갖지 못하게 한다. 사람들은 바쁜 나머지 마음의 여유를 갖지 못하게 되고 무책임하게 되기 쉽다. 모든 일을 신속하게 처리해야 한다는 것은 사람들에게 지나친 긴장을 유발하고 결과적으로 정신 질환을 유발할 수도 있다.

기계화는 인간으로부터 자유를 박탈할 수 있는 구실을 만들어주고, 인간으로 하여금 기계에 복종하도록 만들며, 인간도 하나의 기계의 부속품처럼 간주하게 만들기도 한다.

자동화는 인간으로 하여금 가치 판단을 할 기회를 주지 않으며, 자기가 행한 일에 책임을 지지 않게 만들며, 마침내 비판 능력을 앗아간다. 기계화와 자동화는 인간에게 소외감을 가져다준다.

계량화와 물량화는 모든 사물을 교환 가치로 가늠하는 의식을 인간에게 심어준다. 그 결과 인간도 하나의 상품이나 도구에 불과하다는 인간 경시 풍조를 가져왔다. 특히 현대의 관료제는 규격화의 부작용을 더욱 두드러지게 한다.

대중화는 개인의 창의성이나 개성을 무시하게 만들며, 인간을 타인 지향형, 즉 남이 하는 대로 무비판적으로 모방하며 살게 만든다. 그 결과 인간은 무사려한 자가 되고 거리의 사람들처럼 무책임한 사람이 되고 만다. 그러므로 대량 생산 체제의 관료제와 기술 지배는 마침내 인간 소외를 가져왔다.

현대인은 노동의 방식에서만 차이가 있을 뿐, 정상적인 사람이라면 누구나 노동을 하도록 되어 있다. 그러므로 성인成人은 전부 노동자라고 말할 수 있다. 우리는 일반적으로 노동의 정신적·도덕적 가치를 높이 평가해 왔다. 그러나 오늘날 우리는 노동의 고귀한 목적을 노동 현장에서 찾아보기 어렵다.

오늘날 대부분의 노동자들은 그들이 원하지 않는 장소에서 단조로운 노동을 하지 않을 수 없게 되어 있다. 그래서 노동자들은 쉽게 고향을 잃어버리고 소외감을 맛보게 된다. 또 노동자의 자녀들은 부모로부터 따듯한 보살핌을 받기 어렵다.

노동자들은 과중하고도 재미 없는 기계적 노동을 하고 나면 기분 전환과 휴식을 필요로 한다. 그러나 그들은 이미 직장에서 생각하지 않는 습성에 익숙해져 있기 때문에 그들에게 주어지는 여가를 자기 수양을 위한 독서나 다른 사람들과의 진지한 교제를 위해 선용하지 않고 자기 도피를 일삼거나 오락이나 스포츠 관람에 탐닉한다.

오늘날 많은 사람들은 호기심이나 말초신경을 자극하는 천박한 잡지, 만화 등을 읽고, 또 텔레비전을 보는 데 많은 시간을 허비한다. 그 결과 현대인들은 정신적 공허감에 빠져버린다. 그래서 올바른 가치 판단력을 잃은 현대인들은 쉽게 각종 대중 매체의 선전에 매혹되고, 황금의 노예로 전락한다. 현대 사회는 날이 갈수록 알코올 중독자, 마약 중독자, 성 범죄자가 창궐한다.

오늘날 사람들은 인간과 동물을 구별하지 않으려고 한다. 이러한 사고 방식은 다윈 등의 진화론이 뒷받침해 주고 있다.

프랑스의 라메트리Lametrie가 『인간 기계』(1748)라는 책을 발표한 후, 프로이트S. Freud 등의 유물론적 자연주의는 인간의 생물학적인 측면과 기계적인 물리 화학적 측면만을 문제삼고 마침내 인간을 사물화해 버렸다.

유물론자들은 인간의 고귀한 독자적인 정신 세계를 인정하지 않는다. 인간의 정신적 산물인 윤리적 세계는 유물론자들에게서는 부인된다. 인간은 존엄성과 권위를 잃게 되었고, 인간 행위의 기준이요 중심인 도덕을 잃게 되었다. 그러나 인간은 물질로만 구성된 기계가 아닐 뿐더러 단순히 짐승에 불과한 것도 아니다.

정상적인 인간은 측은해할 줄 알며, 부끄러워할 줄 알며, 사양할 줄 알며, 옳고 그른 것을 가릴 줄 알며, 사랑할 줄 아는 불변하는 인간성을 가진 존재자이다. 인간은 불편부당한 생각을 할 수 있고, 양심 성찰을 할 수 있는 존재자이다. 시대와 장소에 따라 인간의 삶의 방식은 다양하게 나타날 수 있으나, 인간성 자체가 근본적으로 바뀔 수 있는 것은 아니다. 인간은 본성적으로 윤리적 존재이다.[3]

(2) 새로운 윤리의 모색

상실된 인간성과 윤리성을 회복하는 길은 짐승처럼 본능적인 욕구에만 매이지 아니하고 인류 공존의 책임과 의무를 통해서 인류의 미래가 열려 있다는 확신을 가지고, 보편 타당한 행위 규범의 형성을 위한 이상과 꿈을 가지고 굳세게 살아갈 때 비로소 가능한 것이다. 현존하는 과학 · 기술의 부작용에 대한 끊임없는 반성과 비판을 통하여, 또 올바른 대화와 참된 가치 교육을 통한 부단한 계몽을 통하여 인류 공존공영과 정의로운 사회 건설을 위한 노력을 줄기차게 할 때, 우리는 현대 기술 문명의 몰락을 재건할 수 있으며, 인류의 미래에 희망을 가질 수 있다.

세상 사람들은 흔히 금욕이란 우리가 살고 있는 현대 산업 사회를 떠나서 은둔하고 있는 고고한 도인들이나 수도자만이 할 수 있는 행위라고 생각하고 있다. 그러나 인간은 누구나 본성적으로 금욕을 하도록 되어 있다. 인간은 다른 동물들처럼 기관 기능이 자동 조절되지 않는다. 그래서 인간은 사람답게 살기 위해서 항상 스스로 자기를 억제해야 한다. 인간의 생리적 욕구와 그 밖의 여러 가지 욕망과 허영심들을 절제하도록 인간에게는 본래부터 자유 의지가 주어졌다.

동물들은 주위 환경이 종족 번식에 적합할 때 수태를 하고, 새끼를 낳아 기른다. 그러나 천재지변이 있을 때나, 건강 상태가 나쁠 때 동물들은 자동적으로 번식을 하지 않는다. 그러나 인간은 아무리 배가 고프더라도 먹어서는 안 되는 음식이라고 판단되면 그러한 음식을 먹지 않을 수 있는 자유 의지를 가지고 있다. 그래서 인간만이 굶어 죽을 수도 있고 자살할 수도 있다.

사실 우리가 인간을 정신적 존재라고 말할 때, "정신"이라는 말은 자기 억제와 금욕에서부터 나오는 것이다. 그러므로 인간의 정신 생활은 금욕과 불가분의 관계에 놓여있다. 그래서 우리는 왜 수도자들이 그들의 삶에서 청빈과 정결을 그토록 중요시하는가를 미루어 짐작할 수 있다. 수도 생활이 바로 금욕 생활을 연상케 되는 이유가 여기에서 연유한다고 말할 수 있다.

인간은 원래 다른 동물들처럼 일정한 자연 환경에 알맞도록 모든 육체적 기관들이 전문적spezial으로 완성되어 있지 않은 상태에서 태어났다. 그래서 인간은 오랫동안 많은 사람들의 지혜가 축적된 문화적 전통을 간직하고 사회 안에서 다른 인간들과의 만남과 자기 반성을 통해서 자기를 완성해 간다. 인간은 그의 삶의 조건으로서의 문화를 끊임없이 새롭게 창조해 감으로써 스스로를 항상 새롭게 창조해 가는 존재이다.[4] 셸러는 이와 관련해서 "인간은 동물처럼 종의 성질을 가지고 확고부동하게 되어 있는 존재가 아니다. 자기를 형성하면서 점차적으로 확대되어 가고 있는 세계와의 관계에서 존재하는 개방된 존재이다"[5]라고 말했다.

인간은 자기 자신을 창조하는 과제를 본래부터 가지고 있는 존재이다. 그래서 인간은 자연과 문화 속에서 자기 삶의 주체로서 자기를 완성할 책임이 있고, 생활 환경으로서의 건전한 문화를 창조할 책임을 가지고 있다. 인간은 항상 자기가 이미 만들어 놓은 제도나 기술 등의 도전을 받는다. 그러나 인간이 자신의 삶에 있어서 주체로 있는 한, 인간은 그러한 도전을 극복할 수 있다.

오늘날 지구의 종말이라는 위기를 맞이하여, 인간의 제어를 벗어나고 있는 과학·기술은 자연 보전과 인류의 공존공영을 위해서만 사용되어져야 하고, 인간의 통제를 받아야 한다. 과학과 기술은 원래 인간의 행복한 삶을 위해서 인간에 의하여 만들어진 것이므로 인간의 삶을 방해하는 과학·기술은 폐기되어야 한다.

이제 우리는 지금까지 등한히 해왔던 윤리의 문제에 대해 진지하게 반성하지 않으면 안 된다. 그러나 어떤 시대, 어떤 장소에서도 인간의 존엄성과 인격 가치는 절대적 가치를 지니고 있다. 이 절대적 인격 가치는 사랑의 작용에 의해 파악되며, 외경심이 이에 수반된다. 이 인격 가치에 도덕 가치가 그 기반을 둔다. 이 인격 가치가 작용하여 도덕적 질서 속에서 근원적으로 선과 악을 규정한다.

이러한 도덕적 인격 가치는 사랑이 작용하고 있을 때에만 우리에게 주어질 수 있다. 그래서 인격은 사랑의 작용의 수행자로서만 존재하고 또한 자기를 체험한다. 따라서 사랑은 모든 지향적인 정서 생활과 이성 활동의 최고 단계를 이룩한다. 그러므로 사랑은 모든 행위의 기초가 되며, 도덕 생활과 인격의 근본 작용이다.

모든 선한 것 중에서 가장 선한 것은 오직 사랑뿐이다. 사랑은 또한 인간의 이성과 의지와 감정을 통일하는 것이다. 사랑을 떠나서는 인간의 이성과 의지와 감정은 대립의 상태를 지속할 뿐이다.[6]

윤리학은 삶과 세계에서 무엇이 가치 있는 것인가를 가르치는 것이며, 또 가치 의식을 인간에게 깨우쳐주는 것이다. 참된 가치를 항상 수행하는 사람들이 드물더라도 가치는 엄연히 있는 것이다.

우리는 이러한 인격주의적 윤리학을 최근에 논의되고 있는 환경 윤리학, 생태학적 윤리학, 생의학적 윤리학의 기초로 삼을 수 있다.

이제 인간은 하느님으로부터 위탁받은 자연의 보호자로서, 또 과학·기술의 지배자로서 자연을 보전하고 인류 공존공영의 책임을 다해야 할 것이다. 그러기 위해서 인간은 자기가 하는 모든 일에 대해서 끊임없이 그 목적을 묻고 그 결과에 대해서 반성해야 할 것이다.

3. 윤리와 전통 의식

전통 의식은 장구한 세월에 걸쳐서 인간의 지혜가 축적되고 절차탁마切磋琢磨되어 이루어진, 인간만이 가지고 있는 소중한 것이다. 전통은 사회 질서의 뿌리이다. 따라서 전통의 단절은 인간의 사회 생활에 치명적인 타격을 준다. 인간의 문화 생활이란 전통 의식에 의거하는 것이다. 그래서 인간이 문화적 존재이며 역사적 존재라는 말은, 달리 말하면 인간은 전통적 존재라는 것을 의미한다. 인간이 학습 존재學習存在라는 말도 이러한 의미에서 생각해 보면, 바로 전통을 배우는 존재라고 해석할 수 있다.

인간은 문화를 창조한다. 이 창조된 문화가 전통을 이룩하고, 인간은 교육을 통해서 이 전통을 배우고 성숙한다. 그렇기 때문에 전통의 단절이란 인간에게는 치명적인 것일 수밖에 없다. 도덕은 일조일석에 갑자기 어떤 사람에 의하여 만들어지는 것이 아니다. 많은 사람들의 지혜의 결실이 축적된 전통 속에서 이루어지는 것이다. 어제가 없는 오늘이 있을 수 없으며, 오늘이 없는 내일이 있을 수 없기에, 인간은 전통 속에서 실존 가능성을 가지고 살아간다.

우리는 오늘날 전통의 단절을 맞고 있다. 전통의 단절은 인간의 사회 생활의 기준이 되는 가치 판단에 큰 혼란을 가져다주고 있다. 사람들은 오늘날 행위의 규범이나 올바른 가치의 기준을 모르고 있으며, 즉흥적으로 짐승처럼 행동한다.

과학·기술의 급격한 발달은 인간의 사회 생활에도 극심한 영향을 끼쳤고, 사회를 급속도로 변하게 만들었다. 그래서 이제까지 사회 공동 생활의 중심이며 근간이던 전통은 무너지게 되었다. 그러나 더욱 무서운 것은, 문화적 전통과 윤리적 전통 의식을 불합리한 것으로 생각하고 이를 배척하려는 맹목적인 진보주의와 또 전통 의식의 구속을 완전히 벗어나려는 방일放逸한 자유주의의 풍조이다. 이것들은 오늘날 윤리의 위기와 도덕의 몰락을 가져오는 데 결정적인 영향을 미쳤다.

원래 도덕적인 규범은 전통 문화를 기반으로 하는 것이다. 우리는 현대의 지성인들이 그들의 가치 판단의 정당성을 이성적인 합리성과 효율성에서 찾으려고 하는 것을 볼 수 있다. 그러나 합리성과 효용성은 인간의 행동을 규제할 수 있는 바람직한 가치 판단을 제공해 주지 못한다. 인간의 존엄성, 인간 생명의 가치, 인간 내면 세계의 숭고함, 사랑, 자비, 용서, 희망, 성실 등은 전통 문화가 우리에게 가르쳐주는 것일 뿐이며, 이러한 정신적 가치들은 이성적인 합리성이나 실용적인 효율성이 보장해 주지 못한다.

합리적인 사고 방식이나 기술은 악한 목적을 위해서도 봉사할 수 있는 한갓 수단에 불과한 것이다. 따라서 합리적인 과학과 기술은 인류를 멸망시키고 인간을 황폐화시키고 자연을 파괴하는 데 악용될 수도 있고, 인류를 구원할 수도 있다. 전통적인 정신 문화를 무시한 현대 지성인의 합리성이란 수단으로서의 합리성에 지나지 않으며, 인간의 행동을 규제하고 인류의 공존공영을 촉구하는 도덕적인 합리성은 오로지 전통 문화와 관련해서만 찾을 수 있다.

도덕적인 규범이 전통 속에서 이루어지는 것이라면, 그 규범의 구속력은 전통 문화가 지배하는 일정한 삶의 공동체 안에 제한될 수밖에 없다. 왜냐하면 도덕적인 규범의 구속력은 일정한 삶의 공동체 안에서의 상호 작용과 상호 기대에 의존하기 때문이다.

우리가 전통이라고 부르는 것은 대체로 큰 종교를 중심으로 한 불교 문화, 유교 문화, 이슬람 문화, 그리스도교 문화를 생각해 볼 수 있고, 지역을 중심으로 한 인도 문화, 서구 문화, 동양 문화, 아프리카 문화, 중국 문화, 한국 문화, 프랑스 문화, 독일 문화와 여러 민족 문화를 연상하게 된다. 이러한 문화들은 각기 그 나름대로 별개의 특수성을 가지기도 한다. 그러므로 우리가, 도덕적 규범을 전통 문화와 관련시켜, 도덕의 구속력을 일정한 삶의 공동체에만 국한시킬 때, 그러한 도덕적 규범을 보편화시키는 것은 무리가 따를 수 있을지 모른다. 그러나 우리는 여러 문화권들의 밑바닥에는 인류 문화의 공통성이 있음을 찾아볼 수 있다. 예컨대 인간 생명의 존귀함, 인간의 존엄성, 사랑, 자비, 성실, 희망, 보은, 친절 등의 가치는 확실히 보편적인 성격을 지니고 있다.

어떤 사람들은 도덕적 규범을 전통 문화와 연결시켜 생각하는 것을 비합리적이고, 수구적이며, 보수적이라고 매도하기도 한다. 그들은 또 새 술은 새 부대에 담아야 하듯이, 새시대에는 새로운 윤리가 나와야 한다고 주장하기도 한다. 그러나 이러한 생각들은 크게 잘못된 것이다. 인류의 정신사를 살펴보면, 중요하고 의미 있는 모든 개혁과 발전은 물론이고, 위대한 혁명의 기본 정신도 전통 문화에 뿌리를 박고 있다는 것을 우리는 알 수 있다.

모든 개혁적인 정신 운동들은 언제나 전통 문화 속에 담겨 있는 기본적인 가치들의 새로운 실현을 지향해 왔다. 따라서 인간의 삶에 있어서 어떤 발전과 변화도 그것이 전통 문화에서 단절되면 참다운 뜻에서의 의미 있는 성공을 이룰 수 없다.

그러므로 인간은 항상 "온고지신溫故知新"을 되뇌일 수밖에 없다. 예컨대 서양의 헬레니즘, 문예 부흥 운동도 전통을 되살리려는 일종의 복고復古 운동이며, 어떤 의미에서 종교 개혁도 그리스도의 초대 교회로 되돌아가자는 운동이며, 불교 유신도 마찬가지이다. 그래서 공자님은 술이부작述而不作 신이호고信而好古라고 말씀하지 않았던가? 그러므로 우리는 진정한 의미에서의 전통이란 실존적으로 재발견된 가능성을 현재에 되살려 체험하는 것을 말한다. 우리는 전통과의 만남에서 도덕적인 자기를 새로이 파악하고 이것을 형성하려고 노력할 때 전통 윤리의 역사적 상대성을 극복할 수 있다.

20세기의 대신학자인 불트만R. Bultmann은 그의 책 『역사와 종말론』에서 "전통과의 만남에 의해 그때그때의 행위가 동기지워지고 거기에서 의욕되고 생각되어야 할 바가 나타난다"[7]고 갈파했다. 하이데거M. Heidegger는 "전통의 참뜻은, 전통과 만남으로써 각자의 실존 가능성을 재획득하게 하는 데 있다"[8]고 말했다

우리는 현대의 도덕적 위기를 극복하고 새로운 도덕을 밝히기 위해서도 우리의 전통 문화 속에 담겨 있고 연면해 오고 있는 도덕적 가치들을 되찾아서 되살려야 한다. 산업화와 민주화를 통해서 우리의 삶의

방식이 크게 변화했고 또 더욱 변화해 가겠지만, 우리는 이러한 변화를 한편으로 수용하면서도 우리의 전통적인 도덕적 가치들을 되살려야만 하겠다. 이것만이 오늘날 당면하고 있는 윤리적 위기를 극복할 수 있는 유일한 방도이다.

여기서 전통적인 도덕적 가치들을 되살린다는 것은, 전통적인 도덕적 가치들을 새롭게 해석하고 이를 구현한다는 것이다. 따라서 여기서 되살린다는 것은 비현실적인 회고주의를 뜻하는 것이 아니고, 우리의 삶의 목표를 새롭게 추구하고 새로운 삶을 실현하자는 것이다. 물론 전통 의식 중에 어떤 내용은 지금의 현실에서는 지양되어야 할 것도 있을 것이다. 여기서 우리가 되살리려는 전통적인 윤리 의식은 단순한 보수와 답습이 아니라, 현대 산업 사회에서의 정신적 혁신을 의미한다. 따라서 우리가 되살린다는 것은 전통 문화 속에 담겨 있는 윤리를 합리적인 형식에 담아서 새로운 시대 상황에 적응시켜 절차탁마해 보자는 것이다. 이것은 바로 윤리를 재건하려는 우리에게 부과된 위대한 과업이 아닐 수 없다.

브루거W. Brugger가 "윤리학은 삶과 세계에서 무엇이 가치 있는 것인가를 가르치는 것이며, 또 윤리학은 가치 의식을 인간에게 깨우쳐 주는 것"[9]이라고 말한 것처럼 우리는 사람들에게 올바른 도덕 교육을 하여야 하며, 이 도덕 교육은 전통과의 만남에서 비로소 결실을 이룰 수 있다.

II. 윤리와 가치관

1. 가치의 본질

가치의 개념은 엄밀한 의미에서 정의될 수 없는 것이다. 그래서 우리는 여기서 가치라는 개념의 내용만을 살펴볼 수 있을 뿐이다.

일반적으로 서양 철학자들의 가치에 대한 논의는 대체로 세 가지 사실에 주목한다. 즉 가치 체험, 가치의 질, 가치 관념. 만일 우리가 가치라는 개념을 가치 체험만으로 이해한다면, 우리는 가치를 의식 속으로 잘못 끌고 들어가게 된다. 이때 우리는 가치를 심리화시키고 말 것이다. 만일 우리가 가치라는 개념을 관념만으로 생각한다면, 우리는 일찍이 플라톤이 범한 것처럼 가치를 사물화事物化하고 물체화하는 오류를 범하게 될 것이다. 또 만일 우리가 가치를 질로서만, 즉 사물의 성질로서만 파악하려고 한다면, 우리는 가치를 자연화하고 말 것이며, 가치를 사물이 가지고 있는 속성으로 전락시키고 말 것이다.[10]

이러한 견해들은 매우 일방적이다. 그 견해들은 어떤 점에서는 일리가 있으나 배타적이며 서로가 다른 견해들을 무시하고 있다. 그것들은 가치 현상의 어떤 계기만을 본 것에 불과하다. 실제로 가치 현상은 이러한 세 가지 측면을 가지고 있다.

가치란 체험되는 것이다. 우리는 인간의 가치, 경치의 아름다움, 어떤 장소의 거룩한 분위기를 체험한다. 따라서 가치 체험이란 엄연히 존재한다. 우리가 가치의 질이라고 부르는 것도 엄연히 존재한다. 아름다운 경치라든가, 거룩한 장소에 대해서 우리가 언급할 때, 경치와 장소는 가치의 성격을 구성해 주며 우리가 가치 체험을 하게 해주는 가치의 질을 가지고 있다. 또 가치 관념도 엄밀히 존재한다. 우리가

진·선·미에 대해 언급할 때 우리는 실제로 가치 관념에 대해 언급하는 것이며, 사람들은 대체로 이러한 가치 관념을 가치라고 생각한다. 그러므로 우리는 가치의 어떤 계기를 논할 것이 아니라, 여기서 가치의 본질을 가치의 현상에 준해서 밝혀보기로 하자.

사람들은 흔히 가치의 본질, 가치 자체와 평가를 혼동하고 있다. 예컨대 "어떤 물건이 좋다"는 판단은 그 물건의 평가와 상관된다. 실용적인 면에서 물건을 고찰하는 것은 조건적인 평가와 상관되는 것이다. 그러나 부모를 공경하는 것은 매우 가치 있는 일인데, 이것은 평가의 대상이 아니며 무조건적으로 절대적으로 좋은 것이다.

평가와 가치는 이렇게 다른 것이다. 평가는 가치에 대한 우리의 반응일 수 있고, 가치 자체와는 다른 것이며 가변적이고 상대적일 수 있다. 그러나 가치 자체, 가치의 본질은 불변하며 영원하다. 다시 말해서 가치는 체體로서 불변하며, 평가는 용用으로서 가변적이다. 동·서양을 막론하고 가치 직관론자들이 있다. 그들에 의하면 선은 직각直覺 또는 직관될 수 있다. 가치는 명증적明證的이며, 본래적으로 인간의 정신 속 깊은 곳에 주어져 있는 것이다.[11]

논증 기하의 공리公理는 증명될 수 없으나, 우리는 논증 기하를 공부할 때 공리를 무시할 수 없다. 기하학의 공리는 자명하고 명증적이다. 이러한 기하의 공리처럼 인간성 안에 선천적이며 절대적인, 보편적이고 규범적인 행위의 법칙, 즉 도덕 법칙이 주어져 있다는 것을 우리는 증명할 필요가 없다. 맹자의 사단四端, 즉 측은지심惻隱之心, 수오지심羞惡之心, 사양지심辭讓之心, 시비지심是非之心은 증명을 필요로 하지 않는다. 수천 년 이상이나 연면히 내려온 전통적인 가치관이 자연법과 인간의 양심에 의거하고 있는 한 인간성 자체 안의 깊은 곳에 자리잡고 있음을 아무도 함부로 부인할 수 없다.

구체적인 하나의 실례를 들어보자. "왜 부모를 섬기고 공경하여야 하느냐"고 묻는다면, 우리는 그 명제를 증명할 수 없기 때문에 그 명제는 칸트Kant가 말했듯이 정언적이라고 대답하거나 또는 셸러가 말했듯이 명증적이라고 대답하거나 또는 인간의 본질 구조가 자식은 자기의 부모를 사랑하고 공경하도록 되어 있다고 대답할 수밖에 없다.

부모를 공경하는 것은 양심의 부름에 응하는 것이며, 하나의 절대적 명령을 따르는 것이다. 만약 인간의 본질 구조가 다르게 되어 있다면 우리는 다른 도덕을 가졌을 것이다. 다시 말해서 인간의 본질이 가변적이면 가치의 본질도 가변적이겠지만, 인간이 불변하는 본질 구도를 가지고 있는 한 가치의 본질은 불변이라고 하겠다. 효도는 인간이 인간으로 머물러 있는 한 그 누구도 변화시키지 못할 것이다. 단지 어떤 사람이 어떤 가치에 대해서 장님(盲目)이 될 수 있는 것처럼 효도에 대해서 둔감할 수는 있을 것이다.

가치 자체에 대해 극단적인 상대주의를 내세우는 자나 실증주의자들은 우리 시대의 궤변론자라고 아니할 수 없다. 그들은 평가의 상대성과 변화는 가치 자체의 동일한 상대성과 변화에 의해 해석되어야 한다고 주장한다.

사람들은 대체로 효용에 근거를 두고 평가를 내리는 데 익숙하다. 그래서 상황이 바뀌고 당면한 사물이나 행위가 이제 더 소용이 없게 되면, 그에 따라 평가도 바뀌게 된다. 미국 사회에서 흔한 노인 괄시와 불효에서 우리는 그 실례를 볼 수 있다. 그렇기 때문에 독일의 현상학자인 란트그레베Landgrebe는 그의 책『현대의 상황』에서 현대 철학의 중요 과제를 "실증주의의 극복에 있다"고 말하면서, "미국의 논리 실증주의는 그 나라의 역사적 상황에 의한 불행한 현상"이라고 갈파했다.[12]

스위스의 정신 의학자인 보스M. Boss 및 독일의 피히트G. Picht와 슈바이처A. Schweitzer 등은 서양의 합리주의와 경험주의가 윤리학과 인간학에 끼친 해악을 강조하고 있다. 최근에는 영국 경험론의 본산인 케임브리지 대학교의 철학 교수인 홀브룩David Holbrook도 「우리는 철학에서 무엇을 기대할 수 있는가」라는 그의 논문에서 소위 서양의 논리적인 합리주의 사고 방식의 비인간화를 통렬하게 비난하고 있다.[13]

우리는 가치를 세 부분으로 나누어 볼 수 있다. 즉 윤리적 가치, 미적 가치, 종교적 가치.[14] 윤리적 가치가 이 중에서 제일 잘 알려져 있다. 윤리적 가치의 특징은 사람들에게 행위를 요구하고 있다는 것이다. 그 것은 언제나 하여야 한다는 명령을 하고 있다.

다음으로 미적 가치는 아름다운 것과 추한 것, 세련된 것과 거친 것, 고귀한 것과 비열한 것을 판단하는 기준이다. 이 미적 가치들의 특색 은, 어떻게 됐으면 좋겠다든가, "…이어야 한다"는 내용이 포함되나, 당위를 포함하고 있거나 명령을 발하지는 않는다. 예컨대 우리가 아름 다운 건물을 바라볼 때 우리는 그 건물들이 마땅히 그렇게 되어 있어 야 할 것으로 생각하고 판단하지만, 그러나 이것이 우리의 양심의 부 름을 필연적으로 가져오지는 않는다.

끝으로, 종교적 가치는 종교적인 사람에게, 즉 신앙인에게는 잘 알 려져 있다. 그러나 이 종교적 가치를 비종교인에게 분석하거나 설명하 는 것은 매우 어려운 일이다. 종교적 가치는 우리의 내면적 세계에서 정관靜觀과 헌신의 감정을 해소시켜주며, 실제로는 미적·도덕적 반 응과 깊이 상관되어 있다. 예컨대 불행한 사람을 보고 적극적으로 돕 지 못했을 때, 종교적 견지에서 보면 죄가 된다.

종교적 가치는 믿음과 희망에 의거한다. 윤리적 가치는 철학자들에 의해 오랫동안 많이 연구되어 왔으나 미적 가치의 연구는 그렇게 오 래되지 않았을 뿐만 아니라, 더욱이 예술가들로부터 주목을 받지 못했 고, 종교적 가치에 대한 이론적 연구는 아직도 매우 기초적인 작업에 머물고 있다고 말할 정도로 그 연구가 미미하다.

2. 윤리학적 가치관

우리는 앞에서 가치들에 관해 개괄해 보았다. 그러나 가치의 영역을 좀더 깊이 살펴보면, 우리는 다양한 가치들이 있다는 것을 알 수 있다. 또 윤리학만이 가치를 문제삼는 것도 아니다. 실제로 가치라는 개념을 가장 자주 사용하는 학문 분야는 경제 분야이다.

경제 분야에서 가치란 무엇보다도 물적 재화이며 좋은 것이다. 그러나 좋은 것은 의학이나 약학에서도 문제삼을 수 있다(독일어에서는 재화란 말과 좋은 것Gute은 같은 말이다). 한 걸음 더 나아가서 살펴보면 모든 종류의 신체적 · 사회적 · 정신적(심리적) 재화들도 가치라고 말할 수 있다. 이러한 재화들 가운데는 좀 낮은 가치라고 말할 수 있는, 흔히 동물 일반에서 볼 수 있는 쾌락과 같은 가치가 있는가 하면, 인격에 대한 일정한 관계 속에서 성립되는 사태事態 가치Sach-verhaltswert도 있다.

예컨대 법률이 있다는 것은 법의 보호를 받고 있는 모든 이들에게 다 좋은 것, 즉 선이며 가치이다. 이밖에도 미학적인 가치들도, 종교적인 가치들도 있다. 그런데 이 좋은 것, 즉 선은 모든 사람들에게서 다 좋다고 인정받는 것이어야 할 것이다.

여기서 우리는 윤리적 가치만을 살펴보기로 하자. 어떤 사람들이 윤리적인 가치의 상대성을 경험한다고 하더라도, 이것은 윤리학적 회의주의자들이 말하는 "가치의 상대주의"가 아니다. 재화 가치에 있어서처럼 재화가 주관과 상관되는 것과 같은 의미로 해석되어야 할 것이다. 예컨대 한 사람의 충성이 충성을 받는 사람에게는 재화 가치가 될 수 있는 것처럼 윤리적인 가치도 어떤 사람들에게는 재화 가치일 수 있다.

윤리적인 가치들은 한편으로는 그 가치들을 짊어지고 있는 자로서의 인격과 관련되어 있다. 자유롭고, 의욕 있고, 행위할 수 있고, 목적을 설정하여 실현할 수 있고, 뜻을 세우고 가치를 느낄 수 있는 오직 하나의 존재만이, 즉 한 인격만이 윤리적인 행동을 할 수 있을 뿐이다. 다른 한편으로는, 윤리적인 가치들은 객관으로서의 한 인격에 관련된다. 왜냐하면 윤리적인 가치들은 모두 한 행위의 가치이기 때문이다.

그런데 행위란 항상 어떤 사람에 대한 구체적 행동이다. 따라서 두 가지 관점에서 윤리적인 가치는 인격에 관련되어 있다. 다시 말해서 윤리적인 가치는 능동적인 주관으로서와 수동적인 객관으로서 관련되어 있다는 것이다. 그러므로 윤리적인 가치들은 항상 인격에만 붙어 있는 것이다.

그러므로 윤리적인 가치는 사물과 관계되어 있는 재화 가치와는 근본적으로 구별된다. 그러나 모든 윤리적인 가치는 실제로 평가에 의거하는 재화 가치와 사태 가치와 관계되지 않을 수 없다. 예컨대 도둑질을 할 때의 범죄성은 그 도둑이 단순히 물건을 훔친 것만이 아니라 재화를 훔쳤다는 점에 있다.

정직의 가치는 다른 사람의 재화를 존중하는 데에 있다. 또 강자가 약자에게 보여주는 기사도는 전자가 후자에게 양보하는 어떤 가치에 관한 이익과 관련되어 있다. 또 진실성은 진술을 받는 인격에 대해 참된 진술을 하는 데 그 가치의 근거를 두고 있다. 이제 우리는 윤리적인 가치와 재화 가치의 의존 관계에 대해서 좀더 자세히 살펴보기로 하자.

재화 가치는 윤리적인 가치에는 영향을 미치지 못하지만, 윤리적인 가치는 재화 가치에 영향을 미친다. 재화 가치는 윤리적인 가치의 외적인 조건이 될 수 있을 뿐이다. 재화 가치는 단독으로 존재하지 못하며, 항상 윤리적 가치를 전제하지 않을 수 없다.

예컨대 내가 어떤 사람이 잃어버린 물건을 보상해 준다면, 이것은 잃어버린 사람에게는 재화 가치가 된다. 그리고 이때 나는 그 물건을 잃어버리게 되지만, 나는 윤리적인 가치를 얻게 된다. 다시 말해서 재화를 잃음으로써 오히려 윤리적인 가치를 얻게 된다.

윤리적인 가치의 정도와 높이는 행동의 동기, 마음가짐의 깊이와 순수성에 따라 높여지는 것이지, 재화 가치의 크기에 따라 높여지지는 않는다. 예컨대 우리는 조그마한 호의를 베풀기 위해 무진장한 노력을 할 수도 있으나, 조금도 노력하지 않고도 커다란 값비싼 선물을 남에게 할 수도 있다. 이때 첫번째 행동의 윤리적인 가치는 후자의 재화 가치보다는 훨씬 높고 크다.

윤리적인 가치를 실현하는 것은 사태 가치를 실현하는 것과는 별개의 것이다. 예컨대 내가 어떤 사람에게 자선을 베풀고자 할 때, 그 자선 사업이 실제로 상당한 성공을 거두었느냐 아니냐 하는 것과, 또 내가 당초에 기획했던 실제적인 사태가 정말로 실현되었느냐 아니냐 하는 것과는 상관없이 여기서 중요한 것은 오직 나의 의도가 진지했느냐 하는 것이다. 여기서 우리는 왜 윤리학이 심정 윤리학으로서만 가능하고 결과 윤리학으로서는 가능하지 못한가를 알 수 있다. 심정 윤리학은 덕이란 다른 사람들에 대한 내 마음속의 태도와 내가 행위에 기울인 힘에서 비롯된다고 본다.

우리는 이제 이 윤리적인 가치가 어떻게 인격 가치에 근거하는가를 셸러에게서 살펴보고, 또 동양의 전통적 윤리학과 어떻게 접목되는가를 살펴보자.

셸러의 현상학적 가치론에 의하면, 절대적 가치는 사랑의 작용에 의하여 파악되고 신성감神聖感과 외경畏敬의 가치감이 수반된다. 이러한 절대적 가치에 윤리적 가치가 그 기반을 두고 있다. 이 절대적 가치는 다른 아무런 가치에도 의거하지 않으며, 다른 모든 가치를 통솔한다. 그것은 인간의 감각적·생명적·심리적 부분을 초월하고 정신적·인격적으로 나타난다. 셸러는 이렇게 나타나는 정신적 인격을 인격 가치Personwert라고 부른다. 이 인격 가치가 작용하여 도덕적 질서 속에 근원적으로 선과 악을 규정한다. 그러므로 셸러에 의하면 도덕적 가치는 인격 가치에 의해서만 성립되는 것이다.

도덕적 인격 가치는 인격에 특유한 사랑의 작용에 의해서만 인간에게 주어지고 감득感得될 수 있다. 따라서 인격은 사랑의 작용의 수행자로서만 존재한다. 사랑은 모든 지향적인 정서 생활의 최고 단계를 이룩한다. 따라서 사랑은 모든 작용의 기초가 되며, 도덕 생활과 인격의 근본 작용(활동)이다.

셸러에게 있어서 인격은 구체적 정신 작용의 통일이며, 정신의 본질에 필연적인 유일한 존재 형식이다. 이 인격은 궁극적으로는 절대자인 하느님에 의해 해명된다. 그래서 그리스도교 신자는 하느님을 인격 중의 인격으로, 사랑 자체라고까지 말한다.

유한한 인간의 인격은 하느님의 사랑의 작용의 공수행자共遂行者, Mitvollzieher로서만 존재한다. 그러므로 개별 인격들은 인격의 핵심인 사랑의 작용을 서로 공수행함으로써만 다른 인격을 이해할 수 있다. 개별 인격은 필연적으로 공동체를 이루며, 이 공동체의 성원으로서 자기 책임과 함께 공동 유대의 책임을 갖는다. 개별 인격은 자기 구제와 함께 다른 모든 인격의 총체 구제에 대한 책임을 면할 수 없다. 그래서 개별 인격은 여하한 이웃일지라도 사랑하며 구제하지 않으면 안 되며, 이렇게 함으로써 비로소 스스로 하느님으로부터 사랑을 받으며 구제된다.

셸러는 이렇게 하여 전 인격의 사랑의 공동체를 이 지상에 실현하는 것을 그의 윤리학에서 인격주의의 궁극적인 의미를 이룩하는 것으로 보고 있다. 그래서 사람들은 셸러의 윤리학을 인격주의人格主義 윤리학이라고 부른다.[15]

그렇다면 셸러가 말하는 인격의 핵심인 사랑을 우리는 유학의 인仁과 불교의 자비慈悲로 바꾸어 놓고 생각해 볼 수도 있다. 셸러가 말하는 절대적 가치에서 생겨나오는 신성감과 외구畏懼의 감정은 우리나라의 전통적인 경천敬天 사상과 이황李滉과 이이李珥의 경敬 사상과 성誠 사상과도 일맥 상통하는 점을 우리는 견주어 볼 수 있다.

3. 윤리와 인간관

"사람이면 다 사람이냐, 사람이 사람다워야 사람이지"라는 속담이 있다. 우리는 이 속담에서 사람이면 무조건 사람다운 것이 아니라는 뜻을 읽을 수 있다. 제일 앞에 언급된 사람이라는 말은 외형만을 갖춘 동물의 일종으로서의 사람을 가리키는 것이고, 맨 나중의 사람다워야 "사람"이라는 말은 한갓 동물 이상의 의미가 내포되어 있음을 우리는 알 수 있다.

그러면 사람다운 사람이란 무엇을 의미하는 것일까? 먼저 우리나라의 욕설을 살펴보면 — 다른 나라 사람들의 욕설도 마찬가지지만 — 인간을 짐승, 특히 가축에 비유하는 내용이 많다는 것을 우리는 알 수 있다. 그것은 단적으로 인간은 결코 단순한 동물이 아니라는 것이다. 이것은 과학적으로 증명할 성질의 것이 아니라 인간의 근본적인 가치감에서 나오는 것이다. 그래서 어떤 사람을 "동물과 같다"고 한다면, 그것은 그를 모욕하는 욕설이 된다.

그밖에도 우리나라의 욕설에는 매우 특이한 내용을 담은 욕설이 있다. 그것은 놀랍게도 매우 점잖은 표현을 사용하면서도 의미심장한 내용을 담고 있다. "덜된 녀석(놈)"이라든가, "못된 녀석(놈)"이라는 표현은 아주 재미있다. 다시 말해서 인간은 "되어가고 있다"는 사실을 아득한 옛날부터 우리의 조상들은 지실知悉하고 있었음을 우리는 알 수 있다. 서양에서는 20세기에 들어와서야 인간은 "되어가고 있는 존재"라는 말을 만들어 사용하기 시작했다.

"못된 녀석"이라는 말에서 "못된"이라는 말은 "잘못 되어졌다"는 뜻을 가지고 있으며, "잘못 훈육되었다"는 뜻을 품고 있다. 다시 말해서 잘못 되었다라는 말은 짐승처럼 방치되었다는 뜻도 가지고 있는 것 같다. 따라서 우리는 이 말에서 인간은 윤리적 존재임을 가르치고 있음을 알 수 있다.

우리는 사람다우려면 윤리적이어야 한다고 말할 수밖에 없다. 가령, 어떤 사람이 비윤리적인 행동을 하게 되면, 사람들은 그 사람을 가리켜 "사람이 어떻게 그럴 수 있느냐?"라든가, "그것은 사람이 할 짓이 아니다," "그렇게 처신하는 자는 사람도 아니다"라고 말한다. 그러므로 우리 말에서 사람답다는 말에는 이미 윤리적인 뜻이 담겨 있다. 우리나라 사람들은 인간은 본래부터 윤리적 존재라는 믿음을 가지고 있다. 우리의 전통적 교육의 근본 목적은 사람다운 사람이 되는 것을 일깨워 주는 것이다.[16]

어떤 사람에 대한 생각이 깊어지면 깊어질수록 그 사람에 대하여 감사하는 마음이 절로 생겨나고, 마침내는 그를 사랑하게 된다고 말할 수 있다. 전통적으로 우리나라 사람들은 보은報恩 사상을 중시해 왔다. 그래서 감사할 줄 모르는 사람을 "배은망덕한 놈"이라고 사람 대접을 하지 않아 왔다. 우리의 조상들이 그토록 존중해 온 인정人情 사상은 한편으로 공과 사를 분별 못하는 폐단도 없지 않지만, 그 밑바닥에는 사람을 근본적으로 사랑하는 마음이 깔려 있는 것이다. "인정머리 없는 놈"이란 말은 무서운 욕이다.

인간이 본래부터 윤리적인 존재라는 것을 우리는 인간의 생물학적인 기관 기능의 특징으로부터도 찾아볼 수 있다.

돼지는 과식을 하지 않는다. 그것은 필요한 만큼 먹고 그 이상 더 먹지 않는다. 그러나 인간은 과음·과식을 하고 소화불량에 잘 걸리곤 한다. 인간은 다른 동물들처럼 자동 조절이 되어 있지 않다. 그러므로 그때그때마다 인간은 자기 반성을 통해서 자기 제어를 해야 한다. 니체는 인간은 자기를 극복해야 할 존재라고 말한 바 있다.

동물들은 영양 상태와 발육이 좋은 때를 골라서 발정기와 생식 기간이 정해진다. 그리고 주위 환경이 종족 번식에 적합한 때에 수태를 한다. 천재지변이 있을 때나 동물의 건강 상태가 나쁠 때는 교미를 하지 않는다. 그러나 인간은 정신적으로 불안하거나 고도의 정신 생활을 하기 어려울 때, 병이 들었거나 주위 여건이 나쁠 때, 또 전쟁중이거나 천재지변이 있을 때도 성욕이 항진하는 경향이 있다. 다른 동물들은 수태 중일 때는 성교를 하지 않으나, 인간은 밤낮을 가리지 않고 아무 때나 성교를 할 수 있을 정도로 엄청난 자유가 주어져 있다. 그런가 하면, 인간은 자기 뜻에 맞지 않으면 굶어 죽을 수도 있고 자살할 수도 있다. 그러나 동물은 그렇지 못하다.

그러므로 인간은 의식적으로 자기 반성을 통하여 어떤 행동을 할 때마다 윤리적인 결단을 해야 한다. 그런 음식은 먹어서는 안 된다고 윤리적인 판단이 내려지면 인간은 그런 음식을 먹지 않을 수도 있다. 건강에 해로울 때처럼 필요하면 인간은 금욕 생활을 하도록 되어 있다. 사실 인간을 정신적 존재라고 할 때, 정신이라는 말은 자기 억제와 금욕에서부터 나오는 것이다. 인간의 정신 생활이란 윤리적인 행위와 불가분의 관계에 놓여 있다.[17]

그래서 인간은 모든 행동에서 근신하고 절제하도록 되어 있다. 조심하고 절제하는 것은 바로 사람의 도리이다.

우리는 인간의 본질을 또한 그의 생물학적인 기관 기능의 결핍성에서 찾아볼 수 있다. 겔렌A. Gehlen이 말한 것처럼 인간은 결핍된 존재 Mängelwesen[18]이다. 인간은 기관 기능적인 면에서만 보면 참으로 미숙하고 미완성된 동물에 불과하다. 약한 시력, 거의 이름값도 못하는 후각, 열등한 청각, 빈약한 소화 능력, 허약한 피부, 자동 보상이 안 되는 치아, 적으로부터 자신을 보호하거나 적을 공격할 수 있는 육체적 무기도 없고, 빨리 달리지도 못하고 헤엄치지도 못한다. 이미 오래 전에 멸절되어야 마땅한 동물이 인간이라고 할 수 있다.

니체F. Nietzsche는 인간을 "병든 존재Krankheitswesen"라고 했고, 루소J.J. Rousseau는 "버림받은 동물"이라고 할 정도로 인간은 온갖 종류의 병을 앓는 존재이다. 그래서 바이츠제커V.v. Weizsäcker는 "병이란 인간의 삶의 방식"[19]이라고까지 말했다.

인간은 저절로 건강해지지 않는다. 그러면 이렇게 볼품없고 병약한 인간이 어떻게 지구에서 그토록 강력한 힘을 발휘하고 번성할 수 있었는가? 그 이유는 다른 동물들과 달리 인간은 생각하는 존재이기 때문이다. 인간의 사고는 인간의 부족한 점을 메워줄 수 있고 다른 동물보다 더 잘살 수 있게 해주었다.

인간의 사고는 인간을 인간답게 만들어 준다. 인간은 사고를 통해 기술을 고안하고 습득하며 편리한 삶을 살 수 있고, 전통을 찾고 문화적 존재가 되었다. 그런데 인간의 사고 기능 중에 가장 중요한 것은 자기를 반성하는 것이다. 인간은 기계적으로 행동하는 것이 아니라 항상 행동의 의미와 목적에 대한 가치 판단을 하게 되어 있다. 그런데 만일 인간이 반성하기를 게을리하거나 다른 동물을 흉내 내면서 자기 반성을 하지 않고 기계적으로 충동적으로 살려고 한다면, 인간은 멸망할 수밖에 없다.

인간이 어떤 인간관을 가지고 있느냐에 따라 인간의 윤리성은 결정된다. 어떤 사람은 어떤 가치에 대해서 장님이 될 수 있다. 어떤 사람이 물리·화학적인 반응에 불과한 행동을 하면서 살고 있는 기계적인 동물에 불과하고, 아무런 이상상理想像에 목적 의식도 갖고 있지 않고, 또 가지려고도 하지 않는다면 그러한 사람에게 우리는 윤리를 가르칠 수는 없다.

III. 윤리학의 과제

오늘날 윤리학적 회의주의와 가치의 상대주의, 현대인의 무사려증無思慮症(즉 아노미 현상)으로 말미암아 학문으로서의 윤리학의 존립 자체까지도 위협받게 되었다. 그러나 1970년대에 들어와서 서양에서도 도덕 문제를 해결할 수 있는 이론적 토대를 마련해야 한다는 요청이 각계에서 쏟아져 나왔다. 이러한 요청은 먼저 의학과 법률계로부터, 그 다음 기업과 일반 시민들로부터 나왔으며, 나중에는 정부에서조차 윤리 문제의 연구와 교육을 위해 관심을 표명하기에 이르렀다.

영·미 문화권에서는 뒤늦게 이러한 요청에 자극 받아 윤리학적 상대주의로부터 벗어나려고 기지개를 펴기 시작했다. 이러한 사실은 오늘날 세계가 안고 있는 근본적인 위기가 인간의 단견短見에 있음을 사람들이 깨닫기 시작하면서부터이다. 이것은 온갖 정치·사회적인 문제들(착취, 수탈, 억압, 부패, 불의, 불편, 도덕적 무관심)에 대한 도덕적 반성이 일기 시작한 것을 보여준다.

전통 문화와 전통적인 도덕이 존중받고 사회가 안정되었던 시대에는 동일한 문화권 내에서는 옳고 그른 행위의 가치 문제는 분명한 기준이 있었고, 대부분의 삶들은 흔쾌히 그러한 도덕적 기준에 동의했다. 그러므로 전통적인 철학자들은 동서를 막론하고 어떤 행동의 옳고 그름에 대해, 도덕 규범의 당위성에 대해, 그리고 이미 제시된 도덕 지식의 가능성에 대해 확고한 신념을 가지고 있었다.

이러한 도덕적 동의는 철학자들로 하여금 도덕적 확신을 공유할 수 있게 해주었으며, 의심스러운 사례들을 해결하기 위한 원리 개발에 진력할 수 있게 해주었다.

그러나 급격한 사회 변화가 나타나고 실증주의적이고 상대주의적인 사고 방식이 유행하게 되자, 도덕 문제들에 대한 이견異見이 속출하고 기존의 도덕 기준에 대한 확신과 도덕적 신념들이 흔들리게 되었다.[20]

그래서 어떤 철학자들은 도덕적 추론의 근거가 무엇인지를 물었으며, 또 전통적인 도덕 신념에 대해 의심하거나 무지한 사람들에게 어떻게 도덕의 기준에 대해 동의를 얻을 수 있는가에 관해 연구하기 시작했다. 그러한 철학자들 중에는, 특히 영·미 문화권에서는 소위 분석 철학자들의 윤리적 언어 분석이 유행하게 되었다. 그러나 그들은 도덕적 추론의 가능성에 대해 고구考究하면서도 도덕적인 실제 문제들에 대해서는 등한히 했다. 실제로 거의 대부분의 분석 철학자들은 실제적인 문제들을 다루는 것은 엄밀한 것을 다루는 철학자들이 할 일이 아니라고 생각하고 있었다.

그들 중에는 급기야 도덕적 추론의 효용성과 도덕적 진리의 존재에 대해서 검증verification이 안 된다는 이유로 부정하는 자들까지 나오게 되었다. 예컨대 정의론자emotivist들은 도덕적 진리란 존재하지 않는다고 주장했고, 또 어떤 자들은 도덕의 진리는 합리적 추론에 의해 발견될 수 없고, 도덕이란 개인이나 문화적 관점의 일시적 주장에 불과한 것이라고 극언하기까지 했다.

그러나 윤리학의 실제적인 이론을 제안하는 사람들이 나오기 시작했다. 그들은 새롭게 규범 윤리의 이론을 내세우기 시작했다. 뿐만 아니라 실천적인 면에서, 특히 응용적인 면에서 사회 문제에 대한 올바른 가치 판단을 문제삼는 사람들이 학제적interdisciplinary 접근을 시도하면서 소위 실천 윤리학practical ethics 연구를 제기했다. 우리는 다음 절에서 현대 윤리학 연구의 동향을 간단히 개관해 보기로 하자.

1. 이론적 윤리학

① 칸트의 법칙론적deontological(또는 의무론적이라고 번역할 수 있다) 이론의 영향을 받아 도덕 규범의 보편적 적용성을 이론적 윤리학의 과제로 세워보려고 하는 사람들이 있다. 우리는 독일의 한스 라이너H. Reiner[21]를 필두로, 미국의 롤즈J. Rawls,[22] 벨기에의 페렐망C. Perelmen[23] 등을 이러한 관점에서 볼 수 있다.

② 1930년대에 활발했던 현상학적 가치론과 그리스도교의 실천 윤리학의 접목을 윤리학의 과제로 보는 사람들이 있다. 독일의 요하네스 헤센J. Hessen[24]처럼 셸러와 니콜라이 하르트만의 현상학적 가치론을 재해석하는 사람과 또 미국의 핀들레이J.N. Findlay[25] 또는 토너J. Toner와 맥글린J.V. McGlynn,[26] 이탈리아의 콤포스타D. Composta[27] 등을 우리는 열거할 수 있다. 여기서 논의되는 현상학적 방법들은 동양의 전통적 윤리 이론의 현대적 해석에 많은 시사를 준다.

③ 미국의 프랜케너W. Frankena,[28] 영국의 워녹Mary Warnock,[29] 호주의 맥키J. Mackie[30] 등은 자연주의를 극복하면서 영·미의 분석 철학의 언어 분석을 탈피하고 새롭게 규범 윤리학을 정초하는 것을 윤리학의 과제로 삼는다. 그들은 공리주의와 상대주의를 극복하려고 시

도한다.

④ 오스트리아의 메스너J. Messner,[31] 독일의 벤트란트D. Wendland,[32] 미국의 윈터Gibson Winter,[33] 니버R. Niebuhr[34]와 또 독일의 우츠A.F. Utz[35]처럼 인간의 본성에 근거하는 자연법에 기반을 두고 사회 윤리학의 이론 정립을 이론적 윤리학의 과제로 삼는 사람들이 있다.

⑤ 이밖에도 여러 가지 관점에서 윤리학의 상이한 이론들을 절충하여 종합하는 것을 윤리학의 과제로 삼는 학자들이 있다. 특히 최근에는 목적론과 법칙론을 통합하려는 시도가 활발히 전개되고 있다. 예컨대 독일의 회페O. Höffe,[36] 미국의 페이튼H.J. Paton,[37] 패럴리J. Farrelly와 쉰들러D. Schindler,[38] 롤즈[39]는 직관주의와 자연주의의 통합을 시도하기도 한다.

⑥ 그러나 서양의 윤리학자들에 비하여 한국에서는 윤리학의 이론적 정립을 위한 노력이 미미하다.[40] 우리는 동양 윤리 및 한국 윤리학의 이론적 정립을 위해 분발해야 할 것이다. 특히 동서양 윤리의 만남을 한국 윤리학의 이론적 과제로 삼아야 할 것이다.

2. 실천적 윤리학

1960년대 말과 1970년대 초에 들어와서 실제적인 도덕의 문제들을 연구하는 움직임이 활발해졌다. 특히 지난 십여 년간 응용 윤리를 주제로 학제적인 접근을 시도하는 학술 대회와 전문 학술서와 잡지들의 기획이 활발했다. 그러나 응용 윤리 또는 실천 윤리의 대부분의 연구가 한두 철학파의 입장만을 대변하고 그와 반대 입장을 취하는 학파의 관점을 수용하지 못함으로써 많은 사람들의 동의를 구하지 못하고 있다는 점이 비판되고 있다.

특히 미국에서 쏟아져 나오고 있는 응용 윤리에 관한 논의는 이론에 대해 어떤 명확한 유의없이 중구난방으로 행해지고 있다는 문제점이 있으나, 윤리학에 대한 세상 사람들의 관심을 집중시키고, 따라서 철학도들에게 윤리학의 재건에 큰 자극을 준 것은 큰 공헌이라 하겠다.

오늘날 응용 윤리학이 대두하게 된 원인으로 다음과 같은 점을 고려해 볼 수 있다.

첫째, 새로운 기술의 발전과 사회 생활의 변동은 새로운 도덕 문제를 제기하고 있다. 특히 의학 기술과 정보 과학 등의 발전은 새로운 가치 판단을 야기시켰다.

둘째, 우리에게 친숙한 제도나 관행 중에는 과거에서처럼 기능하지 못하는 것이 있다. 특히 처벌 및 보복의 문제에서 그런 것이 속출하고 있다.

셋째, 과거에 절대적이었던 것이 이제는 수정을 필요로 하고 때로는 예외를 허용할 수밖에 없다는 것이다. 특히 복지 문제와 관계되는 문제들이 그러하면, 인간의 실존 상황을 고려해야 한다. 실천 윤리학의 연구 과제는 크게 몇 가지로 나누어 볼 수 있다.

① 생의학적 윤리학bio-medical ethics: 여기서는 주로 삶과 죽음에 관계되는 문제들을 다룬다. 예컨대 임신중절, 자살, 안락사, 장기 이식 문제, 의사의 치료 방법과 환자에 대한 태도 등.[41]

② 법 윤리legal ethics: 여기서는 주로 형사상의 문제가 다루어진다. 범죄의 규정, 법죄자에 대한 처벌과 인권 문제, 사형 제도, 좁게는 법관의 도덕적 책임의 한계 등.[42]

③ 성 윤리sexual ethics: 여기서는 성적 욕구의 충족과 자제와 관련

된 문제가 다루어진다. 예컨대 동성애, 혼전 성생활, 혼인의 신성성, 도색물의 허용과 금지, 여성의 인권 침해(강간), 성의 상품화 등.[43]

④경제 윤리economical ethics: 여기서는 경제 정의와 복지, 분배 문제, 소유권의 한계 등이 다루어진다.[43]

⑤ 생태학적 윤리학ecological ethics 또는 환경 윤리학enviromental ethics: 여기서는 자연 보전에 대한 인간의 책임, 동물권animal right, 태어나지 않은 미래 세대에 대한 책임 등이 다루어지며, 최근에 가장 많은 주목을 받고 있다. 왜냐하면 인류의 미래와 지구의 존망이 달린 심각한 문제이기 때문이다.[45]

⑥ 평화 탐구Friedensforschung 또는 사회 윤리학: 넓게는 인간의 삶의 조건과 관련된 문제를 다루고, 좁게는 전쟁, 핵 문제, 군비 증강과 축소 문제를 다룬다. 미국의 일부 학자는 사회 문제 전반을 사회 윤리학의 실천 문제로 보고 이론적인 사회 윤리학과 별도의 사회 윤리라고 보기도 한다. 예컨대 매프스T.A. Mappes와 젬바티J.S. Zembaty 등.[46]

⑦ 직업 윤리berufsethick, professional ethics: 각종 직업에 따르는 도덕 문제들이 다루어진다. 직업상 알게 된 개인 및 집단의 정보의 누설과 직업인의 바람직한 자세 등이 다루어진다.[47]

⑧ 기업 윤리business ethics: 여기서는 기업의 사회적 책임, 노사간의 갈등 해소, 특히 기업가의 책임의 한계 등이 논의된다.[48]

⑨ 이밖에도 개인 사생활의 보호, 성 차별, 인종 차별, 기아에 허덕이는 사람들에 대한 문제, 소수 민족의 독립 문제, 국가간의 윤리를 다루는 국제 윤리international ethics, 유전 공학의 영향에 대한 윤리 문제, 기술 발전의 한계와 제동에 대한 문제 등도 중요한 실천 윤리학의 연구 과제가 된다.[49]

⑩ 전통적인 동양 윤리의 근간인, 가정 교육과 생활 교육의 실천 문

제를 다루는 가정 윤리의 실천적 방안을 연구하는 것은 실천 윤리학의 중요한 과제라고 할 수 있을 것이다. 집안 식구들간의 화목과 사랑, 노인 공경, 어린이 보호, 사생활 보호, 전통적인 덕목인 장유유서長幼有序, 부부유별夫婦有別과 부자유친父子有親에 대한 핵가족화 시대의 재해석의 문제 등은 현대 윤리학의 중요한 과제가 될 것이다.[50]

3. 미래와 현대 윤리학의 과제

전통적으로 철학자들은 인간의 행위를 인도하는 도덕 판단의 기준을 명확히 할 목적에서 윤리의 이론을 정립하고 이를 변호 또는 정당화하려고 해왔다. 따라서 도덕 이론의 정당화 문제는 일반 대중들의 관심과 다른 것이 되었다. 왜냐하면 철학자들의 주요 관심사는 윤리 이론의 위상을 분명히 하고 이를 논리적으로 확증하려고 하는 것이기 때문이다. 그래서 철학자들은 제시된 어떤 원리들이 윤리의 근본 원리로 성립될 수 있는가를 시도했고, 방법론에 관심을 쏟았고, 이성적으로 보편화를 꾀했다.

그러나 우리의 가치 판단은 합리적인 면에서만 밝혀질 수 있는 것이 아니다. 다시 말해서 가치 판단은 파스칼Pascal이 말하는 것처럼 "수학적 논리logique de mathematique"가 아니라 "마음의 논리logique de coeur"로 해명되는 것이다. 우리는 동양의 전통적 도덕 판단에서, 서양의 현상학적 윤리학이나 인격주의 윤리학에서 이러한 마음의 논리로서 가치 판단을 밝힐 수 있으며, 이를 가치감에서 찾을 수 있다.

미래와 현재의 윤리학의 근본 과제는 우리가 어떻게 인간의 존엄성을 확보하며, 우리의 후손들이 어떻게 이 땅에서 평화를 누리면서 사람답게 살 수 있는가를 모색하는 것이어야 할 것이다. 그러기 위해서 우리는 앞에서 살펴본 윤리학의 이론적 과제와 실제적 과제의 통합을, 또 철학자들과 일반 대중 간의 도덕감의 합의 도출을 시도해야 할 것이다. 여기서 우리가 주목해야 할 것은 도덕적 판단은 임의적인, 설명적인 것이 아니라 마음으로부터 깨닫고 터득하는 것일 수밖에 없다는 것이다.

앞으로 철학자들의 중요한 윤리학적 과제는 다른 인문 · 사회 · 자연과학자들과의 학제적 접근을 통한 활발한 대화를 가짐으로써 상호 협력하여야 할 것이다. 철학자들은 지금처럼 다른 사람들의 접근 방식을 일단 존중해 주면서 이론적인 면에서는 통합을, 실천적인 면에서는 합의를 이루려고 노력해야 할 것이다.

우리는 지금 미증유의 온갖 위기에 처해 있다. 이 위기를 극복하는 길은 근본적으로 우리의 조상이 지실해 왔던 경천애인의 도를 새롭게 깨닫고 이를 온 세상 사람들에게 실질적으로 실천할 수 있도록 가르치는 것이다.

주

1) 본 논문은 1990년도 문화부 국고 보조비에 의하여 연구되었으며, 『한국인의 윤리사상』(서울: 율곡사상연구원, 1992), pp.23-65에 실린 것임을 밝힌다.

2) 許愼, 『說文解字』, 『段玉裁註本』 참고.

3) 진교훈, 「과학기술의 발전과 윤리」, 『정신문화연구』, 통권 133호, 한국정신문화연구원, 1987, pp.63-74 참고.

4) 진교훈, 『철학적 인간학연구(I)』(서울: 경문사, 1982), pp.191-193.

5) Max Scheler, *Die Stellung des Menschen in Kosmos*, München, 1947, S.65.

6) 진교훈, *Über das Verhältnis von Person und Liebe bei Max Scheler*, Wien, 1972, S.61-91 참고; 진교훈, 「윤리학과 한국사상」, 한국철학회편, 『철학사상의 한국적 조명』 (서울: 일지사, 1974), pp.105-118.

7) Rudolf Bultmann, *Geschichte und Eschatologie*, Tübingen, 1958, S.162.

8) M. Heidegger, *Sein und Zeit*, Tübingen, 1960, S.386.

9) Walter Brugger, *Philosophisches Wörter buch*, Freiburg, 1953, S.87.

10) Johannes Hessen, *Lehrbuch der Philosophie*, 2 Band. Wertlehre, 1959, SS. 23-24 참고.

11) J.M. Bochenski, *Wege Zum philosophischen Denken, Einf hrung in Grundbegriffe*, Freiburg, 1970, SS.76-79 참고.

12) L. Landgrebe, *Die Situation der Gegenwart*, Stuttgart, 1959, S.13.

13) David Holdbrook, *Further Studies in Philosophical Anthropology*, Avebury(Great Britain), Gower, 1988, pp. 1-40 참고.

14) J. Hessen, 앞의 책, p.25.

15) 진교훈, *Über das Verhältnis von Person und Liebe bei Max Scheler*, Wien 1972, SS.66-91 참고.

16) 진교훈, 『哲學的 人間學 硏究(I)』, p.74.

17) 앞의 책, pp.64-67 참고.

18) A. Gehlen, *Mensch*, 1940, S.135f.

19) Viktor von Weizsäcker, *Der Kranke Mensch*, München, 1954, S.3.

20) J.P. De Marco(ed.), *New Directions in Ethics* (London: Routledge & K. Paul, 1986), pp.7-15 참고.

21) Hans Reiner, *Philosophische Ethik*, Heidelberg, 1964.

22) J. Rawls, *A Theory of Justice* (Cambridge: Harvard Univ. Press, 1971).

23) C. Perelmen, *Droit, Morale et Philosophie* (Paris: Libraire Generale de Droit et de Jurisprudence, 1970).

24) J. Hessen, Ebd.

25) J.N. Findlay, *Axiological Ethics* (London: Macmillan, 1970).

26) J. Toney & J.V. McGlynn, *Modern Ethical Theories* (Milwaukee: Bruce

Pub., 1962).

27) Dario Composta, *Moral Philosophy and Social Ethics* (Rome: Urban Uni., 1988).

28) W.K. Frankena, *Ehtics* (New York: Prentice Hall, 1963).

29) Mary Warnock, *Ethics Since 1900* (London: Oxford Univ. Press, 1966).

30) J.L. Mackie, *Ethics* (London: Penguin, 1977), 졸역, 『윤리학』, 서광사, 1990.

31) J. Messner, *Moderne Naturrecht, Sozialethik*, Wien, 1947.

32) D. Wendland, *Einführung in die Sozialethik*, Wien, 1947.

33) G. Winter, *Social Ethics* (New York: Harper & Row), 1968.

34) R. Niebuhr, *Moral Man and Immoral Society* (New York: Charles Scribner's Sons), 1960.

35) A.F. Utz, *Ethik und Politik*, Stuttgart, 1970.

36) O. Höffe, *Sittlich-politische Diskurse*, Frankfurt, 1981.

37) H.J. Paton, "The Categorical of Philosophy," *Hutchinson of Journal of Philosophy*, Vol.LXXVII, No.9, 1980.

38) G.F. McLean & F.E. Ellerods(eds.), *Act and Agent: Philosophy Foundations for Moral Education and Character Development* (Lanham: The Council for Research in Value and Philosophy, Univ. Press of America, 1986) 이 논총에서 Farrelly는 "The Human Good and Moral Choice"를, Schindler는 "The Foundational of Morality"를 발표하고 이에 대한 토론이 실려 있다.

39) J. Rawls, "Kantian Constructivism in Moral Theory," *The Journal of Philosophy*, Vol.LXXII, 1980.

40) 이동준 · 이기영 · 이정생 편, 『전통문화의 가치관』 (서울: 문우사, 1982); 한국정신문화연구원 편, 『한국사상과 윤리』, 1980; 김순임 · 정병련 · 황준연 공저, 『한국윤리사상』, 박영사, 1990; '한국인의 새로운 윤리상' 정립, 한국정신문화연구원 편, 『정신문화』, 15, 1982.

41) 한국가톨릭의사협회 편, 『의학윤리』, 수문사, 1984; 진교훈, 『의학적 인간학』, 서울대출판부, 2002; 이창영 편역, 『생명윤리』, 한국천주교중앙협의회, 2003.

42) C.F. Wolfram, *Modern Legal Ethic* (St. Paul, Minn: West Pub), 1986; T.A. Mappes & J.S. Zembaty, *Social Ethics* (New York: McGraw-Hill, 1987).

43) 진교훈, 「한국사회의 성도덕문제 해결을 위한 시론」, 『민주문화논총』 1권 6호, 민주문화아카데미, 1990; 진교훈, 「성욕의 인간학적 이해」, 『오늘의 철학적 인간학』, 경문사, 1997, pp.275-292.

44) A. Rich, *Wirtschaftsethik*, 1987. 강원돈 역, 『경제윤리』, 한국신학연구소, 1993; R. Chadwick and D. Schroeder (ed), *Applied Ethics*, vol.5 (London: Routlege, 2002).

45) 진교훈, 「생태학적 위기와 윤리학의 상관성에 관한 연구」, 『사회와 사상』, 제10집, 서울대 대학원 국민윤리 교육과, 1989; 진교훈, 「평화와 자연보전」, 그리스도교철학연구소 편, 『현대 사회와 평화』, 서광사, 1991; 진교훈, 『환경윤리』, 민음사, 1998.

46) 그리스도교철학연구소 편, 『현대 사회와 평화』, 서광사, 1991; W.R. Vogt (Hrsg.), *Angst vorm Frieden*, Darmstadt, 1989.

47) 진교훈, 「직업 윤리 일반의 방향에 관한 연구」, 『철학사상의 제문제』, 한국정신문화연구원, 1983; 한국정신문화연구원 편, 『직업과 윤리』, 1985.

48) 한국가톨릭사회정의연구회 편, 「기업가의 사회적 책임」, 세광문화, 1994; A.H. Goldman, *The Moral Foundations of Professional Ehtics* (Totowa: Rowman & Littlefield), 1980.

49) R. Chadwick (ed), Encyclopaedia of Applied Ethics, vol.I-IV (New York: Free Press, 1988).

50) 진교훈, 「한국사상과 윤리」, 한국철학회편, 『전통사상의 한국적 조명』, 일지사, 1976; 정정희, 「한국가정윤리의 당면과제에 관한 연구」, 서울대 대학원 석사학위 논문, 1988.

제2장
현대 문명의 위기와 현상학

I. 현상학 대두의 역사적 배경과 그 원인

1. 근세 서양 철학의 세계관의 주요 특징

철학은 근본적으로 앞선 시대의 철학과의 대결에서, 그러나 또한 앞선 시대의 철학의 지속과 또 그것을 넘어서려는 노력에서 태어나고 발전한다. 그러므로 우리는 현상학적 운동의 올바른 이해와 그 발생 원인의 규명을 위해서도 서양 근세, 특히 19세기와 20세기 초기의 사조를 전반적으로 검토해 보지 않을 수 없다.

서양 사상사에서 근대는 문명의 쇠퇴와 하강 또는 몰락이라는 비운과 오명을 보여준 시대이며, 무엇보다도 철학과 종교가 유물론적인 기계론과 자연주의와 상대주의로 말미암아 치명적인 타격을 받은 시대이기도 하다. 19세기에 들어와서 철학은 많은 연구 과제들을 개별 과학에 떠넘겨주고 난 후, 심지어 비생산적인 쓸모 없는 것으로 간주되기도 하였다. 이제 우리는 그렇게 된 주요 원인을 근세 철학의 형성 과정에서 살펴보기로 하자.

(1) 기계론과 주관주의

근세 철학은 스콜라 철학의 쇠퇴, 즉 형이상학의 쇠퇴와 더불어 대두하였다. 근세 철학의 소위 합리주의적 사고의 기본 원리란, 총괄해서 말한다면, 전통적인 철학의 전일적全一的이며 계층적인 존재 개념을 무너뜨려버린 기계론과 또 영원한 참된 존재에로 향했던 인간의 관심을 주관에로 옮겨놓은 주관주의主觀主義라고 할 수 있다. 주지하다시피 데카르트Rene Descartes가 처음으로 바로 이러한 전환을 시도하였다. 그는 스콜라 철학을 배격하고 주관주의와 기계론을 제창하면서 근세 철학의 시발자가 되었다. 그는 물론 정신과 질료의 두 존재 계층을 인정하긴 했지만, 그에 의하면 비정신적인 모든 실재는 순전히 기계론적인 개념(예컨대, 위치, 운동량)으로 환원될 수 있다. 다시 말해서, 그에 의하면 모든 현상은 기계론적으로 계량 가능한 법칙으로 설명될 수 있다는 것이다. 또 그에 의하면 철학의 궁극적인 소여所與와 출발점은 코기토cogito이다. 여기에 그의 유명론唯名論이 덧붙여진다. 그에게서는 지성적 직관이란 존재하지 않으며 오로지 개개 사물에 대한 감성적 지각만이 존재한다. 우리는 이러한 유명론과 기계론을 보다 더 논리적으로 다룬 일단의 철학자들을 영국의 경험론자들에게서 찾아볼 수 있다. 그들은 기계론을 합리적인 방식으로 받아들이고 이것을 정신계에까지 확장시키고 그것을 주관주의 및 철저한 유명론과 결합시킨다. 우리는 이러한 사상의 단초를 베이컨Francis Bacon에게서 찾아볼 수 있으며, 한 걸음 더 나아가 이러한 사상의 체계적인 형성을 로크John Locke와 특히 흄David Hume에게서 찾아볼 수 있다. 흄에게서는 마음mind은 "관념들의 다발bundle of ideas"에 불과한 것이다. 흄에 의하면 관념만이 직접적으로 인식되는 것이며, 보편적 법칙이란 습관으로 말미암아 생긴 관념의 연합의 결과에 지나지 않는 것이며,

따라서 그것은 아무런 객관적 가치도 없는 것이다. 데카르트를 비롯한 소위 "대륙의 이성주의자"라고 불리는 사람들에 의하건 또는 영국의 "합리적 경험주의자"라고 불리는 사람들에 의하건 간에 근세 철학, 즉 모더니즘의 핵심은 바로 논리적인 합리주의이다. 이 합리주의는 때로는 신 없는 합리주의*godless rationalism*라고 불리기도 하는데, "구원久遠의 철학"으로서의 형이상학을 거부하고 종내에는 과학의 도구로 전락하고 말았다. 이와 같은 근세 철학의 흐름과 궤를 같이하여 동시에 서양에서는 자연과학이 급속도로 발달하고, 인간에게 진보라는 허황된 믿음을 심어주고, 유물론적 세계관을 증대시켰다. 그러나 철학자들은 이때 이에 대항할 아무런 계획도 아무런 준비도 가지지 못했다. 이러한 경향은 점점 더 심해졌고, 종내에는 서양 근세 사상의 주축이 되고 말았다.

그래서 영국에선 홉스Thomas Hobbes, 프랑스에선 보네Etienne Bonnet, 라메트리Julien Offroy de La Mettrie, 디드로Denis Diderot, 독일에서는 홀바흐Paul Heinrich Dietrich von Holbach와 같은 유물론자들이 속출하게 되었다. 그들은 인간이 자연을 철저하게 직접적으로 지배하고 규정할 수 있다는 검증되지 않은 신념을 가지고 있었다. 그러나 이것은 그들의 당초의 실증주의적인 과학의 입장과는 배리背理되는 것이다. 아무튼 서양의 근세 사상은 유기체적이고 관조적이며 비실용적인 중세의 세계관을 자연의 지배라는 기계적이며 실용적인 세계관으로 대치시켰다. 이러한 세계관은, 셸러M. Scheler가 지적한 것처럼, 신학에서는 프로테스탄트의 칼뱅주의Calvinism와 청교도주의 puritanism를, 철학에서는 유명론을, 심리학에서는 연상 심리학을, 정치학에서는 마키아벨리Machiavelli와 홉스가 대표하는 절대 국가 사상과 중상주의, 주권 개념, 권력 균형 이론을 초래했으며, 자연과학에서는 자연과 사물을 지배할 수 있다는 형식적 원자론을 초래했고, 종내에는 "객관적 형상"의 파괴라는 아이디어까지 낳게 만들었다.[2] 우리는 갈릴레오Galileo가 무생물 세계를 그의 관심의 초점으로 삼고 기계론적 접근을 시도했으며, 그가 이러한 접근 방식으로 아리스토텔레스가 했던 것처럼 무생물계를 생물 세계의 법칙으로 질서지우려고 더 이상 시도하지 않았을 뿐더러, 오히려 생물 세계의 법칙을 무기체적 세계 위에 정초하려고 시도했던 것을 찾아볼 수 있다.

(2) 칸트적 인식론

우리는 근세 철학의 형성 과정에서, 특히 인식론에서 가장 중요한 영향을 미친 칸트의 세계관에 주목하지 않을 수 없다. 칸트Immauuel Kant는 자기가 참으로 절망적인 정세, 즉 사유의 파국 속에 놓여 있음을 깨달았다. 그러나 그는 근세 사상의 기본적인 원리를 그대로 받아들이면서 정신, 인식, 도덕을 구원해 내는 것을 자기의 과제로 삼았다. 우선 그는 기계론을 그냥 그대로 이어받았다. 그에 의하면 경험 세계의 존재는 모두 이 기계론의 지배를 받는다. 그러나 그에 의하면 이 세계 자체는 선험적 주관이 혼돈 상태의 감각군感覺群으로부터 만들어 내는 종합의 결과이다. 따라서 논리학, 수학 및 자연과학의 법칙들이 이 세계에서 통용되게 되어 있다. 왜냐하면 사유가 이 법칙들을 세계 속에 넣고 있으며, 세계의 근본 구조를 지니고 있기 때문이다. 그러나 정신은 이 법칙들에 예속되어 있는 것이 아니다. 왜냐하면 정신(이성)은 경험 세계에서 나온 것이 아니라 오히려 현상계에 법칙을 부여하여 경험 세계를 건설하기 때문이다. 이리하여 지식과 정신은 설명되긴 했으나 대륙의 이성주의자들과 마찬가지로 칸트도 이분법을 극복하지 못했다.

칸트의 사유 방식으로는 물자체의 인식, 즉 현상 저쪽에서 스스로 존재하는 실재의 인식은 불가능하게 된다. 그러므로 인식은 감각적 직관의 영역 내에 국한되며 감각 밖에서는 그의 말대로 범주는 공허한 것이 되고 만다. 결국에 가서는 칸트는 존재의 문제와 인간의 삶의 문제에 대하여 아무런 인식 가능한 해결책도 제시해 주지 못했다. 그에 의하면 형이상학은 불가능하게 되고 만다. 칸트는 신의 존재, 영혼 불멸 및 자유의 문제를 다루었으나 이 문제들을 이성에 의해서가 아니라 의지의 요청에 의해서 해결하려고 하였다.

그러므로 칸트의 철학도 근세 철학의 두 근본 요소인 기계론과 주관주의의 종합 시도에 불과한 것이다. 그럼에도 불구하고 칸트가 그 이후의 철학의 형성에 미친 영향을 우리는 가볍게 볼 수는 없다. 왜냐하면 그는 서양 근세 사상, 즉 모더니즘에 가장 적합한 형식과 더할 나위 없는 표현을 제시해 주었기 때문이다. 아무튼 서양의 19세기 철학은 그의 지배 아래에 있었다고 말해도 지나치지 않을 것이다. 19세기 말에 그의 사상에 반대하는 움직임이 있었음에도 불구하고 많은 철학자들은 오늘날에 이르기까지 여전히 그의 영향을 받고 있다. 더군다나 19세기 서양 철학의 주류들은 칸트로부터 출발하고 있다. 칸트는 합리적 형이상학의 성립 가능성을 부정하고 인식론에서 두 가지 길만을 허용하였다. 그 하나는 현실을 과학의 방법으로 파악하는 길이다. 이 경우에 철학은 여러 개별 과학들의 성과의 종합으로 되고 만다. 그러나 또 하나의 길은 우리가 정신의 형성 원리로서 현실을 형성하는 과정에 눈을 돌리는 것인데, 이 경우에 철학은 이념 생성生成을 분석하는 것이다. 19세기 서양 철학의 두 주류는 이 두 가지 길을 전개시킨 것이라고 볼 수 있다. 다시 말해서 그 하나는 실증주의와 유물론에 입각하여 철학을 개별 과학들의 종합으로 환원시키는 것이며, 다른 하나는 관념론에 입각하여 여러 이론 체계를 꾸며내서 그 속에서 현실을 사유의 소산이라고 설명하는 것이다.

(3) 체계 형성

우리는 19세기 서양 철학의 또 다른 특징을 체계 형성에 대한 경향이 매우 강하다는 데서 찾아볼 수 있다. 이러한 경향은 19세기 초반에 특히 독일 관념론에서 잘 나타나고 있다. 예컨대, 피히테J.G. Fichte, 셸링F.W.J. von Schelling, 그리고 특히 헤겔G.W.F. Hegel의 관념론적 체계들이 생겨났다. 헤겔은 현실을 정립定立과 반정립反定立을 거쳐서 새로운 종합에로 전진하는 절대적 이성의 변증법적 전개로 파악하고 그의 철학을 체계화하였다.

그러나 곧 관념론을 뒤로 하고 개별 과학을 토대로 한 일련의 유물론적 체계가 나타났다. 예컨대 독일에서는 포이어바흐L.A. Feuerbach, 몰레쇼트J. Moleschott, 뷔흐너L. Büchner와 포크트K. Vogt 등의 유물론적 결정론이, 프랑스에서는 콩트A. Comte의 유물론적 실증주의가, 영국에서는 밀J. S. Mill의 유물론적 공리주의가 나타났다. 이들에 의하면 철학은 단지 기계론적으로 해석되는 과학의 종합에 불과한 것으로 된다. 이러한 유물론과 기계론은 19세기 중엽에 들어와서 마침내 다윈Charles Darwin의 유물론의 대체계인 진화론을 낳게 만들었다. 다윈은 그의 『자연 도태에 의한 종의 기원』(1859)에서 종의 기원과 발전을 순전히 기계론적 의미로 설명하기도 하였다. 이 기계론적 진화론은 그후 19세기 후반은 물론 20세기 초반에 들어와서도 맹위를 떨쳤다. 예컨대, 헉슬리T.H. Huxley, 스펜서Herbert Spencer, 헤켈E.H. Haeckel 등은 사람들로 하여금 다위니즘을 하나의 도그마로 믿게 만들려고 노력했고 20세기에 이르기까지 이를 전세계로 보급하는 데 큰 역할을 하였다. 다위니즘은 특히 실증주의의 관점에서 보면 사실상 논리적으로도 모순이 많지만, 과학자들까지도 이데올로기의 영향을 받아 의심의 여지가 많은 점을 대중들로부터 은폐해 왔다는 것은 오늘날 주지의 사실이다.[3] 이리하여 1870년경에 관념론의 복귀 운동이 나타나기까지 19세기 유럽 사상은 기계론적이며 유물론적인 진화론이 지배적이었다. 그러나 한 극단은 정반대의 또 다른 극단을 야기하는 것처럼 이러한 유물론에 반대하여 영국에서는 그린Thomas Green과 케어드Edward Caird 등이 다시 관념론을 제창했고, 독일에서는 신칸트주의가, 프랑스에서는 르누비에Charles Renouvier, 아믈랭Octave Hamelin 등이 관념론을 주창했다. 그러나 이 관념론은 실증주의적 경향이나 진화론 등에 의하여 크게 부각되지 못했다.

이와 같이 19세기 유럽 사상은 관념론과 진화론적 과학주의를 두 축으로 하여 발전해 나갔다. 이 두 방향은 여러 점에서 대립되긴 하나 대체로 다음과 같은 공통점을 가지고 있다고 말할 수 있다. 요컨대, 경험계에 관한 합리주의적 설명, 현상 세계를 초월한 존재의 부정, 유물론적 환원주의와 일원론적 유물론과 반反인격주의, 진보에 대한 맹신 등을 기초로 해서 대체계를 건설하려고 한 것을 우리는 서양 철학의 19세기의 중요한 특징이라고 말해도 지나치지 않을 것이다.

(4) 비합리주의와 형이상학의 부흥

그러나 관념론과 유물론적 진화론만이 전적으로 19세기 전 사상을 지배한 것은 아니다. 이 두 사상 외에도 또 다른 방향이 19세기에 발전하고 있었다. 그것은 소위 비합리주의와 형이상학의 부활이다. 이 두 방향이 학계에 미친 영향은 비교적 약했지만 무시 못할 세력을 가지고 있었다.

낭만주의에서 싹튼 주의주의적 비합리주의의 대변자는 독일에서는 쇼펜하우어A. Schopenhauer이며, 그에게 절대적인 것은 이성이 아니라 맹목적이며 비합리적인 의지이다. 덴마크에서는 키에르케고르S.

Kierkegaard가 합리주의에 대항하여 싸웠고, 프랑스에서는 멘느 드 비랑F.P. Maine de Biran이 주의주의적 비합리주의를 제창했다. 우리는 여기서 20세기 철학에 매우 큰 영향을 미친 19세기 철학자인 니체 F. Nietzsche의 비합리주의적인 생철학生哲學에 주목하지 않을 수 없다. 그는 서양 근세 철학의 하강에 대한 경고적 예언자로서 이성에 대한 생명 충동의 우위를 주장하고 모든 가치의 전환을 요청했다.

19세기 말에 인간의 삶을 무시하거나 삶을 넘어서서 상상해 낸 모든 가정을 과감히 물리치고 삶을 단지 그 자체로부터 이해하려고 하는 "삶의 철학," 즉 생철학이 등장했다. 이것은 이성 중심의 서양 철학에 대해서는 하나의 결정적인 대결이며, 근본적으로 새로운 철학의 출발을 시도하는 것이라고 볼 수도 있다. 삶의 철학은 모든 일반적인 체계의 조직에 반대하며, 순수한 이론적인 태도 속에서 어떤 철학자의 특수한 입장으로부터 오는 구속과 제약을 받지 않아야 하며, 따라서 삶은 모든 철학적 인식과 나아가서 모든 인간의 활동의 뿌리이며 최종적인 중심점이라고 주장한다. 예컨대 딜타이W. Dilthey, 짐멜G. Simmel 등이 이러한 주장을 활발하게 펼쳤다. 그러나 삶의 철학은 그 첫걸음을 내디딘 순간부터 그의 근본인 삶이라는 개념을 규정할 수 없는 곤란함에 부딪힌다. 삶은 무한히 많은 모습과 의미를 가지고 있으며, 같은 사람에게서조차 서로 다른 여러 측면으로 갈라지고 서로 다른 충동과 경향들이 서로 대립하기도 하므로, 결국 돌아가야 할 중심점이 문제된다. 그래서 생철학자들은 인간의 삶의 역사의 우위를 내세움으로써 역사주의를 표방하고 종내에는 모든 철학의 상대성을 주장하는 상대주의에 빠지고 말았다.

19세기 철학 사상에서 우리가 무시할 수 없는 또 하나의 중요한 방향으로 우리는 형이상학의 부흥을 외친 형이상학자들을 거론하지 않을 수 없다. 이들은 현상계를 초월한 세계에 이르는 통로를 가지고 있다고 주장한다. 그러나 이들은 서로 고립하여 유력한 학파를 형성하지는 못했다. 예컨대 독일에서는 헤르바르트J.F. Herbart, 로체Rudolf Lotze, 하르트만Eduard von Hartmann과 나중에 현상학자 셸러에게 큰 영향을 미친 오이켄Rudolf Eucken 등이 있으며, 프랑스에서는 쿠생Victor Cousin, 자네Paul Janet, 라베송–몰리앙Felix Ravaisson-Molien 등이 형이상학을 주창했다.

아무튼 비합리주의자이거나 형이상학자이거나 간에 이들도 그들보다 조금 앞서서 활동한 철학자들과 마찬가지로 칸트적인 문제 설정의 범위 내에서 사고하고 활동했다. 이들도 다위니즘적인 기계론적 경험론의 영향을 받거나 형이상학의 문제들은 이성으로 도달할 수 없다는 칸트의 학설에서 출발하였다. 그들은 외관상으로는 서로 반대의 입장에 있는 듯이 보이면서도 한결같이 현상계와 물자체의 이원론을 믿고 있었으며 동시에 기계론의 위력에 얽매여 있었다. 이 두 조류는 19세기 유럽 철학에서 지배적인 세력을 이루고 있었다. 관념론이나 유물론적 경험론에서 보면 미미한 것이었으나 현상학 운동의 발생의 전초기지를 이루었다고 말해도 무방할 것이다.

2. 근세 서양 학문의 위기

19세기 말엽과 20세기 초엽에 이르러 서양 철학은 심각한 위기에 처하게 되었다. 이 위기는 앞에서 살펴본 것처럼 근세 서양 철학의 가장 강력한 두 진영, 즉 유물론적 기계론과 자연주의적 합리주의가 득세하면서부터 이미 태동하기 시작했으나, 이러한 경향에 대한 반동이 강하게 대두되기 시작하면서 더욱 뚜렷하게 나타났다. 이 위기는 철학의 영역을 넘어서 광범위하게 파급되었으며 급기야 서양 문명 전체의 하강에 이르는 심각한 것이었다. 유럽에서는 20세기 초엽에 들어와서 사회가 더욱 급격하게 변화했다. 특히 산업화가 초래한 기술 지배tech-nocracy와 관료 제도bureaucracy 및 대량 생산 체제의 역기능들, 예컨대 물량화, 주물화, 자동화, 기계화, 대중화, 신속화 등은 인간으로 하여금 그의 본질인 정신 활동(예컨대, 사고 및 비판 능력)을 상실하게 만들었고, 마침내 아노미 현상과 비인간화를 초래했다.[4] 셸러는 갈릴레오 이후의 기계론적 세계관 내지 자연관은 자연계로부터 "생명"의 모든 특성과 형상을 박탈한다고 갈파한 생철학자 딜타이의 견해에 대해서 전적으로 동의하면서, 서양 근대의 자연관은 결국에 가서는 탈가치화, 탈영혼화 되었으며, 그 결과 이 세계는 정의되지 않고, 무질서하며, 가치 없고, 의미 없고, 비이성적인 것들의 집합물에 불과한 것이 되어 버렸다고 통탄한다.[5] 우리는 셸러의 이와 같은 서양 근세 사상에 대한 혹독한 비판에 대해서 수긍하지 않을 수 없다.

후설은 19세기 유럽 과학적 사고는 기술 진보에도 불구하고 위기에 처해 있다고 보았다. 그는 소위 과학적 합리성, 즉 자연주의적 합리성에 토대를 두고 있는 과학주의를 비판 대상으로 삼았다. 그에 의하면 과학적 합리성은 순수 수학이나 자연과학적인 엄밀성의 이상에 붙잡혀 있어서 인간의 삶의 방식에 대한 질문을 방향지워 주는 능력을 상실했다는 것이다. 그는 이를 유럽 학문의 위기라고 불렀다. 그는 이러한 위기는 합리주의가 저지른 실수이며 객관주의와 자연주의의 모습으로 등장한다고 보았다.[6] 그래서 이와 같은 객관주의의 위기를 벗어나기 위해서 후설은 실증주의와 **심리주의***Psychologismus*에 대한 투쟁을 전개하면서 선험적인 현상학을 제시하기에 이르렀다.

후설에 의하면, 자연주의는 모든 존재를 물리적인 것과 이 물리적인 것에만 의존하여 나타나는 심리적인 것으로 구분하고 이 모두를 정밀한 자연 법칙으로 규정한다고 한다. 자연주의는 모든 규범들과 이

넘들까지도 자연화한다. 그리고 자연과학자는 자연과학의 실험적 방법과 물질 현상으로 수량화된 언어만이 학문을 발전시킬 수 있는 것으로 믿는다는 것이다. 그러나 이러한 자연주의의 주장은 자기 모순에 빠지고 만다. 왜냐하면 자연과학자들은 단편적인 사실만 인식할 뿐 보편 타당한 이념적 규범을 정초할 수 없음에도 불구하고 그들의 생각을 일반화하기 때문이다. 그러므로 자연과학자는 논리적으로도 대개념부당주연의 오류에 빠져 있고, 더욱이 자신들의 태도에 가치를 부여하고, 실재적인 것과 이념적인 것을 혼동하고 있다. 자연주의는 일종의 유물론적 형이상학이며, 가치 문제와 의미 문제를 인간의 삶에서 배제함으로써 현대 문명의 위기를 초래했다.

또 과학주의는 실증주의를 맹목적으로 확신하고 있는데, 검증이 불가능한 학문의 영역이 있다. 특히 가치 문제와 삶의 의미는 검증될 수 없는 영역이다. 가치 문제를 배제함으로써 과학주의는 의미가 공동화空洞化된 학문의 위기와 인간성 상실의 위기를 초래했다.

후설의 자연주의 비판은 과학의 이상인 엄밀성을 포기하거나 자연과학을 배척하려는 것이 아니라 오히려 단순하게 전제된 자연과학의 방법론의 전제의 한계를 밝히고 엄밀한 학으로서의 철학, 즉 선험적 현상학을 정초하려고 한 것이다.

현상학은 과학적 태도의 익명적 "객관주의"에 선행해서 우리의 구체적인 체험에서 의미의 원천에 대한 재정립을 시도한다. 현상학은 근본적으로 실증주의와 자연과학의 경험적 방법에 기초한 자연주의적인 반反철학적 학문의 확산을 반대한다. 주지하다시피 실증주의는 검증될 수 있는 관념만이 의미가 있다고 주장하며 진리를 일차원적, 외면적 관찰의 측면에서 배타적으로 파악하려고 한다.

현상학은 "사태 자체zu den Sachen selbst"에 대한 구체적 체험에 있는 관념의 근원으로 우리를 되돌아가게 하려고 한다. 그렇다면 현상학은 무엇인가? 이를 위해 다음 II장에서는 현상학의 기조를 살펴보기로 하자.

II. 현상학의 기조

1. 서술의 방향

현상학은 20세기 시작과 더불어 출발한 사상이다. 후설은 1900년 그의 저서 『논리연구』를 가지고 19세기 철학의 위기를 극복하는 돌파구를 여는 데 성공했다. 이 현상학은 처음부터 무엇에 기초를 두고 어디로 나갈 것인가 하는 물음을 열어 놓은 채로 시작되었다. 현상학이 사태 자체에 대한 물음과 탐구를 추구하면서 체계와 정해진 교수 프로그램을 좇지 않았다는 사실이야말로 현상학이 한 세기 지난 오늘날까지 생동하고 있는 근거라고 할 것이다. 현상학은 현상학의 설립자들에게서도 완결된 이론을 제시하는 철학이 아니라 일종의 "작업중인 철학Arbeitsphilosophie"으로 남아 있었으며, 19세기의 세계관의 반목과 세계 구제 방식과는 철저하게 구별되었다. 하이데거는 "현상학 발견의 위대함은 실제로 어떤 결과를 획득했다거나 평가할 수 있고, 비판할 수 있는 결과에 놓여 있는 것이 아니라, 현상학이 철학에서 탐구의 가능성을 발견했다는 점에 있다"[7]라고 1925년에 그의 철학 강의에서 말했다. 그리고 메를로-퐁티Merleau-Ponty도 그의 저서 『지각의 현상학』의 서문에서 현상학을 운동으로 특징짓고 이를 자주 반복해서 언급하곤 하였다. 예컨대 그는 이것을 발자크Balzac, 프루스트Proust, 발레리Valéry나 세잔P. Cézanne의 작품에서 작업되는 것과 같은 것으로 보았다. 요컨대 현상학에는 하나의 기준이 되는 해석 방식이 없다는 것이다. 리쾨르P. Ricoeur는 한 걸음 더 나아가 현상학에 대해서 이렇게 말했다. "현상학은 상당 부분이 후설의 이단자의 역사로 이루어졌다. 창시자의 저술이 보여주는 건조 방식 자체가 어떤 후설의 정통도 있지 않다는 것을 제시하는 것이다."[8] 이러한 언급은 모든 살아 있는 사상이 일직선의 운동으로 묘사될 수 없는 것처럼 현상학은 일직선상의 운동으로 서술될 수 없다는 것을 의미한다고 하겠다.

발덴펠스Bernhard Waldenfels에 의하면 "현상학에 대한 역사적인 총체적인 서술로는 스피겔버크H. Spiegelberg와 첵히S. Zecchi를, 현상학적 철학의 문제 중심의 개관으로는 슈트뢰커E. Stroecker와 얀센 P. Janssen을, 프랑스의 현상학 및 현상학의 국부적 발전 서술에 대해서 그 자신(발덴펠스)의 저서를 대치할 만한 것이 아직 없다"[9]고 공언했다.

문제는 우리가 복잡다단한 현상학에 대하여 불편부당한 서술을 하려고 할 때, 어디에 초점을 두느냐 하는 것이다. 현상학의 기조의 서술은 역사적인 관점에서뿐만 아니라 또한 문화적 · 지역적 다양성도 고려하지 않을 수 없다. 이와 같은 태도는 현상학이 지닌 하나의 철학적 통합 운동Ökumene의 성격을 더욱 부각시키게 된다. 우리는 현상학의 특성을 좀더 나가서 철학과 개별 학문들, 즉 사회학, 정치학, 경제학, 법학 등의 사회과학과, 문예학, 종교학, 신학, 심리학, 정신분석학, 교육학, 언어학 등과 심지어 수학과의 교린交隣, 즉 의사 교환을 충분히 고려하는 데서 찾아볼 수 있다. 다시 말해서 여기서 순수한 철학적 현상학은 단순히 적용 영역으로서의 엄격한 아프리오리즘을 일단 떼어놓고 볼 수 있게 하여 주는 국부적regional 현상학의 성립 가능성을 제시하여 준다. 만일 우리가 이 점을 등한히 한다면 현상학적인 시야는 의도적으로 한정되고, 현상학 탐구의 사실적인 역사는 아주 협소한 것이 되고 말 것이다. 그리고 우리는 현상학과 실존 철학, 해석학, 그리고 해체주의와의 경계를 어떻게 그을 수 있는가 하는 점도 고려하지 않을 수 없다. 그러므로 우리는 현상학의 기조를 성찰하면서 오로지 텍스트의 방식과 방법론의 겉치레만을 추종해서는 안될 것이다. 만일 우리가 현상학의 기조를 성찰하면서 문집의 자구 해석과 주석에만 매달린다면, 그것은 세상 사람들의 조롱거리가 될는지 모른다. 그러므로 필자는 이 논구에서 현상학을 총체적으로 성찰하려고 한다.

2. 현상학의 성립

현상학의 성립 시기는 후설E. Husserl이 독일의 할레 대학에서 사강사로 가르쳤던 1887년부터 1901년 사이라고 보는 것이 무난할 것이다. 물론 현상학이라는 말은 주지하다시피 후설이 처음 사용한 것은 아니며, 고대 철학에서도 사용되었고, 근세 철학에 들어와서도 람베르트J.H. Lambert, 칸트, 피히테, 헤겔, 로체, 하르트만, 마흐E. Mach, 볼츠만L. Boltzmann 등에 의해 학문적인 술어로 사용된 바 있다.[10] 그러나 후설에게서 비로소 이 말은 그 자체를 현상학이라고 선언하는 철학의 중심적인 규정으로 사용되었다. 후설 이전에 사용된 현상이라는 말은 철학적 지식의 단순한 전단계 또는 과학 탐구의 하나의 방법적인 유희 방식으로 사용되었을 뿐이다. 후설은 1900년에 발간된 그의 『논리연구』 제2권 서문에서 기술記述 심리학의 오해를 지적하면서 현상학이라는 말을 언급했고, 1913년에 나온 『이념 IIdeen I』의 제2판에서 다시 이 말을 교정하였다.

현상학이 발생할 때의 상황은 신칸트학파의 강렬한 영향을 받아 철학은 부분적으로 형식적 방법론으로, 부분적으로 하나의 통일 학문으로, 부분적으로 특정한 과학에 의지해서 구제를 받는 것으로 간주되었을 때였다. 그래서 철학은 고유성을 상실했을 뿐만 아니라 삶에 있어서 철학의 중요성까지도 상실했었다. 후설 자신도 수학을 엄밀한 학으로 간주하고, 그의 이력을 수학자로 시작했다. 그는 수학과 논리학을 위한 기반을 찾으려고 시도하면서 기초 학문으로서의 철학을 심리학이 상속하게 될 것이라는 생각에 빠지기도 했다. 그는 논리학의 고유한 법칙성과 윤리학, 미학, 종교학의 타당성을 실재적인 심리적 진행과 조건으로부터 이끌어내려고 시도할 정도로 한때 심리주의에 빠져들었다. 후설의 스승인 브렌타노F. Brentano에게 있어서 현상학은 기술적記述的 심리학을 의미하는 것으로서 곧 심리 현상의 기술을 뜻한다. 그리고 후설의 또 다른 스승인 슈툼프C. Stumpt에게 있어서도 현상학은 감각 내용과 기억 표상들을 그 최종적인 요소들에 이르기까지 심리학적으로 분석하는 것을 뜻한다. 슈툼프는 논리학과 인식론을 이와 같은 방식으로 하여 심리학의 토대 위에 세우려고 했다. 그러나 후설은 이러한 심리학주의를 그의 『논리연구 I』(1900)에서 비판하고, 이어서 『엄밀한 학으로서의 철학』(1911)에서 상대주의에 빠지고 마는 역사주의와 자연주의 및 객관주의적이고 실증주의적인 자연과학을 배격하면서 참된 철학으로서 현상학을 제기했다. 그러면 우선 심리학주의란 무엇인가? 그것은 수학적 사고나 논리적 사고도 인간의 심리 현상이며 이것을 심리학적으로 연구할 수 있으며, 따라서 논리학이 이제까지 모든 과학의 기초였다면 이제부터 심리학이 그러한 역할을 할 수 있다고 주장하는 것이다. 예컨대 "A는 B이다"는 명제와 "A는 B가 아니다"는 두 명제는 모순율에 따라 동시에 참일 수가 없다. 심리학주의는 이 주장의 근거를 "A는 B이다"라고 주장하는 사람이 실제로 동시에 "A는 B가 아니다"를 주장할 수 없다는 심리적 강제성의 느낌에서 찾고 있다는 것이다. 이렇게 논리학의 법칙도 심리적 사실에서부터 증명하려는 것이 심리학주의이다. 따라서 심리학주의는 논리학도 수학도 심리학의 한 부분이라고 주장한다.

후설에 의하면 심리학주의는 의식 작용과 의식 내용 대상을 혼동하는 데서 파생한다. 의식은 언제나 "어떤 것에 대한 의식"으로서 지향적인 의식이며, 이때 의식되는 대상과 의식하는 작용은 그 존재 방식을 전혀 달리하고 있는 것이다. 사실로서의 의식 작용은 시간적으로 생성되고 따라서 인과적으로 규정 가능하나, 의식 내용, 즉 지향적 대상은 초시간적, 객관적인 의미를 가지고 있는 것이다. 따라서 의식 내용은 그것을 의식하는 특정한 주관이나 시간과는 독립하여 자기 동일성을 가지고 있다. 심리학주의는 이를 구별하지 못하고 심리 작용과 거기서 얻어지는 표상이라는 경험적·심리적 사실의 영역을 조금도 벗어나지 못하고 있다. 그러므로 논리적 사고도 경험적인 사고로 간주되고 따라서 논리학의 법칙조차 심리 작용의 법칙이 되고 이것은 결국에 가서 귀납적 방법에 의해 얻어지는 것이 되고 만다. 그러므로 심리학주의는 개연성과 상대성을 면할 수 없게 되고 진리의 상대주의 또는 회의주의에 빠지고 만다.

후설은 심리학주의에 반대하고 브렌타노의 지향성志向性 개념을 도입한다. 브렌타노에게서 지향성은 대상과 의식의 정적靜的 관계에 불과하나, 후설에게서 지향성은 의식이 대상을 형성하는 동적動的 관계를 의미한다. 대상을 대상으로 성립하게 하는 작용이 의식의 지향 작용이다. 그래서 대상은 어디까지나 지향 작용에 의해서 형성된 형성체이다. 형성 작용과 형성되어진 것, 즉 노에시스noesis와 노에마noema가 서로 상관 관계에 있다는 것이 지향적 의식의 근본 구조이다. 다시 말해서 대상은 인식된, 즉 주관에 의해서 형성된 형성체이어야 하며 이것을 가능하게 해주는 것은 노에시스와 노에마의 상관 관계로서의 지향성이다. 후설은 심리학주의를 지양止揚하는 데서 자기의 현상학을 제기하고 대상을 직접 문제삼지 않고 대상을 형성하는 지향성을 분석하고 기술하는 것을 현상학적 태도 내지 현상학의 과제라고 말했다. 이렇게 해서 현상학은 성립되었다.

3. 현상학의 의미

"유럽에서조차도 현상학적 운동의 포괄적인 역사에 대한 입문서가 없었기에 일반적으로 알려지지 않은 이야기의 부분들을 세밀히 조사할 필요성을 느꼈다"[11]고 스피겔버그H. Spiegelberg는 현상학 소개의 어려움을 토로하고, 이어서 "현상학이란 무엇인가?" 하는 물음에 대해 하나의 체계적이고 통일된 정확한 해답을 줄 수 없다고 말했다. 왜냐하면 "현상학자들"은 너무나도 개인주의적이어서 조화된 학파를 형성할 수 없었기 때문이며, 근본적으로 현상학 자체는 다양성을 통해서 나타나기 때문이라는 것이다.

자이페르트H. Seiffert에 의하면, "현상학적"이라는 말은 인간의 생활 세계를 직접적으로 일상적 상황들의 "전반적" 해석을 통해 이해하는 방법을 가리킨다. 따라서 현상학자란 이 생활 세계에 자기의 일상 경험을 통해 참가하며 이 일상 경험을 자기의 학문적 작업으로 평가하는 학자라고 할 수 있다는 것이다.[12]

현상학이 무엇이며 현상학이 무엇을 성취하는가를, 실제로 현상학을 다룬 저자들이 "현상학"이라는 말을 한결같이 언급하건 말건, 우리는 그들로부터 배울 수 있다. 현상학은 이런 경우에 좁은 의미에서 학문론과 철학으로만 문제되지 않기 때문에, "현상학"이라고 불려지는 철학 학파의 역사적 발전을 굳이 다루지 않고서도 현상학의 의미를 실제적인 개별 학문의 작업으로, 단순한 실례를 들어 해석하는 것으로 우리는 마음에 거리낌없이 만족할 수두 있다.

그러므로 우리는 구체적으로 현상학의 의미에 대해서 언급한 몇몇 현상학자들의 견해를 살펴봄으로써 현상학이 무엇이며 무엇을 이룩하려는가를 대체로 알 수 있을 것이다.

후설의 『논리연구』로부터 시작된 현상학은 독일에서는 셸러, 하이데거, 슈타인Edith Stein, 란트그레베Ludwig Landgrebe, 핑크Eugen Fink 등이, 프랑스에서는 사르트르J. P. Sartre, 마르셀Gabriel Marcel, 레비나스Emmanuel Levinas, 메를로-퐁티, 리쾨르, 뒤프렌느Mikel Dufrenne 등, 스페인에서는 오르테가Josè Ortega y Gasset, 이탈리아에서는 반피Antoni Banfi, 파치Enzo Paci 등, 폴란드에서는 잉가르덴Roman Ingarden, 보이틸라Karol Wojtyla, 민코프스키Eugene Minkowski 등, 소련에서는 스페트Gustav Spet, 헝가리에서는 질라시Wilhelm Szilasi, 스위스에서는 빈스방거Ludwig Binswanger, 체코에서는 우티즈Emil Utiz, 파퇴쉬카Jan Patocka 등, 영어권에서는 슈츠Alfred Schütz, 파버Marvin Farber, 케언즈Dorion Cairns, 거위취Aron Gurwitsch, 스피겔버그, 와일드John Wild 등에 이르기까지 현상학은 서양에서 요원의 불길처럼 널리 퍼져나갔고 동양에서도 남미에서도 아니 전세계에서 마침내 철학자들의 주목을 받게 되었다.

앞에서 열거한 학자들은 현상학의 전반적인 이해를 위해서는 경시할 수 없는 중요한 인물들이다. 그러나 많은 견해 차이가 있는 그들 중에서 어떤 학자들의 견해만을 취사선택한다는 것은 대단히 어려운 작업이다. "천의 얼굴을 가지고 있는 프로메테우스와 같다"[13]고 하는 현상학을 대관절 어떻게 올바르게 이해할 수 있으며 어디서부터 착수해야 할 것인가를 우리는 묻지 않을 수 없다.

현상학은 하나의 완성된 체계가 아니라 끊임없이 모색되고 있는 하나의 운동이다. 우리는 현상학 운동에 참여하는 사람들에게서 철학의 위대한 전통을 충분히 이용할 수 있고 또 그렇게 함으로써만 철학적 문제들을 해결할 수 있다는 공통된 확신을 찾아볼 수 있다. 후설 자신이 현상학 잡지[14]를 발간하면서 발간사에서 했던 주장을 근거로 스피겔버그는 현상학적 운동이라는 개념이 적용될 기준을 설정한 바 있다:

a. 모든 지식의 원천이며 최후의 검토로서의 직접적 직관

b. 순수 가능성으로서의 본질적 구조에 대한 통찰, 즉 본질 직관本質 直觀[15]

우리는 이러한 기준 위에서 현상학의 대강을 개략적으로 이해할 수 있을 것이다.

4. 현상학의 방법

현상학의 방법은 간단 명료하게 제시될 수 없다. 현상학자들간에도 방법론적으로 많은 차이가 있을 뿐더러 단지 그때그때의 방법론적인 소견만이 보일 뿐이며, 후설은 그의 철학적 탐구 과정에서 그 방법을 점차로 발전시켰으며 더군다나 현상학적 방법을 총괄적으로 명시해 주지 않았기 때문이다.

대상들은 의식에서 현시되기 때문에 현상학은 의식 내에서 현시되는 현상들에 관한 학이라고도 불려진다. 현상학은 철학의 하나의 독자적 방향으로서 후설에 의해서 정초되었다. 그는 모든 학문의 논쟁의 여지가 없는 엄밀한 학으로서의 철학의 확실한 정초를 얻기 위해 현상학적 방법을 사용했다.

이 현상학적 방법은 이중의 환원Reduktion(또는 괄호를 침*Einklam-merung* 또는 판단 중지*époche*로 표현되기도 한다)으로 제기된다. 그 하나는 형상적形相的 환원eidetische Reduktion으로 불려지는데, 이것

은 우선 자아와 파악하고 있는 작용*Akt*들과 대상들의 모든 실재로부터 벗어나서 단지 그들의 **본질**(또는 형상으로도 표현된다)에서, 특히 본질의 전체적 구체성에서 고찰된다. 두 번째 환원은 **현상학적 환원***phänomenologische Reduktion* 또는 선험적 환원이라고도 불려지는데, 이 환원에서는 이러한 내용들의 의식의 독립성조차도 배제되며 현상과 외부 세계 사이의 모든 관계를 배제하는 것이다. 이 두 가지 환원의 길을 통해서 우리는 선험적 의식에 비로소 도달한다.

현상학은 그 대상들을 단지 대상들로서, 즉 의식의 상관 관계로서만 고찰한다. 순수하지만 결코 공허하지 않은 의식이 잔존한다. 그것은 의식하는 것Noesis과 의식된 것Noema으로 나뉘어진다. 의식된 것, 즉 노에마는 노에시스 속에서는 실재하고 있는 부분으로서 내포內包되고 있는 것이 아니라 대상으로서 노에시스에 의해 구성된다. 그러므로 노에마는 직접적인 본질 직관Wesensschau에서, "본질 발견Ideation"에서 파악될 수 있고 기술될 수 있다. 그러므로 이 경우에 철학은 내재적 의식 형성의 순수한 기술적 본질론Wesenslehre으로 정의될 수 있다. 모든 경험 대상들이 그들의 기저에 놓여 있는 본질성에 의해 규범화되기 때문에 형상적 본질학Wesenswissenschaft이다. 국부적 존재론regionale Ontologie은 모든 경험 과학과 상응한다. 그러나 모든 국부, 즉 대상 영역은 순수한 의식 속에서 정초된다. 이 순수 의식은 진실한 존재이며 절대적 존재이다. 이 순수 의식에 부가된 제일 학문이 바로 철학이다.

(1) 현상학적 환원

우리가 현상학이라고 하는 말을 특정한 학파에 한정하여 사용하지 않고 일반적인 의미로 받아들인다면, 우리는 현상학을 대상 자체를 알기 위하여 모든 선입견과 함께 수반되는 이론으로부터 벗어나 시각을 자유롭게 하고자 하는 노력이라고 말해도 아무도 이의를 제기하지 않을 것이다. 그래서 셸러는 다음과 같이 현상학을 규정하고 있다:

"현상학은 '소여'를 어디에서나 가능한 한 간단하게 선판단 없이 그리고 순수하게 가능한 한 직관에 아주 가깝게 가져오고자 하는 것이다. 그래서 그러한 소여를 현상학적 환원을 통하여 그 본질로 고양시키는 데 있다."[16]

하이데거도 "자기 자신으로부터 자신을 제시함과 같이 자신을 제시하는 그것을 그 자신으로부터 보게 하는 것"[17]을 한마디로 현상학의 일반적 본질이라고 하였다.

우리는 사물이 사물 자체로부터 스스로를 제시하고 있는 본래 그대로의 사물을 이해하지 못한다. 왜냐하면 우리는 사물을 언제나 이미 함께 수반되어 있는 태도와 이론의 테두리 안에서 보기 때문이다. 그러므로 사물을 그러한 사물 자체로 순수하게 보도록 하기 위해서는 참으로 힘든 순화醇化 과정이 필수적이다. 이러한 목적을 위해서 현상학자들은 서술의 특별한 기술記述과 분화된 시각의 기술 그리고 구별의 기술을 전개하였다고 하겠다. 그러므로 사물들이 어디에서 동일하다고 하는 것보다는 사물들이 어디에서 구별되는가를 보는 것이 더욱 중요하다. 이와 관련하여 가이거M. Geiger는 "…로서의 이외는 아무 것도 아님의 원리Prinzip des Nichtsanderes als…"를 말했다. 이것은 세계 극복을 단순화하는 수단이다. 다시 말해서 눈앞에 있는 현상의 특수성을 뛰어넘어 가능한 한, 이전에 알고 있던 어떤 것으로 되돌아가는 것이다. 그래서 특히 여기서는 이론적인 해명에 대하여 바라봄 Schauen의 의미로부터 유래하는 표현이 나타나게 된다.

셸러는 소여된 것을 "가능한 한 직관 가까이에까지" 밀착시키고자 하였고, 하이데거는 그러한 것을 "자기 자신으로부터 보게 하려고 하였으며," 그리고 후설은 이에 대해서 "본질 직관"으로 언급하였다. 그러므로 시각적인 바라봄의 개념들이 바로 그러한 것이었고, 따라서 비유적인 의미에서도 대상의 정신적인 파악에 적용되는 것이다. 바로 여기에 현상학의 본질이 들어 있다고 하겠다. 셸러는 현상학의 특징을 "새로운 철학적 태도로서, 사고의 특정한 방식이라기보다는 '바라보는 의식'의 새로운 기술Techne로서 파악하고 이러한 의식 태도의 지속적인 연습이 필요하다"[18]고 하였다. 왜냐하면 그러한 의식 태도가 자연인에게는 자연스러운 것이 아니기 때문이다. 그러므로 직접적이고 감성적인 직관도 대상의 정신적인 파악도 또한 이해되는 모델로서 기여한다. 이러한 이해의 문제성은 우리가 아직 더 연구해야 하는 영역이다.

앞에서 인용한 셸러의 현상학에 대한 규정에서 우리는 셸러가 현상학적 환원에 대해서 언급한 것에 대해 주목해야 할 것이다. 이 현상학적 환원이 근거하고 있는 것은 소여되고 있는 대상의 실재성 요소로부터, 즉 대상의 "현존재"로부터 도외시되어 있고, 후설이 말하는 것과 같이 "괄호 속에 넣는 것," 즉 "판단 중지"라고 하는 사실에 있다. 셸러는 이를 두고 이렇게 말했다.

"현상학적 환원이란 모든 가능적인 대상의 대상 측면에서… 대상의 우연적인 '지금 여기'에 있는 현존재로부터 도외시되고 또 순수한 내용Was-sein, 다시 말하면 그 본질을 기대하게 된다는 사실에 있는 것이다."[19]

여기서 실재성 요소의 지양으로서 특징지어지는 것과 그와 동시에 "대상을 파악하는 지향적 작용"을 개개인의 정신적·물리적인 생활과의 연관성에서 해결하는 것은 아마도 사물의 도구적 성격을 지양하는 것보다, 또 실천적 교제의 관심 의존도를 지양하는 것보다 더욱 올바르게 이해될 수 있을 것이다. 그래서 그와 동시에 대부분의 현상학자들이 어떤 것을 플라톤화 하면서 "본질" 또는 "이덴Ideen"의 파악이라고 명명하는 것을 우리는 근원적이며, 또 모든 은폐로부터 벗어나 있는 직관보다도 더욱 소탈하게 이해할 수 있는 것이다. 그래서 우리는 그러한 직관을 우리 자신의 연관성에서 직접적으로 받아들일 수 있을 것이다. 이때 현상학자들의 "환원"은 단순히 어떤 것을 도외시하는 것이나 이론적인 차원에서 무효화하는 것이 아니고, 환원이라고 하는 말의 엄격한 의미에서 환원하는 것, 다시 말해서 전체 인간을 그의 근원적인 직관의 힘으로 환원시키는 것이기는 하지만 결코 그 자체로부터 주어지는 것이 아니고, 인간이 비로소 유도하여야 하는 인간의 직관에로 환원하는 것이다. 이것이 본래적인 의도가 파악되어야 하는 협의의 철학적 영역에서 본 현상학의 과제이다.

(2) 본질 직관

현상학적 방법은 한마디로 사태 자체에로*Zu den Sachen selbst*[20]라고 표현되기도 한다. 이것은 후설 자신이 만들어낸 구호가 아니라 하이데거가 그의 『존재와 시간』에서 처음 사용한 후[21] 널리 퍼졌다고 한다. 그러나 후설 자신도 이와 꼭같은 내용의 말을 한 것을 우리는 그의 저서에서 찾아볼 수 있다. 그는 "말의 공허한 분석을 그만두고 우리는 사태 자체를 묻지 않으면 안 되며… 직관으로 돌아가자"[22]고 말했으며, 또한 "우리는 이제 사태 자체에로 돌아가 보자"[23]라고 외치기도 했다. 여기서 사태란 다름 아닌 직관Anschauung 내지 본질 직관을 의미한다. 그래서 현상학은 사실학이 아니라 본질학이라고 말해지기도 하는 것이다. 그러면 직관과 본질은 어떤 의미를 가지고 있는가?

직관이란 추리와 대립되는 개념으로서 사고의 단계 내지 과정을 거치는 것이 아니라 대상을 단번에 파악하는 것을 뜻한다. 따라서 본질 직관도 본질을 단번에 파악하는 것을 뜻한다. 여기서 본질이란 어떤 사물에 있어서 그것의 특수성이나 우연성이 배제된 것으로서 그 사물로 하여금 바로 그것이 되게끔 하는 것, 즉 Washeit(eidos)를 가리킨다. 따라서, 본질은 니체를 떠난 플라톤적인 것이 아니라 아리스토텔레스적으로 개체에 내재하고 있는 것을 의미한다. 그러면 본질은 어떻게 파악되는가? 본질 직관은 우선 순수하게 사물의 본질을 직관하는 데 방해되는 모든 것을 배제해야 한다. 예컨대 첫째로 역사적인 요소들, 즉 종교적·사회적인 전통에서 얻은 일체의 선입관들을 배제하여야 한다. 이것은 역사적인 배제 또는 판단 중지라고도 불려지기도 한다. 둘째로 실재적인 것도 배제되어야 한다. 이것은 실재하고 있는 것의 배제existenziale Einklammerung라고 불려지기도 한다. 다시 말해서 본질 직관은 감각에 의거하는 개별적인, 특수적인 사실을 파악하는 감성적 직관과는 대립하며 또 추리적인 사고도 아니다. 그러므로 본질 직관은 감각 소여나 이성적 추리가 아닌 직관을 통해서 사실이 아닌 본질을 파악하는 것이다. 다시 말해서 대상을 아무런 선입관 없이 자연스럽고 순수하게 관찰하는 방법, 즉 사태 자체를 직관적으로 바라보는 것이 현상학적 방법이며 현상학의 과제이다.

후설에 의하면 이 본질 직관은 어떤 신비스러운 인식 작용이 아니라 우리가 일상적으로 하고 있는 정신 활동이라고도 한다. 후설은 이 본질 직관을 그의 일생 동안의 연구에서 일관되게 견지하였다. 이것은 가장 중요한 현상학의 방법이며 또한 근본 태도이며, 많은 현상학자들이 이를 활용했다.

이 본질 직관을 누구보다도 가장 적극적으로 활용한 철학자가 셸러이다. 그는 윤리학, 철학적 인간학, 종교 철학, 사회 철학(지식 사회학)에 본질 직관의 현상학적 방법을 적용시켰다. 그는 나중에 후설의 엄밀한 이성주의를 거부하고 더 나가서 근세의 합리주의적 인식론의 주관주의를 극복하고 인식의 기능에 있어서의 이분법과 가치의 상대주의를 부셔버리고 마침내 유럽 철학의 위기를 극복할 수 있었다. 그의 20세기의 불후의 명저인 『윤리학에서 형식주의와 실질적 가치 윤리학』과 『인간에 있어서 영원한 것에 관하여』, 『공감의 본질과 형태』는 본질 직관에 의한 "마음의 논리"로 전개되었다. 이것은 한갓 감각이나 이성에 의해 조작되는 것이 아니며 또한 자의적인 감정에 의해 놀아나는 것도 아니며, 그 자신의 아프리오리한 법칙을 가지고 있는 정서적인 직관이다. 이것은 결코 상대적인 감각적 직관이 아니며, 칸트의 아프리오리처럼 어떤 선소여先所與된 감각적인 질료에다 이성의 형식을 부여하는 것이 아니다. 이 셸러의 정서적 직관은 그 자신의 법칙에 따라 작용(활동)하면서 실재 그 자체 속에서 본질을, 즉 본질적 가치를 발견한다. 본질적인 가치는 본질을 파악하는 직관을 제약한다. 그러므로 그것은 무오류성을 가지고 있는 것이다. 이러한 본질적인 가치가 주어져 있다는 것은 후설의 구성된 본질의 타당성과 마찬가지로 증명되지 않는다. 셸러는 그의 본질 직관의 타당성에 대하여 증명하려고 하지 않았다. 왜냐하면 그것은 자명한 것이기 때문이다. 그래서 그는 이것을 단지 기술했을 뿐이다.[24] 이것은 마치 공자의 술이부작述而不作을 방불케 하는 태도이다.

셸러에게는 종래의 철학들에서처럼 인식 주체의 선험적인 오성 개념들이나 경험적인 의식 내용이 문제되는 것이 아니라 살아있는 현실과 그 풍성한 형상과 이에 쏠리는 직관이 문제된다. 그러나 삶의 철학이 삶의 체험에 머물러 있어서 상대주의적이고 비이성주의적인 면을 가지고 있는 것에 반해 현상학은 인간의 **생활 세계**의 본질에 대한 체험 *Erlebnis*을 통하여 하나의 보편적인 철학을 세우려고 했다.

이 체험은 자의적이 아니라 명증적이라고 한다면, 이것은 어떻게 이루어지며, 또 어떻게 우리가 이것을 이해할 수 있는가 하는 의문이

제기될 수 있다. 후설에 의하면, 우리가 일상적으로 취하고 있는 자연적 태도에 대하여 판단 중지를 하게 되면, 우리는 의식 내재적인 세계의 체험을 할 수 있게 되며, 이 의식 안에서의 체험은 충전적充全的이며 필증적必證的인 명증성을 가진다. 본질 직관이 참으로 이루어질 수 있는 곳도 바로 이러한 영역이다.[25]

셀러에게 있어서도 모든 철학적 연구의 기반은 본질적인 것을 직관하는 본질 직관이었다. 그에 의하면 현상학이란 지향성으로 말미암아 구성된 새로운 사실 영역을 현실의 하나의 계층으로서 발견하는 것이며, 귀납법이나 연역법과 같은 하나의 논리적인 사고 방식이 아니라 순수하고 절대적인 사실들을 파악하는 직관의 방식이다. 여기서 "순수하고 절대적인 사실들"이란 자연적인 세계관에 의한 사실들도 아니고 자연과학적인 사실들도 아니다.

자연적인 세계관에 의한 사실들은 감각을 통해서 매개된 사물에 대한 지식들에 근거해서 우리가 일반적으로 말하는 것들이다. 자연과학적인 사실들은 추상성을 통해서, 즉 개념적인 방법으로 대상을 구성한다. 자연과학적인 사고는 구성된 기호들의 조작 속에서 움직인다. 그러므로 현상학적인 순수한 사실들은 이러한 자연적인 세계관에 의한 사실들이나 자연과학적인 사고에 의해 조작된 사실들의 영향을 받지 않는다. 오히려 감각적인 사실들이 현상학적인 사실에 근거하고 있기 때문에 이 순수한 사실들의 자기현현에 따라서 감각적인 사실들이 변화하는 것이며, 현상학적인 순수한 사실들은 모든 조작된 기호 놀이와는 무관한 것이다. 이 현상학적인 순수한 사실들은 그들 자체의 본질 구조를 가지고 있다.[26]

셀러는 현상학적인 환원에서 자연적이고 실증적인 사실들을 후설처럼 괄호 속에 보류하는 것, 즉 판단 중지하는 것만으로 만족하지 않고 현상학적인 방법을 정서적인 영역으로 확장시켰다. 그리하여 후설의 현상학은 셸러를 통해서 하나의 새로운 의미를 가지게 되었다. 셸러에 의하면 현상학적인 환원은 이제 한갓 "배제"나 "괄호 안의 보류"를 뜻하는 것이 아니라 더 나가서 해방을 뜻한다. 다시 말해서 정신적인 직관은 참다운 인식을 방해하는 모든 감성적인 것과 이성적인 것 혹은 일상적인 편견들로부터 해방되는 것을 뜻한다. 한마디로 정신을 흐리게 하는 모든 요소들은 억제되고, 순수한 정신적인 인식으로서의 본질 직관을 완전히 가능하게 하려는 것이다. 그러므로 현상학적인 본질 직관은 순수하고 자연스러운 직관을 방해하는 모든 요소들을 지양함으로써 정신으로 하여금 이념적인 본질 상태로 몰입해 들어가는 것이라고 말해도 좋을 것이다.

셸러에 의하면 순수한 정신적 본질 직관의 가장 높은 단계는 전인적全人的 활동으로서의 사랑이다. "사랑은 모든 것을 통달한다"는 신약성서의 말씀을 셸러는 현상학으로 확인해 주었다. 왜냐하면 사랑에서 가장 직접적으로 인식의 존재론적인 의미가 가장 잘 드러나기 때문이다.[27]

5. 생활 세계(삶의 세계)

모든 과학들은 존재의 근거를 살피지 않고 무비판적인 개념들을 전제하고 있다. 따라서 과학들이 사용하고 있는 개념들은 근원적인 것이 아니며 단지 이차적인 형성체에 불과한 것이다. 이들은 일차적이고 근원적인 전前과학적인 것을 기반으로 하여 이차적으로 나타난 것이다. 후설은 그 근원적인 기반을 생활 세계Lebenswelt(삶의 세계)[28]라고 명명했다.

현상학은 스스로를 드러내는 모든 존재들, 즉 현상들이 구조적으로 거기에 관여하고 있고, 따라서 과학의 개념들이 거기에서 나타나고, 모든 과학들과 법률, 국가, 예술, 종교를 포함하는 모든 정신적인 형성체들Gebilde이 거기에서 나타나는 일차적인 기반으로서의 생활 세계를 다루는 것을 과제로 한다. 생활 세계란 모든 이론과 논리에 앞서서 우리에게 최초로 직접적으로 나타나는 세계이다. 그러므로 생활 세계를 다룬다는 것은 이론과 논리의 세계에 앞서는 선先논리적 세계로 돌아가는 것을 말한다. 다시 말해서 학적, 논리적 세계는 생활 세계의 체험이 추상화되고 논리화된 것이므로 명증성에서 볼 때 생활 세계가 더 근원적이라는 것이다.

그러면 이 생활 세계의 명증이 궁극적 명증을 찾아가는 최후의 기반 내지 종착점이냐는 물음이 생기는데, 이 물음에 대한 대답을 어떻게 하느냐에 따라 선험적 현상학과 생활 세계적 현상학이 나누어진다. 선험적 관념론의 형태를 취하는 고전적 현상학, 즉 선험적 현상학은 그 물음에 대해서 아니라고 대답한다. 왜냐하면 생활 세계는 다시 우리들의 경험, 즉 나 자신의 주관성의 경험에 의해서 결정되기 때문이다.[29] 이 주관성은 자기 속에 갇혀 있지 않고 의식의 지향성에 의해서 생활 세계를 이루며 존재를 구성한다. 따라서 이 주관성은 상호 주관성이 된다.

그러나 이와는 달리, 후설이 그의 말년에 고구하였던 생활 세계적 현상학에서의 생활 세계는 통과점이 아니라 종착점이라고 주장된다. 선험적 현상학이 노에시스 작용에 치중한다면, 생활 세계적 현상학은 질료 쪽에 비중을 더 줄 뿐만 아니라 현상학을 질료 면에서부터 해석하려고 한다. 이것은 선험적 주관의 노에시스 작용에 의해서 구성된 의미 현상으로서의 세계가 아니라, 몸으로 체험된 세계이다. 따라서 이 체험의 주체는 이론적 주관이 아니라 신체를 가진 주관이다. 이 신체적 주관이 직접적으로 체험하는 세계가 바로 생활 세계이다. 이 생활 세계는 논리적 · 술어적 세계에 앞서 있는 이른바 선술어적先述語的 영역이며, 수동적으로 주어져 있는 것이다. 여기서 수동적이란 주관의 능동적인 작용이 없다는 것을 뜻한다. 주관의 조작에 의해서 오염되지 않는 질료, 즉 소재의 영역이 선술어적 영역이다. 이것은 주관이 어떻게 규제하거나 작용할 수 없는 자체적으로 질서를 가지고 있는 소재이다. 따라서 이것의 구성은 미리 주어져 있는 것을 밝힌다는 뜻이 암묵적으로 담겨 있다고 볼 수 있다.

후설이 말하는 생활 세계의 의미를 간추려 보면, 현실의 세계이며, 매개없이 실재적으로 행하는 직관의 세계이며, 명증성의 실재적 원천이며, 우리의 몸으로 체험되는 세계이다. 그 어떤 과학도 이 생활 세계의 본질적 의미를 변경시킬 수도 없고 만들어낼 수도 없다. 이 생활 세계의 본질은 이미 주어져 있는 것으로서 우리가 찾아낼 수 있을 뿐이다.[30]

그러나 이 생활 세계적 현상학에 대한 후설의 사상은 사후, 소위 현상학의 르네상스기인 1950년 이후에 유고가 발표되면서 세상에 알려졌으나 이미 그의 제자들에 의해서, 특히 셸러 등에 의해서 1920년대에 철학의 여러 인접 학문, 예컨대 윤리학, 미학, 사회과학, 문예학 등에서 활발히 논의되었다. 이 생활 세계는 나중에 문화 세계에 적용되면서 초기의 후설의 선험적 현상학과는 다르게 변질되었다는 비판이 일고, 이 점에 관해서는 논의가 분분하기도 했다.[31]

6. 현상학의 영향

우리는 앞에서 우선 20세기 문명 연구에서 현상학의 위상과 현상학 대두의 역사적 배경과 그 원인을 두루 살펴보았다. 근세 서양 철학, 특히 19세기 서양 철학의 세계관은 기계론과 주관주의와 칸트적 인식론의 이분법의 한계와 더 나가서 사실을 왜곡하는 체계 형성의 도구적 합리주의로 말미암아 종내에는 유럽의 학문의 위기를 초래했다. 도구적 합리주의의 비정함과 비인간화에 대한 반발로 생철학 등의 비합리주의가 등장했으며 일부에서는 형이상학의 부흥을 외치며 철학의 재건을 기도하는 분위기가 일면서, 후설 등은 유럽의 학문의 위기를 극복하기 위하여 엄밀한 학으로서의 철학, 즉 현상학적 운동을 일으키기에 이르렀음을 우리는 규명해 볼 수 있었다.

둘째로 우리는 현상학의 철학적 기조의 이해를 위하여 현상학의 성립과 의미, 현상학의 방법에서 현상학의 근본 과제인 현상학적 환원과 본질 직관의 의미를 집중적으로 조명해 보았고, 선험적 현상학에 이어 생활 세계적 현상학의 특성을 규명해 보았다. 본질 직관과 생활 세계는 철학 내에서는 물론 철학 밖에서도 개별 과학에 엄청난 영향을 미쳤다. 현상학적인 방법은 윤리학과 종교 철학과 철학적 인간학의 방법론의 토대가 되었고, 현상학은 나중에는 해석학적으로 변전되어 나가기도 했다.

현상학적 방법은 가치 영역에서는 셀러뿐만 아니라 힐데브란트Dietrich von Hildebrand, 레비나스 등이, 미학에서는 가이거, 우티즈, 콘라드W. Conrad 등이, 문예학에서는 잉가르덴과 뒤프렌느, 바슐라르G. Bachelard 등이, 음악학에서는 안제르메트E. Ansermet 등이, 심리학에서는 팬더A. Pfänder, 베크M. Beck, 베이텐디예크F.J.J. Buytendijk 등이, 법학에서는 라이나흐A. Reinach, 논리학에서는 팬더 및 라이나흐 등이, 의학 분야에서는, 특히 정신의학, 정신(심리)병리학, 심신의학, 정신분석, 의학적 인간학 등에서는 바이츠제커Viktor von Weizsäcker, 빈스방거, 민코프스키, 슈트라우스E. Straus, 사회과학에서는 슈츠, 카우프만Felix Kaufmann 등이, 교육학에서는 랑게펠

트M.J. Langeveld, 보르노O.F. Bollnow 등이, 종교학 및 신학에서는 헤
링Jean Hering, 슈타벤하겐K. Stavenhagen, 오토R. Otto, 레비나스, 틸
리히P. Tillich, 리쾨르 등이, 심지어 수학 및 자연과학에서도 베커O.
Becker, 질라시, 카바예J. Cavaillés, 라우트만A. Lautmann 등이 널리
적용하여 20세기의 학문 발전에 혁혁한 성과를 거두었다.[32]

주

1) 본 논문은 1994년 한국학술진흥재단 학술연구조성비(인문사회중점영역연구)
   에 의하여 지원된 것임을 밝힌다.

2) Max Scheler, *Die Wissenformen und die Gesellschaft* (Gesammelte Werke,
   Bern, 1960), S.257 참고.

3) Norman Machbeth, *Darwin Retried* (London: Gamstone, 1974) 참고;
   David Holbrook, *Further Studies in Philosophical Anthropology* (Avebury:
   Gower, 1988), p.31 참고.

4) 진교훈, 『哲學的 人間學 硏究(I)』 (서울: 경문사, 1982), pp.84-85 참고.

5) Max Scheler, *Schriften aus dem Nachlass, Vol.2. Erkenntnislehre und
   Metaphysik, Gesammelte Werke* 11, Bern, 1979, SS.166-167 참고.

6) E. Husserl, *Die Krisis der europädischen Wissenschaften und die
   transzendentale Phänomenologie* 및 *Die Krisis der europädischen
   Menschentum und die Philosophie, Husseliana Bd.6.* Haag, Martinus
   Nijhoff, 1976 참고.

7) M. Heidegger, 전집 20권, 184쪽.

8) P. Ricoeur, *A Lècole de la phenomenologie*, Paris, 1986. p.156.

9) B. Waldenfels, *Einführung in die Phänomenologie* (München: Fink,
   1998), S.10 참고.

10) H. Spiegelberg, *The Phenomenological Movement*, Den Haag, 1982, SS.6-19.

11) H. Spiegelberg, *The Phenomenological Movement*, vol.I, 1960, 최경호 역, 『현상학적 운동I』, 이론과 실천, 1991, p.19.

12) H. Seiffert, *Einführung in die Wissenschaftstheorie, Bd.2* (München: Beck, 1977), S.28.

13) P. Thévenaz, What is phenomenology?, J. M. Edie(tr. and ed.,), Chicago, 1962, p.37.

14) E. Husserl, *Ideen zu einer reinen Phänomenologie und phänomenologischen Philosophie I*, in *Jahrbuch für Philosophie und Phänomenologische Forschung*(1913).

15) H. Spiegelberg, *The Phenomenological Movement* (Hague: Martinus Nijhoff, 1960), p.6.

16) M. Scheler, Die deutsche Philosophie der Gegenwart, in *Deutsches Leben der Gegenwart*, P. Witkop(hrsg.), Berlin, 1922, S.200.

17) M. Heidegger, *Sein und Zeit*, Halle a.d. Saale, 1927, S.34.

18) M. Scheler, 앞의 책, S.199.

19) M. Scheler, 위의 책, S.199.

20) H. Spiegelberg, 앞의 책, p.5.

21) M. Heidegger, *Sein und Zeit*, S.27 참고.

22) E. Husserl, *Logische Untersuchung*, II/1. S.6.

23) E. Husserl, IdeenI, S.35.

24) M. Scheler, *Philosophische Weltanschaung* (München: Lehnen, 1954), S.10 참고.

25) 명증에 관해서는 한전숙, 『현상학』 (서울: 민음사, 1996), pp.130-149.

26) M. Scheler, *Schriften aus dem Nachlaß*, Bd.II. Bern: Franke, SS.45-49, 93-102 참고.

27) M. Scheler, *Liebe und Erkenntnis*, 전집 6권, *Schriften zur Soziologie und Weltanschauung*, Bonn, Bouvier, 1986, SS.77-98 참고; Kyohun Chin,

Über das Verhältnis von Person und Liebe bei Max Scheler (Wien: Univ. Wien, 1972), SS.66-72 참고.

28) Lebenswelt를 한전숙 등은 "삶의 세계"라고 번역하지 않고, 생철학에서의 삶의 세계와 구별하기 위해 생활 세계라고 번역해서 사용하고 있으므로 이를 따랐다.

29) E. Husserl, *Formale und transzendentale Logik*, Halle, 1929, S.206f.

30) E. Husserl, *Die Krisis der europädischen Wissenschaften und die transzendentale Phänomenologie, Husserliana*, Bd.6. (Haag; Martinus Nijhoff, 1976). 이종훈 역,『유럽학문의 위기와 선험적 현상학』(서울: 이론과 실천, 1993), pp.65-69, 105 참고.

31) D. Carr, "Husserl's Problematic Concept of the Life World," in F.A. Eliston and P.Mc. Cormic(eds.), *Husserl, Expositions and Appraisals*, Notre Dame, 1977, p.210 참고; 한전숙,『현상학』, pp.262-269 참고.

32) Spiegelberg, 앞의 책, pp.151f; B. Waldenfels, 앞의 책, SS.82-119. H. Noack, *Die Philosophie Westeuropas*, Darmstadt, 1974, S.206.

제3장

한국의 근대화 과정과 윤리 의식의 변천[1]

I. 서론

현대 사회는 인간성과 윤리 의식을 상실한 시대라고 개탄하는 사람들이 많다. 현대 사회에서는 인간의 고귀한 가치나 존엄성은 무시되고 금전 만능의 풍조가 만연되어 있고, 엄청난 양의 마약, 알코올이 소비되고 있으며, 온갖 종류의 범죄 등 비윤리적 만행이 늘어가고 있기 때문이다.

근대화 이전에는 전통적인 윤리 의식이 인간 행위의 준거가 되었으며, 도덕적 규범은 수시로 변하는 것이 아니었다. 역사적으로 보면 고려시대는 인과응보와 자비의 윤리가, 조선시대에는 삼강오륜을 기초로 한 유교의 윤리가 모든 행위의 중심 원리였고, 중세 서양에서는 그리스도교의 윤리 의식이 삶의 중심 원리였다. 이러한 현상은 대체로 사회가 큰 변동없이 존속되었고, 대부분의 사회 구성원이 기존의 윤리 의식에 크게 저항감을 느끼지 않았기 때문이었다.

그러나 근대화 과정에서는 상황이 크게 달라졌다. 사회 구조가 급속히 변화하고 있으나, 전통적인 윤리 의식은 사회에 제대로 대응하지 못하고 있다. 전통 의식 속에는 때로는 지양되고 개선해야 할 내용도 부분적으로 들어 있다. 그러나 전통은 대체로 오랜 기간 동안 많은 사람들의 지혜가 축적되고 많은 수정과 보완을 거쳐 이루어진 사회 질서의 근간이다. 그래서 인간은 문화적 존재이며 역사적 존재라고 말할 수 있다.

현대인들은 전통 의식과 단절되어 있다. 전통과의 단절은 윤리 의식에 큰 혼란을 가져다주고 있다. 많은 현대인들은 가치 혼란의 상황 속에 놓여 있다. 그래서 사람들은 무규범 상태에서 즉흥적으로 행동하기도 한다.

우리는 지금 과학 · 기술이 고도로 발달한 시대에 살고 있다. 과학과 기술은 지난 2세기 동안 눈부신 발전을 거듭하여 인간에게 많은 혜택을 가져다주었다. 그러나 과학 · 기술은 윤리적인 반성을 배격하면서부터 인류에게 엄청난 재난과, 특히 인간의 윤리 의식에 큰 타격을 가했다. 기술 그 자체는 자기 반성과 절제를 모른다. 그래서 기술의 발전은 지구의 중요한 자원을 급속하게 소모시키며 마침내는 자연 파괴와 가공할 공해를 초래케 했으며, 인구 집중, 즉 도시화와 공업화를 초래했다. 산업의 고도 성장은 대량 생산 체제를 이룩하였다.

대량 생산 체제는 인간에게 많은 이로운 면을 가져다주기도 하였지만 동시에 여러 가지 부정적인 측면, 많은 해로운 부작용을 초래했다. 가령 공업화는 신속화 · 기계화 · 자동화 · 물량화 · 규격화 · 대중화 등을 요구한다. 대량 생산 체제의 관료제와 기술 지배는 마침내 인간 소외를 가져왔고 아노미 현상을 초래했다.

오늘날 많은 사람들은 호기심이나 말초신경을 자극하는 천박한 잡지 · 만화 등을 읽거나, 또 텔레비전과 비디오 등을 보는 데 많은 시간을 허비한다. 그 결과 현대인들은 정신적 공허감에 빠져버린다. 그래서 올바른 가치 판단력을 잃은 현대인들은 쉽게 각종 대중 매체의 선전에 매혹되고, 황금의 노예로 전락한다. 현대 사회는 날이 갈수록 알코올 중독자, 마약 중독자, 성 범죄자가 창궐한다.

오늘날 사람들은 인간과 동물을 구별하지 않으려고 한다. 유물론적 자연주의는 인간의 생물학적인 측면과 기계적인 물리·화학적 측면만을 문제삼고 마침내 인간을 사물화事物化해 버렸다. 유물론자들은 인간의 고귀한 독자적인 정신 세계를 인정하려고 하지 않는다. 인간의 정신적 산물인 윤리적 세계는 유물론자에게서는 부인된다. 인간은 존엄성과 권위를 잃게 되고, 인간의 행위의 기준이요 중심인 도덕을 잃게 되었다.

그러나 인간은 물질로만 구성된 기계가 아닐 뿐더러 단순히 짐승에 불과한 것도 아니다. 정상적인 인간은 측은해할 줄 알며, 부끄러워할 줄 알며, 사양할 줄 알며, 옳고 그른 것을 가릴 줄 알며, 사랑할 줄을 아는 불변하는 인간성을 가진 존재자이다. 인간은 불편부당한 생각을 할 수 있고, 양심 성찰을 할 수 있는 존재자이다. 시대와 장소에 따라 인간의 삶의 방식은 다양하게 나타날 수 있으나 인간성 자체가 근본적으로 바뀔 수 있는 것은 아니다. 인간은 본성적으로 윤리적 존재이다.[2]

상실된 인간성과 윤리성을 회복하는 길은 짐승처럼 본능적인 욕구에만 매이지 아니하고 인류 공존의 책임과 의무를 통해서 인류의 미래가 열려 있다는 확신을 가지고, 보편 타당한 행위 규범의 형성을 위한 이상과 꿈을 가지고 굳세게 살아갈 때 비로소 가능한 것이다. 현존하는 과학·기술의 부작용에 대한 끊임없는 반성과 비판을 통하여, 또 올바른 대화와 참된 가치 교육을 통한 부단한 계몽을 통하여 우리가 인류의 공존공영과 정의로운 사회 건설을 위해 줄기차게 노력할 때, 우리는 현대 기술 문명의 몰락을 재건할 수 있으며, 인류의 미래에 희망을 가질 수 있다.

사실 우리가 인간을 정신적 존재라고 말할 때, "정신"이라는 말은 자기 억제와 금욕에서부터 나오는 것이다. 그러므로 인간의 정신 생활은 금욕과 불가분의 관계에 놓여 있다. 그래서 우리는 왜 수도자들이 그들의 삶에서 청빈과 정결을 그토록 중요시하는가를 미루어 짐작할 수 있다. 수도 생활이 바로 금욕 생활을 연상하게 되는 이유가 이러한 것에서 연유한다고 말할 수 있다.

인간은 원래 다른 동물들처럼 일정한 자연 환경에 알맞도록 모든 육체적 기관들이 전문적으로 완성되어 있지 않은 상태에서 태어났다. 그래서 인간은 오랫동안 많은 사람들의 지혜가 축적된 문화적 전통을 간직하고 사회 안에서 다른 인간들과의 만남과 자기 반성을 통해서 자기를 완성해 간다. 인간은 그의 삶의 조건으로서의 문화를 끊임없이 새롭게 창조해 감으로써 스스로를 항상 새롭게 창조해 가는 존재이다.[3] 셸러는 이와 관련해서 다음과 같이 말했다.

"인간은 다른 동물처럼 종의 성질을 가지고 확고 부동하게 가지고 있는 존재가 아니다. 자기를 형성하면서 점차적으로 확대되어 가고 있는 세계와의 관계에서 존재하는 개방된 존재이다."[4]

인간은 자기 자신을 창조하는 과제를 본래부터 가지고 있는 존재이다. 그래서 인간은 자연과 문화를 통합한 그의 삶의 주제로서 자기를 완성할 책임이 있고, 생활 환경으로서의 건전한 문화를 창조할 책임을 가지고 있다. 인간은 항상 자기가 이미 만들어 놓은 제도나 기술 등의 도전을 받는다. 그러나 인간이 그의 삶에 있어서 주체로 있는 한 인간은 그러한 도전을 극복할 수 있다.

오늘날 지구의 종말을 고하는 듯한 위기는 인간의 제어를 벗어난 과학 · 기술의 무모한 발전의 결과이다. 이제 과학은 탈가치적인 것일 수 없다. 과학 · 기술은 자연 보전과 인류의 공존공영을 위해서만 사용되어야 하고, 인간의 통제를 받아야 한다. 과학과 기술은 원래 인간의 행복한 삶을 위해서 인간에 의하여 만들어진 것이므로 인간의 삶을 방해하는 과학·기술은 폐기되어야 한다.

이제 우리는 지금까지 등한히 해왔던 전통적 윤리 의식에 대하여 진지하게 숙고하지 않으면 안 된다. 어떤 시대, 어떤 장소에서도 인간의 존엄성과 인격 가치는 절대적 가치이다. 이 절대적 인격 가치는 사랑의 작용에 의해 파악되며, 경외심이 이에 수반된다. 도덕 가치는 이 인격 가치 위에 기반을 둔다. 이 인격 가치가 작용하여 도덕적 질서 속에 근원적으로 선과 악을 규정한다.

윤리학은 삶과 세계에서 무엇이 가치 있는 것인가를 가르치는 것이며, 또 가치 의식을 인간에게 깨우쳐주는 것이다. 참된 가치를 항상 수행하는 사람들이 드물더라도 가치는 엄연히 있는 것이다.

서양 문화는 지금 생명을 상실한 죽은 문화로 비인간화되어 가고 있다. 서양의 철학은 인간과 자연을 분리시키고, 인식하는 주체와 인식되는 대상을 분리시키고 있는 이른바 정신분열증적인 이분법적 사고에 젖어 있다. 우리는 이제 몰락하고 있는 서구 문명에 연연하거나 쫓아다니지 말아야 한다. 우리는 인간과 자연과의 조화를 꾀하고 지知·정情·의義가 하나가 될 수 있는 사고를 할 수 있어야 한다. 그러기 위해서 우리는 이제 근대화 과정에서 부당하게 소홀히 취급되어 온 동양의 전통적 윤리 의식을 이 시대의 징표에 따라 재해석하는 일과 동서양의 윤리 사상의 원융圓融을 도모하는 일을 현대와 미래의 윤리학의 과제로 삼아야 할 것이다.

II. 한국의 근대화 과정

1. 근대화의 의미

근대화란 무엇을 의미하는가? 사전적인 정의에 의하면 대체로 "근대화는 전前근대적인 상태를 벗어난 근대적인 상태로, 또는 후진적인 상태에서 선진적인 상태로 되게 하는 것"이라고 되어 있다. 그러면 전근대적이라는 말은 무엇을 의미하는가라고 반문하면, 근대적이지 못하거나 근대 이전을 의미한다고 되어 있다. 이러한 표현은 동어반복적 표현일 뿐 아무런 내용도 담고 있지 못하다. 어떤 사람들은 전근대적 사회, 예컨대 고대 사회나 중세 사회에서는 인간성과 합리성이 존중되지 않았다고 주장한다. 그들은 전근대적인 사회에서는 고정된 신분 제도나 노예 제도 등에 의한 인간의 차별화를 그러한 주장의 근거로 제시한다. 그러나 소위 근대화 이후, 즉 현대 산업 사회에 들어와서 인간성이 제대로 존중받고 있는가를 되묻는다면, 인간은 누구나 존중받고 살고 있다고 누가 장담할 수 있겠는가?

근대화란 역사학자들의 시대 분류에 의한 것인가? 아니면 전근대와는 내용적으로 차이가 있는 것을 의미하는 것인가? 근대화가 시대 분류에 의한 것이라면, 그 시점은 어떻게 정당화될 수 있겠는가?

1967년에 실시된 설문 조사에 의하면, 한국의 지식인들은 근대화의 개념에 대해 다음과 같이 인식하고 있는 것으로 조사되었다.

"근대화라는 개념에는 다음과 같은 내용들이 포함된다고 합니다. 다음 여러 항목 중 한국의 실정으로 보아 어느 것이 가장 중요하다고 생각하십니까?"라는 설문에 대해서 대학 교수 761명과 언론인 754명이 응답한 것을 보면 다음과 같다.[5]

응 답 란	응 답 률 (%)		
	교 수	언론인	전체
공업화 내지 산업화	29.57	28.91	29.24
국민 생활 수준의 향상	22.60	23.21	22.91
정치 제도의 민주화	7.10	4.77	5.94
민주적 자주성의 확립	8.02	6.90	7.46
중간 계층의 성장 확대	11.30	17.90	14.56
국민 교육 수준의 향상	6.44	5.17	5.81
생활의 합리화와 과학화	13.01	12.20	12.61
기타	1.71	0.40	1.06

여기서 우리는 한국의 지성인들이 근대화를 대체로 경제 성장과 관련시켜 생각하고 있다는 점에 주목하지 않을 수 없다. 예컨대, 국민 생활 수준의 향상, 중간 계층의 성장 및 확대, 생활의 합리화 및 과학화는 바로 경제 성장과 불가분리의 관계가 있을 뿐만 아니라 또한 공업화(또는 산업화)의 결과라고 볼 수도 있을 것이다. 그러므로 시대적인 구분은 논자에 따라 다소 차이가 있겠으나 근대화는 내용적으로 보면 바로 공업화라고 말해도 지나치지 않을 것이다.

한국 사회에서 근대화의 시점은 대체로 갑오경장甲午更張(1984년)으로 보는 것이 한국 사학자들의 일반적인 견해다.[6] 갑오경장은 우리나라가 쇄국에서 벗어나 개항開港, 즉 서구 문물의 자유로운 도입과 공업화를 촉진하는 계기가 되었다. 그러나 한국에서의 근대화는 서구화에 의한 공업화를 의미한다고 볼 수 있기 때문에, 서구화는 전통적인 윤리 의식에 심대한 타격을 가했고 한국인의 윤리 의식에 갈등을 심어주었음에 우리는 유념하지 않을 수 없다.

2. 근대화 과정의 문제점

근대화는 공업화를 통하여 지난 2세기 동안 인간에게 많은 혜택을 가져다주었다. 공업화의 원동력인 과학 기술은 그 동안 전례없는 장족의 발전을 거듭하여 인간에게 많은 혜택을 가져다주었다. 공중 위생, 질병 퇴치, 과학적 영농과 목축술의 발전으로 말미암은 식량 증산, 정보 통신 및 교통의 편리 등은 과학 기술의 발전이 우리에게 가져다준 것이다. 그 뿐만 아니라 국민의 생활 수준과 교육 수준을 향상시켰으며 정치 제도의 민주화와 시민의 자주권을 진작시켰으며 생활의 합리화와 과학화에도 크게 기여했다고 긍정적으로 볼 수도 있을 것이다.

그러나 과학 기술이 탈가치적인 것으로 되면서부터 근대화 과정은 인류에게 예기치 못했던 엄청난 재난도 가져다주었다. 특히 우리의 근대화 과정은 전통적인 윤리 의식에도 심대한 영향을 미쳤다. 우리는 근대화 과정의 문제점을 편의상 공업화 과정의 문제점, 대량 생산 체제의 역기능과 대중 문화의 비윤리성, 현대인의 도피 의식과 전통 의식의 상실로 나누어 살펴보기로 하자.

(1) 공업화 과정의 문제점

역사적으로 볼 때, 18세기 중엽을 전후하여 서구에서부터 공업화 과정이 급속도로 진척되었다. 그때부터 공업화의 물결은 전세계에 파급되었고 오늘날에는 약간의 정도의 차이가 있을 뿐, 공업화는 모든 나라에서 이루어지고 있다. 대체로 공업화, 즉 산업화를 근대화라고 보며, 동양에서는 서구화를 근대화라고 본다.

공업화란 인간이 경제적인 생산 활동을 증대시키기 위하여 동력 장치를 광범위하게 활용하는 기술 과정에 이르는 것을 가리킨다. 이 공업화에는 상품의 대량 생산을 도모하기 위하여 기술 지배technocracy와 이를 뒷받침해 주는 관료적 조직 원리bureaucracy가 뒤따르게 마련이다. 문제는 이 기술 지배와 관료 제도가 탈가치적이라는 것이다.

서양에서는 이미 고대 희랍 시대에 소위 소피스트들에 의해 철학(윤리학)과 과학은 구분되기 시작하였고 철학과 과학 사이에는 분담分擔이 생기게 되었다. 철학은 예지적 원리를 다루고 과학은 구체적인 사실을 다루게 되었다. 이러한 경향은 중세에서 소강 상태를 이루다가 근세에 들어와서 소위 근대화가 되면서 철학과 과학의 연결은 끊어지게 되었다. 오늘날 많은 과학자들은 철학이란 과학과 무관한 것이며 필요 없는 비과학적인 것이며 과학은 모름지기 탈가치적이어야 한다고까지 주장한다.[7]

원래 과학은 기술에서 얻은 유산을 지닌 채 철학과 함께 발전하기 시작한 것이지만, 과학은 철학과 밀착되어 있는 동안에는 이론에 치중하고 기술과는 거의 상호 작용 없이 평행선을 긋고 발전해 왔다. 그러나 18세기에 들어와서 산업 혁명을 계기로 과학과 기술의 관계는 밀착되고, 과학과 철학은 완전히 결별한 것처럼 보이게 되었다.

과학과 기술은 윤리학과 단절되면서부터 인류에게 엄청난 재난과 고통도 가져다주었다. 과학 기술은 이제 우리로 하여금 핵무기의 재앙에 대한 두려움에 떨게 하고 생태학적 위기를 초래하여 인간의 삶의 터전인 자연을 송두리째 파괴하고 있다. 도대체 근대화의 첨병인 기술은 자기 반성과 절제를 모른다.[8]

그러나 우리가 여기서 분명히 해두어야 할 것은 과거나 현재는 물론 미래에도 기술과 관료 조직을 가볍게 보거나 무시할 수 없다는 것이다. 우리가 공업화 과정의 문제점을 다루면서 기술 문명의 부작용을 논할 때 공연히 기술이라든가 관료 조직 사회라는 말 그 자체에 저항 의식을 갖는다면 그것은 크게 잘못하는 것이다. 기술, 제도, 조직은 인간이 필요해서 고안해 낸 것이다. 기술은 인간의 자기 보존을 위한 작업 과정을 거쳐서 자연의 힘을 존중하고 지시하는 활동이다. 그리고 많은 사람들이 한곳에 모여 사는 도시화는 공업화에 잇따라 생겨날 수밖에 없으며 또한 사회적 기능의 합리적 관리와 조정을 위하여 관료적 조직과 제도가 생겨날 수밖에 없게 되어 있다.

그러나 오늘날 기술과 제도는 인간을 위해서 인간의 손에 의해서 직접 다루어지지 않으며, 기계적으로 되어 가고 있다. 인간이 기술이나 제도를 다스리고 부리는 것이 아니라 기술과 제도가 인간을 부리고, 인간이 그것들의 도구로 전락되고 그것들을 섬기게 되어 버렸다. 과학 기술의 무모한 발전은 우리 인간에게 엄청난 부작용을 가져다주었다. 문제는 기술과 제도가 인간의 선한 목적을 위해서만 사용되고 있지 않다는 점이다. 기술과 제도가 인간을 제멋대로 지배할 때 기술 지배와 관료 제도가 유령처럼 등장한다. 이렇게 되면 인간은 그의 본질인 정신 활동을 상실하게 되며, 인간도 물체처럼 이용성과 효율성이라는 관점에서 계량적으로 취급된다. 그러므로 이런 상황에서는 건전한 윤리 의식이 성숙할 수 없게 된다.

현대 사회에서 과학과 기술은 인간의 운명을 좌우하는 지배적 요인이 되고 있다. 이제 과학과 기술은 어떤 사상이나 종교보다도 막강한 힘을 가지고 군림하고 있다. 사람들은 아직도 과학과 기술이 모든 사람들을 위해서 물질적 풍요와 건강과 행복을 보장해 줄 수 있는 것으로 기대를 걸고 있다. 그러나 현대의 과학 기술의 발달은 인류 역사에서 그 유래를 찾아볼 수 없는 엄청난 재난을 그 자체 내에 가지고 있다. 이제 우리는 과학과 기술의 문제점을 몇 가지로 나누어서 살펴보자.

첫째로, 기술의 발전은 지구의 중요한 자원을 급격하게 소모시키고 있다. 식량과 연료 등 중요한 자원의 고갈은 기하 급수적으로 팽창하는 인구 과잉 문제와 더불어 심각한 위기 의식을 던져주고 있다. 콘라드 로렌츠Konrad Lorenz가 쓴『인류의 여덟 가지 대죄악』[9]이나 미도우즈D. H. Meadows, 랜더즈J. Randers 등 미래학자들이 공동으로 집필한『성장의 한계』[10] 및『로마 보고서』와 같은 책을 읽어보면, 인류의 장래는 그렇게도 절망적이고 어두울 수가 없다.

둘째로, 기술의 발전은 도시화와 공업화로 말미암아 자연 환경을 파괴하고 오염시키며 마침내는 생태학적 위기ecological crisis를 초래하도록 만들었다.

자연은 원래 모든 생물이 공존共存하도록 되어져 있다. 자연은 일종의 동적 평형 상태를 이루고 있다. 그래서 자연은 부분적으로는 일시적으로 균형이 깨지지만 자연 자체의 조절에 의해 원상으로 회복되며 전체적으로는 평형 상태가 유지되어 왔다. 따라서 자연의 균형, 즉 평형 상태는 생물이 생존하기 위한 기본 조건이다. 그런데 이 균형이 기술의 무분별한 발전으로 말미암아 파괴되어 가고 있다. 이렇게 인간의 기술에 의한 환경 파괴가 빚은 것이 이른바 생태학적 위기이다.

19세기 후반부터 인류가 사용해 온 석탄, 석유 등의 화석 연료가 내뿜는 연기는 계속해서 대기를 오염시켜 왔다. 산림이 줄어들고 수풀이 줄어들면서 산소량은 급격히 줄어들고 있으며, 반면에 공장이나 자동차 등에서 내뿜는 배기 가스와 인체에 해로운 기체들은 정화되지 못하고 계속 축적되고 있다. 이제 곳곳에서 인간뿐만 아니라 다른 생물들도 숨쉬고 살아가기가 어렵게 되고 있다.

도시의 하수와 공장 폐수, 살충제와 화학 비료는 하천과 바다를 오염시키고 있다. 이제는 하천과 바다에서 많은 종류의 생물들이 멸절되어 가고 있으며 많은 지역에서 음료수가 부족한 실정이다.

카슨Rachel Carson은 그녀의 유명한 책인 『침묵의 봄 *Silent Spring*』[11] 에서 살충제인 DDT가 먹이 사슬을 통해서 종달새를 어떻게 사라지게 하였는가를 무시무시하게 서술하고 있다.

살충제, 플라스틱, 비닐, 온갖 종류의 쓰레기, 핵 폐기물 등은 지구를 온통 쓰레기통으로 만들고 토양을 극도로 오염시키고 있다. 이제 물, 땅, 공기의 오염은 원상 회복이 거의 불가능할 정도에 이르고 있다. 생태계의 순환 및 자연의 균형의 파괴는 지구를 황폐화시키고 있다. 이와 같은 지구의 황폐화와 생태학적 위기는 지금 살고 있는 인류뿐만 아니라 미래를 살아갈 인류에게도 크나큰 위협이며 심각한 문제이다.

셋째로, 기술의 발전은 놀랍고도 무시무시한 무기의 생산을 가능하게 한다. 핵 무기 개발(중성자탄, 유도탄 등), 화학 무기 개발, 레이저 광선을 이용한 무기 등 끊임없는 전쟁의 위협과 이에 대비하기 위한 가공할 군비 경쟁은 한계가 없는 것 같다. 온 인류는 지금 언제 일어날지 예측할 수 없는 핵 전쟁의 망령에 시달리면서 불안 속에 전전긍긍하고 있다.

(2) 대량 생산 체제의 역기능과 대중 문화의 비윤리성

모든 것을 능률적으로 처리하기 위해서는 기술이 요청되고, 공업화 · 기술화가 이루어지려면 신속화 · 기계화 · 자동화 · 분업화 · 물량화 · 규격화 · 대중화 등이 요구된다. 산업의 고도 성장은 도시화(인구 폭발)와 대량 생산 체제를 이룩하게 된다.

대량 생산 체제는 처음엔 인간에게 많은 긍정적인 측면을, 많은 이로운 면을 가져다주었다. 그러나 그것은 동시에 여러 가지 부정적인 측면, 많은 해로운 부작용과 역작용을 인간에게 가져다주기도 했다. 이제 우리는 그러한 부작용들이 인간의 가치 판단, 즉 윤리 의식에 어떤 영향을 미치는가를 간단히 살펴보도록 하자.

신속화는 인간으로 하여금 인간의 본질이라고 할 수 있는 자기 반성이나 자기 비판을 할 시간적 여유를 갖지 못하게 한다. 사람들은 바쁜 나머지 마음의 여유를 갖지 못하게 되고, 자기들의 이웃 사람들에 대하여, 심지어는 자기 자신의 장래에 대하여 심사숙고를 하지 않게 되고, 짐승들처럼 그때그때 충동에 따라 무책임하게 행동하기 쉽다. 아무튼 인간은 모든 일을 신속하게 처리해야 한다는 생각을 하다 보면 지나친 긴장감 속에 살게 된다. 이것은 결과적으로 정신 질환을 유발하는 원인이 되기도 하며 올바른 가치 판단을 할 수 없게 만든다.

기계화는 인간으로부터 자유를 박탈할 수 있는 구실을 만들어 주며, 마침내 인간으로 하여금 기계에 복종하도록 만든다. 그런가 하면 인간도 하나의 기계 부속품처럼 되어버리고, 언젠가는 "나"도 낡은 기계의 부속품처럼 버림받게 되는 것이 아닌가 하는 의구심과 불안감을 갖게 만든다. 기계화는 종합적인 가치 판단의 포기를 의미할 정도로 몰가치적이다.

자동화는 인간을 한갓 도구로 만들어 버리며 무사려한 자로 만든다. 그래서 인간은 자기 일에 책임을 지지 않으며, 그의 본질인 비판 능력을 잃게 된다. 따라서 인간은 자기 반성과 자기 억제를 하지 않게 되며, 짐승보다도 못한 피조물로 전락하며, 종내에는 비합리적인 격정에 쉽게 빠져들며, 폭력을 휘두르게도 되고, 억압되고 감추어져 있던 여러 충동들이 제멋대로 기승을 부리게 되기도 한다. 이를 두고 미체르리히Alexander Mitscherlich는 "인간과 동물의 차이는, 동물은 자동화되어 있으나 인간은 그렇지 않다는 점"[12]이라고 했다. 자동화는 인간의 고유한 자유 의지를 부인하게 되며 따라서 올바른 가치 판단을 하지 못하게 만든다.

물량화(또는 계량화)는 모든 사물을 사용 가치로서가 아니라 순전히 교환 가치로 가늠하는 의식을 인간에게 심어준다. 그 결과 인간도 수시로 필요에 따라 물건처럼 대치할 수 있다는 생각을 갖게 만들며, 인간을 아주 비정하게 만든다. 마침내 인간은 존엄성을 잃게 되고, 자기 정체self-identity를 잃어버리고 만다. 그 결과 인간은 우왕좌왕하다가 급기야는 불안과 우울 속에서 허덕이는 정신병자가 되기 쉽고, 올바른 윤리 의식을 가질 수 없게 된다. 이른바 아노미 현상이 생긴다.

규격화(또는 주물화)는 무생물적인 원자재를 어떤 특정한 모형에 넣고 찍어내거나 만들어내는 것처럼, 인간도 필요에 따라 어떤 틀 속에 박아놓고 찍어내거나 만들어낼 수 있다는 생각을 가지게 해주었다. 그 결과 인간도 상품이나 도구에 불과하다는 인간 경시 풍조를 가져왔다. 특히 관료적인 조직 사회에서는 그 부작용이 두드러지게 나타난다. 여기에 무단 정치가 가세하면 인간의 규격화는 더욱 기승을 부리고 조장된다. 따라서 규격화는 자유로운 가치 판단을 방해한다.

대중화는 인구 집중을 가져온 도시화에 부수적으로 생기는 현상이다. 상품의 대중화는 급기야 개인의 창의성이나 독자성을 무시하게 만들며, 인간을 의존적으로 만들며, 무비판적으로 살게 만든다. 따라서 대중화는 인간으로 하여금 유행에 민감하게 만들며, 되도록 남들처럼 살려고 하게 만든다. 그 결과 인간은 무사려한 자가 되고, 종내에는 자기의 위치와 분수를 잃게 된다. 그래서 대중은 타인 지향형으로 되고, "거리의 사람들"(부랑자)처럼 무책임한 인간이 되고 만다.

오늘날 세계에서 일어나고 있는 집단 폭력은 대중 사회의 대중화에 기인한다. 대중 사회란 대중이 주도하고 지배하는 사회이다. 이 대중성의 본질은 반이성적인 육체적 감성의 욕구를 최대한 충족시키려고 한다. 그래서 저급한 대중 문화가 생겨난다. 따라서 이 대중 문화는 대중이 요구하는 자본주의적 시장 원리와 상품에 가장 잘 부합한다. 그 결과 상품은 감성적 육체의 대중에게는 신으로 추앙되고 배금 사상이 대중 문화를 지배하게 된다. 따라서 대중 문화는 철저하게 물신 숭배적인 유물론의 지배를 받고 이성적인 전통 문화를 배격하고 비윤리적이 되고 만다. 이 대중 문화의 광기야말로 지금 진행되고 있는 현대 문화의 몰락을 재촉하고 있다.

(3) 전통 윤리 의식의 단절과 윤리학적 회의주의의 팽배

사람들은 오늘날 인간과 동물을 구별하지 않으려고 한다. 이러한 사고 방식은 다윈과 헤켈Ernst Haeckel의 진화론과 더불어 스키너B.F. Skinner와 왓슨J.D. Watson 등이 말하는 행동주의behaviorism와 심리학이 이론적 뒷받침을 해주고 있다.

프랑스의 계몽주의자인 라메트리가 『인간 기계*L'homme machine*』(1748)라는 책을 발표한 후, 프로이트 등의 유물론적 자연주의는 오늘날에도 기세가 수그러들지 않고 있다. 아무튼 과학 기술의 발달은 인간과 동물을 구별하지 않는 이와 같은 사고 방식에 큰 영향을 미쳤다.

이른바 자연주의자들은 인간의 생물학적인 측면과 기계적인 물리·화학적 측면만을 문제 삼고 마침내 인간을 사물화해 버렸다. 그래서 그들은 인간의 고귀한 정신 세계를 인정하려고 하지 않는다. 따라서 인간의 정신적 산물인 도덕 세계는 자연주의자들이나 유물론자들에게서는 부인되며, 인간의 본질이라고 할 수 있는 자기 반성과 자기 억제도 부인된다: 그 결과 인간도 약육강식하는 야수가 되어 버리고 "만인은 만인의 적敵"이라든가 "인간은 인간에게 이리"라는 말까지 생기게 되었다. 오늘날 인구 조절이라는 미명 아래 영아 살인이 도처에서 공공연하게 자행되고 있다. "대리 임신"이니 "시험관 아기," "체외 수정"이라는 말도 바로 과학 기술의 산물이다. 따라서 인간은 그의 존엄성과 권위를 잃게 되었고, 인간 행위의 기준이요 중심인 도덕을 잃게 되었다. 결론적으로 사회학적 진화론이나 자연주의는 윤리학적 회의주의를 가져온 중요한 원인이 된다.

과학 기술의 급격한 발달은 인간의 사회 생활에도 극심한 영향을 미쳐 사회는 급변하게 되었다. 그래서 이제까지 사회 공동 생활의 중심이요 근간이던 전통은 무너지게 되었고 삶의 방식도 급변하게 되었다.

우리는 거의 모든 나라에서 전통의 단절 현상을 볼 수 있다. 전통의 단절은 인간의 사회 생활의 기준이 되는 윤리 의식에 큰 혼란을 가져다주었다. 사람들은 오늘날 행위의 규범이나 가치의 기준을 모르고 있으며, 수치라든가 측은해하는 마음이라든가 예절과 같은, 사람으로서 지녀야 할 도덕감에 점차로 둔감해지고 있다. 그래서 사람들은 어떻게 사는 것이 사람답게 보람 있는 삶을 사는 것인지를 묻지 않으며, 짐승처럼 즉흥적으로 행동한다.

전통 의식이란 때로는 지양되어야 할 내용도 있으나, 대체로 오랜 기간 동안 인간의 지혜가 축적되고 절차탁마되어 이루어진 인간에게만 있는 소중한 것이다. 전통은 사회 질서의 근간이므로, 전통의 단절은 인간의 사회 생활에는 치명적인 것이다. 인간의 문화 생활이란 전통에 의거하는 것이다. 그래서 인간은 문화적 존재이며 역사적 존재라는 말은, 달리 말하면 인간은 전통적 존재라는 것을 의미한다. 인간은 학습 존재라는 말도 이러한 의미에서 보면 전통을 배우는 존재라고 말할 수 있다. 인간은 문화를 창조한다. 이 창조된 문화가 전통을 이루고, 인간은 교육을 통해서 이 전통을 배우고 성숙한다. 그렇기 때문에 전통의 단절이란 인간에게는 치명적인 것이다.

도덕은 일조일석에 갑자기 어떤 사람에 의하여 만들어지는 것이 아니라, 많은 사람들의 지혜의 결실이 축적된 전통 속에서 이루어지는 것이다. 어제가 없는 오늘이 있을 수 없고 오늘이 없는 내일이 있을 수 없다면, 인간은 전통 속에서 실존 가능성을 가지고 살아가는 것이다.

과학 기술의 발달이 가져온 전통의 단절 현상은 결과적으로 오늘날의 윤리학에 대한 회의를 초래하게 한 중요한 원인이다.

당위 내지 가치를 묻는 "규범의 학學"으로서의 윤리학에 대한 회의는 이미 고대 희랍 철학의 소피스트 시대에도 있었고, 고대 중국의 제자백가諸子百家 시대에도 있었다. 그리고 어떤 시대에도 혈기방방한 젊은이들은 그들의 행동과 욕구를 제약하는 사회 규범에 반항하기도 하고 회의하기도 한다. 그러나 현대의 윤리학에 대한 회의는 지나간 역사에서 그 유례를 찾아볼 수 없을 정도이다.

오늘날 윤리학적 회의주의는 과학과 예술의 탈가치론과 더불어 창궐하고 있다. 이미 생물학과 의학 같은 자연과학은 물론이려니와 심리학·사회학 등도 자연과학의 방법론을 받아들이면서 가치의 상대주의를 주장하고, 심지어 철학자들까지도 실증주의를 받아들여 가치의 상대론을 펼치고 있다. 특히 신실증주의logical positivism의 영향을 받은 메타 윤리학meta-ethics은 윤리학적 회의주의를 더욱 고무하고 있다.

문화 인류학자들의 주장처럼, 대체로 시대와 문화(권)에 따라 도덕적 신념과 행동 양식이 다르다는 사실에 주목하는 사람들은 가치가 매우 상대적이라고 주장하기도 한다. 섬너W.G. Sumner는 "철학과 윤리학은 풍습의 산물이다. 그것들은 습관에서 나온 것이지 결코 본래적이거나 독창적인 것이 아니며, 이차적이며 파생적인 것이다"[13]라고 말했다. 여기에다가 실증주의자들은 검증 가능성의 원리라는 척도를 윤리적 언사言辭에 들이대고 윤리학 자체에 타격을 가하고 있다. 실증주의건 신실증주의건 간에 실증주의자들은 기계론적인 유물론에 의거하며, 과학 기술의 황당한 진보 신앙에 근거하고 있다. 그러나 인간은 물질로만 구성된 기계가 아닐 뿐더러 한갓 짐승에 불과한 것도 아니다. 인간은 측은해할 줄 알며, 시비를 가릴 줄 알며, 부끄러워할 줄 알며, 사양할 줄 알며, 사랑할 줄 아는 불변하는 인간성Menschlichkeit[14]을 지닌 존재자이다. 인간은 또한 항상 불편부당성Sachlichkeit[15]을 지니고 있으며 양심 성찰을 할 줄 아는 존재자이다.

시대와 장소에 따라 인간의 삶의 방식은 다양하고 다를 수 있으나 인간성 자체가 바뀔 수 있는 것은 아니다. 인간은 본성적으로 윤리적 존재이다.

III. 한국의 근대화와 전통적 윤리 의식과의 괴리

1. 전통적 윤리 의식의 의의

전통 의식은 장구한 세월에 걸쳐서 인간의 지혜가 축적되고 절차탁마되어 이루어진, 인간만이 가지고 있는 소중한 것이다. 전통은 사회 질서의 뿌리이다. 따라서 전통의 단절은 인간의 사회 생활에 치명적인 타격을 준다. 인간의 문화 생활이란 전통 의식에 의거하는 것이다. 그래서 인간은 문화적 존재이며 역사적 존재라는 말은, 달리 말하면 인간은 전통적 존재라는 것을 의미한다. 인간은 학습 존재라는 말도 이러한 의미에서 생각해 보면, 바로 전통을 배우는 존재라고 해석할 수 있다.

인간은 문화를 창조한다. 이 창조된 문화가 전통을 이룩하고, 인간은 교육을 통해서 이 전통을 배우고 성숙한다. 그렇기 때문에 전통의 단절이란 인간에게는 치명적인 것일 수밖에 없다.

도덕은 일조일석에 갑자기 어떤 사람에 의하여 만들어지는 것이 아니다. 많은 사람들의 지혜의 결실이 축적된 전통 속에서 드러난다. 어제가 없는 오늘이 있을 수 없으며, 오늘이 없는 내일이 있을 수 없기에, 인간은 전통 속에서 실존 가능성을 가지고 살아간다.

우리는 오늘날 전통의 단절을 맞고 있다. 전통의 단절은 사회 생활의 기준이 되는 가치 판단에 큰 혼란을 가져다주고 있다. 사람들은 오늘날 행위의 규범이나 올바른 가치의 기준을 모르고 있으며, 즉흥적으로 짐승처럼 행동한다.

과학 · 기술의 급격한 발달은 인간의 사회 생활에도 극심한 영향을 끼쳤고, 사회를 급속도로 변하게 만들었다. 그래서 이제까지 사회 공동 생활의 중심이며 근간이던 전통은 무너지게 되었다. 그러나 더욱 무서운 것은, 문화적 전통과 윤리적 전통 의식을 불합리한 것으로 생각하고 이를 배척하려는 맹목적인 진보주의와 또 전통 의식의 구속을 완전히 벗어나려는 방일放逸한 자유주의적 풍조이다. 이것들은 오늘날 윤리의 위기와 도덕의 몰락을 가져오는 데 결정적인 영향을 미쳤다.

원래 도덕 규범은 전통 문화를 기반으로 하는 것이다. 우리는 현대의 지성인들이 그들의 가치 판단의 정당성을 이성적인 합리성과 효율성에서 찾으려고 하는 것을 볼 수 있다. 그러나 합리성과 효율성은 인간의 행동을 규제할 수 있는 바람직한 가치 판단을 제공해 주지 못한다. 인간의 존엄성, 인간의 생명 가치, 인간의 내면 세계의 숭고함, 사랑, 자비, 용서, 희망, 성실 등은 전통 문화가 우리에게 가르쳐주는 것일 뿐이며, 이러한 정신적인 가치들은 이성적인 합리성이나 실용적인 효율성이 보장해 주지 못한다.

합리적인 사고 방식이나 기술은 악한 목적을 위해서도 봉사할 수 있는 한갓 수단에 불과한 것이다. 따라서 합리적인 과학과 기술은 인류를 멸망시키고 인간을 황폐화시키고 자연을 파괴하는 데 악용될 수 있고, 인류를 구원할 수도 있다. 전통적인 정신 문화를 무시한 현대 지성인의 합리성이란 수단으로서의 합리성에 지나지 않으며, 인간의 행동을 규제하고 인류의 공존공영을 촉구하는 도덕적인 합리성은 오로지 전통 문화와 관련해서만 찾을 수 있다.

도덕적인 규범이 전통 속에서 이루어지는 것이라면, 그 규범의 구속력은 그 전통 문화가 지배하는 일정한 삶의 공동체 안에 제한될 수밖에 없다. 왜냐하면 도덕적인 규범의 구속력은 일정한 삶의 공동체 안에서의 상호 작용과 상호 기대에 의존하기 때문이다.

우리가 전통 문화라고 부르는 것은 대체로 큰 종교를 중심으로 한 불교 문화, 유교 문화, 이슬람 문화, 그리스도교 문화를 생각해 볼 수 있고, 지역을 중심으로 한 인도 문화, 서구 문화, 동양 문화, 아프리카 문화, 중국 문화, 한국 문화, 프랑스 문화, 독일 문화와 여러 민족 문화를 연상하게 된다. 이러한 문화들은 각기 그 나름대로 별개의 특수성을 가지기도 한다. 그러므로 우리가 도덕적 규범을 전통 문화와 관련시켜 그 구속력을 일정한 삶의 공동체에만 국한시킬 때, 그러한 도덕적 규범을 보편화시키는 것은 무리가 따를 수도 있다. 그러나 우리는 여러 문화권들의 밑바닥에는 인류 문화의 공통성이 있음을 찾아볼 수 있다. 예컨대 인간의 생명의 존귀함, 인간의 존엄성, 사랑, 자비, 성실, 희망, 보은, 친절 등의 가치는 확실히 보편적인 성격을 지니고 있다.

어떤 사람들은 도덕적 규범을 전통 문화와 연결시켜 생각하는 것을 비합리적이고, 수구적이며 보수적이라고 매도하기도 한다. 그들은 또 새 술은 새 부대에 담아야 하듯이, 새시대에는 새로운 윤리가 나와야 한다고 주장하기도 한다. 그러나 이러한 생각들은 크게 잘못된 것이다. 인류의 정신사를 살펴보면, 중요하고 의미 있는 모든 개혁과 발전,

위대한 혁명조차도 적어도 그 기본적인 정신은 전통 문화에 뿌리를 박고 있다는 것을 우리는 알 수 있다.

모든 개혁적인 정신 운동들은 언제나 전통 문화 속에 담겨 있는 기본적인 가치들의 새로운 실현을 지향해 왔다. 따라서 인간의 삶에 있어서 어떤 발전과 변화도 그것이 전통 문화에서 단절되면 참다운 뜻에서의 의미 있는 성공을 이룰 수 없었다.

그러므로 인간은 항상 "온고지신"을 되뇌일 수밖에 없다. 예컨대 서양의 헬레니즘, 문예 부흥 운동도 전통을 되살리려는 일종의 복고 운동이며, 어떤 의미에서 종교 개혁도 그리스도의 초대 교회로 되돌아가자는 운동이며, 동양의 성리학, 즉 신유학도 원시 유학의 근본 정신을 바로 찾자는 운동이며, 불교 유신도 마찬가지이다. 그래서 공자님은 술이부작述而不作 신이호고信而好古라고 말씀하지 않았던가? 그러므로 우리는 진정한 의미에서의 전통이란 실존적으로 재발견된 가능성을 현재에 되살려서 체험하는 것을 말한다.

우리는 전통과의 만남에서 도덕적인 자기를 새로이 파악하고 이것을 형성하려고 노력할 때 전통 윤리의 역사적 상대성을 극복할 수 있다.

20세기 대신학자인 불트만Bultmann은 그의 책 『역사와 종말론』에서 "전통과의 만남에 의해 그때그때의 행위가 동기지워지고 거기에서 의욕되고 생각되어야 할 바가 나타난다"[16]고 갈파했다. 하이데거는 "전통의 참뜻은, 전통과 만남으로써 각자의 실존 가능성을 재획득하게 하는 데 있다"[17]고 말했다.

우리는 현대의 도덕적 위기를 극복하고 새로운 도덕을 밝히기 위해서도 우리의 전통 문화 속에 담겨 있고 연면해 오고 있는 도덕적 가치들을 되찾아서 되살려야 한다. 공업화와 민주화를 통해서 우리의 삶의 방식이 크게 변화했고 또 더욱 변화해 가기도 하겠지만, 그래서 우리는 이러한 변화를 한편으로 수용하면서도 우리의 전통적인 도덕적 가치들을 되살려야만 하겠다. 이것만이 우리가 오늘날 당면하고 있는 윤리적 위기를 극복할 수 있는 유일한 방도이다.

우리가 여기서 전통적인 도덕적 가치들을 되살린다는 것은, 전통적인 도덕적 가치들을 새롭게 해석하고 이를 구현한다는 것이다. 따라서 여기서 되살린다는 것은 비현실적인 회고주의를 뜻하는 것이 아니고, 우리의 삶의 목표를 새롭게 추구하고 새로운 삶을 실현하자는 것이다. 물론 전통 의식 중에 어떤 내용은 지금의 우리의 현실에서는 지양되어야 할 것도 있을 것이다. 하지만 여기서 우리가 되살리려는 전통적인 윤리 의식은 단순한 보수와 답습이 아니라, 현대 산업 사회에서의 정신적 혁신을 의미한다. 이것이 바로 윤리를 재건하려는 우리에게 부과된 위대한 과업이 아닐 수 없다.

브루거W. Brugger가 "윤리학은 삶과 세계에서 무엇이 가치 있는 것인가를 가르치는 것이며, 또 가치 의식을 인간에게 깨우쳐주는 것"[18] 이라고 말한 것처럼 우리는 사람들에게 올바른 도덕 교육을 하여야 하며, 이 도덕 교육은 전통과의 만남에서 비로소 결실을 이룰 수 있다.

2. 동서양 철학의 한계와 비판적 고찰

(1) 서양 철학의 한계와 비판적 고찰

인식론적인 측면에서 보면 근세 이후의 서양 철학, 특히 영미 철학에서는 이분법적인 사고 방식이 주류를 이루고 있다. 또 데카르트의 정신과 물질의 구분도 그러하다. 이러한 근세 이후의 서양 철학에서 이분법적 사고 방식이 자연 탐구에 적용될 때 인식하는 주체와 인식되는 대상은 분리된다. 주관과 객관(대상)의 임의적 구분은 대상을 추상화시키고 세분하며, 인간이 대상을 지배하는 원리가 되나, 이런 상태에서는 인간과 자연의 상호 교통은 철저하게 단절되고 만다. 데카르트에 의하면 가장 확실한 것은 "나는 생각한다"는 것이다. 따라서 인간 밖에 있는 자연도 나의 사고를 통해서만 실재를 얻게 되겠고, 존재의 의미도 나의 사고를 통해서만 있는 것이 된다. 그러므로 내가 생각하지 않는다면 데카르트에게서는 존재조차 부인되고 만다. 육체는 자연에 속하며 사고하는 정신만이 참된 실재가 된다. 데카르트의 이분법에 따르면 인간의 주관화와 자연의 대상화(객관화)가 뚜렷하게 구분된다. 인간의 육체를 포함한 자연을 단지 물질로만 볼 때 자연의 착취와 파괴가 쉽게 일어날 수 있다. 자연은 인간의 기획을 수행하는 데 필요한 수단에 불과한 것이 된다. 여기서 우리는 자연에 대한 인간의 오만과 수탈, 혹은 착취의 길이 데카르트의 철학에서 나타나고 있는 것을 볼 수 있다.

바이에르W. Weier에 의하면, 유럽 철학의 근본적 위기는 인간 존재의 상실, 지혜의 상실(독자적인 정신과학의 상실)과 절대 가치의 상실에 있다고 한다. 우리는 이러한 유럽 철학의 위기 극복의 길을 동양 철학 고전의 현대적 해석을 통해 찾아볼 수도 있을 것이라는 희망을 가져볼 수 있다.

1980년대에 들어와서 서양 철학을 전공한 학자들 중에는 단순히 서양 철학자의 사상을 소개하는 것으로 만족하지 않고 좀더 독자적으로 사고해야 할 필요를 느끼기 시작한 철학자들이 나타나기 시작했다. 비록 서양 철학 사상을 소개하더라도 지난날보다는 과감하게 비판적인 태도를 취했다. 이러한 태도는 한국 철학의 창조성 제고를 지향할 수 있는 바람직한 모습이다.

(2) 동양 철학의 한계와 비판적 고찰

"빛은 동방으로부터"라든가 "21세기는 동양의 시대"라는 말은 그 동안 서양 문화 일변도에 대한 반발에서 나온 말이다. 수천 년 동안 살아오면서 터득해 온 동양의 문화 전통은 산업화 과정에서 철저히 무시되어 왔다. 서구의 근대 물질 문명의 위기와 몰락을 극복하기 위해서 그 동안 잊혀져 왔던 동양의 정신 문화로부터 무엇인가를 찾을 수 있으리라는 기대를 건 사람들이 서구보다 더 물질화되려고 기를 쓰고 있는 동양인들에게 자의식을 불러일으키기 위해 지어낸 말이라고 해석해 볼 수 있다.

동양 사상이 만병통치약일 수도 없고, 또 동양 철학도 서양 철학을 하나로 묶을 수 없는 것처럼 하나로 묶을 수 없다. 중국이나 한국의 근대화 과정에서 왜 동양 사상을 배척했는가를 다각적으로 검토해 보아야 할 것이다. 가령 한문을 바탕으로 매개되고 성숙된 동양 철학은 정체된 농경 사회의 가부장적 질서 체계가 중심 사상이었다면, 산업 사회에 들어와서도 그것이 그대로 통용되어야 한다고 주장하는 것은 무리다. 동양 철학은 맹목적인 추종의 대상이 될 수도 없고, 일부 동양 철학의 유아독존적인 태도나 서양 사상의 전반적인 매도나 거부는 불식되어야 할 것이다. 더욱이 동양 철학은 국수주의적 민족주의에 편승하거나 광신에 가까운 호교론적護敎論的 태도를 가져서는 안될 것이다. 사문난적斯文亂賊이라든가 벽사위정사상闢邪衛正思想처럼 특정한 성리학性理學 체계만을 정正으로 보고 그 밖의 모든 다른 사상을 사邪로 단정하는 따위의 편협하고 옹졸한 태도로부터 동양 철학자들은 과감히 벗어나야 함은 물론이다. 윤리학자들은 이론적인 면에서 위정척사衛正斥邪를 논할 수는 있으나 이것이 포용력을 잃고 배타적이 되거나 유아독존적이 되어서는 안될 것이다.

우리는 아직도 동양 철학자들에게서 문헌 연구와 문헌 해석과 비판적인 철학적 사고가 구분되지 않음을 볼 수 있다. 소위 훈장형의 "가라사대"는 논리학에서 보면 사람에 대한 논증*argumentum ad boinem*의 오류를 범하는 것이다. 공자가 어느 책에서 어떻게 말씀하셨고 또 이를 『주자집주朱子集註』에서 어떻게 해석했다는 것 그 자체가 무조건 진리가 될 수는 없을 것이다. 왜 그 말씀을 우리가 진리로 받아들일 수 있는지 그 이유를 밝혀야만 비로소 철학이 될 수 있을 것이다. 여기서 우리는 동양 철학은 적어도 종교적 신념을 사람들에게 강요해서는 안 된다는 점을 분명히 밝혀야 할 것이다. 동양 철학은 이 시대의 징표 또는 시대 정신을 고려해야 하고 변화하는 사회에 걸맞은 새로운 해석을 거듭 모색해야 할 것이다.

철학은 자연과학처럼 필연적인 현상을 다루고 그때그때 검증될 수 있는 내용을 다루는 것이 아니므로 말의 역사성을 고려하고 선행 연구를 주시하다 보면 수동적이고 의존적일 수도 있다. 그러나 철학은 근본적으로 자기를 반성하고 보다 더 창조적이어야 한다. 철학이란 남의 사상을 모방하고 암기함으로써 이룩되는 것이 아니라 독자적인 비판과 반성을 통해 발전하기 때문에 이 점을 특히 동양 철학자들은 고려해야 할 것이다.

한국에서 지금까지의 동양 철학 연구는 중국 철학에 편중되어 왔다. 중국 철학이 곧 동양 철학이 아님은 물론이다. 따라서 동양 철학은 중국 철학 일변도에서부터 벗어나야 할 것이고, 가령 힌두 사상과 이슬람 철학에 대한 연구도 해야 할 것이며, 불교 철학의 경우, 한자로 된 문헌 외에 팔리어와 산스크리트어, 티베트어, 몽고어로 된 문헌 연구도 활발하게 해야 할 것이다.

동양 철학을 전공하는 분들은 고전에 대한 주해와 소개도 해야 하겠지만, 앞으로 이 시대의 징표를 읽으면서도 현실적인 절박한 문제들에 대해, 고전 문헌에서 구체적으로 다루지 않았던 문제들에 대해, 예컨대 생의학生醫學의 문제, 사회 윤리의 문제들에 대해 현실적인 응답을 모색해야 할 것이다.

Ⅳ. 한국의 근대화와 전통적 윤리 의식의 조화

한국의 근대화, 즉 서구화와 전통적 윤리 의식의 조화는 바로 동서 철학의 비교 철학을 통해서 가능하다고 생각된다. 이질적인 문화, 동서 철학의 대화는 견해의 다양성을 지니게 하고, 이것이 우리의 생각을 풍부하게 하는 데 도움을 줄 것이다. 그러므로 우리는 동서 비교 철학 연구가 궁극적으로 위기에 처해 있는 인간과 자연에 대한 심층적 이해를 증진시키며, 이것은 새롭고 바람직한 철학을 창출해 내는 데 결정적인 역할을 할 수 있을 것이라는 기대를 걸어볼 수 있을 것이다.

그러나 동서 철학의 비교 연구는 근본적으로 철학 연구의 출발과 착상이 각기 다르기 때문에 우리는 다음과 같은 점을 충분히 고려해야 한다. 우선 동양 철학자들은 대체로 자연 현상이란 현상과 분리될 수 없는 자체 안에 고유한 원인, 즉 도道의 무한한 변화와 변동에 따라 자연스럽게 일어난다고 생각한다. 그러므로 그들은 서양 철학자들처럼 단순한 자연적 메커니즘의 운동 변화가 자기 밖에 있는 작동자의 촉매에 의해 추진된다는 가정을 할 수 없었다. 그들은 이 자연(세계)을 움직이는 원동력을 자연 자체로부터 분리시키는 이분법적 사고를 거부했다. 세계의 질서, 자연의 질서는 그들에게서는 자연에 내재하고 있는 것이었다.

우리는 동양 언어의 특수성이 동양 철학자들의 사고에 미치는 묵시적 영향력을 고려해 보지 않을 수 없다.

어형語形 변화를 통해 동사의 주어와 목적어가 명백히 구별되고 능동태와 수동태의 표현이 가능한 언어를 가지고 있는 서양 철학에서는 행위자와 행위의 대상 사이에서의 대립과 구분이 생기며, 엄격한 개념 규정이 형성될 수 있고, 능동적으로 활동하는 정신과 수동적으로 주어진 물질의 구분 등이 용이하다.

그러나 한문에서는 어떤 말을 겨냥한 언명이 있는 경우, 그 말이 주어가 된다. 그리고 주어, 동사, 보어를 연결해 주는 어형 변화의 확정된 형식, 즉 어떤 문법적 어형 변화에 의한 필연적인 연결 관계가 없다. 한문으로 된 문장에서는 일반적으로 비인격적(또는 비인칭적인) 색채가, 가능한 한 인칭적 표현 형태가 적게 나타난다. 동양인들이 상상하고 있는 바에 의하면 자연의 운행은 비인격적이며 인간의 주관적 의지와는 무관한 것이며 인간을 포함한 모든 만물에게 똑같이 공평무사하다. 하늘, 즉 자연은 무심하게 움직일 뿐이다. 한문의 낱말들은 고정불변하는 추상이 아니라 변화 율동dynamic하는 관념들을 제시한다. 이 율동적 관념들은 상보적인 대립과 상호 작용을 통해서 그때그때 규정될 뿐이다. 그러므로 낱말을 고정시키고 동일률同一律과 모순율矛盾律에 의거하는 서양의 형식 논리학은 동양에서는 발전할 수 없었다. 그래서 서양 사람들은 동양인들에게는 논리가 없다고 질타한다. 그러나 동양에서는 "수학적 논리"가 발달되지 못한 대신에 "마음의 논리"가 발달해 있다.

서양 철학은 일정한 문법적 기능들에 의해 제시된 의미들과 상당한 연관을 가지고 있고 보편 타당한 범주들에 정초하고 있다. 서양의 철학적 작업은 추상과 고정 불변한 개념들을 통해 진행된다.

서양 언어는 감각적 세계, 즉 현상 세계의 항상 불안정하게 변하고 있는 모호하고 다양한 현상들과, 이러한 감각적 세계들과 구분 독립되어 있는 "영구 불변하는 관념적 실재의 존재"들 간의 구별을 사람들로 하여금 쉽게 믿게 만든다.

장 피에르 베르낭Jean Pierre Vernant에 의하면 "희랍 철학자들의 세계는 존재와 생성le devenir, 지성적으로 파악되는 것l'intelligible과 감성적으로 느껴지는 것le sensible 사이의 근본적인 이분법을 제시하고 있다. 희랍 철학자들은 단지 반명제적反命題的 술어들간에 존재하는 일련의 대립 관계만을 제시하며 선명한 대조를 이루고 있는 이들 대립 개념들은 개념의 짝으로 분류되어 이율배반의 완전한 체계를 이루며 상호 배타적인 실재들의 두 측면을 나타내고 있다. 한쪽은 존재, 일자—者, 불변不變 등 정확하게 확정된 인식의 영역이고 다른 쪽은 생성生成, 다수多數, 불안정不安定 등 부정확하고 유동적인 생각의 영역이다.[19]

그러므로 우리는 앞에서 살펴본 동서 철학의 근본적인 차이를 무시하고 평행 상태에서 비교하는 것은 삼가해야 할 것이다. 지금까지의 동서 비교 철학이 서양 철학의 관점에서 이루어진 면이 많다면 이제는 동양 철학의 관점에서 서양 철학을 비판하고 검토할 수도 있어야 함은 물론이다. 동양의 전통적 윤리 의식은 근본적으로 심心과 정情에서 이루어진다. 따라서 우리는 마음과 느낌에 대한 이해와 통찰을 통해서 동서 철학의 해후와 현대의 윤리적 제문제에 대한 전통 윤리 의식의 재해석을 시도해야 할 것이다.

V. 결론

그렇다면 2000년대의 한국 철학은 어떤 지평에서 형성되어야 하는

가? 이제 우리는 2000년대의 한국 철학의 창조성 제고를 위한 지성의 방향을 구체적으로 모색해 보기로 하자.

한국 철학의 창조적 연구는 독특하고 특징적인 한국적 요소를 발견하는 길을 고집하는 데 있는 것이 아니다. 그것은 자칫 잘못하면 편협한 국수주의를 낳을 수 있다. 한국 철학은 한국 민족의 정체正體와 그 사상思想을 오늘날까지 역사적으로 존속시켜 온 언어와 관습과 규범 등 전통적 문화 의식을 떠나서는 찾을 수 없다. 그러나 한국 철학은 가능한 한 민족적, 문화적, 역사적 한계를 초월해서 범세계적인 문화 의식의 보편성에로까지 고양되어야 할 것이다.

한국 철학의 중요 과제는 이땅에서 오늘날 문제시되고 있는 문제들에 대해서 철학적 문제 의식을 가지고 철학적 응답을 진지하게 모색하는 것이다. 어떤 철학적 사유의 대상이 되는 문제이든지 간에 동서를 막론하고 그 문제를 가지고 진지하게 사유했던 철학자와 대화를 나누고 같은 사색의 지평에서 함께 생각을 나누는 것이 우리에게는 긴요하다. 따라서 동양 철학이니 서양 철학이니 함부로 갈라놓을 것이 아니라 철학적 사유의 근본 문제의 해명에 대해 도움을 줄 수 있는 것이라면 어떤 색채를 띠고 있건 간에 제한을 가하지 말고 열린 마음으로 우리는 이를 널리 수용해야 할 것이다.

어떤 철학의 문제는 수학적 논리만으로 설명될 수 없고 마음의 논리에 의해서만 비로소 이해될 수 있기도 하다. 따라서 수학적 논리성이 결여되었다든가 비합리적이라든가, 언어 구사가 비과학적이라든가 하는 따위의 비판을 동양이나 서양의 신비 사상에다 퍼붓고 이 중요한 철학적 문제를 배척하는 따위의 짓은 삼가해야 할 것이다.

우리는 외국 학자의 이론을 연구하고 수용하는 데 있어서 동서 철학을 막론하고 우리의 현실에서 절실한 적실성適實性, relevance이 없는 직업적인 철학 교수들의 강단 철학을 이제는 지양해야 한다. 특히 서양 철학사 중심의 철학 교육에서부터 우리는 벗어나야 한다. 그리고 대학에서의 철학 교육은 구획주의compartmentalism에서부터 벗어나야 한다. 이 구획주의는 지나친 전문성을 가져오고 폭넓은 대화를 차단한다. 한국의 철학자들은 이제 타학문과 대화할 수 있어야 하며, 다른 학문들의 기초와 방향에 대해 비판할 수 있어야 한다. 한국 철학자들은 좁은 의미의 순수 철학만을 고집할 것이 아니라 응용 철학 ─ 예컨대, 의철학醫哲學, 생물 철학, 법 철학, 정치 철학, 경제 철학, 교육 철학 등 ─ 에 대해서도 관심을 가져야 할 것이다.

철학은 현실과 대응하면서 연구되고 파악될 수 있다. 동양 문화의 최고 이상을 자연과 인간의 조화, 인간과 인간의 협화(협동)와 자연 보전이라고 할 수 있다면, 동양 철학의 근본 과제도 현실에서 자연과의 관계, 자기와의 관계와 타인과의 관계를 밝히는 것이라고 말할 수 있을 것이다. 그렇다면 이제 한국의 철학도 방법론만을 가지고 논할 것이 아니라 본래적인 철학의 근본 문제에 대한 현실적인 응답을 가능한 한 독자적으로 제시할 수 있어야 할 것이다.

이제 우리는 왜 철학을 연구하지 않으면 안 되며 도대체 철학을 연구하는 목적이 무엇인지를 묻고 이 목적으로부터 한국 철학의 창조성 제고를 위한 지성의 근본 방향을 끄집어내 볼 수 있을 것이다. 우리는 여러 가지 이유로 철학을 연구할 수 있을 것이다. 서양 철학자들의 관점에서 보면 일반적으로 현대 철학의 근본 과제는 전통적인 서구 철학의 과제들; 인식론, 윤리학, 종교 철학, 형이상학, 논리학과 특히 금세기에 활발히 논의되는 세계 및 사회가 무엇이냐는 물음에 대한 응답, 즉 사회 철학과 또 언어의 분석과 의미를 천착하는 분석 철학 등을 생각해 볼 수 있겠으나 필자의 생각으로는 이러한 서양 철학은 합리성과 수학적 논리의 전개에 주안점을 두고 있기 때문에 새로운 21세기 철학을 위해서는 접근 방식이 달라야 한다고 생각한다. 이미 서양에서도 합리적 사고의 한계를 지적하고 비합리적 사고의 중요성을 제기하는 학자들이 속출하고 있다. 우리는 새로운 철학의 방향을, "느낌"을 바르게 해석하는 데서 찾아볼 수 있다고 본다. 느낀다는 것은 우리에게서 가장 직접적이면서도 근원적인 것이며, 느낌 속에서 우리는 주객미분主客未分의 통일과 만유일여萬有一如의 신비를 깨달을 수 있다.

원래 공동체의 정신은 너와 나의 구분이나 합리적인 이해타산을 초월하는 정감(느낌)으로만 이루어질 수 있다. 이웃, 마을, 인격 공동체라는 말은 유대감으로 이루어지며 인간 관계의 질서는 근본적으로 정감을 위주로 유지되고 해소된다. 동양의 전통 사상에서 중시해 온 효제孝悌는 공동체 안에서 자연스럽게 우러나오는 느낌의 행위이다. 효가 가정 안에서의 느낌의 행위라면, 제는 밖으로 확대되어 나가는 생활 공동체 안의 관계 질서를 선도하는 느낌의 행위이다. 자연과 인간의 궁극적인 하나됨도 느낌 속에서만 가능하다.

그러나 이 중요한 느낌의 문제는 지금까지 대부분의 철학자들에 의해서 거부되거나 외면되어 왔다. 현대인들에게는 물질 생활의 한없는 욕구를 충족시키려고 노력하는 것보다 정서 생활의 안정이 더 중요하다. 현대 물질 문명의 몰락으로부터 도덕을 회복하는 길은 인간의 욕망을 절제하고 안분지족安分知足, 절용애물節用愛物과 수분지족守分知足, 안빈낙도安貧樂道에서 찾을 수 있을 것이다. 이것은 합리성으로는 파악되지 않으며 지知, 정情, 의意가 합일된 정신의 모색에서 비로소 가능할 것이다.

한국인은 원래 정감이 풍부하다. 원래 가치란 가치감에서 발생한다. 성스러운 가치는 거룩한 감정에서 나오며, 도덕 가치는 도덕감에서 나오며, 미적 가치는 아름다운 느낌에서 나온다. 이러한 가치감은 초합리적인 것이다. 연대 의식도 원초적으로 연대감에서 나온다. 그러므로 우리는 이 느낌의 해명을 21세기 한국 철학의 창조성 제고를 위한 구체적인 지성의 방향으로 잡을 수 있을 것이며, 또한 동서 철학의 화해의 길잡이로 삼을 수 있을 것이다.

주

1) 본 논문은 한국국민윤리학회 편,『국민윤리연구』, 1997, pp.478-500에 게재된 글이며, 또한 필자의 화갑기념논문집인『윤리학과 윤리 교육』(서울: 경문사, 1997), pp.105-131에 실린 글임을 밝힌다.

2) 진교훈,『과학 기술의 발전과 윤리』,『정신문화연구』, 통권 133호, 한국정신문화연구원, 1987, pp.63-74 참고.

3) 진교훈,『哲學的 人間學(I)』(서울: 경문사, 1982), pp.191-193.

4) Max Scheler, *Die Stellung des Menschen in Kosmos*, München, 1947, S.65.

5) 홍승직,「경제발전과 사회의식」,『한국의 정치발전과 경제발전』, 세미나 시리즈 Vol.3. No.1. 아세아정책연구원, 1977, pp.23-46 참고.

6) 천관우,「갑오경장과 근대화」,『思想界』, 1954, 12월호; 이기백,『國史新論』, 대성사, 1961, pp.308-316.

7) L.W.H. Hull, *History and Philosophy of Science* (London: Longmans, 1959) 참고.

8) John Passmore, *Man's Responsibility for Nature* (London: Duckworth, 1980), pp.3-27 참고.

9) Konard Lorenz, *Das Sogenannte Böse, Zur Naturgeschite der Aggression*, Wien, 1963.

10) D.H. Meadows, D.L. Meadows & W.W. Brehrens, *The Limits to Growth* (London: Pan 1972).

11) Rachel Carson, *Silent Spring* (Boston: Houghton Mifflin, 1962).

12) A. Mitscherlich, *Die Unfähigkeit zu trauern, Grundlagen Kollektiven Verhaltens*, München, 1968, S.86ff.

13) W.G. Sumner, *Folkways*, (Boston: Ginn), p.38.

14) K. Löwith, *Gesamtwerke I*, Stuttgart, 1960, S.161 참고.

15) Hans-Eduard Hengstenberg, *Grundlegung der Ethik*, Stuttgart, 1969, S.33-55.

16) Rudolf Bultmann, *Geschichte und Eschatologie*, Tübingen, 1958, S.162.

17) M. Heidegger, *Sein und Zeit*, Tübingen, 1960, S.386.

18) Walter Brugger, *Philosophisches Wörterbuch*, Freiburg, 1953, S.87.

19) Jean-Pierre Vernant, *Les Ruses de L'intelligence; la metis des Grecs* (Paris: Flammrion, 1974), p.11.

제 4 장

보편적 가치 윤리학의 재구성과 가치관 교육[1]

I. 서론

전통 문화와 전통적인 도덕이 존중받고 사회가 안정되어 있었던 시대와 동일한 문화권 안에서는 옳고 그른 행위를 판별하는 가치 문제는 분명한 기준을 가지고 있었다. 대부분의 사람들은 흔쾌히 그러한 가치 판단의 기준에 동의했다. 이러한 가치 판단의 기준에 동의하는 사람들은 도덕 규범의 당위성에 대해, 가치관 교육의 목표에 대해 확신을 공유할 수 있었다.

그러나 오늘날 급격한 사회 변화에 따라 상대주의적이고 회의적인 사고 방식이 횡행하게 되자, 기존 가치관의 기준에 대해 이견이 속출하고 가치 교육은 상대주의에 젖어 버렸다. 그래서 현대인은 사회적 아노미 현상과 비인간화와 더불어 도덕적 무관심 내지 불감증이라는 수렁에 빠져 허우적거리고 있다. 오늘날 한국에서 가치관 교육은 학교에서도 가정에서도 무시되고 있다. 특히 학교 교육은 입시 위주의 기능주의적 교육에 밀려 반사회적, 비도덕적 인간을 양성하는 기관으로 전락하고 말았다.

인생의 의의는 참된 가치를 실현하는 데 있다. 사람답게 산다는 것은 참된 가치를 실현하는 것이다. 그러므로 교육의 근본은 사람으로 하여금 사람답게 사는 길을 안내하고 참된 가치를 가르치는 데 있다. 이것이 바로 가치 교육 내지 전인 교육의 근본 정신이다.

현대인, 특히 오늘날 한국인의 가치관은 매우 혼란되어 있다. 많은 사람들은 전통적인 가치를 불신하고 있으며 절대적인 가치가 존재할 수 있다는 것을 의심하며 상대주의적인 가치관에 빠져 있다. 이러한 현대 한국인의 가치관 혼란의 원인은 다각도로 검토될 수 있으나, 산업화를 통한 무규범anomie 상태의 극대화, 윤리적 회의주의 및 가치 상대주의의 발호를 그 대표적인 것으로 들 수 있다. 따라서 우리는 이러한 가치관의 혼란과 가치 회의주의를 극복할 수 있어야 하며, 이것은 그 어떤 것보다도 절박한 문제가 되고 있다.

사람들은 오늘날 참된 가치와 그릇된 평가를 판별하지 못하고 가치라는 말을 자의적으로 사용한다. 그래서 교육의 근본과 목적이 애매하고 모호하다. 교육을 탈가치적인 과학이나 기술 습득으로 간주하는 사람들도 많다. 이제 우리는 무엇이 영원한 참된 가치인가를 밝힐 수 있어야 하며 상대적이고 도구적인 가치 지향에서 벗어나 절대적이고 객관적인 가치 윤리학의 재정립과 올바른 가치관 교육 내지 인간화 교육의 방향 정립을 분명히 할 수 있어야 하겠다.

가치관 혼란을 극복하고 바람직한 가치관 확립을 위해 노력하고 있는 것은 동·서양의 공통된 관심사이다. 사람들은 현재 한국 사회의 가치관 혼란이 극심하며 무엇인가 잘못되었으므로 변화되고 발전되어야 한다는 점에 대부분 동의하고 있다. 그러면 그것은 어떻게 변해야 할 것인가?

가치의 문제는 인간적 삶의 질과 관련된 문제이기 때문에 윤리학, 교육학, 경제학, 정치학 등 제학문의 학제적 접근을 통한 체계적 분석이 요구된다. 따라서 이 논문은 최근 학계뿐만 아니라 사회 각 분야에서 활발히 논의되고 있는 도덕성 상실과 가치관 정립의 문제를 윤리학적인 관점에서 심층적으로 탐구해 보고자 한다. 특히 필자는 가치 상대주의나 절대적 윤리에 대한 회의주의를 극복하고 절대적인 가치 윤리학의 재정립이 시급하다는 인식을 가지고 있으므로 현상학적 가치 윤리학에서 강조하는 가치의 본질 이해와 가치감의 문제를 다루고 이를 가치 교육에 접목시켜 보고자 한다.

이 논문은 다음과 같은 내용으로 요약될 수 있다. 이 논문에서는 먼저 현대인의 가치 혼란 및 상실을 가져다준 원인으로서 급격한 산업화와 아노미 현상, 가치 상대주의 및 윤리학적 회의주의에 대해 살펴보고 절대적 가치 윤리학의 정초의 당위성을 도출하고자 한다. 특히 절대적 가치 윤리학의 정초를 위해 인간의 존엄성 및 절대적 가치 이론의 재정립을 강조하는 현상학적 가치 윤리학의 이론을 원용하여 가치의 본질과 가치감價值感의 문제를 다루고자 한다.

그리고 나서 한국 사회가 당면하고 있는 가치 전도 현상을 극복하기 위해서는 절대적인 윤리적 가치의 재정립이 요구되는 바 보편적 · 윤리적 가치의 재정립 그리고 양심론 부활 등이 갖는 타당성의 문제 등을 규명해 보고 이것이 한국 사회의 가치관 교육(윤리 교육)에서 어떻게 구현되어야 하는지를 살펴보고자 한다.

결국 이 논문에서는 보편적 가치 윤리학의 재구성과 학교 및 사회에서의 가치관 교육의 확립에 대한 심층적인 논의를 중심 과제로 삼는다.

II. 현대인의 가치관 혼란의 원인

1. 산업화와 아노미 현상

(1) 산업화 과정의 문제점

역사적으로 볼 때, 18세기 중엽을 전후하여 서구에서부터 산업화 과정이 급속도로 진척된다. 그때부터 산업화의 물결은 전세계에 파급되고, 오늘날에는 약간의 정도의 차이가 있을 뿐, 공업화는 모든 나라에서 이루어지고 있다.

공업화란 인간이 경제적인 생산 활동을 증대시키기 위하여 동력 장치를 광범위하게 활용하는 기술 과정에 이르는 것을 가리킨다. 이 산업화에는 상품의 대량 생산을 도모하기 위하여 기술 지배와 이를 뒷받침해 주는 관료적 조직 원리(관료 제도)가 뒤따르게 마련이다.[2]

그런데 우리가 여기서 분명히 해두어야 할 것은 과거나 현재는 물론 미래에서도 기술과 관료 조직을 가볍게 볼 수 없다는 것이다. 우리가 현대 기술 문명의 발달의 부작용을 논할 때도 공연히 기술이라든가 조직 사회라는 말 그 자체에 저항 의식을 갖는다면 그것은 크게 잘못하는 것이 된다. 기술, 제도, 조직 등은 인간이 필요해서 생각해 낸 것이다. 인간이 자기 자신의 부족한 점을 보완하기 위하여, 자기 보존을 위하여, 작업 과정을 거쳐서 자연의 힘을 조정하고 지시하는 활동이 바로 기술이다. 그리고 많은 사람들이 한곳에 모여서 사는 도시화가 산업화에 잇따라 생기면서 사회적 기능의 합리적 관리 조정을 위하여 관료적인 조직과 제도가 생겨날 수밖에 없게 되었다.

그러나 오늘날 기술과 제도는 인간을 위해서 인간의 손에 의해서 직접 다루어지지 않으며, 기계적으로 되어 가고 있다. 인간이 기술이나 제도를 다스리고 부리는 것이 아니라 기술과 제도가 인간을 부리고, 인간이 그것들의 도구로 전락되고, 그것들을 섬기게 되어 버렸다. 과학 기술의 무모한 발전은 우리 인간에게 엄청난 부작용을 가져다주었다. 문제는 기술과 제도가 인간의 선한 목적을 위해서만 사용되고 있지 않다는 점이다. 기술과 제도가 인간을 제멋대로 지배할 때 기술 지배와 관료 제도가 유령처럼 등장한다. 이렇게 되면 인간은 그의 본질인 정신 작용(사고 및 비판 능력)을 상실하게 되며, 인간도 물체처럼 이용성과 효율성이라는 관점에서 계량적으로 취급된다.

(2) 대량 생산 체제의 역기능

모든 것을 능률적으로 처리하기 위해서는 기술이 요청되고, 기술화 산업화가 이루어지려면 신속화 · 기계화 · 자동화 · 분업화 · 물량화 · 규격화 · 대중화 등이 요구된다. 산업의 고도 성장은 도시화(인구 폭발)와 대량 생산 체제를 이룩하게 된다.

대량 생산 체제는 처음엔 인간에게 많은 긍정적인 측면을, 많은 이로운 면을 가져다주었다. 그러나 그것은 동시에 여러 가지 부정적인 측면, 많은 해로운 부작용과 역작용을 인간에게 가져다주었다. 이제 우리는 그러한 부작용들이 인간에게 어떤 영향을 미치는가를 간단히 살펴보기로 하자.

신속화는 인간으로 하여금 인간의 본질이라고 할 수 있는 자기 반성이나 자기 비판을 할 시간적 여유를 갖지 못하게 한다. 사람들은 바쁜 나머지 마음의 여유를 갖지 못하게 되고, 자기들의 이웃 사람들에 대하여, 심지어는 자기 자신의 장래에 대하여 심사숙고를 하지 않게 되고, 짐승들처럼 그때그때 충동에 따라 무책임하게 행동하기 쉽다.

아무튼 인간은 모든 일을 신속하게 처리해야 한다는 생각을 하다 보면 지나친 긴장감 속에 살게 된다. 이것은 결과적으로 정신 질환을 유발하는 원인이 되기도 한다.

기계화는 인간으로부터 자유를 박탈할 수 있는 구실을 만들어 주며, 마침내 인간으로 하여금 기계에 복종하도록 만든다. 그런가 하면 인간도 하나의 기계 부속품처럼 되어버리고, 언젠가는 "나"도 낡은 기계 부속품처럼 버림받게 되는 것이 아닌가 하는 의구심과 불안감을 갖게 만든다.

자동화는 인간을 한갓 도구로 만들어버리며 무사려한 자로 만든다. 그래서 인간은 자기 일에 책임을 지지 않으며, 그의 본질인 비판 능력을 잃게 된다. 따라서 인간은 자기 반성과 자기 억제를 하지 않게 되며, 짐승보다도 못한 피조물로 전락하며, 종내에는 비합리적인 격정에 쉽게 빠져들며, 폭력을 휘두르게도 되고, 억압되고 감추어져 있는 여러 충동들이 제멋대로 기승을 부리게 되기도 한다. 이를 두고 미체르리히Alexander Mitscherlich는 "인간과 동물의 차이는, 동물은 자동화되어 있으나 인간은 그렇지 않다는 점"[3]이라고 했다. 자동화는 인간의 고유한 자유 의지를 부인하게 된다.

물량화(또는 계량화)는 모든 사물을 사용 가치로서가 아니라 순전히 교환 가치로 가늠하는 의식을 인간에게 심어준다. 그 결과 인간도 수시로 필요에 따라 물건처럼 대치할 수 있다는 생각을 갖게 만들며, 인간을 아주 비정하게 만든다. 마침내 인간은 존엄성을 잃게 되고, 자기 정체를 잃어버리고 만다. 그 결과 인간은 우왕좌왕하다가 급기야는 불안과 우울 속에서 허덕이는 정신병자가 되기 쉽다.

규격화(또는 주물화)는 무생물적인 원자재를 어떤 특정한 모형에 넣고 찍어내거나 만들어내는 것처럼, 인간도 필요에 따라 어떤 틀 속에 박아놓고 찍어내거나 만들어낼 수 있다는 생각을 가지게 해주었다.

그 결과 인간도 상품이나 도구에 불과하다는 인간 경시 풍조를 가져왔다. 특히 관료적인 조직 사회에서는 그 부작용이 두드러지게 나타난다. 여기에 무단 정치가 가세하면 인간의 규격화는 더욱 기승을 부리고 조장된다.

대중화는 인간 집중을 가져온 도시화에 부수적으로 생기는 현상이다. 상품의 대중화는 급기야 개인의 창의성이나 지성을 무시하게 만들며, 인간을 의존적으로 만들며, 무비판적으로 살게 만든다. 따라서 대중화는 인간으로 하여금 유행에 민감하게 만들며, 되도록 남들처럼 살려고 하게 만든다. 그 결과 인간은 무사려한 자가 되고, 종내에는 자기의 위치와 분수를 잃게 된다. 그래서 대중은 타인 지향형으로 되고 "거리의 사람들"(부랑자)처럼 무책임한 인간이 되고 만다.

(3) 과학과 기술 발전의 문제점

오늘날 과학과 기술은 인간의 운명을 좌우하는 지배적 요인이 되고 있다. 이제 과학과 기술은 어떤 사상이나 종교보다도 막강한 힘을 가지고 군림하고 있다. 사람들은 과학과 기술이 모든 사람들을 위해서 물질의 풍요와 건강과 행복을 보장해 줄 수 있는 것으로 기대하고 있다. 과학과 기술의 발달이 인간에게 가져다준 편리함과 풍요함은 이루 다 헤아릴 수 없을 만큼 엄청난 것이다. 통신, 교통, 농수산업, 방직, 의학 등의 발전은 시간 절약과 생산성의 증대와 질병 퇴치와 수명 연장 등 인간에게 엄청난 혜택을 가져다주었다. 그러나 현대의 과학 기술의 발달은 인류의 역사에서 그 유례를 찾아볼 수 없는 엄청난 재난을 그 자체 내에 가지고 있다. 이제 우리는 과학과 기술의 문제점을 몇 가지로 나누어서 살펴보자.

첫째로, 기술의 발전은 지구의 중요한 자원을 급격하게 소모시키고 있다. 식량과 연료 등 중요한 자원의 고갈은 기하 급수적으로 팽창하는 인구 과잉 문제와 더불어 심각한 위기 의식을 던져주고 있다. 콘라드 로렌츠Konrad Lorenz가 쓴『인류의 여덟 가지 대죄악』[4]이나 미도우즈D.H. Meadows, 랜더즈J. Randers 등 미래학자들이 공동으로 집필한『성장의 한계』[5] 및『로마 보고서』와 같은 책을 읽어보면, 인류의 장래는 그렇게도 절망적이고 어두울 수가 없다.

둘째로, 기술의 발전은 도시화와 산업화로 말미암아 자연 환경을 파괴하고 오염시키며 마침내는 생태학적 위기를 초래하도록 만들었다.

자연은 원래 모든 생물이 공존하도록 되어 있다. 자연은 일종의 동적 평형 상태를 이루고 있다. 그래서 자연은 일시적으로는 균형이 깨지더라도 자연 자체의 조절에 의해 원상으로 회복되며 전체적으로 평형 상태가 유지되어 왔다. 따라서 자연의 균형, 즉 평형 상태는 생물이 생존하기 위한 기본 조건이다. 그런데 이 균형이 기술의 무분별한 발전으로 말미암아 파괴되어 가고 있다. 이렇게 인간의 기술에 의한 환경 파괴가 빚은 것이 이른바 생태학적 위기다.

19세기 후반부터 인류가 사용해 온 석탄, 석유 등의 화석 연료가 내뿜는 연기는 계속해서 대기를 오염시켜 왔다. 산림과 초지가 줄어들면서 산소는 급격히 줄어들고 있으며, 반면에 공장이나 자동차 등에서 내뿜는 배기 가스와 인체에 해로운 기체들은 정화되지 않고 계속 축적되고 있다. 이제는 곳곳에서 인간을 포함한 생물들은 숨쉬고 살아가기가 어렵게 되고 있다.

도시의 하수와 공장 폐수, 살충제와 화학 비료는 하천과 바다를 오염시키고 있다. 이제는 하천과 바다에서 많은 종류의 생물들이 멸종되어 가고 있으며 많은 지역에선 음료수가 부족한 실정이다.

카슨Rachel Carson은 그녀의 유명한 책인『침묵의 봄』[6]에서 살충제인 DDT가 먹이 사슬을 통해서 종달새를 어떻게 사라지게 하였는지를 무시무시하게 서술하고 있다.

살충제, 플라스틱, 비닐, 온갖 종류의 쓰레기, 핵 폐기물 등은 지구를 온통 쓰레기장으로 만들고 토양을 극도로 오염시키고 있다. 이제 물, 땅, 공기의 오염은 원상 회복이 거의 불가능할 정도에 이르고 있다. 생태계의 순환 및 자연의 균형의 파괴는 지구를 황폐화시키고 있다. 이와 같은 지구의 황폐화와 생태학적 위기는 지금 살고 있는 인류뿐만 아니라 미래를 살아야 할 인류에게도 크나큰 위협이며 심각한 문제이다.[7]

셋째로, 기술의 발전은 놀랍고도 무시무시한 무기를 생산하고 있다. 핵 무기 개발(중성자탄, 유도탄 등), 화학 무기 개발, 레이저를 이용한 무기 등 끊임없는 전쟁의 위협과 이에 대비하기 위한 가공할 군비 경쟁은 한계가 없는 것 같다. 온 인류는 지금 언제 일어날지 예측할 수 없는 핵 전쟁의 망령에 시달리면서 불안 속에 전전긍긍하고 있다.

(4) 현대인의 도피 의식

현대인은 노동의 방식만 다를 뿐, 정상적인 사람이라면 누구나 노동을 하게끔 되어 있다. 따라서 우리 모두는 노동자라고 말할 수 있다. 우리는 일반적으로 노동의 정신적 · 도덕적 가치를 높이 평가해 왔다. 그러나 오늘날 우리는 노동의 고귀한 목적을 찾아보기 어렵다. 현대 산업 사회의 노동자는 본인의 의사와 관계없이 장소와 시간의 제약을 받는다. 대부분의 노동자들은, 그들이 원하지 않는 장소에서 원하지도 않는 시간에 과중한 노동을 하지 않으면 안 된다. 그래서 노동자는 쉽게 고향을 잃어버리게 된다. 그런가 하면, 노동자의 자녀들은 어린시절에 누려야 할 특권이라 할 수 있는 부모의 따뜻한 보살핌을 받지 못하고 고아처럼 성장한다. 그래서 노동자들은 물론이고 그들의 자녀들까지도 가정에서 이미 소외 의식을 맛보게 된다. 노동자들은 여인숙이나 하숙의 떠돌이 나그네와 다를 바 없게 되고 각박한 도시 생활에서 이방인이 되고 만다. 마침내 가정의 파멸이 초래된다.

노동자들은 과중하고도 재미 없는 기계적 노동을 하고 나면 기분 전환과 휴식을 필연적으로 요구하게 된다. 그런데 그들은 이미 직장에서 사고를 하지 않는 습성에 익숙해져 있기 때문에, 그들에게 주어지는 여가조차도 자기 수양을 위한 독서나 다른 사람들과 진지한 교제를 하는 데 선용하지 않고, 완전히 무위의 자기 도피를 일삼는다. 그들은 단순히 짐승처럼, 때로는 짐승보다도 못한 삶을 산다. 그들이 주로 하는 것은 과음과식과 오락에 대한 탐닉이다.

오늘날 사람들은 호기심이나 말초신경을 자극하는 천박한 잡지나 만화 등을 즐겨 읽는다. 그렇지 않으면 바보 상자(TV나 라디오 등)에게 자기를 숫제 내맡겨 버린다. 그래서 대다수 현대인들은 마침내 정신적 공허감에 빠지고 만다. 여기에 소비 경향을 부채질하는 대중 매체(매스컴)는, 인간이 황금이라는 유령의 노예로 전락하는 것을 더 촉진시킨다. 아무튼 현대는 날이 갈수록 알코올 중독자와 마약 중독자와 짐승보다 못한 성 범죄자가 증가일로에 있다. 특히 정년 퇴직을 한 노동자들은 핵가족화가 이루어진 후 더욱 심한 소외 의식으로 고통을 받으며 노년을 살아간다. 노인들은 사회에서도 가정에서도 완전히 버림받고 있다는 생각을 하지 않을 수 없게 되어 있다.

오늘날 노동자들은 소외 의식 속에서 살며, 그들의 삶은 아노미 현상 속에 빠져들고 있다. 그러므로 그들은 주체성을 상실하고 있으며, 윤리적인 자기 반성을 하지 않고 있다.

거의 모든 사람들이 오늘날 자기 상실 속에서 망연자실한 채로 소외 의식과 불안감을 가지고 살아가고 있다. 그런데도 불구하고 아직도 많은 사람들은 자기네들이 어떤 상황 속에서 살고 있는가를 모르고 있다. 민감한 일부 사람들은 자기의 위치를 돌이켜보고, 그들이 얼마나 비참한 상태에 있는가를 알고 당황하게 된다. 그래서 그들은 고의로 자기 반성을 하지 않으려고 하거나, 아니면 이 사회로부터 도피하거나 숨어 버리고 싶어한다. 그렇지 않으면, 그들 중의 어떤 젊은이들은 구체적인 대안을 제시하지도 못하면서 맹목적으로 사회의 기존 체제에 대한 반항을 시도하여 사태를 더욱 복잡다단하게 만들기도 한다. 그런가 하면 오염되지 않은 자연 환경과 기술 문명의 부작용이 없는 사회를 이 지구상에서 찾아볼 수 없음에도 불구하고, 어떤 사람들은 이상향(유토피아)을 감상적으로 동경하기도 한다. 인간의 근본적인 의미를 상실하고 소외감 속에서 사는 많은 사람들은 사이비 예술 애호가가 되거나, 스포츠 · 오락 · 여행 · 알코올 · 성에 지나치게 탐닉하게 된다.[8]

우리는 앞에서 과학 기술 시대의 문제점이 어떤 것인가를 폭넓게 살펴보았다. 우리는 공업화(또는 산업화)와 대량 생산 체제가 결국에 가서는 인간 소외 현상과 아노미 현상을 초래했고, 이러한 현상들이 현대인의 인간성 상실과 비도덕의 중요한 원인이 됨을 이해할 수 있었다. 우리는 이제 과학 기술만이 종교나 어떤 사상을 대신해서 우리의 삶의 지주가 될 수 없다는 것을 이해할 수 있다. 물질적인 생활의 풍요와 군사력의 증강과 기술력의 발전도 한계가 있을 뿐만 아니라 인간의 운명과 행복을 보장해 줄 수 없다는 것도 알게 되었다.

그러나 현대인들은 자연의 파괴와 인간성 상실과 비도덕적 현상들을 마치 강 건너 불 구경하는 것처럼 바라보고만 있다. 뿐만 아니라 대부분의 사람들은 아직도 사회가 끊임없이 발전할 수 있다는 그릇된 진보의 신앙을 가지고 있다.

급변하는 정치적 · 경제적 상황에 대응하기 위하여 현대인에게는 성급한 행동이 강요되고 있다. 이것은 마치 높은 언덕길에서 조종간도 브레이크 장치도 없는 수레가 제멋대로 쏜살같이 달리는 것과 같은 상황이다. 이러한 수레에 타고 있는 현대인은 어찌할 줄 모르고 자포자기하거나 불안과 초조 속에 떨면서 그날그날을 살아가고 있다. 그래서 현대인들은 엄청난 크기와 화려한 시설을 갖춘 유흥 업소와 온갖 종류의 오락 시설을 만들어놓고 거기에 탐닉하고 있다. 뿐만 아니라 그들은 온갖 종류의 알코올과 향정신성 약물, 마리화나, 코카인, 몰핀, 대마초 등을 상복하거나, 성적 방종을 자행하면서 자기 자신을 좀먹는 비윤리적 만행을 자행하고 있다.

2. 윤리학적 회의주의

참된 가치 또는 절대적 가치에 대한 회의나 절대적 도덕에 대한 회의는 동·서양을 막론하고 어떤 시대에도 있었다. 서양에서는 고대 희랍 철학의 소피스트가 그러했고 고대 중국에서는 제자백가가 그러했다. 특히 큰 전쟁이 있은 후 인간의 존엄성이 무시될 때나 한 문명권이 쇠퇴하거나 멸망했을 때, 가치관의 혼란은 언제나 발생했다. 사회 질서가 공고한 곳에서는 언제나 지도적인 절대적 가치 이념이 있었다. 절대적 가치의 체계와 준수가 부인되는 곳에서는 갈등과 혼란이 발생하며 사회의 근본 질서가 무너지고, 종내에는 인간은 행동의 기준을 상실하게 되고 사회의 근간인 도덕을 상실하게 된다.

현대인은 보편적 윤리를 불신하며 배금주의에 깊이 물들어 있으며 극심한 윤리학적 회의주의에 빠져있다. 우리는 현대 사회의 윤리학적 회의주의의 원인을 다음과 같이 살펴볼 수 있다.

(1) 유물론적 자연주의

사람들은 오늘날 인간과 동물을 구별하지 않으려고 한다. 이러한 사고 방식은 다윈과 헤켈의 진화론과 더불어 스펜서 등의 사회 진화론과 스키너와 왓슨 등이 말하는 행동주의와 프로이트 등의 심리학이 이론적 뒷받침을 해주고 있다.

프랑스의 계몽주의자인 라메트리가 『인간 기계』(1748)라는 책을 발표한 후, 프로이트 등의 유물론적 자연주의는 오늘날에도 기세가 수그러들지 않고 있다. 아무튼 과학 기술의 발달은 인간과 동물을 구별하지 않는 이와 같은 사고 방식에 큰 영향을 미쳤다.

이른바 자연주의자들은 인간의 생물학적 측면과 기계적인 물리 · 화학적 측면만을 문제삼고 마침내 인간을 사물화해 버렸다. 그래서 그들은 인간의 고귀한 정신 세계를 인정하려고 하지 않는다. 따라서 인간의 정신적 산물인 도덕 세계는 자연주의자들이나 유물론자들에게서는 부인되며, 인간의 본질이라고 할 수 있는 자기 반성과 자기 억제도 부인된다. 그 결과 인간도 약육강식하는 야수가 되어버리고 "만인은 만인의 적"이라든가 "인간은 인간에게 이리"라는 말까지 생기게 되었다. 오늘날 인구 조절이라는 미명 아래 영아 살인이 도처에서 공공연하게 자행되고 있다. "대리 임신"이니 "시험관 아기," "복제 인간"이라는 말도 바로 과학 기술의 산물이다. 따라서 인간은 그의 존엄성과 권위를 잃게 되었고, 인간의 행위의 기준이요, 중심인 도덕을 잃게 되었다. 결론적으로 사회적 진화론이나 자연주의는 윤리학적 회의주의를 초래한 중요한 원인이 된다.

우리는 자연주의의 가장 전형적인 모습을 프로이트의 사상에서 찾아볼 수 있다. 프로이트는 인간의 자연적(즉 물리 · 화학적) 측면만을 보고 인간을 물리 · 화학적 요소들의 지배를 받는 충동의 다발로 환원시켜 버린다. 그에 의하면 정신적인 것도 자연적 · 충동적인 것과 본질적으로 다를 바 없고 단지 그것의 산물에 불과하다. 정신은 저급한 충동id의 영역에서부터 승화Sublimierung해서 발달된 상부 구조이다. 그는 이렇게 말했다: "지금까지의 인간의 발달에 대해서는 동물로서 설명하면 족할 뿐이며 다른 설명은 필요없다고 나는 생각한다. 그러나 극소수의 사람들이 완전을 향하여 끊임없이 노력하는 것으로 관찰되는 것은, 실상은 충동으로 이해될 뿐이다. 인간의 문화에서 가장 가치 있다는 것도 이 동물적인 충동 위에서 정립된 것에 불과한 것이다."[9]

우리는 이 글에서 프로이트의 정신분석은 인간의 자유를 인정하지 않고 있다는 것을 알 수 있다. 그래서 알레르스K.Allers는 "프로이트의 정신분석은 가치 상대주의적 결정론이거나, 그것이 아니라면 아무것도 아니다"[10]라고 혹평했다. 셸러도 프로이트의 이론에 대해서 반론을 폈다: "인간에게서 부정Nein의 작용을 하는 것은 도대체 무엇인가? 더군다나 삶의 의지를 부정하는 것은 무엇인가? 또 충동을 배제하려고 하는 것은 무엇인가? 배제된 충동의 에너지가 어떤 때는 신경증이 되고 어떤 때는 문화 형성의 활동으로 승화된다고 하지만, 이 차이는 어떤 별종의 궁극적 근거에 정초하는 것이 아닌가?… 프로이트의 이론은 실제로 그것을 설명해야 하는 것, 즉 이성 내지 정신의 독자적인 자립 법칙을 언제나 전제하고 있다. … 정신이야말로 충동의 배제를 인도하는 것이며… 충동을 감시하는 것이다."[11]

(2) 전통의 단절 현상

과학 기술의 급격한 발달은 인간의 사회 생활에도 극심한 영향을 미치어 사회는 급변하게 되었다. 그래서 이제까지 사회 공동 생활의 중심이요 근간이던 전통은 무너지게 되었고 삶의 방식도 급변하게 되었다.

우리는 거의 모든 나라에서 전통의 단절 현상을 볼 수 있다. 전통의 단절은 인간의 사회 생활의 기준이 되는 윤리 의식에 큰 혼란을 가져다주었다. 사람들은 오늘날 행위의 규범이나 가치의 기준을 모르고 있으며, 수치라든가 측은해하는 마음이라든가 예절과 같은, 사람으로서 지녀야 할 도덕감에 점차로 둔감해지고 있다. 그래서 사람들은 어떻게 사는 것이 사람답게 보람 있는 삶을 사는 것인지를 묻지 않으며, 짐승처럼 즉흥적으로 행동한다.

전통 의식이란 때로는 지양되어야 할 내용도 있으나, 대체로 오랜 기간 동안 인간의 지혜가 축적되고 절차탁마되어 이루어진 인간에게만 있는 소중한 것이다. 전통은 사회 질서의 근간이므로, 전통의 단절은 인간의 사회 생활에는 치명적인 것이다. 인간의 문화 생활이란 전통에 의거하는 것이다. 그래서 인간은 문화적 존재이며 역사적 존재라는 말은, 달리 말하면 인간은 전통적 존재라는 것을 의미한다. 인간은 학습 존재라는 말도 이러한 의미에서 보면 전통을 배우는 존재라고 말할 수 있다. 인간은 문화를 창조한다. 이 창조된 문화가 전통을 이루고, 인간은 교육을 통해서 이 전통을 배우고 성숙한다. 그렇기 때문에 전통의 단절이란 인간에게는 치명적인 것이다.

도덕은 일조일석에 갑자기 어떤 사람에 의하여 만들어지는 것이 아니라, 많은 사람들의 지혜의 결실이 축적된 전통 속에서 이루어지는 것이다. 어제가 없는 오늘이 있을 수 없고, 오늘이 없는 내일이 있을 수 없다면, 인간은 전통 속에서 실존 가능성을 가지고 살아가는 것이다.

과학 기술의 발달이 가져온 전통의 단절 현상은 결과적으로 오늘날 윤리학에 대한 회의를 초래하게 한 중요한 원인이다.

(3) 이데올로기화

오늘날 획일주의와 이데올로기는 윤리학적 회의주의를 초래한 온상이 되고 있다.

이데올로기라는 말은 일반적으로 정치 이념을 가리키는 것으로 알려져 있으나, 여기서 필자는 넓은 의미에서의 정치 이념과 객관적이고 사실적인 가치 판단을 방해하는 모든 획일적 사고 방식을 이데올로기라고 부르려고 한다. 이데올로기는 현대인의 인간성 상실과 윤리학적 회의주의에 큰 영향을 미쳤다.

이데올로기는 사물이나 사실을 있는 그대로 보지 않으며 또한 볼 수 없다. 왜냐하면 이데올로기는 그것의 기준에 맞지 않는 것, 다시 말해서 어떤 집단의 이익을 고수하는 데 방해되거나 불편한 모든 것을 무조건 가치 없는 것이나 적대적인 것으로 보기 때문이다. 따라서 이데올로기가 지배하는 사회에서 살고 있는 인간은 비판적 정신을 구현하거나 창조적인 사고를 할 수 있는 자유를 가지지 못한다. 원래 인간의 삶은 풍부하고 다원적이며 다양하다. 그러나 이데올로기를 거치면 인간의 복잡다단한 현실은 단순화되고 만다. 그래서 이데올로기가 지배하는 사회에서 살고 있는 인간은 그의 본질인 사고할 수 있는 자유를 가지지 못하기 때문에 자기를 상실하고 만다. 이러한 이데올로기가 우리에게 가져다주는 필연적인 결과가 바로 끔찍스러운 전쟁이다.

전쟁은 인간이 애써 가꾸어온 문화 유산과 자연 환경을 파괴할 뿐만 아니라, 인간의 내면적인 정신 세계까지 파괴한다. 전쟁의 참화는 죽는 사람에게만 가해지는 것이 아니라, 살아 남은 사람에게도 악영향을 끼친다. 전쟁은 인간이 얼마나 잔인할 수 있으며 악한 일을 저지를 수 있는가를 우리에게 보여주며, 인간의 존엄성과 인격 가치를 철저하게 파괴한다. 한없는 군비 경쟁은 대다수의 인간의 삶을 도탄에 빠지게 만들고 인류를 전전긍긍하게 만든다. 결국 이데올로기는 인간의 윤리 의식을 마비시킨다.

3. 가치 상대주의의 발호

(1) 가치 상대주의와 가치 회의주의의 난맥

가치가 상대적일 수 있다는 주장은 역사적으로 대체로 난세에 흔히 있어 왔다. 어떤 시대에도 아직 결이 삭지 않은 혈기방방한 젊은이들은 그들의 행동과 욕구를 제약하는 기존의 사회 규범에 반항하기도 하고 의심하기도 하고 자기 나름대로의 가치를 주장하기도 한다. 그러나 현대의 윤리학에 대한 회의는 지난 역사에서 그 유례를 찾아볼 수 없을 정도이다. 왜냐하면 서양의 소피스트나 중국의 제자백가의 가치 상대론은 실제로 그 시대 대부분의 사람들의 윤리적 가치 판단에는 큰 영향을 미치지 못했고 한정된 범위 내에서만 논의되다가 말았기 때문이다.

오늘날 우리가 당면하고 있는 가치 상대론이 가져다준 윤리학적 회의주의는 과학과 예술의 탈가치론 내지 몰가치론과 더불어 창궐하고 있다. 인문 사회과학은 자연과학의 방법론을 받아들이면서 가치의 상대주의를 적극적으로 주장하고, 심지어 철학자 중에도 실증주의를 받아들여 가치의 상대론을 펼치기도 한다. 특히 논리적 실증주의나 신실증주의의 영향을 받은 정의주의자情誼主義者들과 언어 분석 윤리학 meta-ethics을 하는 자들은 윤리학적 회의주의를 더욱 고무하고 있다.

문화 인류학자들의 주장처럼, 대체로 시대와 장소, 문화(권)에 따라 도덕적 신념과 풍속과 행동 양식이 다르다는 사실에 주목하는 사람들은 어떤 가치뿐만 아니라 모든 가치가 상대적이라고 주장하기도 한다. 미국의 문화 인류학자인 섬너는 "철학과 윤리학은 풍습의 산물이다… 그것들은 습관에서 나온 것일뿐, 결코 본래적이거나 독창적인 것이 아니며, 그것들은 이차적이며 파생적인 것이다"라고 강변하기도 했다.

실증주의를 신봉하건 신실증주의 내지 논리 실증주의를 신봉하건 간에 실증주의자들은 기계론적인 유물론에 의거하여 과학 기술이 무한히 진보한다는 믿음을 가지고 검증의 원리를 척도로 하여 이를 윤리적 언사言辭에 들이대고 도덕적 덕목을 나타내는 낱말들이 검증을 거치지 않은 비현실적이고 이상적인 말로서 "의미 없는" 말에 불과하다고 분석하고 종내에는 학문으로서의 윤리학 자체에 대한 회의를 불러일으켰다. 이제는 다행히 한물 가버린 소위 정의주의자들을 비롯한 언어 분석 윤리학 또는 메타 윤리학도 실상은 논리적 실증주의의 영향을 받아 언어 분석을 꾀하는 사상으로서 그것은 독자들에게 말장난에 불과하다는 인상만을 남겨주고 결국은 윤리학 자체에 타격을 가하고 있다.

가치 상대주의자들은 평가의 상대성과 변화는 가치 자체의 동일한 상대성과 동일한 변화에 의하여 해석되어야만 한다고 주장한다. 사람들은 대체로 효용성에 근거를 두고 평가를 내리는 데 익숙하며 자기에게 적합한 평가를 내린다. 그러나 상황이 바뀌고 당면한 사물이나 행위가 이제 더 이상 소용 없게 되면 그에 따라 평가도 바뀌게 된다. 그러나 문제는 인간의 가치와 물건의 가치가 동일한 차원에서 평가될 수 있느냐는 것이다. 미국 사회에서 흔히 볼 수 있는 노인 괄시와 불효는 인간을 물건처럼 간주하는 데서 발생한 것이다.

란트그레베L. Landgrebe는 "현대 철학의 과제는 실증주의의 극복에 있다"고 말하면서 미국에서의 논리 실증주의는 그 나라의 역사적인 특수 상황에 의한 현상이라고 갈파한 바 있다.

우리는 다양한 사물들을 평가한다. 우리는 "어떤 것이 가치 있다"고 말한다. 그러나 우리가 "가치 있다"고 말하는 것, 예컨대 어떤 물건, 밥이나 옷이나 어떤 행동, 정직이나 건강 등은 우리 인간에 의해서 비로소 가치를 지니게 된다. 만일 우리가 밥이나 옷이 가치 있는 것이라고 말한다면, 다시 말해서 우리가 밥이나 옷에 가치를 부여한다면, 밥은 나의 배고픔을 충족시켜 주고 옷은 추위로부터 우리를 보호해 주기 때문에 가치 있다고 그 이유를 말할 수 있다. 여기서 문제되는 것은 밥이나 옷에 의해 충족되어지는 근본적인 욕구들이다. 그것들이 우리의 욕구들을 충족시켜 주기 때문에 그것들은 가치 있는 것이라고 우리는 일단 생각해 볼 수 있다. 그래서 어떤 사람들은 가치란 욕구를 충족시켜 주는 것이라고 정의를 내리기도 한다. 이른바 쾌락주의자들은 그렇게 생각한다. 그러나 여기서 문제되는 것은 똑같은 물건도 사람에 따라, 또 같은 사람이라도 때와 장소에 따라 가치 있는 것이 되기도 하고 가치 없는 것이 되기도 한다는 것이며, 욕구 충족이 사람에 따라, 때와 장소에 따라 엄청난 차이가 난다는 것이다. 그 결과 쾌락주의자들의 가치관은 필연적으로 상대주의에 떨어지고 만다. 그래서 어떤 사람들은 가치 상대주의를 주장하게 되는 것 같다.

가치 상대주의자들은 평가 및 가치의 영역에서는 모든 것은 상대적인 가치밖에 없으며 모든 것은 주관적인 판단에 의한 임시적인 가치만을 가지고 있을 뿐이며 따라서 객관적이고 절대적이고 보편 타당한 가치 및 가치 판단은 없다고 주장한다. 이러한 가치 상대주의는 결국은 가치 회의론을 낳게 된다. 왜냐하면 가치 상대주의는 가치 판단에 대해서 일체의 올바른 타당성을 의심하고 부인하고 있기 때문이다. 가치 회의론자들은 객관적으로 누구에게나 가치 있는 것은 이 세상에 없다고 주장한다. 그러나 가치 회의론자들은 자기 모순을 범하고 있다. 왜냐하면 그들도 그들의 이론을 내세울 때, 그들 나름대로 일정한 가치 판단을 하고 있기 때문이다. 예컨대 만일 누군가가 그들의 가치 판단을 반박한다면, 그들은 그들의 판단이 정당하고 이를 반대하는 사람의 판단이 그르다는 것을 증명하려고 시도할 것이다. 따라서 결국 그들도 가치 평가를 실제로 하지 않을 수 없다. 그러나 이로 말미암아 그들은 그들의 회의론의 명제에 모순당착하게 된다. 그러므로 가치 자체에 대해 극단적으로 상대주의를 내세우는 자나 실증된 가치만을 가치라고 내세우는 가치 회의론자들을 우리 시대의 궤변론자(소피스트)라고 아니할 수 없다.

우리는 여기서 가치 자체와 평가를 구별해야 한다. 가치에 대한 우리의 통찰이나 반응을 우리는 평가라고 말할 수 있다. 평가는 가치 자체와 다른 것이며 가변적일 수도 있고 상대적일 수도 있다. 그러나 가치 자체, 즉 가치의 본질과 평가를 사람들은 흔히 혼동한다. 예컨대 "어떤 물건이 좋다"는 판단은 그 물건에 대한 평가와 상관된다. 실용적인 면에서 물건을 고찰하는 것은 상대적인 조건적 평가와 상관된다. 그러나 인류와 상관되는 인간의 존엄성이나 인격 가치는 절대적으로 좋은 것이다. 따라서 참된 절대적 가치와 상대적일 수도 있는 평가는 근본적으로 구별되며 구별되어야만 한다. 그러므로 가치 자체, 본질적 가치는 시공을 초월하여 불변하며 영원하다. 다시 말해서 가치는 체體로서 불변하고 절대적이며 평가는 용用으로서 가변적이고 상대적일 수 있을 뿐이다.

그러므로 가치 상대주의자들은 본질적 가치와 가변적일 수 있는 평가를 혼동하고 있다고 말할 수 있다. 그러나 문제는 절대적인 인격 가치를 부인하고 모든 것을 사물화해서 보는 가치 상대주의가 오늘날 그 어느 때보다 발호하고 있다는 것이다.

(2) 메타 윤리학의 아포리아

메타 윤리학Metaethics이라는 말은 20세기 초반부터 영미 언어권에서 사용되어 오고 있는데, 여기서 논의되고 있는 것은 인간이 어떻게 구체적으로 행동하느냐를 문제삼는 것이 아니라 윤리학적 이론이나 체계나 언사가 어떻게 언술言述되고 분석되고 재구성되거나 과학적 관점에서 설명될 수 있고 논리적으로 검토될 수 있는가를 문제삼을 뿐이다. 가령 도덕적 판단에 관한 메타 윤리학의 표현은 규범에 관해서는 가치 중립적인 표현을 할 뿐이다. 따라서 메타 윤리학적 언사는 참된 행동 가치나 인격 가치와는 무관하다.

메타 윤리학은 고전적인 의미에서 우리가 무엇을 해야만 하는가라는 윤리학의 근본 물음에 해답을 주려고 하지 않으며 해답을 줄 수도 없다. 그러므로 메타 윤리학은 윤리학이라는 용어가 개재되어 있을 뿐 윤리학이라고 할 수가 없고 일종의 언어 분석 철학 내지 언어적 놀이에 불과한 것이라고 말해도 좋을 것이다.[12]

메타 윤리학을 논하는 자들은 도덕적인 낱말들의 기능과 의미를 분석하고 도덕적인 표현들의 비과학성과 검증되지 않고 사용되는 애매성을 지적하고 결국은 윤리학의 형이상학적인 배경을 거부하고 윤리학적 회의론에 빠져버리고 만다.

메타 윤리학자들은 대체로 세 부류로 구분할 수 있다: 인지론자 cognitivist, 비인지론자non-cognitivist, 논리주의자logist.[13]

인지론자들은 도덕의 언어는 합리적이고 객관적으로 검증될 수 있는 인간의 활동과 관계된다고 주장한다. 반면에 비인지론자들은 도덕적인 표현들은 비합리적이며 순전히 감정에 따르며, 따라서 객관적으로 검증될 수 없는 인간의 행동을 표현할 뿐이라는 견해를 표명한다. 논리주의자들은 인지론자와 비인지론자와는 다르게, 즉 도덕적 판단이 합리적인 기원을 가지고 있느냐 비합리적 기원을 가지고 있느냐는 물음에는 관심이 없고 다만 도덕적 판단의 논리적 구조와 형식만을 탐구할 뿐이다.

인지론자들을 하나로 묶기는 어렵지만 대체로 "자연주의자"라고 불리우는 페리R.B. Perry와 루이스C.I. Lewis, "직관론자"intuitionist라고 불리우는 무어G.E. Moore와 로스W.D. Ross를 꼽을 수 있다. 인지론자들은 도덕적 형용사인 "좋다good"는 말은 인간과 행동과 사물에 대해서 객관적인 특성을 표기할 수 있다는 의견을 가지고 있다. 자연주의자들은 이 경우에 거의 자연적인 특성이 다루어진다는 견해를 가지고 있는데 반하여 직관론자들은 비자연적인 특성이 문제된다고 주장한다. 여기서 자연적이라는 말은 경험적이라는 말을 의미한다.

자연주의자인 페리에 의하면 가치란 이해 관계의 기능, 즉 욕망이나 욕구의 관심으로 규정한다. 예컨대, "X가 가치 있다는 말은 X에 대한 관심이 성립한다"[14]는 것을 의미한다. 자연주의자들에게 "좋다"는 말은 "유쾌한," "유용한," "성공적"이라는 말에 대응되는 것이며, 좋음과 쾌락과 행복은 동등한 것이 된다. 따라서 좋음을 추구하는 것은 쾌락이나 행복을 추구하는 것과 같은 것이다.

그러나 직관론자인 무어는 페리의 이러한 견해를 자연주의적 오류 *naturalistic fallacy*라고 비판했다. 그는 당위 개념과 존재 개념은 서로 환원될 수 없는 두 개의 별개의 개념이라고 말했다.[15] 그는 선은 직관될 수밖에 없고 개념 정의가 불가능하다고 했다. 직관론자인 로스에 의하면 도덕적 개념들은 마치 의무적이라는 말이 의무가 무엇인가에 의해 설명될 수 있는 것처럼 도덕적 개념들에 의해 또다시 정의될 수 있을 뿐이라고 한다.[16] 다시 말해서 도덕적 개념의 정의는 동어 반복에 불과하다는 것이다. 결국 이러한 직관론자들의 주장에 따른다면, 도덕적 개념은 정의될 수 없고 설명될 수 없는 것이 되고 만다.

논리주의자인 헤어Hare 등에 의하면 도덕 규범들이 실제로 어떤 도덕적 의미에 의해 파악될 수 있는지에 대해서는 의심된다고 한다. 예컨대 교통 규칙처럼 도덕 규범이 학습 과정에서 적응될 수 있는지에 대해서 의심된다고 한다.

비인지론자들은 "정의론자"라고도 불리워지는데 스티븐슨Ch.L. Stevenson과 에이어A.J. Ayer 등을 꼽을 수 있다. 그들은 도덕적 표현들의 합리성을 부인한다고 말한다. 왜냐하면 도덕적 명제들은 단순한 감정을 표현할 뿐이지, 도덕적으로 판단된 사태 자체에 대해서는 아무것도 진술하지 못하며 전혀 객관적인 특성을 말해 주지도 못하고 다만 주관적인 감정을 표현한 것에 불과하기 때문이라는 것이다.

에이어는 도덕적 개념들이란 객관적인, 즉 그것의 진리에 관하여 검증될 수 있는 사실과 관계되는 것이 아니라 단지 동의하느냐 동의하지 않느냐는 감정을 표시할 뿐이고 그것의 진리가 과학적으로 존중되지 못하는 분석될 수 없는 사이비 개념pseudo-concepts일 뿐이라고 주장한다.[17] 그는 심지어 도덕적 단어들은 단지 언어 작용의 발화수반적發話隨伴的인 역할을 표현한 것에 불과하며, 다시 말해서 감정을 나타낼 뿐이며 아무런 기술적記述的이고 일정한 의미도 가지고 있지 못하다고 극언했다. 에이어는 이러한 점을 예를 들어 설명한다. 에이어에 의하면 "존이 도둑질한 것은 나쁘다"고 짐이 판단한다면, 짐은 존이 도둑질한 사실을 넘어서 그가 이 사실에 대해 동의하지 않는다는 것을 표명했을 뿐이라는 것이다. 다시 말해서 짐의 판단은 "존이 도둑질했네"라고 말한 것 이외에 아무것도 의미하지 않는다는 것이며, 이것은 마치 "만세! 인생은 아름다워!"라고 말하는 것과 같은 상황이라는 것이다.

스티븐슨은 한 걸음 더 나가 윤리학적 회의주의를 다음과 같이 표명한다. 그는 "그것이 좋다 또는 나쁘다"는 의미의 내용은 실상은 "내가 그것에 찬성한다 혹은 찬성하지 않는다"는 것에 의해, "너도 그것을 똑같이 그렇게 하라"는 요구를 덧붙여 하고 있는 것이라고 기술한다.[18] 다시 말해서 스티븐슨의 입장에서 보면 도덕적 언표는 상대방에게 자기의 감정적인 확신을 호소하는 것에 지나지 않는 것이 되며 결국은 이성의 논변이 아니라 정감을 이용해 설득하는 전략에 사용되는 것이 되고 만다. 정의론자*emotivist*들에 의하면, 도덕적 판단이란 우리가 어떤 행동을 해도 좋다든가 나쁘다든가 하는 것을 전달하는 것이 아니라는 것이다. 이것은 마치 어떤 사람은 초콜릿을 좋아하고 다른 사람은 호두를 좋아한다고 말하는 경우에서처럼 누구도 그의 미각에 대해 책임을 질 필요가 없는 것과 같은 것이라는 것이다. 오히려 도덕적 판단은 흔히 정감情感을 가지고 유희를 하고 있음을 고려하지 않고 일반적인 의무를 부과하고 있다는 것이다.

우리는 여기서 비인지론자들이 어떻게 윤리학적 회의주의에 빠져 있는가를 충분히 주지할 수 있다. 비인지론자들이 문제삼고 있는 감정적 표현은 그들이 말하는 것처럼 독단적이고 주관적인 면만을 가지고 있는 것이 아니라 보편적인, 즉 정상적인 사람이라면 누구나 공감할 수 있는 면을 가지고 있음을 그들은 망각하고 있으며 공감에 대해 맹목이라고 반박하지 않을 수 없다.

이제 우리는 논리주의자의 대표라고 할 수 있는 헤어Hare가 어떻게 윤리학적 회의주의에 빠져서 허우적거리고 있는지 살펴보기로 하자. 헤어에 의하면, 도덕적 판단은 귀납 명제의 형식을 취하고 있는 기술적記述的 언어를 매개로 하는 사실 표현처럼 기술되지 못하고 명령법과 가치 판단의 형식을 취하고 있는 처방적 언어를 매개로 해서 사태의 현실화를 처방하고 있다는 점에서 논리적 판단과 차이가 있다고 본다.

헤어는 "정언적 명제는 어떤 것이 그러한 경우이다라고 누구에게 전달하는 기능을 가지고 있다. 그러나 명령법적 명제는 이와는 달리 어떤 것이 그렇게 이루어져야 하는 것이 그러한 경우이다라고 누구에게 전달하는 기능을 가지고 있다"[19]고 말한다. 여기서 헤어는, 도덕적 판단은 정언적 명제가 아니라 명령법적 명제이며, 이 명령법적 명제는 객관적인 사실을 말하는 것이 아니라 주관적인 규정에 의한 것이며, 결국은 감정의 영향을 받는 것이며, 따라서 도덕적 명제는 사실 명제처럼 논리적이지 못하며 검증되지 않은 것이라는 것이다. 빈클레이 Binkley는 헤어의 논점에 대해 다음과 같이 반박했다. 무엇을 하도록 누구에게 말하는 것과 그것을 하도록 시키는 것과의 구분이 지나쳤고 도덕적 명제들과 명령문을 지나치게 동일한 것으로 보았으며, 이것은 지나치게 단순화시킨 분석이며 당위 명제가 반드시 명령문을 수반하는 것은 아니라고 지적했다.[20] 필자의 견해로는 논리는 도덕적 판단이나 명제의 형식적 타당성에 관해서만 말해 줄 수 있을 뿐이며, 결코 도덕의 타당성에 관해서는 아무것도 말해 주지 못하며 더욱이 도덕성의 조건이 되지는 못한다는 것이다.

이제 우리는 메타 윤리학의 아포리아에 대해 총괄적인 결론을 내려 보기로 하자. 메타 윤리학자들은 단지 언어에 관한 토론에 내장되어 있는 윤리적 문제들을 검증 가능의 원리를 척도로 하여 쓸데없는 시도만을 하였고, 특히 윤리적 이론은 단지 도덕적 언어에 대한 분석이라는 그릇된 생각은 윤리학의 과제를 왜소화시켰고 지루한 말장난에 불과했다. 그들은 결국 "선"과 "옳음"과 "당위" 등의 윤리적 개념에 적당한 의미를 제공할 수 없었고 더욱이 도덕적 판단을 정당화할 수도 없었으며, 그들이 당초에 원했던 것처럼 보이는, 도덕적 판단의 표현을 객관적으로 규정할 어떤 수단도 발전시키지 못했다.

블량샤드Blanshard는 그들의 사고 방식을 경멸하면서 이렇게 말했다: "메타 윤리학은 어떠한 윤리적 함축도 갖고 있지 않으며, 도덕적 언명을 방부제로 처리한 채 논리적 진공 속에서만 토론될 수 있을 뿐이다"[21]라고.

맥키J. Mackie는 실질적인 도덕적 결론은 도덕적 술어의 의미나 도덕적 논의의 논리로부터 도출해 낼 수 없다는 것을 그의 책,『윤리학』에서 아주 예리하게 논박했다. 그의 윤리학적 회의주의에 대한 예리한 비판은 메타 윤리학에 경종을 울리게 했으며 공리공담에 빠져있던 언어 분석적 사이비 윤리학의 "말놀음"에 쐐기를 박아 주었다.[22]

III. 가치의 본질과 가치감의 문제

1. 가치 철학의 개관

가치 철학이라는 명칭의 사용은 그 역사가 비교적 일천하다. 가치 철학이 독자적인 철학의 원리 연구가 된 것은 로체H. Lotze로부터 비롯한다. 가치에 대한 관심은 고대로까지 거슬러올라간다. 가치라는 말은 평가라는 말과 혼용되어 왔다. 그래서 넓은 의미에서 가치론은 철학에서뿐만 아니라 심리학, 교육학, 사회학, 경제학, 종교학에서도 연구의 대상이 되기도 한다. 가치의 개념 정의는 불가능하다는 말이 나올 정도로 가치의 의미는 그 깊이와 폭이 넓어 간단히 일의적一義的으로 표현되지 않는다.

가치 철학에서 중요한 최초의 철학자는 소크라테스이다. 그는 당시의 소피스트(궤변론자)들의 상대주의에 대항하여 윤리적 가치의 보편성을 도모했다. 그러나 플라톤 이후 가치 철학은 형이상학의 심연 속으로 들어갔으며 존재론과 우주론의 영역에 포함되어 독자적인 철학의 연구 영역이 되지 못했다. 칸트에 이르러서 가치 철학은 존재론과 우주주론에서 벗어나 인격적인 영역으로 옮겨졌으나 여전히 형이상학적이며 주관적인 성격을 띠고 있었다. 근세에 들어와서 로체가 가치 문제를 철학의 독립된 연구 영역으로 만들었다. 그후 가치 철학은 브렌타노에 의해 강력한 영향을 받았으며 많은 가치 철학자가 배출되었다. 예컨대 심리학적 성격을 띠고 있는 에렌펠스C. Ehrenfels, 마이농 A. Meinong 등과 신칸트 학파의 빈델반트W. Windelband와 리케르트 H. Rickert, 그리고 피히테J.G. Fichte 학파를 열거할 수 있다.

그러나 근본적으로 실질적인 가치를 최초로 문제삼은 사람은 셸러이다. 그는 현상학적 가치 철학의 건립자이다. 그후 셸러의 기초 위에 하르트만은 가치 존재론을 세웠다. 다른 한편으로 신스콜라 학파의 가치 철학이 대두되기도 했다. 20세기 중반에 들어와서 힐데브란트D. von Hildebrand, 린텔렌J. von Rintelen, 헤센J. Hessen 등이 가치론을 종합 정리하였다. 그러나 아직도 가치 상대주의를 고집하는 철학자들이 있다. 니체를 비롯하여 영미의 언어 분석 철학자들은 특정한 사람이나 특정한 인종들에게서 특정한 시대에만 적용될 수 있는 상대적 타당성만을 가진 가치가 존재할 수 있다고 주장한다. 그들은 절대적으로 타당한 가치들이란 존재하지 않는다고 강변한다. 그러므로 모든 가치들은 예외없이 변화할 수밖에 없고 모든 인간과 모든 시대에 통용되는 영원하고 불변하는 가치들은 부인된다. 인간에 의해서 주관적으로 만들어지는 평가처럼, 그때그때 변화될 수 있고 상대적일 수 있는 가치가 존재한다는 것도 자명하다. 그러나 현존재의 기본 가치는 필연적으로 인간과 모든 존재자의 본질 구조 속에서 정초되고 있기 때문에 절대적이고 불변하는 타당성을 가질 수 있다. 예컨대 인격 가치는 절대적 가치이며 불변하는 보편 타당성을 가진다.

현대의 가치 철학의 발흥자인 로체에 의하면, 가치는 존재와 구분되어서 나타난다. 존재는 수학적, 자연과학적 법칙의 지배를 받는 경험 실재의 제약을 받기 때문에 존재는 탈가치적이다. 인간 현존재의 의미가 정초되고 있는 가치는 통용되는 고유한 영역을 이룩한다. 따라서 오성이 존재를 인식하는 것처럼, 이성은 가치를 느낀다. 로체의 이러한 발의는 나중에 독일의 가치 철학이 두 가지 흐름으로 발전해 나가도록 했다. 즉 신칸트 학파의 가치 철학과 현상학적 가치 철학이 그것이다.

신칸트 학파의 가치 철학은 가치의 타당성에 주목하고 법칙으로 설명할 수 있는 자연과 가치 판단으로 이해할 수밖에 없는 역사적 문화를 구별하는 데서부터 시작한다. 그래서 탈가치적인 실재가 있는 것처럼, 무조건적으로 타당한 가치의 독자적인 영역이 있다. 이 가치는 비실재적 또는 비실제적인 것으로 표현되기도 한다. 실재와 가치는 이 세계에서 서로 부딪친다. 인간은 가치 활동을 하면서 실재에 가치를 매기고 문화재를 만들어 낸다. 슈프랑거Spranger와 마이농도 이와 유사한 견해를 가지고 있다.

현상학파의 가치 철학은 무엇보다도 가치감에 주목하고 칸트의 형식주의에 반대한다. 셸러는 실질적 가치 윤리학을 이룩했다. 현전現前하고 있는 실재로 이해되는 존재에 가치를 환원시키는 것은 가치를 상대화하는 것과 같은 것이다. 그러므로 가치의 절대성은 오로지 현존재로부터 가치가 독립해야만 보장된다. 그러므로 가치는 "실질적 성질"을 가지고 있는, 즉 내용 규정을 하는 그 자신의 영역을 이룩한다. 가치는 존재와 분리되므로 오성으로 인식될 수 없고 다만 지향적 느낌에 의해서 정서적으로 바라보는 데서 이해될 수 있을 뿐이다. 이 지향적 느낌은 단순한 주관적 감정과는 구별된다. 지향적 느낌을 브렌타노는 "올바르게 성격이 부여된 사랑"이라고 했고, 후기의 마이농은 "정서적 현시"라고 표현했다. 정서적 느낌은 주관적인 감정으로 가치를 보는 심리주의와는 다른 것이다. 하르트만은 가치의 단계와 서열에 주목을 하고 가치 철학을 더 발전시켰다.

신스콜라 학파에 속하는 얀쉬Jansch는 이와 같은 가치 철학에 대해서 "이원론적 보충론"이라고 표현했다. 신칸트 학파나 현상학의 가치 철학은 존재와 가치가 하나가 되도록 발전시키지 않고 탈가치적인 존재를 존재로부터 이탈된 가치와 병존시킴으로써 보완하려고 한다고 비판했다. 따라서 존재와 가치가 하나가 되는 길은 스콜라 철학의 가치 철학에 의해서만 가능하다고 하였다. 이러한 견해는 현대의 가톨릭 철학자들, 예컨대 린텔렌, 로체, 데 프리스J. de Vries, 힐데브란트 등이 같은 생각을 하고 있다. 그들은 신칸트 학파가 가치를 순전히 보편적인 형식적 요소로만 파악하고 가치를 당위와 같이 보며 순전히 경험적으로 파악되는 존재와 가치를 구분한다고 비판한다. 또 현상학자들은 가치를 내용적으로 객관적인 것이라고 보면서도 존재와 구별되는 선천적으로 주어진 어떤 것으로 보고, 우리가 추구하지 않을 수 없는 것이라고 하면서도 가치가 당위와 의무와 결코 일치할 수 없고 다만 당위를 근거지울 수 있을 뿐이라고 주장한다. 따라서 현상학자들의 가치는 의욕의 대상으로서 활동을 윤리적으로 선한 것으로 만들어 주는 그 자신의 윤리적 가치를 가지고 있지 못하며, 결국 윤리적 가치는 활동 가치에 불과한 것이 되고 만다는 것이다. 현상학적 가치 윤리학이 도덕 실증주의에 대항하여 윤리적 가치의 객관성을 방어한 것과 또 가치의 내용이 순수한 형식적 당위에 우선한다고 밝힘으로써 형식주의Formalismus를 극복한 것에 대한 공적은 높이 인정할 만하다. 그러나 신스콜라 철학자들은 현상학자들의 가치관의 약점을 지적한다. 현상학파의 가치 철학은 존재와 가치의 분리를 끝내 극복하지 못했고 그들도 실증주의자들이 존재를 순전히 경험적 사실로만 보는 고정관념에서 완전히 벗어나지 못한 채로 이원론에 머물고 있다는 것이다.

현상학자들은 가치가 존재 안에서 존재자의 본질 완성을 정초하고 있고 본질 통찰에 의해서 인식될 수 있다는 것을 간과하고 있다고 한다. 스콜라 철학자들은, 지향적 가치감은 셸러가 생각하는 것처럼 그렇게 최종적인 단순한 크기만 가지고 있는 것이 아니라, 다시 말해 단지 정서적인 면만 가지고 있는 것이 아니라 인식 능력도 가지고 있고 복잡한 내용도 담고 있다고 본다. 또 활동 가치는 그 자체로 비윤리적인 대상적 가치로 환원될 수 없다고 한다. 그래서 가치의 문제는 근본적인 철학의 문제이긴 하지만 윤리학만의 문제가 아니라 존재론과도 상관되는 문제라는 것이다. 그들은 도덕법은 가치 철학만으로 해결할 수 없고 또한 윤리 신학의 문제가 된다고 주장한다.

가치 철학은 일반 가치 철학과 특수 가치 철학으로 나누어 볼 수 있다. 일반 가치 철학은 가치의 본질, 가치의 다양성, 실제와 당위, 가치의 분류와 서열, 가치 인식, 가치 실현 등을 다룬다. 특수 가치 철학은 셋으로 대별된다: 윤리적 가치 철학(윤리학), 미적 가치 철학(미학), 종교적 가치 철학(종교 철학). 우리는 아래에서 가치의 본질의 의미와 그 이해를 규명해 보기로 하자.

2. 가치의 본질과 그 의미

(1) 가치의 의미

가치라는 개념은 엄밀한 의미에서 정의될 수 없는 말이다. 가치는 고유한 정의를 가질 수 없는 말, 예컨대 실존이라든가 사랑처럼 최고의 개념에 속하기 때문에 분석하거나 비교할 수 없다. 그러므로 우리는 가치라는 말에 대해서는 그 말이 담고 있는 의미를 오로지 이해할 수 있을 뿐이다.

사람들은 일반적으로 가치를 세 가지 관점에서 파악한다. 즉 가치 체험, 가치 관념, 가치의 성질. 그런데 우리가 가치라는 말을 가치 체험만으로 이해하려고 한다면, 가치는 심적인 것, 즉 의식 또는 기분에 따라 생기는 현상으로 보게 될 것이다. 다시 말해서 사람들은 가치를 심리 현상으로만 간주할 위험성이 생긴다. 또한 우리가 가치라는 개념을 가치 관념으로 파악하려고 한다면, 우리는 또한 오류를 범하게 될 것이다. 왜냐하면 이 경우 우리는 가치를 사물화하는 오류를 범하게 될 것이기 때문이다. 또 우리가 가치를 성질로서만 파악하려고 한다면, 이것은 가치를 자연화하는 오류를 범하게 될 것이다. 다시 말해서 사람들은 자연화의 오류에 빠지게 되어 마치 가치를 사물의 어떤 성질로 간주하게 될 것이다.

그러므로 가치를 이렇게 따로따로 파악하는 것은 일면적이다. 그 파악들은 각기 가치의 어떤 일면을 바로 보긴 하지만, 서로 배타적이며 다른 파악을 간과하거나 무시한다. 이러한 전통적인 가치의 파악들은 대체로 가치 현상의 어떤 계기만을 보고 이를 고집한다고 하겠다.

가치 현상은 근본적으로 세 가지 면을 동시에 보여준다. 가치는 무엇보다도 체험되는 어떤 것이다. 우리는 인간의 존엄성, 경치의 아름다움, 성스러운 곳에서의 거룩함을 체험한다. 우리는 양심의 가책과 같은 윤리적 가치 체험, 음악이나 회화 등을 통한 미적 가치 체험, 경건한 종교 의식을 통한 종교적인 가치 체험을 한다. 가치 체험이란 확실히 존재한다. 가치 체험이 엄연히 존재하듯이, 가치의 질Wertqualität이라고 부르는 가치의 성질도 존재한다. 가령 앞에서 인용된 인간, 풍경, 예술, 장소 등은 가치 현상과 관계되는 대상이며, 동시에 어떤 가치의 성질을 가지고 있으며, 가치 성격을 구성하고 있고 우리에게 가치 체험을 가능하게 해준다. 또 가치 관념도 존재한다. "가치

관념은 유개념이다. 가치 체험의 내용은 이 유개념에 속한다."[23] 우리가 선, 미, 성이라고 부르는 것은 바로 가치 관념이다. 사람들은 대체로 이 가치 관념을 가치라고 부른다. 사람들이 가치에 대해서 논할 때, 대체로 가치 관념에 대해서 말한다. 우리가 이미 성립하고 있는 개념을 구성한다면, 그것은 바로 선험적 방법을 사용한 것이다.

우리가 여기서 문제삼는 실질적 가치는 가치의 의미를 현상학적으로 다루어 보려는 것이다. 다시 말해서 우리는 오로지 현상만을 문제삼고, 가치의 의미를 살펴보자는 것이다. 현상은 직접적으로 주어지는 것이다. 모든 가치는 원래 인간의 삶 속에 주어진다. 그러므로 가치 현상은 가치 삶Wertleben과 불가분리의 관계에 있다. 가치 삶에는 가치 체험Werterleben이라는 말이 포함된다.[24] 예컨대, 가치가 우리의 내부에서 빛나고 우리를 충만하게 해준다면 우리는 이미 가치 체험을 한 것이 된다.

(2) 본래적 가치와 평가의 구별

우리는 가치 판단을 하지 않고는 살아갈 수 없다. 인식하는 것, 의욕하는 것이 인간의 본성에 속하는 것처럼 가치 판단도 인간의 본성에 속한다. 우리는 항상 가치 판단을 하며 평가를 내린다.

우리는 여기서 가치 자체와 평가를 구별해야 한다. 가치에 대한 우리의 통찰이나 그것에 대한 우리의 반응을 평가라고 할 수 있다. 평가는 가치 자체와는 다른 것이며 언제나 가변적일 수 있고 상대적일 수 있다.

사람들은 대체로 효용에 근거를 두고 평가를 내리는 데 익숙하다. 그래서 상황이 바뀌고 당면하고 있는 사물이나 행위가 이제 더 소용없게 되면, 그에 따라 평가도 바뀌게 된다. 가령, 미국 사회에서 흔히 볼 수 있는 노인 괄시에서 그 실례를 볼 수 있다.

사람들은 흔히 가치의 본질, 즉 가치 자체와 평가를 혼동하고 있다. 예컨대, "어떤 물건이 좋다"는 판단은 그 물건의 평가와 상관된다. 실용적인 면에서 물건을 고찰하는 것은 조건적인 평가와 상관되는 것이다. 그러나 부모를 공경하는 것은 매우 가치 있는 일인데, 이것은 단순한 평가의 대상이 아니라 무조건적으로 절대적으로 좋은 것이다. 따라서 평가와 가치는 구별된다. 평가는 가치에 대한 우리의 반응일 수 있지만, 가치 자체와는 다른 것이며 가변적일 수 있고 상대적일 수 있다. 그러나 가치 자체, 가치의 본질은 불변하며 영원하다. 다시 말해서 가치는 체體로서 불변하며 평가는 용用으로서 가변적이다. 동·서양을 막론하고 가치 직관론자들이 있다. 그들에 의하면 가치는 직각直覺 또는 직관될 수 있다. 가치는 명증적이며, 본래적으로 인간의 마음속 깊은 곳에 주어져 있는 것이다.[25] 이제 하나의 실례를 들어보자. 갑돌이가 그의 친구인 갑순이와 어떤 고급 식당에서 맛있는 음식을 먹고 즐기고 싶은데 돈이 없었다. 그때 갑순이가 갑돌이에게 돈 많은 늙은 어머니를 살해하고 돈을 뺏자고 권했다. 그 돈유흥비로 쓸 수 있다고 말이다. 만일 갑돌이가 정상적인 인간이라면 그는 격분해서 그런 짓은 절대로 하지 않겠다고 말할 것이다. 그러나 갑순이는 그 짓은 힘드는 일도 아니며 들킬 염려도 없고 간단히 해치울 수 있을 뿐더러 유용한 일이라고 대꾸했다. 이때 갑돌이가 "나는 그런 나쁜 짓은 할 수 없다. 그것은 비열한 짓이고 범죄이며 용서받을 수 없는 죄악이다"라고 말했다고 하자. 그럼에도 불구하고 갑순이가 왜 우리는 즐기기 위해서 죄를 지으면 안 되느냐고 반문한다면, 갑돌이는 "사람은 그러한 나쁜 짓을 해서는 안 된다"고 말할 수 있을 뿐이다. 다시 말해서 갑돌이의 응답은 갑순이를 논리적으로 완전히 납득시키기 어렵다. 우리는 여기서 "나쁜 짓을 해서는 안 된다"는 명제는 증명이 안 되는 명제이며 따라서 이 명제는 명증적일 뿐이라고 말할 수 있을 뿐이다.

이제 우리는 앞에서 인용한 예를 좀더 자세하게 분석해 보기로 하자. 우선 어떤 경우에도 "어머니를 살해해서는 안 된다"는 명제는 확실히 가치 있는 명제로서 존재한다. 가치는 사람들의 호오好惡나 유용성과 관계없이 완전히 독립해서 존재할 수 있는 것이고 존재하는 것이다. 이 명제의 실질적 가치는 이 세상에 있는 어떤 대상과 마찬가지로 엄연히 존재한다. 물론 이것은 실재적 존재자는 아니다. 왜냐하면 이 명제는 사물이 아니기 때문이다. 그러나 이 명제는 초시간적, 초공간적으로 타당한 것이다. 그것은 이념적 존재자이다. 그러나 이것은 수학의 공식처럼 단순히 존재하기만 하는 것이 아니라, 우리가 이 명제를 지킬 것을 우리에게 요구하고 있다. 그것은 우리의 양심에 하나의 명령으로 주어진다. 만일 우리가 이 명령을 거역할 때 우리는 양심의 가책과 고통을 받으며, 다른 사람들이 이 명령을 거역할 때 우리는 엄청난 분노를 느낀다. 그러므로 그 명제는 정언적이라고 말할 수 있다. 여기서 정언적이라 함은 무엇 때문에 내가 그렇게 해야 하느냐고 이유를 따질 수 있는 성질의 것이 아니라 무조건적으로 지키고 행해야 하는 지상 명령을 의미한다. 다시 말해서 어머니를 죽이지 말아야 한다는 것은 아무런 이유도 아무런 목적도 고려하지 않고 무조건 요구하는 것이다. 우리는 이를 무조건 따르도록 되어 있다. 그리고 정상적인 인간이면 누구나 이러한 명제를 통찰할 수 있다. 그러므로 우리는 이제 가치와 평가를 구별해야 함을 알 수 있다.

그러면 가치의 본질은 무엇인가? 하르트만N. Hartmann은 가치의 본질에 대해서 이렇게 정의를 내렸다: "가치들은 '가치 있는 사물들' 또는 재화로부터 독립되어 있을 뿐만 아니라 사실은 사물들이 가치 있게 되는 전제가 되는 것이다. 가치들은 그것들에 의해서 사물들 — 그리고 보다 넓은 의미에서 실재하는 사실들과 모든 종류의 사태들

― 이 좋은 것들로서의 성질을 가지게 되는 것, 즉 그것들에 의해서 사물들이 가치 있게 되는 것이다. 이것을 칸트식으로 표현하면 가치들은 ― 일반적으로 그것들이 실제적 상황과 관계를 가지고 있는 한 ― 좋은 것들의 '가능성의 조건'이다."[26] 하르트만에 의하면 사물들이 가치 있는 것은 그것들 자체가 가치 있기 때문이 아니라 사물들이 초월적인 객관적 실재로서의 가치, 다시 말해서 "본질로서의 가치"에 의해서 가치 있게 되는 것이다. 그는 이렇게도 말했다: "가치는 모든 것이 그것에 관여함으로써 본연의 것이 되는, 다시 말해서 가치 있게 되는 그러한 것이다. 그러나 이것은 오늘날의 개념적 언어로 표현하면 '가치는 본래적인 것이다Werte sind Wesenheit'라는 것을 의미한다"[27]

3. 현상학적 가치론의 근거

(1) 가치의 본질의 보편 타당성

우리는 이제 가치들이 존재한다는 것을 의심할 수 없다. 우리는 일상생활 속에서 건강, 돈, 그리고 사물들에 대해 가치를 부여한다. 그리고 그렇게 평가된 것을 하나의 가치라고 명명한다. 따라서 모든 개인들에게는 가치들이 존재한다. 그러나 그 가치들 중에서 어떤 가치들은 단지 개인적인 타당성을 갖는다. 말하자면 그 가치들은 단지 그 가치들을 평가하는 몇몇 개인들에게만 타당할 뿐이다. 예컨대, 어떤 연인의 가치는 개인적·주관적 가치들이다. 그러나 이와는 달리 일반적·주관적 가치들이 있다. 이 가치들은 개인에게만 유효한 것이 아니라 인류 전체에 유효한 것이다. 예컨대, 영양, 건강 등이 그러하다. 이 가치들은 인간을 자연 존재로 볼 때, 인간과 상관되는 가치들이다. 그러나 이 보다 더 고급한 가치들이 있다. 다시 말해서 개인적이건 일반적이건 간에 주관적으로 유효한 가치들 이외에 더 상위에 있는 초주관적인 타당성을 갖는 가치들이 존재한다는 것이다. 초주관적인 타당성을 갖는 가치는 주관의 사실적인 평가와 독립해서 존재한다. 이 가치들은 초시간적인 타당성을 가지고 모든 개인들에게 접근해 간다. 그 가치들은 모든 사람들에게 승인을 요청한다. 여기서 우리는 객관적이고 절대적인 타당성을 갖는 가치에 대해서 생각해 볼 수 있다.

만약 객관적인 가치가 존재하지 않는다면, 어떤 주장에 대한 모든 분노와 모든 강조 그리고 어떤 것을 설득시키고자 하는 희망은 의미 없는 일이 되고 말 것이다. "어떤 사람이 한 가지 주장을 하고 이를 옹호하고, 다른 사람들을 설득하려고 애쓴다면, 바로 그 순간 그는 이미 객관적 가치들이 현존함을 전제하거나 인정하고 있는 것이다."[28]

오늘날 우리 주위에는 아직도 가치의 보편 타당성에 대해 의심하는 사람들이 많다. 그러나 그들은 자가당착에 빠져 있다. 객관적 가치를 부정하는 사람들도 실제로는 여전히 확실한 가치들(논리적 가치나 인식론적 가치)을 전제하고 있다. 그들은 자신들의 주장을 다른 사람들이 진지하게 받아들일 것을 전제한다. 다시 말해서 객관적 가치가 존재하지 않는다는 명제를 사람들이 받아들일 것을 전제한다. 그래서 그들은 한편으로는 사람들이 가치를 부정할 것을 기대하고 다른 한편으로는 자기들의 주장이 객관적임을 주장한다. 따라서 그들은 사람들에게 객관적인 가치란 존재하지 않는다는 자신들의 주장이 진리임을 주장하기 위해서도 결국 객관적 가치가 있음을 인정하게 된다. 따라서 객관적 가치를 부정하는 사람들은 스스로 자기 모순에 빠진다. 그들은 한편으로는 객관적 가치를 부정할 것을 주장하며 다른 한편으로는 긍정할 것을 기대하는 자기 모순에 빠진다.[29]

(2) 가치 객관주의의 근거

우리는 이제 가치 객관주의의 적극적 근거를 살펴보자. 가치 객관주의는 세 가지 방식에 기초를 둘 수 있다. 즉 현상학적, 존재론적, 문화 철학적 방식이 있다.[30]

가치 객관주의의 현상학적 기초는 우리들의 가치 체험에서 비롯한다. 예컨대, 우리가 풍경의 아름다움을 체험한다든가, 어떤 윤리적 행위에 대해 경탄해 마지 않는다든가 할 때, 우리는 주관적 의식이 아닌 객관성을 가지고 그러한 가치들을 체험한다는 것을 느낄 수 있다. 여기서 우리는 가치를 체험하는 주관의 자의로부터 벗어나서 객관적인 가치가 존재함을 알 수 있다. 만일 우리가 주관적 평가와 객관적 가치가 다르다고 생각해 보면, 우리는 특히 가치의 객관성을 체험할 수 있다.[31] 우리는 우리의 주관적인 태도를 가치의 객관적 기준에 의거해서 판단해 봄으로써 우리가 가치와 규범을 어겼던 것을 비판하기도 하고 후회하기도 한다. 따라서 우리는 우리의 주관적 평가나 의욕을 넘어선 객관적으로 타당한 가치와 규범이 있음을 인정할 수 있다. 다시 말해서 우리는 무조건적으로 가치 있는 것이 있을 것이라는 생각을 하지 않을 수 없다. 우리의 가치 체험에 대한 끊임없는 생각과 가치의 객관성은 가치 자체와 함께 체험됨을 우리는 승인하지 않을 수 없다.

가치 객관주의의 존재론적 기초는 정신적 가치들의 존재와의 관련성으로부터 비롯한다. 인간은 자신에게 부여된 가능성을 실현하기 위해, 자기 자신의 이상을 실현하기 위해, 자신의 존재 완성을 위해 노력한다. 비유적으로 말하면 인간은 어둠에서 벗어나 광명한 곳으로 나아가기 위해 노력한다. 인간성을 고귀함으로 이끄는 이 좁은 길의 안내자가 바로 정신적 가치들이다. 우리가 정신적 가치들을 우리의 행위를 위한 규범으로 받아들이게 되면 우리는 가치들의 본질을 완성하게 되는 것이다. 만약 우리가 인간의 정신적 구조가 모든 인간 존재에 있어 동일하다고 믿을 수 있다면, 우리는 동일한 정신적 가치가 또한 모든 인간 존재에 적용된다고 확신할 수 있다. 그리고 인간의 정신적 본질에 대한 가치들의 관련성으로부터 가치들에 보편 타당성을 부여할 수 있다.

이러한 논의는 인간의 정신성을 믿는 사람만 확신할 수 있다. 그러나 인간에게 있는 정신적인 것에 대해 장님인 사람, 인간 본질의 심오한 존재적인 기층을 이해하지 못하는 사람, 인간의 물질적인 측면만 볼 줄 알고 인간을 자연적 존재에 불과하다고 주장하는 사람은 이러한 논의를 거부할 것이다. 그런 사람들에게는 본래적인 의미에서의 정신이나 정신적 가치는 존재하지 않을 것이며, 더군다나 주관을 넘어선 절대적 타당성을 지닌 정신적 가치란 존재하지 않는다고 주장할 것이다. 따라서 이른바 가치 상대주의자나 가치 회의주의자, 자연주의자, 유물론자는 음치처럼 가치의 본질을 보지 못하는 가치 맹목자들이다. 우리는 그러한 가치의 장님들에게 가치의 진수를 보여주지 못할지 모른다. 가치의 본질을 이해하지 못하는 사람들이 있다고 해서 가치가 존재하지 않는 것은 아니다.

가치 객관주의의 문화적 기초는 다음과 같은 사고 방식에 근거한다. 인간은 누구나 문화의 존재를 부정할 수 없다. 모든 문화는 인간의 행위를 통해서 객관적 가치를 구현하고 실현한다. 그러므로 문화의 현존은 객관적 가치의 현존을 전제로 한다는 것이다.[32]

그러나 문화 상대주의자들은 인간의 문화에서 객관적인 가치의 실현이 문제된다는 사실을 수긍하려고 하지 않을 것이다. 그러면 여기서 어떻게 가치들이 문화 과정 속에서, 다시 말해서 문화를 창조하는 인물들에게서 가치 객관주의가 입증될 수 있는가를 살펴보자. 문화를 창조하는 인물들은 우선 가치에 감동하고 있고 가치에 푹 잠겨 있다. 보다 고귀한 세계가 그들 안에서 발현되고 그들로 하여금 그러한 세계에 봉사하도록 강요한다. 문화 창조적인 사람들은 그러한 가치 있는 세계를 위해 철저하게 헌신하지 않을 수 없다. 왜냐하면 그들은 주관적인 기분이나 허구가 아니라 그것을 넘어서서 그들이 복종하지 않을 수 없는 고귀하고 위대한 어떤 것과 관계되는 생명력이 있는 것에 대한 확신을 가지고 있기 때문이다.

"인간의 행동을 이끌어주고 인간의 생각에 영혼을 불어넣어주는 이러한 가치들은 발명되어지는 것도 아니고 더군다나 가치 전도를 통해 새롭게 만들어지는 것도 아니다. 그 가치들은 스스로 드러나고 하늘에 떠있는 별처럼 인간의 시계視界에서 문화의 진보와 함께 점진적으로 나타난다. 낡은 가치들이 있는 것도 아니며 새로운 가치들이 있는 것도 아니다. 다만 가치들이 있을 뿐이다."[33] 그러므로 우리는 여기서도 본질적인 의미에서 가치가 객관적으로 존재하며 타당성을 갖는다고 결론을 내릴 수 있다.

셸러나 하르트만이 가치를 초월적인 객관적 실재로 본다는 것은, 가치는 인간의 사고에 의해서 도출해 낼 수 있거나 또는 인간의 주관이 조작해 낼 수 있는 것이 아니라 그 자체가 초월적으로 영원히 존재하는 객관적 실재의 영역임을 의미한다. 그러므로 이와 같은 가치의 영역은 높고 낮은 위계 질서를 가지고 있는 것이다. 이렇게 위계 질서를 가지고 있는 가치의 영역은 높고 낮은 또는 깊고 얕은 위계 질서를 가지고 있는 가치감에 의해서 본질 직관적으로 파악되는 것이다. 여기서 우리가 유념해야 할 것은 그들이 말하는 가치의 객관적 실재라는 것은 시공간적으로 객관적 대상이라는 의미에서가 아니라 이념적 본질의 영역이라는 의미에서 그렇다는 것이다.

4. 가치의 이해와 가치감의 문제

(1) 가치의 이해

우리는 가치의 인식에 관한 이론을 편의상 두 가지 — 정서주의 Emotionalismus와 지성주의Intellektualismus — 로 대별해 볼 수 있다.[34]

정서주의는 현상학적 가치 탐구의 입장을 대변한다.[35] 이 정서주의는 막스 셸러가 주창자라고 할 수 있다. 그는 색깔이 시각 작용에서 파악되는 것처럼, 가치는 감정 작용Gefühlsakt에서 파악된다고 보았다. 그는 "색깔이 보는 데서 직접적으로 파악되는 것처럼, 가치는 지향적 느낌 속에서 직접적으로 우리에게 주어지는 성질이다"라고 말했다.[36] 그는 가치 파악의 모든 지성주의적 해명을 강하게 부정했다. 그는 파스칼처럼 가치 영역을 "마음의 질서," 즉 인간의 정서에 부응하는 세계라고 표현했다. 그는 "가치는 오성Verstand에는 완전히 차단되어 있다. 오성은 가치에 대해서 마치 귀와 청각이 색깔에 대해서 맹목인 것처럼 맹목이다"라고 말했다.[37] 가치 인식의 기관은 오성이 아니라 감정이라는 것이다. 우리는 여기서, 지성주의를 지지하는 가치론자들이 시도했던 것처럼, 빈틈없는 가치 개념의 정의가 문제되는 것이 아니라 어떻게 우리가 가치를 이해할 수 있는가를 문제삼아야 할 것이다.

하르트만은 "가치 의식이란 가치감이며, 가치가 충만한 것에 대해 우선적으로 직접적으로 느낌을 가지는 것이다,"[38] "모든 가치 파악은 가치감에 근거한다,"[39] "가치를 파악하는 활동들은 결코 순수한 인식 작용이 아니라 감정 작용(정서 작용)이며, 지성적인 것이 아니라 정서적이다,"[40] "가치는 느껴질 수밖에 없으며 느낌의 근본을 구체적으로 주목하지 않을 수 없다"[41]고 말하면서 셸러와 같은 입장을 취했으나, 그는 셸러보다 가치 인식의 직관적인 성격을 더욱 강조했다. 한마디로 가치를 느끼는 것은 가치를 직관하는 것을 의미한다. 하르트만은 이와 관련하여 이렇게 말했다:

플라톤적인 직관의 동기는 바로 실질적 윤리학materiale Ethik이 "가치를 느끼는 것Wertfühlen"이라고 부르는 것에 아주 걸맞으며, 또 입장 표명, 동의, 의향의 작용에서 드러나고 있는 것에도 아주 걸맞는다. 인간이 가치를 느끼는 것은 주체에 있어서 가치의 존재를 통보하는 것이며 바로 가치의 본래적인, 이념적인 존재 방식의 통보이기도 하다. 가치에 대한 앎의 선험성은 지성적, 사변적인 것이 아니라, 서정적, 직관적인 선험성이다.[42]

그러나 하르트만은 가치 이해의 정서적 성격에도 불구하고, 가치 이해가 가지고 있는 객관성을 매우 중요시했다. "가치감은 수학적 통찰 못지않게 객관적이다. 가치감의 대상은 다만 작용의 정서적 성격에 의해서 좀 가리워져 있을 뿐이다. 사람들이 그것을 알아보려고 할 때 그것은 밖으로 드러나지 않을 수 없다."[43] 여기서 우리가 주의해야 할 것은 하르트만에게서 가치 파악이란 통상적인 의미에서 가치 인식을 말하는 것이 아니라는 점이다. 그는 가치 파악의 특성에 대해서 이렇게 말했다:

가치 파악은 그 말의 통상적인 의미에서 "인식한다Erkennen"는 말이 아니며, 사람들이 파악된 것에 의해서 아무런 영향도 받지 않는 그런 중립적인 파악이 아니다. 가치 파악은 파악되는 것 그 이상이다. 사람들은 가치 있고, 마땅히 있어야 할 것으로 알고 있는 것으로부터 감동을 받는다. 이러한 태도는 전혀 사변적인 것이 아니라 정서적인 것이다; 이러한 가치 파악이 발생하는 작용들, 즉 느낌의 작용과 입장 표명과 의향의 작용들은 사변적인 것이 아니라 정서적인 것이다.[44]

우리는 여기서 정서주의에 대립하는 소위 지성주의의 가치관을 검토해 볼 필요가 있을 것이다. 가령 우리는 현대의 신스콜라 학파에 속하는 철학자들이나 후기 칸트 학파의 가치관을 현상학적인 정서주의자들의 가치관과 비교·검토해 볼 필요가 있을 것이다. 뿐만 아니라 우리는 정서주의와 지성주의의 종합을 시도하는 학자들, 가령 메써A. Messer나 헤쎈, 특히 헨젤L. Hänsel의 이론도 검토해 보는 것이 좋을 것이다. 그러나 이러한 검토는 여기서 생략하기로 하고 주로 이 논문에서는 우리가 가치감을 통해서 어떻게 가치를 이해할 수 있는가 하는 점에 관해서만 다루고자 한다.

셀러는 가치가 감정 작용에만 주어지는 것이라고 말했다. 그러나 우리 말에서 감정이라는 말은 쾌감이나 불쾌감이라는 말을 연상시키며, 이성과는 달리 매우 주관적이고 그때그때의 어떤 기분에 좌우되는 것이 아니냐는 반문을 가지게 된다. 그러나 셀러는 이성과 감정을 구분하는 이원론적 사고 방식을 불식시켜야 하며, 특히 선천적인 것과 이성적인 것을 하나로 보고 성립시킨 "이성적 윤리학"을 타파해야 하고, 그 대신 감성적인 것과 선천적인 것과의 결합을 전제로 한 정서적(감정적) 윤리학의 성립을 주장했다. 셀러에 의하면 가치 선취감Vorziehen과 가치 후취감Nachziehen, 사랑과 미움 같은 감정은 순수한 사고와 마찬가지로 귀납적 경험에 의존하지 않는 선천성을 가지고 있다. 여기서 우리가 주목해야 할 것은 셀러도 모든 종류의 감정 상태Gefühlszustand가 가치가 아니며 또 가치를 조건지우는 것이 아니라고 하는 것이다.[45] 다시 말해서 가치는 오로지 감정에 의해 주어지는 것이지만, 그렇다고 해서 감정에 의존하는 "성질"은 아니라는 것이다.

그러면 셸러가 말하는 감정이란 어떤 것인가?

(2) 감정의 의미

셸러는 감정을 "기능으로서의 느낌Fühlen"과 "상태로서의 감정 Gefühl"으로 구분하고 전자는 어떤 것을 수용하는 기능이고 후자는 수용된 내용과 현상이라고 규정한다.[46] 그는 쾌감이나 고통의 상태를 수용하는 감성적인 감정을 상태 감정Zuständliche Gefühle이라고 부르며 감수하는 기능으로서의 감정을 가치를 지향하며 수용하는 일종의 운동 또는 체험Erlebnis이라고 부른다. 그는 이렇게 감정을 구분한 다음 감정 기능과 우리의 정서 생활에서 보다 높은 기능을 발휘하는 체험을 구별하고, 그것을 가치 선취감과 가치 후취감이라고 부르면서 체험에서 가치의 높고 낮은 정서가 파악된다고 말한다.[47] 그래서 그는 가치에 높고 낮은 서열이 있고, 감정에도 계층의 구별이 있다고 보았다. 사람들이 말하는 것처럼 감정은 결코 맹목적이거나 무질서한 것이 아니라 일정한 질서, 즉 파스칼이 말하는 "마음의 질서" 또는 "마음의 논리"를 가지고 있다. 그는 감정의 현상학적 분석에서 감정을 네 계층 ― 감각 감정, 생명 감정, 심적 감정, 정신적 감정 ― 으로 구별한다:

① 감각 감정das sinnliche Gefühl
그에 의하면 이 감각 감정은 신체의 특정한 부위에 주어질 때, 감각 내용과 떠날 수 없고 인격과 관계없이 간접적으로 나에게 주어지며, 언제든지 현재적인 사실과 관계되며, 의미의 연속성이 없으며, 다른 감정과 달리 관심을 가지지 않으면 어느 정도 참을 수 있으나 관심을 가지고 있으면 참기 어려운 면이 있으며, 적당한 자극을 주면 언제든지 되살아나는 특징이 있다.

② 생명 감정das Lebensgefühl

생명 감정은 감각 감정의 계층에 환원시킬 수 없는 특별한 특징을 가지고 있다. 감각 감정은 신체의 어떤 특정한 부위에 한정되나, 생명 감정은 신체 전체와 관계가 있다. 예컨대 우리가 피로를 느낄 때, 이 감정은 우리의 몸 전체와 관계된다. 가시에 찔려서 아픔을 느끼는 감각 감정은 가시에 찔린 신체의 부위에 한정된다. 감각 감정은 산발적이지만 생명 감정은 통일적인 상태이다. 감각 감정은 "죽은 상태"지만, 생명 감정은 언제든지 지향하는 작용이다. 따라서 생명 감정에서는 생명의 고양, 쇠약, 위험, 건강, 질병 등을 느낀다. 생명 감정은 환경의 가치 내용, 예컨대 숲 속의 청신한 기분이나 왕성하게 자라는 나무들의 생명감도 느낀다. 생명 감정은 공감共感, mitfühlen 또는 추감追感, nachfühlen의 기능을 가지나, 감각 감정은 그렇지 않다. 예컨대 우리는 무거운 짐을 지고 가는 소나 말의 피로를 공감할 수 있으나 소나 말의 감각 감정을 공감할 수는 없다. 생명 감정은 그 무엇을 지향하는 기능을 가지기 때문에 생명에 유익한 것과 해로운 것이 무엇인가를 예감豫感, Vorfühlen한다. 이 예감은 유익한 것을 취하고 위해한 것을 피하게 한다. 생명 감정은 현재적인 가치보다 오히려 미래의 가치를 예시하며, 감각 감정이 시공간적으로 접촉 감정Kontaktgefühl인데 반하여, 생명 감정은 시공간적으로 "원격 감정Ferngefühl"이라고 하겠다.

③ 심적 감정das seelische Gefühl

심적 감정은 감각 감정이나 생명 감정과 달리 나의 신체를 떠나서 생기는 감정이다. 예컨대 기쁨과 슬픔은 나의 심적 감정이다. 이 심적 감정에는 심정적으로 멀다든가 가깝다는 차이가 있을 수 있다. 그래서 나와 가까운 감정은 깊고 나와 먼 감정은 얕다.

④ 정신적 감정das geistige Gefühl

정신적 감정은 심적 감정과 구별되는데, 결코 "어떤 상태가 될 수 없다"는 점에서 그렇다. 예컨대, 축복Seligkeit(또는 열락), 절망, 환희 등과 같은 자아 상태Ichzuständliche가 사라진다는 것이다. 정신적 감정은 정신 작용 그 자체의 원점으로부터 나와 정신적인 빛을 띠고 나타나며 체험에 침투한다. 정신적 감정은 절대적인 성질을 가지고 있다. 예컨대, 우리는 그 어떤 것에 대해 행幸과 불행不幸을 느끼며 그 어떤 것에 대해 기쁨을 느끼기도 하고 느끼지 않기도 한다. 이러한 느낌은 심적 감정이며 어떤 것에 대해 상대적일 수 있다. 그러나 정신적 감정은 바로 인격 그 자체의 가치를 느끼는 것이다. 가령 우리가 절망이나 축복을 느끼는 것은 그 어떤 것에 대해서가 아니라 인격 가치에 대해서 감정적으로 부정하고 긍정하는 것이므로 정신적 감정과 상관되는 것은 결국은 인격 가치이다.[48]

우리는 앞에서 살펴본 것처럼 우리의 감정에도 높고 낮은 계층의 구별이 있음을 셸러의 감정의 현상학적 분석을 통해 알 수 있다. 모든 감정은 본래 "나"와의 관계를 떠나 있을 수 없다. 감정과 "나와의 관계"는 표상이나 사고의 "나와의 관계"보다 더 밀접하다. 다시 말해서 내가 어떤 가치를 느낄 때, 나에게 느껴지는 가치와 느끼는 나와의 관계는 내가 무엇을 표상하거나 사고할 때 그 어떤 것과 나와의 관계보다 실제로 훨씬 더 밀접하다는 것이다. 그래서 내가 아무리 내 감정을 떼어버리려고 하더라도 떼어버리기 어렵고, 설사 내가 그 감정을 떼어버렸다고 하더라도 그 감정은 다시 내게로 돌아온다. 우리가 자기의 감정을 지배하거나 억제하기 어려운 이유도 바로 이 점에 있다고 할 수 있다.

그러므로 우리가 판단할 때, 감정이 인식보다 우선한다는 것은 분명한 사실이다. 사람들은 흔히 가치감은 가치 인식에 부수적으로 나타나는 감정이라고 생각한다. 그러나 사실은 정반대로 가치감(가치 감정)은 가치 인식에 선행하는 것이다. 따라서 가치감은 가치 인식에 수반되는 감정이 아니라 그보다 더 근원적인 것으로서 가치 그 자체가 우리에게 주어지는 상태라고 하겠다. 따라서 가치와 감정과의 관계는 일차적이고 직접적이며, 반면에 가치와 인식과의 관계는 이차적이고 간접적인 것이다. 그러므로 우리는 가치감을 떠난 가치 인식은 있을 수 없으나 가치 인식을 떠난 가치감은 있을 수 있다고 말할 수 있다.

(3) 가치 양상

셸러는 감정의 각 계층에 주어지는 실질적 가치들의 성질 체계를 가치 양상Wertmodalität이라고 부르고 여러 가지로 나누어볼 수 있는 가치 양상들간에 있는 서열을 중시했고, 이를 근본적인 가치 관계라고 보았다. 그는 가치를 감정의 구분에 따라 네 가지로 구분해 보았다: 쾌락 가치(감성적 가치), 생명 가치, 정신적 가치, 신성 가치.

① 쾌락 가치(감성적 가치)

감각 감정의 감정 상태에 대응하는 가치 양상으로서 쾌감과 불쾌감의 가치 또는 쾌락 가치이다. 다시 말해서 이 쾌락 가치는 감각적인 쾌감과 불쾌감의 감정에 대응하는 가치로서 사물 가치나 기능 가치와는 구별된다. 그러나 이 가치는 인간의 감각적 감정과 상대적이기 때문에 경우에 따라 어떤 사람이 쾌라고 느끼는 가치를 다른 사람은 불쾌라고 느낄 수 있다. 그러나 쾌와 불쾌의 가치 차별은 절대적이며, 불쾌감에 대한 쾌감의 가치 우선감Vorziehen은 쾌와 불쾌의 모든 가치 경험에 선행한다.

② 생명 가치

이 가치는 생명 감정에 대응하는 모든 가치를 말한다. 이 두 번째 가치 양상은, 예컨대 귀貴와 천賤과의 대립에서 볼 수 있다. 귀한 것과 천한 것의 대립은 쾌와 불쾌의 대립이나 선과 악의 대립과는 달리, 훌륭한 사람과 변변치 못한 사람과의 대립과 같은 것이다. 이 가치는 완전히 독립된 가치 양상으로서 감각적 가치나 정신적 가치에 환원시킬 수 없다.

③ 정신적 가치

이 정신적 가치는 정신적 감정에 대응하는 가치이며 생명 가치와 뚜렷하게 구별된다. 이 가치는 신체나 환경을 떠나 독립해 있다. 우리는 정신적 가치를 위해서는 생명 가치를 희생시켜야 한다는 명제가 정당하게 성립한다는 사실에서 이를 알 수 있다. 이 정신적 가치를 감수하는 기능과 작용이 정신적 감정의 기능이며, 정신적 가치 우선감과 사랑과 미움의 작품이다. 우리는 정신적 가치 우선감과 사랑과 미움의 작용에 의해 정신적 가치를 파악할 수 있다. 정신적 가치는 미와 추의 가치, 바른 것과 바르지 않은 것의 가치, 순수한 진리 인식의 가치 등으로 구별된다.

④ 신성 가치

이 가치는 앞에서 열거한 가치들과 구별되는 최후의 가치 양상이다. 이 가치에 대한 특수한 반응이 "믿음"과 "불신," "숭경崇敬"과 "예배" 등이다. 이 가치는 절대적 대상에서만 나타난다. 우리가 신성의 가치를 감수하는 작용은 사랑이며, 그 본질에 있어서 인격과 관계한다. 따라서 신성의 가치는 인격 가치이다. 이 신성의 가치는 모든 가치 질에 선행한다.[49]

셸러는 그와 같이 가치 양상을 구분하고 생명 가치는 쾌락 가치보다 높고 정신적 가치는 생명 가치보다 높으며 신성의 가치는 정신적 가치보다 높으며 모든 가치는 동시에 신성의 가치를 위한 상징이 된다고 말했다.

하르트만은 셸러의 가치 양상의 분류를 좀더 다듬어 가치 서열이라는 이름으로 가치를 여섯 가지로 분류한다: 즉 그는 재화 가치, 쾌락 가치, 생명 가치, 윤리적 가치, 미학적 가치, 인식 가치로 분류했다. 헤센은 하르트만보다 한 걸음 더 나가서 가치를 형식적 관점과 실질적 관점으로 대별하고 다시 실질적 관점에서 모든 가치를 감성적 가치와 정신적 가치로 구분하고, 감성적 가치를 각각 쾌락 가치, 생명 가치, 이용 가치로, 또 정신적 가치를 논리적 가치, 윤리적 가치, 미적 가치, 종교적 가치로 각각 나누어 보았다.[50] 그는 나중에 논리적 가치를 그의 가치론에서 제외시켰다. 왜냐하면 가치는 본질에 있어서 가치감에 주어지며 "마음의 질서"에 속하는 것이고, 논리나 진리는 무정한 오성에 의해서만 파악되는 이념의 질서Ideenordnung에 속하는 것이므로 진리 또는 논리는 가치와 다른 차원에 속한다고 그는 보았기 때문이다. 그래서 그의 가치론은 윤리적 가치를 다루는 윤리학, 미적 가치를 다루는 미학, 종교적 가치를 다루는 종교 철학으로만 구성되었다.

(4) 가치 서열

우리는 가치의 구체적 이해를 도모하기 위해서 셸러, 하르트만, 헤센 등이 말하는 가치 서열의 문제를 비교·검토해 보자.

셸러는 가치들의 높고 낮음을 구별하기 위해 가치 서열의 기준을 다음과 같이 작성했다:

1. 가치는 지속적일수록 더 높다.[51]

2. 가치는 덜 분화될수록 더 높다.[52]

3. 정초하는 가치는 정초되는 가치보다 더 높은 가치를 지닌다.[53]

4. 가치는 만족도가 깊을수록 더욱 높다.[54]

5. 가치의 높음의 최종 기준은 그 가치의 상대성의 정도에 달렸다.[55]

여기서 우리가 특히 주목할 것은 가치의 지속성과 가분성可分性 그리고 만족감의 깊이에 관해서이다. 그러나 이와 같은 가치 서열의 구분은 우리가 실제로 윤리적 가치 판단을 하는 데 있어서 충분 조건이 되지 못한다. 그래서 하르트만은 그의『윤리학』에서 이를 비판하고 좀 더 세밀히 규정하기도 했고,[56] 힐데브란트, 봄머스하임, 헤센, 잉가르덴 등이 이를 보완하여 가치 서열에 관하여 논구한 바 있다. 특히 헤센은 가치 서열에 관하여 세 가지 대원칙을 제안했다:

1. 정신적 가치들은 감성적 가치들보다 우위에 있다.

2. 정신적 가치들 중에서 윤리적 가치들이 최우위에 있다.

3. 신성의 가치들 또는 종교적 가치들은 모든 다른 가치들을 정초시켜 주기 때문에 최고의 가치들이다.[57]

그러나 이것에 관하여 하르트만은 종교적 가치가 최고의 가치라는 것에 대해 수긍하지 않았다. 우리는 적어도 정신적 가치들은 감성적 가치보다 우위에 있고, 모든 정신적 가치들 중에서 윤리적 가치들이 최우위에 있다는 사실에 대하여 동의할 수 있을 것이다.

Ⅳ. 윤리적 가치의 재해석과 가치관 교육

1. 윤리적 가치 본질의 재해석

우리는 앞에서 가치들에 관해 개괄해 보았다. 그러나 가치의 영역을 좀더 깊이 살펴보면, 우리는 다양한 가치들이 있다는 것을 알 수 있다. 주지하다시피 윤리학만이 가치를 문제삼는 것은 아니다. 실제로 가치라는 개념을 가장 자주 사용하는 학문 분야는 경제 분야이다. 경제 분야에서 가치란 무엇보다도 물적 재화이며 좋은 것이다(독일어에서는 재화란 말과 "좋은 것Gute"은 같은 말이다). 그러나 좋은 것은 의학이나 약학에서도 문제삼을 수 있다. 한 걸음 더 나아가서 살펴보면 모든 종류의 신체적, 사회적, 정신적(심리적) 재화들도 가치라고 말할 수 있다. 이러한 재화들 가운데는 좀 낮은 가치라고 말할 수 있는, 흔히 동물 일반에서 볼 수 있는 쾌락과 같은 가치가 있는가 하면, 인격에 대한 일정한 관계 속에서 성립되는 사태事態 가치도 있다. 예컨대 법률이 있다는 것은 법의 보호를 받고 있는 모든 이들에게 다 좋은 것, 즉 선이며 가치이다. 이밖에도 미학적인 가치들도, 종교적인 가치들도 있다. 그런데 이 좋은 것, 즉 선은 모든 사람들에게서 다 좋다고 인정받는 것이어야 할 것이다.

여기서 우리는 윤리적 가치만을 살펴보기로 하자. 어떤 사람들이 윤리적인 가치의 상대성을 경험한다고 하더라도 이것은 윤리학적 회의주의자들이 말하는 "가치의 상대주의"가 아니라 재화 가치에 있어서처럼 재화가 주관과 상관되는 것과 같은 의미로 해석되어야 할 것이다. 예컨대, 한 사람의 충성이 충성을 받는 다른 사람에게는 재화 가치가 될 수 있는 것처럼, 윤리적인 가치도 어떤 사람들에게는 재화 가치일 수 있다.

윤리적인 가치들은 한편으로는 그 가치들을 짊어지고 있는 자로서의 인격과 관련되어 있다. 자유롭고, 의욕 있고, 행위할 수 있고, 목적을 설정하여 실현할 수 있고, 뜻을 세우고 가치를 느낄 수 있는 오직 하나의 존재만이, 즉 한 인격만이 윤리적인 행동을 할 수 있을 뿐이다. 다른 한편으로는 윤리적인 가치들은 객관으로서의 한 인격에 관련된다. 왜냐하면 윤리적인 가치들은 모두 한 행위의 가치이기 때문이다. 그런데 행위란 항상 어떤 사람에 대한 구체적 행동이다. 따라서 두 가지 관점에서 윤리적인 가치는 인격에 관련되어 있다. 다시 말해서 윤리적인 가치는 능동적인 주관으로서 그리고 수동적인 객관으로서 관련되어 있다는 것이다. 그러므로 윤리적인 가치들은 항상 인격에 붙어 있는 것이다. 윤리적 가치는 사물과 관계되어 있는 재화 가치와는 근본적으로 구별된다. 그러나 모든 윤리적 가치는 실제로 평가에 의거하는 재화 가치와 사태 가치와 관계되지 않을 수 없다. 예컨대, 도둑질을 할 때의 범죄성은 그 도둑이 단순히 물건을 훔친 것만이 아니라, 재화를 훔쳤다는 점에 있다. 정직의 가치는 다른 사람의 재화를 존중하는 데에 있다. 또 강자가 약자에게 보여주는 기사도는 전자가 후자에게 양보하는 어떤 가치에 관한 이익과 관련되어 있다. 또 진실성은 진술을 받는 인격에 대해 참된 진술을 하는 데 그 가치의 근거를 두고 있다. 이제 우리는 윤리적인 가치와 재화 가치의 의존 관계에 대해서 좀 더 자세히 살펴보기로 하자.

재화 가치는 윤리적 가치에는 영향을 미치지 못하지만, 윤리적 가치는 재화 가치에 영향을 미친다. 재화 가치는 윤리적 가치의 외적인 조건이 될 수 있을 뿐이다. 재화 가치는 단독으로 존재하지 못하며 항상 윤리적 가치를 전제하지 않을 수 없다. 예컨대, 내가 어떤 사람이 잃어버린 물건을 보상해 준다면, 이것은 잃어버린 사람에게는 재화 가치가 된다. 그리고 이때 나는 그 물건을 잃어버리게 되지만 나는 윤리적 가치를 얻게 된다. 다시 말해서 재화를 잃음으로써 오히려 윤리적 가치를 얻게 된다.

윤리적 가치의 정도와 높이는 동기, 마음가짐의 깊이와 순수성에 따라 높아지는 것이지, 재화 가치의 크기에 따라 높아지는 것은 아니다. 예컨대, 우리는 조그마한 호의를 베풀기 위해 무진장한 노력을 할 수도 있으나, 조금도 노력하지 않고도 커다란 값비싼 선물을 남에게 줄 수도 있다. 이때 첫번째 행동의 윤리적 가치는 후자의 재화 가치보다 훨씬 높고 크다. 윤리적 가치를 실현하는 것은 사태 가치를 실현하는 것과는 별개의 것이다. 예컨대, 내가 어떤 사람에게 자선을 베풀고자 할 때, 그 자선 사업이 실제로 상당한 성공을 거두었느냐 아니냐 하는 것과, 또 내가 당초에 기획했던 실재적인 사태가 정말로 실현되느냐 아니냐는 것과는 상관없이 여기서 중요한 것은 오직 나의 의도가 진지했느냐 하는 것이다. 여기서 우리는 왜 윤리학이 심정心情 윤리학으로서만 가능하고 결과結果 윤리학으로서는 가능하지 못한가를 알 수 있다. 심정 윤리학은 덕이 다른 사람들에 대한 내 마음속의 태도와 내가 행위에 기울인 힘에서 비롯한다고 본다.

우리는 이제 이 윤리적 가치가 어떻게 인격 가치에 근거하는가를 셸러에게서 살펴보자. 셸러의 현상학적 가치론에 의하면 절대적 가치는 사랑의 작용에 의하여 파악되고 신성감과 외경의 가치감이 수반된다. 이러한 절대적 가치에 윤리적 가치가 그 기반을 두고 있다. 이 절대 가치는 다른 아무런 가치에도 의거하지 않으며 다른 모든 가치를 통솔한다. 그것은 인간의 감각적 · 생명적 · 심리적 부분을 초월하고 정신적 · 인격적으로 나타난다. 셸러는 이렇게 나타나는 정신적 인격을 인격 가치라고 부른다. 이 인격 가치가 작용하여 도덕적 질서 속에 근원적으로 선과 악을 규정한다. 그러므로 셸러에 의하면 도덕적 가치는 인격 가치에 의해서만 성립되는 것이다. 도덕적 인격 가치는 인격의 특유한 사랑의 작용에 의해서만 인간에게 주어지고 감득될 수 있다. 따라서 인격은 사랑의 작용의 수행자로서만 존재한다. 사랑은 모든 지향적인 정서 생활의 최고 단계를 이룩한다. 따라서 사랑은 모든 작용의 기초가 되며, 도덕 생활의 근본 작용이며 인격의 근본 작용(활동)이다.

셸러에게 있어서 인격은 구체적 정신 작용의 통일이며, 정신의 본질에 필연적인 유일한 존재 형식이다. 이 인격은 궁극적으로는 절대자인 하느님에 의해 해명된다. 그래서 그리스도교 신자는 하느님을 인격 중의 인격으로 사랑 자체라고까지 말한다. 유한한 인간의 인격은 하느님의 사랑의 작용의 공수행자共遂行者로서만 존재한다. 그러므로 개별 인격들은 인격의 핵심인 사랑의 작용을 서로 공수행함으로써만 다른 인격을 이해할 수 있다. 개별 인격은 필연적으로 공동체를 이루어 이 공동체의 성원으로서 자기 책임과 함께 공동 유대의 책임을 갖는다. 개별 인격은 자기 구제와 함께 다른 모든 인격의 총체 구제總體救濟에 대한 책임을 면할 수 없다. 그래서 개별 인격은 여하한 이웃일지라도 사랑하며 구제하지 않으면 안 되고 이렇게 함으로써 비로소 스스로 하느님으로부터 사랑을 받으며 구제된다. 셸러는 이렇게 하여 전인격의 사랑의 공동체를 이 지상에 실현하는 것을 그의 윤리학에서 인격주의의 궁극적인 의미를 이룩하는 것으로 보고 있다. 그래서 사람들은 셸러의 윤리학을 인격주의 윤리학이라고 부른다.[58]

우리는 인격의 핵심인 사랑을 유교의 인과 불교의 자비로 바꾸어 놓고 생각해 볼 수도 있다. 셸러가 말하는 절대적 가치에서 생겨나오는 신성감과 외경의 감정은 우리나라의 전통적인 경천敬天 사상과 이황의 경敬 사상과도 일맥상통하는 점을 우리는 견주어 볼 수 있다. 우리는 현상학적 윤리학자들이 말하는 가치감은 유학의 심학心學, 특히 맹자의 사단四端의 발단과 내면적으로 암합暗合되고 있음을 규지할 수 있다.

2. 양심의 이해와 그 필요성

우리는 무엇이 가치 있고, 무엇이 가치 없는가 하는 것을 느끼는 직접적인 가치감을 가지고 있다. 가치감은 우리를 가치와 결합시켜 주고, 우리들에게 가치를 판별하는 기준과 가치의 등급을 결정하는 기준을 제공해 준다. 이 가치감은 선천적으로 우리에게 주어진다. 가치감이 선천적이라는 것은 양심의 현상에서도 잘 나타난다. 양심은 경고하고 완전한 행동으로 나아가게 하는 소리이며, 요청을 제기하며 이상을 제시한다.[59] 가치감은 발전하고 성숙한다. 그러나 이 사실은 양심이 그 자체로 있다는 것에 대한 반론도, 양심이 선천적이라는 것에 대한 반론도 아니다. 양심을 깨달을 줄 모른다는 것은 일정한 양심에 대한 가치감이 결여되어 있다는 것이며, 양심의 본질을 부인하는 것이 아니라 오히려 긍정하는 것이다. 우리는 양심을 보는 눈을 날카롭게 하고 단련시킬 수도 있다. 양심은 너무나 미묘하고 다채롭기 때문에 우리는 이를 다 드러내어 표현할 수 없다. 지음知音하는 사람들이 있듯이, 양심도 볼 줄 아는 사람들에게만 비로소 온전한 모습을 드러내며 아무도 풍부한 양심의 왕국을 다 드러내어 밝힐 수 없을는지 모른다.

(1) 양심의 특징

우리가 보통 도덕적 지식, 도덕적 숙고deliberation, 도덕적 감정, 도덕적 신념, 도덕적 노력, 윤리적 판단 등의 표현으로 이해하고 있는 윤리적 가치의 주체를 양심이 모두 포함하고 있다고 볼 수 있다.[60] 그러므로 우리는 윤리적 가치를 논하면서 양심을 논하지 않을 수 없다. 왜냐하면 양심은 윤리적 가치 판단의 재판관이며 또한 도덕률의 입법자이기 때문이다.[61] 그러면 우리는 양심을 어떻게 개념으로 정의하고 이해할 수 있는가?

가치감이 엄밀하게 정의되지 못하듯이 양심도 개념적으로 엄밀하게 정의될 수 없고 단지 현상학적 방법으로 이해될 수 있을 뿐이다. 양심은 인간이 양심적인 활동을 하는 동안에만 드러난다. 따라서 양심은 양심을 느끼고, 양심의 가책을 받는 사람에게서만 확연하게 드러난다. 양심은 성숙한 도덕적 가치감을 가지고 있는 사람에게서는 직각되고 자명한 것으로 받아들여진다고 말할 수 있을 뿐이고, 이를 모든 사람에게서 검증할 수는 없다. 양심은 설명될 수 없고 오직 체험될 수 있을 뿐이다.

많은 철학자들과 신학자들이 양심을 개념적으로 정의해 보려고 했으나 아직까지 아무도 충분한 설명을 해주지 못했다. 우리는 우선 양심을 이해하기 위한 방편으로 양심을 잠정적으로 규정해 볼 수는 있을 것이다. "양심은 인간의 행위에 있어서 도덕적 정당성에 관한 최후의 실천적 판단"[62]이라고 규정해 볼 수 있으며, 사람들은 흔히 "양심은 도덕적 시비에 관한 판단 능력"이라고 말하기도 한다. 이와 같이 양심을 규정해 본다면, 양심은 우리의 행위에 있어서 도덕률을 판단하는 능력 또는 도덕률의 법정에서의 재판관이라고 말할 수 있다. "이것을 행하라," "저것은 행하지 말라"고 하는 것은 양심이 명하고 재판하는 것이다. 양심은 우리의 의무와 책임을 다하기 위하여 우리가 하여야만 하는 것을 지시할 수도 있고 우리의 보편적이고 구체적인 도덕적 이상에 따라 어떤 행동을 결정할 수도 있고, 또 그렇게 판단하고 행동하는 것이 가장 좋은 행위의 방향이라는 것을 말해 줄 수도 있다. 그러나 양심 성찰이 얼마나 높고 밝으냐에 따라서 그리고 사람에 따라서 양심을 이해하는 데 있어 정도의 차이가 있음을 우리는 인정하지 않을 수 없다. 이 점이 많은 사람들에게 양심의 불확실성으로 오해되기도 하고 심지어 양심의 보편성에 대해 의심하게 만들기도 한다.

우리가 양심에 대해서 철저하게 논의하려면, 철학사에서 양심의 개념 규정의 변천 과정과 또 양심의 보편적인 도덕법, 즉 자연법의 성격을 우리의 특별한 환경에 적용시키는 방법을 논구해야 할 것이고, 올바른 양심이 어떻게 이루어지는가를 탐구해 보고, 양심이 작용할 때 무지와 격정의 역할은 어떠한가를 숙고해 보아야 할 것이다. 그러나 이러한 논구는 이 논문의 당초 계획을 넘어서는 일이 되므로 여기서는 논외로 삼는다. 우리는 여기서 가치관 교육을 위해서 필요한 양심에 한해 논하기로 한다.

이제 우리는 양심의 특징을 살펴보기로 하자. 우리는 먼저 양심은 시비를 구별하는 능력일 수 있다는 것을 이미 살펴보았다. 일상적으로 양심을 거역하는 것은 죄를 짓는 것을 의미한다. 그래서 양심의 명령은 단호하다. 양심을 따르지 않거나 무시하는 것은 우리가 인간으로서 마땅히 해야만 하는 선한 일을 하지 않는 것이 될 뿐만 아니라 결국 악한 일을 하는 것이 된다. 이것은 양심이라는 말이 가지고 있는 근본적 의미이기도 하다. 우리가 양심을 논할 때 적어도 양심은 이러한 의미를 가지고 있다는 것을 잊어서는 안 된다.

그러나 양심은 도덕률의 법정에서 시비를 가리는 재판관의 역할만을 하는 것은 아니다. 양심은 단순히 도덕법을 어길 때와 그렇지 않을 때를 판결해 주는 것만 아니라 적극적으로 도덕법의 입법자일 수도 있다는 것이다.[63] 다시 말해서 양심은 어떤 면에서는 자신의 법을 만든다는 것이다. 기존의 도덕률에 반대되는 도덕법을 양심이 만들기도 한다는 사실을 우리는 인정하지 않을 수 없다. 양심은 도덕적 선의 왕국에서 법을 제정할 수 있다. 여기서 양심은 우리가 해야 하는 것, 즉 당위를 말해 준다.

예컨대 어머니가 군에서 복무하는 아들이 모처럼 휴가로 집에 왔을 때 아무리 바쁘더라도 적어도 한끼 식사는 손수 마련해 주어야 한다고 그녀 자신에게 말했을 때, 그 어머니가 아들에게 식사 대접을 제대로 해야 한다는 당위는 이것보다 덜한 것(가령 친구와 놀러가기로 약속한 것을 지키고 싶다든가 직장의 잔무를 행함으로써 돈을 더 번다든가)은 무엇이든지 그녀에게 부적합한 것이 됨을 뜻한다. 다시 말해서 그녀가 아들을 무엇보다도 사랑하고 좋은 어머니의 유형에 속하거나 또는 선량한 여인이라면 그녀는 그렇게 행동한다는 것이다.

자기 자식을 참으로 사랑하는 사람은 그 자식이 사랑하는 다른 사람을 자기 자식처럼 아끼고 보살펴 주어야 한다는 도덕적 의무를 생각하게 된다. 이 도덕적 의무를 우리가 수행하지 않을 때 우리는 양심의 가책을 받는다. 도덕적 의무를 다하지 못했을 때, 우리는 도덕적으로 후퇴하는 것이 된다. 그래서 도덕적으로 후퇴하지 않기 위해서 우리는 가능한 한 도덕적 의무를 다하려고 노력하게 된다.

우리의 양심은 도덕적 진보를 위해서 도덕법을 제정한다. 양심은 우리의 행위를 위해서, 우리의 도덕적 발전을 위해서 법을 만든다. 여기서 양심은 최소한의 의미에서 명령하는 것 이상의 것을 우리에게 제시한다. 이것은 양심의 불 또는 빛이 밝을수록 그 범위가 더 커질 수 있다. 이러한 고차원의 의미에서 양심은 자아 실현의 수단이 되고 또한 자유의 수단이 되기도 한다. 자아 입법立法의 기능을 하는 양심은 자유 의지가 향상될 수 있는 것처럼 발전할 수 있다. 그러므로 양심은 계발될 수 있고 양심 교육Gewissensbildung이 가능하다.

우리는 지금까지 양심의 특징을 두 가지 측면에서 살펴보았다: 양심의 첫번째 특징은 시비와 선악을 가르는 재판관으로, 양심의 두 번째 특징은 도덕적 발달을 가능하게 하는 입법자로서, 전자가 소극적이라면 후자는 더 적극적이라고 볼 수 있다. 우리는 여기서 부자유친과 효는 바로 양심의 발로라고 볼 수 있을 것이다. 우리는 부자유친父子有親과 사친이효事親以孝는 양심의 일차적 특징이라고 볼 수 있고 효가 인의예지仁義禮智로 발전하는 것을 양심의 이차적 특징과 관련시켜 생각해 볼 수 있을 것이다.

(2) 양심의 본질의 이해

우리가 앞에서 양심의 특징을 살펴본 것처럼 양심은 분명하게 개념 규정할 수 없다. 윤리학사에서 보면 양심의 기원에 관해서는 여러 가지 논의가 있어 왔다. 우리는 양심의 기원을 선천적으로 보고 형이상학적으로, 즉 존재론적으로 보는 견해와, 양심의 기원을 후천적으로 경험의 누적으로, 즉 자연주의적으로 보는 견해로 크게 나누어 볼 수 있다.

여기서 우리는 양심의 기원을 자연주의적 윤리학설의 입장에서 보는 것을 고려할 필요가 없다. 왜냐하면 우리는 자연주의적 윤리학설은 가치 상대주의와 윤리적 회의주의를 초래하고 종내에는 양심의 본질 자체까지도 부인하게 된다는 것을 이미 앞에서 검토해 보았기 때문이다. 따라서 우리는 직각론적直覺論的 윤리설에 따라 현상학적 방법으로 양심의 본질을 이해할 수밖에 없다.

서양 윤리학사에서 양심론을 발표한 무수한 사람 중 가장 설득력 있게 양심을 논한 학자들로는 18세기에서는 버틀러J. Butler를, 19세기에서는 뉴먼J.H. Newman을, 20세기에서는 셸러를 꼽을 수 있다.

이 중에서도 특히 버틀러는 양심을 윤리 이론의 가장 중요한 개념으로 강조한 학자이다.[64] 그는 18세기 영국의 도덕적 · 종교적 냉소주의의 참담한 분위기 속에서도 확고한 상식과 냉철한 분별력을 가지고 인간의 본성과 도덕의 본질에 대해 차분하고도 설득력 있는 논리를 구사하면서 양심론을 전개했다.[65]

버틀러는 양심을 "도덕적으로 인정하고 부정하는 능력moral approving and disapproving faculty," "도덕적 이성," "도덕감moral sense," "신적 이성divine reason," "이해의 정서sentiment," "마음의 지각perception of the heart," "반성의 원리," "내성內省의 도덕적 형식"이라고 밝혔다.[66] 그는 영국의 전통적인 경험론을 존중하면서 관찰과 건전한 상식과 귀납적 방법을 통해 인간 본성과 양심을 해명하려고 시도했다.

뉴먼은 19세기에 자유주의와 사회적 진화론의 망령에 사로잡힌 가치 상대주의와 윤리학적 회의주의의 창궐 속에서도 고독하게 양심은 인간의 내면에서 자기 자신으로부터 최고의 재판관과 하느님을 지시하는 것이라고 역설하면서 양심의 부활을 외쳤다. 그는 양심을 도덕의 "제일 원리," 즉 실천적으로 생동하는 인간의 내면성의 근본 원리라고 하였다.[67] 슐라이어마허Schleiermacher, 헤겔, 키에르케고르 등은 뉴먼의 양심론의 영향을 받았다. 슐라이어마허는 인격으로서 경험한 하느님과의 개인적 만남을 양심이라고 했다. 헤겔은 양심을 절대적 정신의 형상으로 귀의하는 것으로서 우리 안에 있는 하느님의 삶의 과정이라고 했다. 키에르케고르는 무조건 양심을 내어줌으로써 죄를 지은 인간과 하느님 사이에서의 무한한 질적 차이의 실현을 보았다고 한다.[68]

뉴먼은 "나는 양심을 받아들일 뿐이지 증명을 시도하지 않을 것이라는 것을 제일 원칙으로 삼았다. 우리는 본성적으로 양심을 가지고 있다. 양심은 기억, 판단력, 상상력처럼 우리의 정신적 활동 속에 적절하게 자리잡고 있다. 양심은 재판관의 임무를 행하며 의무가 부과된 최고의 심판에 의한 그의 판단을 승인할 줄 아는 것이다." "의무감은 본래 양심이다." 양심은 "하느님의 소리"라고 말하기도 했다.

뉴먼의 양심론은 독일어로 된 방대한 "뉴먼 연구 총서Newman-Studien" 12권들 속에 상론되고 있다. 뉴먼의 양심론은 현상학적인 표현을 하고 있다.[69] 그의 양심론은 20세기에 들어와서 셸러를 비롯하여 하이데거, 쿤H. Kuhn, 비머G. Biemer, 헹스텐베르크Hengstenberg 등 현상학자들의 양심론의 부활에 큰 영향을 미쳤으며 20세기의 중요한 가톨릭계 철학자들, 프르지바라E. Przywara, 프리이스H. Fries, 슐테J. Schulte, 롬볼트G. Rombold, 아르츠J. Artz, 케르버W. Kerber, 미트D. Mieth, 아우어 A. Auer 등은 현대 가톨릭 윤리 신학자들의 양심론의 기본 방향을 제시해 주었으며,[70] 라너K. Rahner에 의하면 제2차 바티칸 공의회의 기본 방향에도 뉴먼의 양심론이 시사한 바 크다고 한다.[71]

셸러는 정서적 직관주의를 제기하고 양심 속에서 생동하고 있는 느낌은 양심의 객관적 사실*Tatbestände*을 알아듣는 것*Räsonnieren*이며 양심은 직접적으로도 인지되며 의욕적인 충동 계기를 자기 안에 내포하고 있다고 하였다.[72] 그래서 셸러에게서 양심은 실제로 내면적으로 통고되는 것이다. 가치감에 의해 해명되는 셸러의 양심론은 현상학적 가치론자들, 특히 하르트만, 힐데브란트, 뮌커T. Müncker, 하이데거, 야스퍼스와 네오토미스트들에게 영향을 미쳤다.

우리는 앞에서 살펴본 것을 종합하면서 양심을 하나의 전체적 의식으로 보았을 때, 양심의 본질은 정서적(감성적) 능력, 인지적 능력, 의지적 능력을 가지고 있다고 할 수 있다.[73]

양심의 작용이 주로 감정을 통해서 드러난다고 생각했던 사람들로는 샤프츠베리A.A.C. Schaftesbury나 허치슨F. Hutchison, 셸러, 하르트만 등을 예로 들 수 있다. 그들은 우리가 옳다고 믿는 것을 실행할 때 느끼는 독특한 만족감과 나쁘다고 믿는 것을 실행할 때 느끼는 독특한 불쾌감, 그리고 다른 사람들의 부도덕한 행위를 볼 때 생기는 불쾌한 감정과 다른 사람들이 도덕적으로 올바른 행위를 할 때 유쾌한 기분이 일어난다는 사실[74]을 가지고 양심이 감정을 통해 작용한다고 해명한다. 우리는 다른 사람들의 악한 행위에 대해서 분개하고 꾸짖으며 동시에 자기 자신이 저지른 나쁜 행위에 대해서는 회한과 고통을 느낀다는 사실과, 반면에 우리는 지조 있는 인격자는 존경하고 추모하지만 비인격적 행위자를 비난하고 경멸한다는 사실은 우리로 하여금 양심의 감정적 작용을 부인할 수 없게 만든다. 만일 이러한 엄연한 윤리적 사실을 부인하는 사람들이 있다면 우리는 그들을 도덕적 불구자라고 말하지 않을 수 없다. 그러므로 이러한 정서적 직관주의의 관점에서 보면 감정적 작용 또는 이해의 정서는 양심의 근본적 능력이며 도덕적 행위의 동기가 된다.[75] 우리는 여기서 맹자의 측은지심이나 시비지심 같은 이른바 마음의 사단의 현상도 이와 같은 지평에서 생각해 볼 수 있을 것이다.

우리는 이와는 달리 양심의 작용을 인지적 능력, 즉 도덕적 인식 능력과 관련해서 생각해 볼 수 있다. 클라크Samuel Clarke, 프라이스Richard Price와 버틀러, 리츨A. Ritschl, 카트라인V. Cathrein, 요들F. Jodl, 셸러, 헤센 등은 마음이 가지고 있는 도덕적 인식 능력을 양심이라고 불렀다. 그들은 양심은 단순한 감정에 불과한 것이 아니라 윤리적 가치인 선과 악, 옳고 그름을 판별해 줄 수 있는 능력이라고 생각했다. 그들은 우리가 이러한 양심의 인지적 능력을 통해서 도덕 법칙을 인식하고 이해할 수 있다고 생각한다. 그래서 그들은 도덕 법칙을 이해한다는 것은 자의적인 것이 아니며 상호 주관적이라고 한다. 양심을 뜻하는 conscientia나 Gewissen은 "함께 안다"는 말이며 이 말 속에 이미 지적 작용이 들어있다.[76]

그러나 사람이 자기 행위에 대하여 도덕적 감정과 도덕적 인지 능력을 가지고 있다고 하더라도 옳고 선한 것을 선택하고 실천하는 의

지력, 즉 도덕적 결단이 부족하다면 도덕적 행위는 현실에서 실행될 수 없다. 따라서 양심은 그 능력을 다 발휘하기 위해서 의지적 능력을 가지고 있지 않으면 안 된다. 윤리적 가치의 실현자로서 의지는 양심의 활동 작용과 관련된다.

칸트가 말하는 선 의지guter Wille의 무조건적인 지상 명령은 양심의 의지적 능력이라고 해석할 수 있다. 피히테는 양심의 주의설主意說을 주장했다. 그에 의하면 양심은 도덕적 사명을 확신해서 부단히 활동하라고 명령하는 작용이다. 인간에게 양심적으로 활동하려는 의지가 결핍될 때 곧 악이 생기게 된다. 그러나 인격은 부단히 한 목적을 달성한 뒤에 다시 새로운 이상을 향해서 매진하려는 의지를 가진다. 이 의지는 자기 자신의 내부에서 솟아나오는 양심적 활동을 금하지 못한다. 그래서 끊임없는 양심의 활동이 선으로서 발휘된다.[77]

파울젠R. Paulsen은 "자연적 의지를 굴복시키는 더 높은 차원의 의지 형상"을 양심이라고 하였다.[78] 헤센은 양심에서 당위를 인지하는 것은 윤리의 실현에 이르는 제일보이며, 우리가 덕행 또는 선에 이르는 내면적 용의用意는 제이보이며, 윤리의 실현에 이르는 결단을 내리는 것이 제삼보이다. 윤리적 가치에 의지를 적용시키는 것은 필요하다. 그래서 의지는 윤리적 가치를 실현하는 힘이다.[79]

그러므로 양심에 의해 촉발된 도덕적 의식은 감정을 일으킬 뿐만 아니라 또한 적극적 의지 작용을 발휘해야만 참으로 가치 있는 것이 된다. 그러므로 우리는 양심의 본질을 선악의 분별력, 이해의 감정과 심정적인 인지, 또 의무감이 자아내는 의지 작용이 함께 기능하는 것으로 이해할 수 있을 것이다.

(3) 양심 훈련의 필요성

우리는 앞에서 양심의 특징과 양심의 본질을 살펴봄으로써 양심의 의미를 이해할 수 있었다. 그러나 아직도 어떤 사람들은 양심 성찰이나 양심 가책은 주관적인 감정에 기인하는 것이고 따라서 자의적인 해석이 될 수 있다고 의심할 수 있을 것이다. 이렇게 의심하는 사람들은 절대적 가치의 보편 타당성을 이해하지 못하는 사람들이다. 우리는 이 논문의 III의 3에서 가치 본질의 보편 타당성과 가치 객관주의의 근거를 통해서 절대적 가치의 생성과 그 필요성을 논한 바 있으므로 절대적 가치인 양심의 보편 타당한 근거도 이미 논증된 것이라고 볼 수 있다.

그러나 양심의 발로는 현실에서 사람에 따라, 그가 어떤 교육을 받았느냐에 따라, 수치심이나 측은한 심정이 다르게 나타나는 것처럼 다르게 나타날 수 있다. 다시 말해서 어떤 사람의 양심의 불 또는 빛이 얼마나 밝으냐에 따라 그 사람의 양심의 빛은 더욱 높게 더욱 강하게 더욱 넓게 비출 수 있을 것이고, 때로는 더 낮은 단계에서 빛을 발할 수도 있을 것이다. 그래서 이러한 양심의 명도의 차이는 때로는 사람들에게 혼란을 가져다줄 수도 있을 것이다.

양심은 필요 충분 조건으로 설명될 수 있는 것이 아니라 본질 직관에 의해 이해될 수 있을 뿐이다. 그래서 사람에 따라 양심의 이해에 현실적으로 차이가 나타날 수 있다. 그러나 이제 왜 부모를 사랑하는 것이 가치 있는 일이냐고 묻는다면, 사람은 근본적으로 부모를 사랑하도록 되어 있다고밖에 우리는 답변할 수 없다. 부모를 제대로 공경하지 못했을 때 사람은 누구나 양심의 가책을 느끼게 되어 있다. 그러므로 양심은 자명한 것이며, 무조건 부모를 사랑하도록 우리의 양심은 우리에게 명령하는 것이다.[80] 인간의 본질 구조는 모든 사람에게서 원칙적으로 동등하기 때문에 모든 사람에게 타당하고, 따라서 초개인적인, 초주관적인, 상호 주관적인, 보편 타당한 양심이 성립할 수 있고 존재한다.

우리가 여기서 양심의 보편 타당성을 논하는 것은 양심의 체體를 말하는 것이지, 양심에 대한 용用을 말하는 것이 아님은 물론이다. 양심에 대한 이해의 차이는 양심불의 명도 차이에 불과하다. 그러므로 양심 성찰을 더욱 잘할 수 있도록 교육이 필요한 것이다. 그래서 독일의 도덕 교육에서 양심 교육(양심 훈련)은 중요한 도덕 교육의 과제가 되고 있다. 마이어K.M. Maier는 도덕 교육의 근본 과제를 상식적인 도덕 Moral과 구별되는 보편적인 도덕성Moralität을 인지하는 것과 양심 훈련에 두고 있으며,[81] 또 헨츠H. Henz는 그의 "도덕 교육"에서 정서 함양과 더불어 양심 훈련을 도덕 교육의 근본 과제로 삼는다.[82]

찰스 디킨스Charles Dickens의 『위대한 유산』이라는 소설에서 또는 빅토르 위고V. Hugo의 『비참한 사람들』에서 악인으로 보이는 사람도 결코 자기 마음속 깊은 곳에 자리잡고 있는 양심의 소리를 부인할 수 없음을 이 책들을 읽어본 사람은 누구나 공감할 것이다. 어떤 사람은 일시적으로 양심을 부인하거나 양심의 보편성을 의심할 수는 있어도 결국 보편적·윤리적 가치 판단의 근거가 되는 양심을 전적으로 부인할 수는 없다.

담화 윤리학Diskursiv-ethik을 개진하고 있는 하버마스와 아펠K.O. Apel 등은 도덕성 존재의 최종의 정초Letztbegründung Moralischseins는 보편적 양심이라고 한다. 왜냐하면 양심은 궁극적으로 그 자체로 의사소통적이고 합의를 이룰 수 있는 결단을 가능하게 하기 때문이다.[83] 요컨대 우리가 의사소통을 하고 합의에 이르려면 우리 모두가 보편적 가치 판단의 능력을 발휘할 수 있는 양심을 가지고 있다는 전제 아래에서만 가능하기 때문이다.

현상학적 가치 윤리학자인 헹스텐베르크는 인간이 불편부당하게 가치 판단을 할 수 있는 것은 인간이 선천적으로 사태성事態性(즉 불편부당성)을 가지고 있으며 자기 의식을 벗어날 수 없는 것처럼 양심으로부터 도망칠 수 없기 때문이라고 하였다.[84] 플레스너H. Plessner에 의하면 인간만이 가지고 있는, 사태를 공정하게 판단할 수 있는 탈중심성脫中心性이 불편부당한 가치 판단을 가능하게 한다고 하였다.[85]

그러므로 우리는 이상에서 살펴본 것처럼 양심의 보편 타당성을 추론할 수 있다. 그러나 역사적으로 볼 때 문명의 전환기에서 절대적 종교의 가르침이 불신을 받고 쾌락주의가 난무할 때 양심론도 동시에 쇠퇴하고 많은 사람들의 양심의 빛은 희미해지기도 한다. 그러나 다시 선각자들의 깨우침에 사람들이 따르기 시작하면서 문화는 하강으로부터 다시 새롭게 재건되고 사람들은 다시금 양심 성찰을 하게 된다. 인간은 누구나 태어나면서부터 양심을 가지고 있고 명오明悟가 열리면서 양심이 발로되지만, 옥을 잘 갈아야만 윤이 나듯이 양심도 어린 시절부터 교육 훈련을 잘 받아야 더욱 광채를 발휘할 수 있다. 양심불이 밝은 사람들의 모범을 보거나 그 행적을 알게 되면 젊은이들은 그들의 양심을 더 높이 고양하고 밝힐 수 있다.[86] 그러므로 학습 존재인 인간은 양심 성찰도 배워야 한다. 브루거W.Brugger가 "윤리학은 삶과 세계에서 무엇이 가치 있는 것인가를 가르치는 것이며, 또 윤리학은 가치 의식을 깨우쳐 주는 것"[87]이라고 말한 것처럼 도덕 교육은 더욱 밝은 양심의 빛을 비추도록 사람들의 양심을 훈련시켜야 한다.

3. 보편적 가치 윤리학의 가치관 교육에로의 적용

(1) 보편적 가치 윤리학의 재구성

우리는 현대의 가치 윤리학을 크게 두 가지로 나누어볼 수 있다. 하나는 형식 윤리학이며, 다른 하나는 실질적 윤리학이다. 왜냐하면 우리는 윤리 교육의 목표를 형식적 목표와 실질적 목표로 나누어 살펴볼 수 있기 때문이다.[88] 물론 이 두 목표는 항상 엄격하게 구분되는 것은 아니다.

형식 윤리학은 종내에는 논리적인 것으로 귀의한다. 형식 윤리학은 윤리학적인 논의가 논리적인 것과 구조적으로 같다는 확신을 근거로 그렇게 한다. 논리적인 것은 형식적 성격을 가지고 있기 때문에 윤리학적인 논의도 형식적일 수밖에 없다. 그래서 윤리를 논리적인 것의 유추에 따라 이해하고 해명하려는 시도는 필연적으로 하나의 형식적 윤리학으로 이끌려간다.[89] 그러나 형식적 이론들은 윤리의 내용적 규정을 거부하기 때문에 구체적인 도덕에 관한 논의에서는 불충분한 면이 드러난다. 그러므로 칸트적인 형식주의 윤리학은 실질적 가치 평가를 고려하는 어떤 보완을 필요로 한다.[90]

반면에 실질적 윤리학은 도덕적 가치감에 근거함으로써 논리적이고 명시적인 윤리의 고유성을 포기하기 때문에 불충분한 면이 드러나고 있다. 그러므로 우리는 윤리적 논의의 고유성을 상실하지 않으면서도 윤리를 내용적으로 규명하는 것이 가능한 방법을 모색해야 할 것이다. 형식 윤리학과 실질적 윤리학의 반정립 관계는 더 높은 종합에서 지양될 수 있을 것이다. 이러한 종합이야말로 현대의 가치 윤리학의 재구성의 목표이다. 우리는 이러한 종합의 성공적 단초를 셸러의 불후의 명저인 『윤리학에서의 형식주의와 실질적 가치 윤리학』(1916)

에서 찾아볼 수 있다. 이 저서는 현상학적 방법을 매개로 칸트의 윤리학적 형식주의를 극복하면서 가치 윤리학을 발전시켰다. 그후 하르트만이 셸러의 근본적 통찰을 그의 위대한 저서인 『윤리학』(1926)에서 하나의 체계로 형성시켰으며, 비트만M. Wittmann, 슈타인뷔헬Th. Steinbüchel, 힐데브란트, 헤센 등과 같은 기라성 같은 윤리학자들이 가치 윤리학을 훌륭하게 정립시켰다.

그러면 가치 윤리학은 어떻게 재구성되었는가? 우리는 가치 윤리학의 근본 사상의 특징을 다음과 같이 제기할 수 있다.

가) 윤리는 결코 형식적인 것이 아니라 실질적인 것이다. 윤리의 본질은 형식적 당위에서 다 고갈되지 않는다. 당위는 형식으로 끝나는 것이 아니라 어떤 내용에서 계기가 된다. 당위는 항상 어떤 가치에 부착되어 있다. 당위는 최종적인 것이 아니라 최종 직전의 것이다. 그러나 가치는 최종의 것이며 근거를 부여한다. 따라서 윤리학적 형식주의는 원칙적으로 극복된다.

나) 윤리적·객관적 가치들은 가치 판단의 작용과는 독립해 있으며 준칙에 따르면서 가치 판단의 작용과는 대치하고 있다. 가치들을 그 자체로 존재하는 것으로 고찰하는 하르트만은 가치들을 이념적인 본질로 표현했다. 이로써 모든 가치 상대주의는 윤리학에서 축출되고 가치 객관주의가 확립되었다.

다) 셸러가 파스칼에 의거하면서 강조한 것처럼 윤리적 가치의 왕국의 질서는 "이성의 질서"가 아니라 "마음의 질서"이다. 가치는 우선적으로 이성과 관계하는 것이 아니다. 인간 본질의 서정적 측면과 관계된다. 오성 자체는 가치에 맹목적이다. 오로지 가치감만이 가치 영역에 이르는 통로일 수 있다. 가치들은 "지향적 느낌"의 작용에서 우리에게 주어진다. 우리는 가치들의 서열과 가치들의 더 높고 더 낮음을 선취先取와 후취後取의 작용에서 파악한다. 이러한 정서적 성격에

의해 가치 영역은 논리적 · 수학적인 것의 엄격한 합리적인 영역과는 뚜렷하게 구별된다. 윤리학의 상이한 형태들은 윤리의 기준이나 최상의 도덕 원리의 기준을 제시함으로써 윤리학적인 것을 규명해 보려고 한다는 점에서 합의를 얻을 수 있다.

라) 윤리학의 본질이 정의될 수 없는 것은 윤리의 정서적 성격과 관계가 있다. 사람들은 윤리와 다른 가치들과의 관계에 의해서만 윤리를 규정할 수 있다. "윤리적 선은 더 높은 가치를 선취하는 데에서 성립하고, 윤리적 악은 더 낮은 가치를 선취하는 데서 성립한다. 선은 선취될 만한 가치이며 악은 뒤로 밀어낼 만한 가치이다. '선하다'는 것은 본질 법칙적으로 최고 가치의 실현 작용에서 나타나는 그러한 가치인 데 반하여, '악하다'는 것은 최저 가치의 실현 작용에서 나타나고 있는 그러한 가치이다"[91]라고 셸러는 말했다.

우리는 이로써 현대 가치 윤리학의 재구성의 대강을 살펴본 셈이다. 우리는 위에서 살펴본 가치 윤리학에 대한 여러 반론을 검토해 봄으로써 좀더 깊이 가치 윤리학을 연구할 수 있을 것이다. 예컨대 칸트 학파[92]나 신스콜라 학파들의 논쟁[93]을 살펴볼 수도 있을 것이나 여기서는 지면 관계로 논외로 한다.

우리는 새로운 가치 윤리학이 윤리학의 원칙론을 근본적으로 정초시키는 데 크게 기여하고 있음을 인정할 수 있으나 가치 왕국을 잘 이해하기 위해서 계속 보완과 심화를 필요로 한다는 점도 인정해야 할 것이다.

신스콜라 철학자인 비트만은 셸러의 사상이 사태 분석에 소홀하다고 반론을 펴기도 했으나 새로운 현상학적 · 실질적 가치 윤리학이 학문적 인식을 위해서 네 가지 방향에서 성공했다고 평한 것을 우리는 참고해도 좋을 것이다.

가) 현상학적 가치 윤리학은 인간적 · 윤리적 태도를 보여주는 가치

성질의 충만함을 인식하게 해주는 데 적절하다. 이 윤리학의 견해는 모든 사람들로 하여금 선에 참여하는 가치들의 왕국과 특성에 대해 눈을 뜨게 해준다.

나) 이 가치 윤리학은 가치를 통해서 형식적 당위에 그 내용을 부여한다. 가치 윤리학은 공허해 보이는 "너는 마땅히 해야 한다"는 명제를 다시금 일정한 것으로 보도록 가르쳐준다. 가치 윤리학은 가치를 완성시키는 인물들의 모범을 지시해 준다. 그들은 그들의 태도에서 무엇이 선한 것인가에 관해 하나의 구체적 직관을 소개해 주며 동시에 사람들로 하여금 모방과 답습에 열중하도록 할 수 있다. 그래서 가치 윤리학은 사랑에 의해 그 요구를 해소시키려고 한다. 이 사랑은 선을 속속들이 파악할 수 있고 또 선을 실행하게끔 결심하게 해준다. "필요로 하는 것"과 기쁨은 이 가치 윤리학에서 다시 그 권리를 획득한다. 전인간全人間은 의지뿐만 아니라 윤리적 실현과 윤리적 인식에도 관여한다. 그래서 의무적 당위는 어떤 것을 가치 있는 것으로 알게 해주는 것으로 알려지며, 가치 있는 것은 의무적 당위 속에서 알려진다.

다) 가치 윤리학은 자연주의와 윤리학적 회의주의의 가치 상대화를 극복하고 윤리적 가치의 내용의 객관화를 도출하는 데 성공했다. 가치 윤리학은 가치들을 가치 판단과 구별했으며, 가치 인식 수용과 가치에 대한 입장 표명을 하는 정신적 활동이 다른 모든 정신적 활동과 마찬가지로 대상적으로 향하고 있음을 보여준다. 그러므로 가치 윤리학은 윤리학적 인식의 영역에서조차도 객관적이다. 가치의 대상성과 객관성을 제시해 줌으로써 가치 윤리학은 윤리에 인간의 감각이나 감정과 독립해 있는 보편 타당성의 성격을 되돌려주었고 동시에 윤리가 그 자체의 권위와 고귀함을 회복하는 데 크게 이바지했다.

라) 끝으로 가치 윤리학은 윤리의 파악이 모든 공리적인 오해로부터 벗어날 수 있게 해주었다. 윤리적 가치는 그 자체로 선한 것이고 선

은 인간에게 어떤 이해 관계로 유용하기 때문에 가치 있는 것이 아니다. 선은 인간에게 가져다주는 어떤 유용성으로 그것의 고유 가치를 정립할 수는 없다. 선의 가치는 결과에 의존하지 않는다. 윤리적 행위는 결과를 목표로 삼지 않으며, 그것의 행운을 눈여겨보지 않는다. "보상"은 선한 행동 그 자체에 있으며, 인간의 감각에 있어서 축복으로 작동하는 것은 심리적인 결과일 뿐이며 윤리적 동기가 못된다…. 따라서 윤리적 존재로서 인간은 이기주의적 쾌락 추구와 결과 추구의 협소함에서부터 벗어나게 된다.[94]

우리는 다음 (2)에서 우리가 재구성한 보편적 가치 윤리학을 가치관 교육에 어떻게 적용시킬 수 있으며, 현대 한국의 가치관 교육의 과제가 무엇인가를 살펴보기로 하자.

(2) 가치관 교육의 과제

오늘날 급격한 사회 변화가 발생하고 상대주의적이고 염세적인 사고 방식이 횡행하게 되자, 기존의 가치관의 기준에 대해 이견이 속출하고 가치 교육은 상대주의에 젖어버렸다. 그래서 현대인은 사회적 아노미 현상과 비인간화와 더불어 도덕적 무관심 내지 불감증이라는 수렁에 빠져 허우적거리고 있다. 오늘날 한국에서 가치관 교육은 학교에서도, 가정에서도 무시되고 있다. 특히, 학교 교육은 기능 교육에 치중한 나머지 반사회적, 비도덕적 인간을 양성하는 기관으로 전락하고 말았다.

인생의 의의는 참된 가치를 실현하는 데 있다. 사람답게 사는 것은 참된 가치를 실현하는 것이다. 그러므로 교육의 근본은 사람으로 하여금 사람답게 사는 길을 안내하고 참된 가치를 가르치는 데 있다. 이것이 바로 전인 교육의 근본 정신이다.

여기서는 가치관 교육의 문제점이 무엇인가를 검토해 보고, 올바른 가치관 교육의 기본 방향을 살펴보려고 한다.

① 가치관 교육의 문제점

현대인, 특히 오늘날 한국인의 가치관은 매우 혼란되어 있다. 전통적인 가치의 불신과 절대적인 가치의 존재 가능성에 대한 의심으로 많은 사람들은 상대주의적인 가치관에 빠져 있다. 이러한 가치관의 혼란과 가치 회의주의를 극복하기 위해서 우리는 먼저 현대인의 가치관 혼란의 원인을 규명해 보아야 하겠다.

사람들은 오늘날 참된 가치와 그릇된 평가를 판별하지 못하고 가치라는 말을 자의적으로 사용한다. 그래서 교육의 근본과 목적이 애매하고 모호하다. 교육을 탈가치적인 과학이나 기술의 습득으로 간주하는 사람들도 많다. 이제 우리는 무엇이 영원한 참된 가치인가를 밝힐 수 있어야 한다.

우리는 가치 판단을 하지 않고는 살아갈 수 없다. 인식하는 것, 의욕하는 것이 인간의 본성에 속하는 것처럼 가치관도 인간의 본성에 속한다. 우리는 항상 가치 판단을 하며 평가를 내린다. 우리는 다양한 사물들을 평가한다. 우리는 "어떤 것이 가치를 지니고 있다"고 말한다. 그러나 우리가 "가치 있다"고 말하는 것, 예컨대 물, 밥, 옷, 책, 건강, 행동 등등은 우리 인간에 의해서 비로소 가치를 지니게 된다. 만일 내가 물이나 밥이 가치 있는 것이라고 말한다면, 다시 말해서 내가 물이나 밥에 가치를 부여한다면 물은 나의 목마름을 해갈해 주고 밥은 나의 배고픔을 충족시켜주기 때문이라고 말할 수 있다. 또 옷이 가치 있다면, 그 옷은 추위로부터 나를 보호해 주기 때문에 가치 있다고 말할 수 있다. 여기서 문제되는 것은 물, 밥, 옷에 의해서 충족되어지는 근본적인 욕구들이다. 그것들이 우리의 욕구들을 충족시켜 주기 때문에 그것들은 가치 있는 것이라고 우리는 생각해 볼 수 있다. 이른바 쾌락주의자들은 그렇게 생각한다. 그러나 여기서 문제되는 것은 똑같은 물건도 사람에 따라, 또 같은 사람이라도 때와 장소에 따라 가치 있는 것이 되기도 하고, 가치 없는 것이 되기도 한다는 것이다. 그 결과 쾌락주의자들의 가치관은 필연적으로 상대주의에 떨어지고 만다. 그래서 어떤 사람들은 가치 상대주의를 주장하게 되는 것 같다.

가치 상대주의자들은 모든 것은 상대적이고 주관적이어서 객관주의적이며 보편 타당한 가치 및 가치 판단은 없다고 주장한다. 이와 같은 가치 상대주의는 근본적으로 가치 회의론이다. 왜냐하면 가치 상대주의는 가치 판단에 대해서 일체의 올바른 타당성을 부인하고 있기 때문이다. 가치 회의론자들은 객관적으로 가치 있는 것은 아무것도 없다고 주장한다. 그러나 이로 말미암아 그들은 그들 회의론의 명제에 모순 당착하게 되고 만다. 그러므로 우리는 가치 자체에 대한 극단적인 상대주의를 내세우는 자를 우리 시대의 궤변론자라고 아니할 수 없다.

실증주의자들은 기계론적인 유물론에 의거하여 과학 기술의 진보를 믿었다. 그들은 검증 가능성의 원리를 척도로 삼고 이를 윤리적 언사에 들이대고 윤리학 자체에 회의를 불러일으켰다. 지금은 다행히도 본바닥에서 한물 가버린 소위 메타 윤리학도 실상은 실증주의의 영향을 받아 언어 분석을 꾀하는 것으로 윤리학적 회의를 심화시켰다. 도대체 살아있는 말의 의미를 획일적으로, 기계적으로 고정화시켜 부호 같은 것으로 만들어 보겠다는 발상부터 잘못된 것이다.

우리는 가치 자체와 평가를 구별해야 한다. 가치에 대한 우리의 통찰이나 그것에 대한 우리의 반응을 평가라고 할 수 있다. 평가는 가치 자체와는 다른 것이며 언제나 가변적일 수 있고 상대적일 수 있다.

사람들은 대체로 효용에 근거를 두고 평가를 내리는 데 익숙하다. 그래서 상황이 바뀌고 당면하고 있는 사물이나 행위가 이제 더 소용이 없게 되면, 그에 따라 평가도 바뀌게 된다. 가령 미국 사회에서 흔히 볼 수 있는 노인 괄시에서 그 실례를 찾아볼 수 있다. 사람들은 흔히 가치의 본질, 즉 가치 자체와 평가를 혼동하고 있다. 예컨대 "어떤 물건이 좋다"는 판단은 그 물건의 평가와 상관없다. 실용적인 면에서 물건을 고찰하는 것은 조건적인 평가와 상관된다. 그러나 "부모를 공경하라"는 말씀은 단순한 평가의 대상이 아니라 무조건 절대적으로 좋은 것이다. 따라서 평가와 가치는 근본적으로 구별된다. 평가는 가치에 대한 우리의 반응일 수 있지만 가치 자체와는 다른 것이며 가변적일 수 있고 상대적일 수 있다. 그러나 가치 자체, 가치의 본질은 불변하며 영원하다. 다시 말해서 가치는 체體로서 불변하며 평가는 용用으로서 가변적이다.

그러므로 가치관 교육은 근본적으로 가치의 본질과 무엇이 올바른 가치인가를 가르쳐야 하며, 상대적이고 일시적이고 가변적인 평가를 주안점으로 삼아서는 안될 것이다.

② 올바른 가치관 교육의 기본 방향

㉮올바른 가치관의 확립

우리는 이제 가치들이 존재한다는 것을 의심할 수 없다. 우리는 일상생활 속에서 건강, 돈 그리고 사물들에 대해 가치를 부여할 수 있다. 그리고 그렇게 평가된 것을 하나의 가치라고 부른다. 따라서 모든 개인들에게 가치들이 존재한다. 그러나 그 가치들 중에서 어떤 가치들은 단지 개인적인 타당성을 가질 뿐이다. 말하자면 그 가치들은 단지 그 가치들을 평가하는 몇몇 개인들에게서 타당할 뿐이다. 그러나 이와는 달리 일반적인 주관적 가치들이 있다. 이 가치들은 특정한 개인들에게 만 유효한 것이 아니라 일반적으로 인류 전체에 유효한 것이다. 섭생 과 건강 등이 그러하다. 그러나 이보다 더 고급한 가치들이 있다. 다시 말해서 개인적이건 일반적이건 간에 주관적으로 유효한 가치들 이외 에 더 상위에 있는 초주관적인 타당성을 갖는 가치들이 존재한다. 초 주관적인 타당성을 가지는 가치는 주관의 사실적인 평가와 독립해서 존재한다. 이 가치들은 초시간적인 타당성을 가지고 모든 개인들에게 접근해 간다. 그 가치들은 모든 사람들에게 승인을 요청한다. 여기서 우리는 객관적이고 절대적인 타당성을 가지는 가치에 대해서 생각해 볼 수 있다.

우리들은 어떤 가치가 우리들에 의해 어떻게 체험되고 주어지는가 를 곰곰이 반성해 보면서, 가치를 자의적으로 함부로 판단하지 않고 가능한 객관적인 것으로 승인하지 않으면 안 된다는 강력한 요청을 체험하게 된다. 예컨대, 우리가 어떤 사람의 훌륭한 태도에 경탄하고, 그 사람의 인격 가치에 충심으로 감동을 받았을 때, 우리들은 이 가치 를 우리들의 의식에 의해 주관적이 아니라 객관적으로 체험한다는 것 을 분명하게 감지할 수 있다. 이 경우에 우리는 주관의 자의로부터 벗 어나 객관적인, 따라서 절대적인 어떤 것으로서 나타나는 가치가 문제 될 수 있다는 것을 깨달을 수 있다.

가치의 객관성은 우리들의 주관적 평가나 의욕이, 즉 미성숙된 유 치한 판단이 모든 사람들에 의해 지지를 받을 수 있는 객관적 가치 규 범을 거스르게 될 때, 특히 명백하게 체험된다. 우리들은 이 객관적 규 준에 따라 우리의 주관적 태도를 비추어 보고 우리들이 반가치적으로 행동하였다는 것에 대해 반성하고 후회를 하게 된다. 그러므로 우리들 은 우리들의 주관적 평가 저편에 객관적으로 타당한 가치가 있음을 인정하고 있는 것이다. 그래서 우리는 절대적 가치 앞에서 굴복한다.

이처럼 우리는 가치 체험을 즉각적으로, 단적으로 성찰함으로써 가치 자체와 가치의 객관성을 알 수 있다. 그러나 실제에 있어서 많은 사람들은, 특히 어리석은 대중은 가치의 본질 직관에 대해 아무런 이해도 없고, 그들의 관행과 이익에 어긋나는 가치 판단을 배척해 왔다. 그래서 영원한 가치를 발견한 자들은 그들의 고향에서 적절한 대접을 받지 못했다. 소크라테스, 석가, 공자, 예수가 바로 그러한 사람들의 좋은 예가 될 것이다. 참된 가치가 그들에 의해 발견되어 전 인류에게 전해져 왔다. 그들은 가치의 객관성 및 절대적 가치가 존재함을 확신했고, 세상 사람들에게 이를 가르쳤다.

가치는 현실에서 많은 양상으로 나타나며, 어떤 가치는 보다 근본적인 것으로, 어떤 가치는 파생적인 것으로 나타나며, 때로는 더 높은 단계에서, 때로는 더 낮은 단계에서 모습을 드러내고 있어서 혼동을 가져올 수도 있으나, 제대로 볼 줄 알고 들을 줄 아는 사람에게는 항상 가치는 빛을 발하고 속삭여 오는 것이다.

가치의 보편성은 존재론적으로도 정초될 수 있다. 다시 말해서 보편적 가치는 사실로 존재할 뿐만 아니라 필연적으로도 존재한다고 우리는 말할 수 있다. 정신적 가치들은 인간의 정신적 본성에 관계한다. 헤센에 의하면 "가치는 본질의 완성을 지향하는 인간의 정신적 노력의 목표를 체험하고, 이를 실현하지 않으면 안 되는 것"[95]으로서, 스스로 실현하는 인간에 대해서 가치인 것이다. 인간의 본질 구조는 모든 개인에게 있어서 원칙적으로 동등하기 때문에 모든 개인에게 타당하고, 따라서 초개인적인 보편 타당한 가치가 존재한다. 그러나 이러한 논의는 인간의 정신성을 믿는 사람에게만 확신될 수 있다. 가령 인간에게 있는 정신적인 것에 대해 장님인 사람이나 인간의 물질적 측면만 보고 인간을 자연적 존재에 불과하다고 주장하는 사람은 우리의 논의를 거부할 것이다. 그런 사람들은 이른바 가치 상대주의자, 가치

회의주의자, 자연주의자, 유물론자 등이며, 그들은 절대적 타당성을 지닌 정신적 가치가 존재하지 않는다고 주장할 것이다. 그들은 음치처럼 가치의 본질을 보지 못하는 가치 맹목자들이며 우리는 그러한 가치의 장님들에게 가치의 진수를 보여주지 못할지도 모른다. 올바른 가치가 무엇인지 모르는 사람들이 있다고 해서 참된 가치가 존재하지 않는 것은 아니다.

현대의 가치 회의론자라고 할 수 있는 니체의 연구가인 릴A. Riehl 은 니체가 가치의 본질을 어떻게 오해하게 되었는가를 말하는 글에서 이렇게 말했다. "인간은 항상 초인적인 것을 믿게 될 것이다. 인간은 그것을 신적인 것, 또는 이상적인 것이라고 부를 수도 있을 것이다. 자신을 넘어서는 이상을 가지지 않는다면 인간은 헌신적으로 똑바로 나갈 수 없다. 이러한 초인적인 것, 이상적인 것은 정신적 가치의 세계에 속한다. 또한 위대한 자는 이러한 세계를 자신 속에 지니고 있을 뿐만 아니라 스스로를 넘어서서 이러한 세계를 가진다. 그러나 인간의 행동을 이끌어주고 인간의 생각에 영혼을 불어넣는 이러한 가치들은 발명되어지는 것도 아니고 더군다나 가치 전도를 통해 새롭게 만들어지는 것도 아니다. 그 가치들은 스스로 드러나며 하늘에 떠있는 별처럼 인간의 시계視界에 점진적으로 나타난다. 낡은 가치들이 있는 것도 아니며 새로운 가치들이 있는 것도 아니다. 다만 가치들이 있을 뿐이다."[96]

그러면 우리는 참된 가치, 올바른 가치를 어떻게 이해할 수 있는가? 셸러에 의하면 "가치는 오성에는 완전히 차단되어 있다. 오성은 가치에 대해서 마치 귀와 청각이 색깔에 대해서 맹목인 것처럼 맹목이다. 가치 인식의 기관은 오성이 아니라 감정이다. 가치는 지향적 감정 속에서 직접적으로 우리에게 주어지는 성질이다."[97]

하르트만은 "가치 의식은 가치감이며, 가치가 충만한 것에 대해 우선적으로, 직접적으로 느낌을 가지는 것이다,"[98] "모든 가치 파악은 가치감에 근거한다,"[99] "가치를 파악하는 정신 활동들은 결코 순수한 인식 작용이 아니라 정서 작용(감정 작용)이며, 지성적인 것이 아니라 정서적이다,"[100] "가치는 느껴질 수밖에 없다"[101]라고 말했다.

우리가 셸러나 하르트만의 가치 이해에서 유의해야 할 것은 가치가 감정 작용에 주어진다는 말이 주관적인 것이 아니라 객관적인 것이라는 것이다. 하르트만은 "가치감은 수학적 통찰 못지않게 객관적이다,"[102] "사람들은 가치 있고 마땅히 있어야 할 것으로 알고 있는 것으로부터 감동을 받는다"[103]라고 말했다.

이제 우리는 올바른 가치관의 확립을 위해 구체적인 예를 들어보자. 왜 부모를 섬기고 공경하여야 하느냐고 묻는다면 우리는 그 명제를 증명할 수 없지만, 인간은 본질적으로 부모를 사랑하도록 되어 있다고밖에 달리 답변할 수 없다. 그래서 "가치는 명증적이고 무조건적이며 우리에게 직접 작용해 온다"[104]고 셸러는 갈파했다.

브루거가 "윤리학은 삶과 세계에서 무엇이 가치 있는 것인가를 가르치는 것이다"[105]라고 말한 것처럼 우리는 인간의 존엄성과 인격 가치, 생명에 대한 외경, 자연과 인간에 대한 사랑을 가르쳐야 한다. 우리는 올바른 가치관 교육의 기본 방향을 인격 가치와 전인 교육에서 찾아볼 수 있다.

㈏ 전인 교육과 인격 가치의 구현

교육은 원래 국가나 경제계가 요구하는 사람을 만들어 바치는 인간 형성 공정이 아니며, 곡식이나 과실을 얻기 위해 적절하게 비료를 주고 농약을 뿌리는 재배에 비유될 수 있는 인간 재배 과정이 아니라, 사람을 사람다운 사람으로 일깨워 사람이 되게 하는 것이며 끊임없는 인격적 각성을 조성시키는 작용이다. 그러므로 교육의 근본은 사람을 온전한 사람이 되게 하는 전인 교육이다. 그러나 우리나라의 교육은 한말과 일제 치하에서는 출세 지향적이고 해방 이후에는 미국의 행동주의적 교육관과 도구적·성장적 교육관에 큰 영향을 받아 전인 교육의 위기를 가져왔고 교육의 비인간화를 초래했다.

전인 교육의 요체는 피교육자에게 올바른 가치관을, 즉 인격 가치와 생명 및 자연에 대한 외경심과 양심을 깨우쳐 주는 것이다.

인격 가치란 다른 일시적 가치, 즉 평가에 의거하지 않으며 다른 모든 부수적 가치를 통솔한다. 인격 가치는 절대적 가치로서 시간과 공간을 초월하며 감각적·생명적·심리적 영역을 초월하고 인간의 정신 안에서 나타난다. 이 인격 가치는 도덕적 질서 속에서 본원적으로 선과 악을 규정한다. 그러므로 도덕적 가치는 인격 가치에 의해서만 성립될 수 있다.

이 "도덕적 인격 가치는 인격의 고유한 사랑의 작용이 '함께 수행할 때'에만 주어진다"[106]라고 셸러는 말한다. 셸러에 의하면, "인격은 정신 작용(활동) 수행자로서, 즉 사랑의 작용 수행자로서만 존재한다."[107] "사랑은 모든 지향적인 정서 생활의 최고 단계를 이룬다. 따라서 사랑은 모든 정신적 활동의 기초가 되며 도덕 생활의 근본 활동이며 인격의 근본 활동이다."[108] 모든 선한 것 중에서 가장 선한 것은 오로지 사랑뿐이다. 이 사랑은 이성과 의지를 통일한다. 사랑을 떠나서는 인간의 이성과 의지는 대립을 면할 수 없다. 그래서 셸러에 의하면 인격은 구체적 정신의 통일이며 정신의 본질의 유일한 실존 형식이다. 개별 인격은 필연적으로 공동체를 이루며 이 공동체의 성원으로서 자기 책임과 함께 공동 유대의 책임을 갖는다. 개별 인격들은 인격의 핵심인 사랑의 활동을 서로 함께 수행함으로써 다른 인격의 심오한 성질을 이해할 수 있다.

개별 인격은 자기 구제와 함께 모든 다른 인격의 총체 구제에 대한 책임을 면할 수 없다. 그러므로 개별 인격은 어떤 이웃일지라도 사랑하며 구제하지 않으면 안 된다. 우리는 모든 인격의 사랑의 공동체를 이 지상에 실현하는 것을 전인 교육의 목표라고 말할 수 있다.

우리는 앞에서 살펴본 셸러의 인격주의 윤리학에서 말하는 인격의 핵심인 사랑을 우리의 전통 사상에서 찾아볼 수 있는 유교의 인과 불교의 자비로 바꾸어 놓고 생각해 볼 수 있다. 셸러가 말하는 절대적 가치에서 생겨나오는 신성감과 외구畏懼의 감정은 우리나라에서 유구하게 전승되어 온 경천 사상과 이퇴계의 경敬 사상과도 일맥 상통한다는 점을 우리는 견주어볼 수 있을 것이다.

서양에서 20세기에 들어와 비로소 비인간화 현상과 인간성 상실을 극복하려고 인격주의 윤리학과 인격주의 교육을 고창하는 현상학적 윤리학자들이 말하는 가치감은 유학의 심학, 특히 맹자의 사단과도 내면적으로 암합되고 있음을 주지할 수 있다. 원래 우리나라의 교육의 이상은 아득한 옛날부터 경천애인과 홍익인간이었다. 우리는 이러한 전통적인 교육 사상 속에 이미 전인 교육의 흔적을 찾아볼 수 있다. 그러므로 우리는 올바른 가치관 교육의 기본 방향을 우리의 전통 사상인 경천애인敬天愛人 사상에 뿌리를 박고 전개시켜 나갈 수 있다.

우리나라의 가치관 교육은 먼저 가치 회의주의를 불식시키고 무비판적으로 외국에서 도입해 온 기회주의적인 소피스트들의 상대주의적 가치관을 타파하며, 사람을 사람답게 살 수 있도록 일깨워줄 수 있는 올바른 가치관을, 즉 양심을 각성시켜주는 데 매진해야 할 것이다.

주

1) 본 논문은 『21세기를 여는 한국인의 가치관』, 도서출판 소화, 1997, pp.7-83

에 실린 글임을 밝힌다.

2) 진교훈, 『哲學的 人間學 (1)』 (서울: 경문사, 1982), pp.81-87 참고; Nigel Calder, *Technopolis, Social control of the uses of sciences* (London: McGibbon & Kee, 1969) 참고.

3) A. Mitscherlich, *Die Unfähigkeit zu trauern, Grundlagen kollektiven Verhaltens*, München, 1968, S.86ff.

4) Lorenz Konrad, *Das Sogenannte Böse, Zur Naturgeschichte der Aggression*, Wien, 1963.

5) D.H. Meadows, D.L Meàdows & W.W. Brehrens, *The Limits to Growth* (London: Pan, 1972).

6) Rachel Carson, *Silent Spring* (Boston: Houghton Mifflin, 1962).

7) H.J. McCloskey, *Ecological Ethics and Politics* (New Jersey: Rowman and Littlefiled), 1983, pp.13-16.

8) 진교훈, 앞의 책, pp.87-89.

9) S. Freud, *Jeneits des Lustprinzips*, Wien, 1920, S.40.

10) K. Allers, "Die Weltanschaulichen Voraussetzungen der Psychoanalyse," in *Südeutsche Monatsschrift*, 26Jg. 1931, S.770.

11) M. Scheler, *Die Stellung des Menschen im Kosmos*, Darmstadt, 1929, S.71f.

12) A. Pieper, *Einführung in die Ethik*, Tübingen, 1991, SS.78-83 참고.

13) 앞의 책, SS.213-218 참고; Friedo Ricken, *Allgemeine Ethik*, Stuttgart, 1983, SS.30-53 참고.

14) R.B. Perry, *General Theory of Value*, Cambridge/Mass, 1950, p.116.

15) G.E. Moore, *Principia Ethica*, Stuttgart, 1970, pp.41-52 참고.

16) W.D. Ross, *Foundations of Ethics*, Oxford, 1960, p.6. 참고.

17) A.J. Ayer, *Language, Truth, and Logic*, 2nd(ed.) (New York: Dover, 1946), p.107.

18) Ch,L. Stevenson, *Ethics and Language* (New Haven: Yale Uni. Press, 1968), p.21.

19) R.M. Hare, *The Language of Morals* (London: Oxford Uni. Press, 1952), p.3.

20) Luther J. Binkley, *Contemporary Ethical Theories* (New York: Philosophical Library, 1961), p.152.

21) B. Blanshard, *Reason and goodness* (New York: Macmillan, 1961), p.263.

22) J. Mackie, *Ethics* (London: Pelican, 1981), 진교훈 역, 『윤리학』, 서광사, 1990, p.6, pp.60-128 참고.

23) Johannes Hessen, *Wertlehre, Lehrbuch der Philosophie II* (München: Ernst Reinhardt Verlag, 1959), S.23.

24) 앞의 책, S.24.

25) J.M. Bochenski, *Wege zum philosophischen Denken, Einführung in Grundbegriffe*, Freiburg, 1970, SS.76-79 참고.

26) N. Hartmann, *Ethik* (Berlin: Walter de Gruyter & Co., 1949), S.120.

27) 앞의 책, S.121.

28) Dietrich von Hildebrand, *Zeitliches im Lichte des Ewigen*, Regensburg, 1932, S.203.

29) Romen Ingarden, *Erlebnis, Kunstwerk und Wert*, 1969, S.79f.

30) J. Hessen, 앞의 책, S.36.

31) H. Richert, *Weltanschauung*, Leipzig. 1922, S.41 참고.

32) J. Kohn, *Wertwissenschaft*, Stuttgart, 1932, S.96 참고.

33) A. Riehl, *F. Nietzsche 7. Aufl.*, Stuttgart, 1920, S.165.

34) J. Hessen, *Wertlehre*, S.77.

35) A. Cohn, *Hauptprobleme der Wertphilsophie*, Wien, 1934, S.40.

36) M. Scheler, *Ethik*, in *Jahrbücher der Philosophie, 2. Jahrg.*, Berlin, 1914, S.91.

37) M. Scheler, *Formalismus*, S.262.

38) N. Hartmann, *Ethik*, S.42.

39) Ebd., S.493.

40) Ebd., S.104.

41) Ebd., S.528.

42) Ebd., S.109.

43) Ebd., S.141.

44) N. Hartmann, *Deutsche systematische Philosophie nach ihren Gestalten*, H. Schwarz(hrsg.), Bd.I, Berlin, 1931, S.324f.

45) M. Scheler, Ebd., S.259.

46) Ebd., S.270.

47) Ebd., S.274.

48) Ebd., S.341ff.

49) Ebd., SS.127-130.

50) J. Hessen, *Wertlehre*, SS.64-72.

51) M. Scheler, *Formalismus*, S.89.

52) Ebd. S.91.

53) Ebd., S.94.

54) Ebd., S.95.

55) Ebd., S.96.

56) N. Hartmann, *Ethik*, S.254.

57) J. Hessen, *Wertlehre*, SS.74-75.

58) 진교훈, *Über das Verhältnis von Person und Liebe bei Max Scheler*, Wien 1972, SS.66-91 참고.

59) J. Gründel(hrsg.), *Das Gewissen*, Düsseldorf, 1990, SS.7-9 참고.

60) Peter Fuss, "conscience," *Ethics* vol.954, 1964, pp.113-114.

61) H. Reiner, "Gewissen," in *Historisches Wörterbuch der Philosophie*, J. Ritter(hrsg.), Basel-Stuttgart, 1974, Bd.3. S.587f 참고; 같은 사람, "Die Funktion des Gewissens," in J. Blühdorn(hrsg.), *Das Gewissen in Diskussion*, Darmstadt, 1976, SS.291, 314-315.

62) J.V. McGlynn, S.J. and J.J. Toner, S.T., *Modern Ethical Theories* (Milwaukee: Bruce, 1962), p.155.

63) 앞의 책, p.156 참고.

64) W.S. Sahakian, *Ethics* (N.Y.: Harper & Row, 1974), p.94.

65) C.D. Broad, *Five Types of Ethical Theory* (Patterson, N.J.: Littlefield, Adams & Co., 1959), p.53.

66) J. Butler, *The Analogy of Religion* (London: John Hatchard and Son, 1736), pp.340-341. p.345 참고; 같은 사람, *Sermons* (Edinburgh: T. & T. Clark, 1888), pp.67-70 참고.

67) J.H. Newman, *Grammer of assent*, 1870, 참고; F. Wiedmann, "Die Strategie des Gentlemann, J.H. Newmans Gewissensposition," in J. Gründel(hrsg.), *Das Gewissen*, Düsseldorf, 1990, S.72 참고.

68) E. Przywara, *Kierkegaard-Newman*, in Newman Studien I, S.92f; H. Fries, *Die Religionsphilosophie Newmans*, Stuttgart, 1948, S.65 참고.

69) H. Reiner, "Die Funktione des Gewissens," in J. Blühdorn(hrsg), *Das Gewissen in der Diskussion*, Darmstadt, 1976, S.311.

70) A. Auer, "Das Gewissen als Mitte der personalen Existenz," in J. Blühdorn, *Das Gewissen in der Diskussion*, Darmstadt, 1976, S.82; H. Fries, "Newman und Döllinger," in *Newman Studien I*, Freiburg, SS.29-76 참고.

71) 제8차 국제 Newman 회의 보고서; Newman Studien XI, Freiburg, 1978, S.212; H. Hengstenberg, "Persönliches Gewissen und Kirchliches Lehramt," in Blühdorn, 앞의 책, S.93.

72) M. Scheler, *Der Formalismus in der Ethik und die materiale Wertethik*, Ges. Werke Bd.2. Bern, 1966, SS.325-328 참고.

73) H. Reiner, "Gewissen," in *Historisches Wörterbuch der Philosophie*, Bd.3, 1974. S.588.

74) J. McGlynn and J.J. Toner, *Modern Ethical Theories* (Milwaukee: Bruce), 1962. p.2 참고.

75) T. Elsenhans, *Wesen und Entstehung des Gewissens*, Berlin 1894, S.171.

76) M. Scheler, 앞의 책, S.325. 그는 양심의 인식 능력을 강조했다. J. Hessen, *Wertlehre, Lehrbuch der Philosophie*, Bd.2, München, 1959, 진교훈 역,

『가치론』, 서광사, 1992, pp.256-260 참고.

77) J.G. Fichte, *Die Bestimmung des Menschen*, 1800, III, S.4, 전집 2권, S.298.

78) R. Paulsen, *System der Ethik I*, Köln, S.320.

79) J. Hessen, 진교훈 역, 『가치론』, p.262 참고.

80) 진교훈, 『哲學的 人間學 硏究(Ⅰ)』(서울: 경문사, 1981), p.196 참고.

81) K.E. Maier, *Grundriss moralischer Erziehung*, Heilbrunn, 1986, S.14-16.

82) H. Henz, *Ethische Erziehung*, München, 1992, SS.67-69.

83) K.O. Apel, *Diskuss und Verantwortung-Das Problem des Übergangs zur postkonventhonellen Moral*, Frankfurt a.M. 1991, SS.357-358 참고.

84) H. Hengstenberg, *Philosophische Anthropologie*, Stuttgart, 1957, S.57-60 및 209 참고.

85) H. Plessner, *Die Stufen des Organischen und der Mensch*, Berlin, 1928, S.317 참고.

86) L. Gilen, *Das Gewissen bei Jugendlichen*, Stuttgart, 1956; H. Zulliger, *Umgang mit dem kindlichen Gewissen*, Stuttgart, 1954 참고.

87) W. Brugger, *Philosophisches Wörterbuch*, Freiburg, 1953, S.87.

88) K.E. Maier, *Grundriss moralischer Erziehung*, Heilbrunn, 1986, SS.31-39 참고.

89) E. Abb und Th. Schwerdt, *Allgemeine Erziehungslehre und Bildunglehre*, Pader born, 1957, S.90ff.

90) A. Messer, *Ethik*, Leipzig, 1904, S.64ff 참고. 메써는 여기서 칸트의 형식 윤리학의 한계를 적절하게 비판하고 있다.

91) M. Scheler, *Formalismus*, S.21.

92) B. Bauch, *Grundzüge der Ethik*, Leipzig 1935, S.42-44 참고; H. Reiner, *Der Grund der sittlichen Bindung und das sittliche Gute*, Halle 1932, S.15f 참고.

93) M. Wittmann, *Die Moderne Wertethik*, München 1923, SS.273, 317, 337, 349 참고. 또 A.D. Müller의 Wittmann과의 논쟁을 다룬 "Die Ontologie der Werte," 1941, S.347 참고.

94) M. Wittmann, *Die moderne Ethik*, München 1940, S.218ff 참고.

95) J. Hessen, *Der Sinn des Lebens*, Münster, 1955, S.35.

96) A. Riehl, *Friedrich Nietsche*, 7. Aufl., Stuttgart, 1920, S.165f.

97) M. Scheler, *Der Formalismus in der Ethik und die materiale Wertethik*, 전집 2권, Bern, 1980, S.261.

98) N. Hartmann, *Ethik*, Berlin, 1935, S.42.

99) 앞의 책, S.493.

100) 앞의 책, S.104.

101) 앞의 책, S.528.

102) 앞의 책, S.141.

103) 같은 사람, *Deutsche systematische Philosophie nach ihren Gestalten*, H. Schwarz(hrsg.), Bd. I., Berlin, 1931, S.324.

104) M. Scheler, *Formalismus*, S.259.

105) W.Brugger, *Philosophisches Wörterbuch*, Freiburg & Wien, 1953, S.87.

106) M. Scheler, *Wesen und Formen der Sympathie*, Frankfurt, a.Main, 1948, S.179.

107) 앞의 책, S.180.

108) 앞의 책, 같은 곳.

제2부 사회 윤리의 개념과 질서

제5장

사회 윤리의 개념과 근본 질서[1]

　인간은 개인으로 고립되어 있거나 단독자로 살아갈 수 있는 것이 아니라 사회의 한 구성원으로서 살고 있다. 그리고 이 사회는 개인들의 단순한 집합체 이상의 것이며, 그 자체의 독자적인 논리에 따라 움직일 뿐만 아니라 개인의 선택을 넘어서 그러한 사회의 움직임이 오히려 개인의 행위와 선택을 좌우할 수도 있는 것이다.

　그러므로 우리는 윤리 문제를 다루는 데 있어서 단지 개인의 양심이나 행위만을 가치 판단의 대상으로 삼을 것이 아니라 인간이 사회를 구성하고 또한 이것을 유지하며 공동 생활의 이상을 실현하는 데 필요한 원리가 되는 사회 윤리를 중요시하지 않을 수 없다. 그리고 여기에는 윤리적 생활의 실제적 내용을 담고 있으며 그 바탕이 되는 문화 현상도 내포된다. 따라서 여기에서는 사회 윤리와 관련된 내용으로 사회 윤리의 개념과 사회의 근본 질서 및 사회 규범 등에 대하여 논의해 보고자 한다.

I. 사회 윤리의 형성

윤리를 말 그대로 사람들 사이에 지켜지고 행해져야 할 도리로 이해할 때, 우리가 윤리의 문제를 개인의 수준에서보다는 공동 생활의 수준에서 거론하는 것이 자연스럽게 보인다. 그러나 보는 관점과 추구하는 지향점에 따라 개인과 사회 공동체의 그것은 상이하게 표출될 수 있을 것이다. 이러한 인식 하에 사회 윤리란 무엇이며, 어떻게 형성되어 왔으며 그리고 구체적으로 개인 윤리와는 어떤 차이점을 지니고 있는가에 대해 보다 상세히 살펴보고자 한다.

1. 사회 윤리의 유래

사회 윤리학이라는 말은 20세기 초엽에 들어와서부터 널리 쓰이기 시작한 말이다. 물론 오늘날 사회 윤리가 다루고 있는 사회 현상은 인간이 지구상에서 살기 시작한 때부터 있어 왔다. 그러므로 인간의 사회성과 사회 질서가 문제되는 곳에서는 항상 사회 윤리가 있다고 말할 수 있다. 그러나 후기 산업 사회에 들어오기 전까지 사회는 그렇게 복잡하게 되어 있지 않았기 때문에, 학문도 그렇게 세분되어 있지 않았다. 그래서 인간의 규범과 가치 문제를 다루는 실천 철학은 윤리학이라는 이름으로 포괄적으로 다루어졌다. 이 윤리학은 오랫동안 세분되지 않은 채로 연구되어 왔다. 그러나 20세기에 들어와서 현대 사회는 옛날처럼 개인이나 가족 중심의 사회가 아니므로 과거의 개인 중심적인 윤리, 즉 개인 윤리로는 복잡다단한 사회 문제의 해결이 거의 불가능해졌다. 그래서 사회 문제에 관심을 가진 그리스도교의 윤리 신학자들이 새로운 윤리를 모색하고 정립할 필요를 느끼면서 사회 윤리학라는 말을 쓰기 시작했다. 그후 사회 윤리학은 신학으로부터 독립하여 그 자신의 영역을 개척하고 활발하게 연구되고 있으며, 세상 사람들의 주목을 받고 있다.

그러면 사회 윤리는 무엇이며, 개인 윤리와 사회 윤리는 어떻게 다른가? 우선 간단히 말해서 개인 윤리는 개인의 자기 완성과 개인의 안녕을 중요한 과제로 다루지만, 사회 윤리는 공동선公同善의 실현을 중요한 과제로 다룬다. 따라서 개인 윤리는 항상 개인에게 부과된 의무를 중시하나, 사회 윤리는 항상 여러 사람이 협력해야만 하는 공동선을 중요시한다. 그러나 나중에 상론하겠지만, 사회 문제를 다루면, 그것이 바로 사회 윤리학이 되는 것은 아니다. 왜냐하면 개인 윤리에서도 얼마든지 사회 문제를 다룰 수 있기 때문이다. 따라서 사회 문제의 해결을 사회 정책과 제도, 사회 구조에 의거해서 추구할 때 비로소 우리는 이것을 사회 윤리학이라고 말할 수 있다. 그렇다면 서양의 고대 사상과 중세 사상에는 사회 윤리학이 없었는가? 또 동양 사상에는 사회 윤리학이 없었는가? 이러한 물음에 대해서 우리는 넓은 의미로 어떤 시대, 어떤 곳에서도 인간 사회에는 사회 윤리가 있어야 하지만, 사회 윤리학이 모든 시대와 모든 장소에 있는 것은 아니라고 답변할 수 있다. 그러므로 엄밀한 의미에서 서양의 고대 사상과 중세 사상에, 그리고 동양 사상에는 사회 윤리학은 없었다고 말할 수 있다. 가령 우리가 동양의 윤리 사상의 핵심을 『대학大學』에서 볼 수 있는 수신修身, 제가齊家, 치국治國, 평천하平天下라고 말한다면, 이것은 어디까지나 개인 윤리의 차원이라고밖에 말할 수 없다. 왜냐하면, 비록 군자는 치국과 평천하를 인간의 최고의 이상으로 보긴 했으나 실제로는 개인의 수신을 근본으로 삼았을 뿐이며, 사회 구성원으로서의 시민 의식이나 공중 도덕심을 발휘하지 못했기 때문이다. 그리고 우리는 서양의 고대와 중세에서 넓은 의미의 사회 윤리를 찾아볼 수 있으나 사회 윤리학은 찾아볼 수 없다.

서양의 고대와 중세시대에서 사회 윤리는 대체로 특정한 사회의 안정에만 그 기반을 두었다. 그래서 사회 윤리는 기성 사회를 유지하고 보수화하는 데 큰 공헌을 했다. 예컨대 봉건 제도가 그래서 오랫동안 유지될 수 있었다. 심지어 신분 계층의 여러 이해 관계들이 종교의 거룩한 질서 속에도 침투해 있었다. 그래서 서양의 고대와 중세의 사회 윤리는 봉건주의나 귀족 계급의 지위와 권력을 옹호하고, 심지어 노예와 일반 서민들을 억압하는 수단으로, 소위 노예의 도덕으로까지 이용되기도 했다. 그러나 이러한 윤리가 참된 사회 윤리가 아님은 물론이며, 더욱이 사회 윤리학의 본질이라고 할 수는 없다.[2]

우리는 여기서 편의상 사회 윤리와 사회 윤리학을 구분할 필요가 있다. 우리는 좁은 의미의 사회 윤리학을 "현대의 사회 윤리"라고도 말할 수 있다. 주지하다시피 현대의 역동적인 기술 산업 사회에서는 신분 계층이 끊임없이 동요하고, 가치관이 유동적이므로 새로운 사회 윤리가 요청될 수밖에 없다. 이 새로운 사회 윤리는 인간을 억압하는 것이 아니라 근본적으로 해방시켜주는 기능을 하며, 사회를 보수화하거나 신분 계층을 유지시키는 역할을 하는 것이 아니라 사회 비판적인 기능을 하는 것이다. 그러므로 사회 윤리학은 첫째로 우리가 당면하고 있는 사회 위기와 사회 해체 현상을 밝혀주고 이를 검토하며, 둘째로 이러한 사회 위기를 자각하게 하고, 이를 극복하려는 근본적인 방향을 지시하고 방안을 제시해 주며, 셋째로 인류의 새로운 공동 생활의 터전을 마련하는 과제를 가지고 있다.[3]

현대의 사회 윤리를 영어권에서는 social ethics라고 표기하나, 독일어권에서는 개신교는 Christliche Sozialethik(그리스도교 사회 윤리), 가톨릭은 Christliche Soziallehre 또는 Christliche Gesellschaftlehre(그

리스도교 사회론)이라고 대체로 표기한다. 그리고 독일의 대학에서는 일반 윤리학은 철학부의 철학과에서 다루고, 사회 윤리학은 신학부에서 하나의 독립된 학과로 설치되어 다루어지고 있다.

최근에는 현대 사회 윤리의 사회 비판적 성격이 프랑크푸르트 학파에 의해서 더욱 발전되고 유행되고 있다. 그러나 호르크하이머Horkheimer, 아도르노Adorno, 마르쿠제Marcuse 등은 현대 사회를 진단하고 비판하는 데는 탁월한 면을 보여주었으나, 높은 수준의 도덕적 지시와 사회를 유지 발전시키는 구체적 방안을 제시하는 데까지는 이르지 못하였다.

아무튼 현대의 사회 윤리, 즉 사회 윤리학은 사회 비판적인 기능과 함께 공동선과 사회 정의를 구현하는 것을 중요한 과제로 삼고 있다. 그러면 우리는 사회 윤리와 개인 윤리가 어떻게 구별되며, 상호간에 어떤 관계가 있는가를 살펴보기로 하자.

2. 개인 윤리와 사회 윤리

독일의 사회 윤리학자인 벤트란트Wendland에 의하면, 개인 윤리는 개인의 도덕적 행위와 개인이 살아가기 위한 규범을 문제삼는다. 대체로 동서양을 막론하고 전통적인 윤리학은 개인의 몸가짐을 바르게 할 덕목에 관해서만 관심을 가져왔다. 따라서 윤리학은 개인의 몸가짐을 바르게 하는 수신修身만을 강조해 왔으며, 도덕은 개인의 품성을 계발하는 것을 본질이라고 가르쳐왔다. 예컨대 희랍 철학자들에 의하면 도덕이란 인간의 영혼이 어떤 덕목을 습득하는 것을 문제삼는 것이며, 사회적 유용성과는 직접적인 상관이 없는 것이었다. 또 그리스도교 윤리학에서도 도덕은 현세보다는 내세를 위한 개인의 영혼의 준비로 보았다. 이를 위한 순결, 겸손, 어질고 착한 것 같은 덕목은 인간 개개인의 자기 실현을 위해서 중요한 것이었는데, 이것은 사회 질서의 원리로는 설명되기 어려운 것들이다.

그러나 개인은 고립되어 있거나 단독자單獨者로 살아가고 있는 것이 아니라 다른 사람들과 더불어 사회의 구성원으로서 살고 있다. 그리고 이 사회는 개인들의 단순한 집합체 이상의 것이며, 그 자체의 독자적인 논리에 따라 움직일 뿐만 아니라 개인의 선택을 넘어서 그러한 사회의 움직임이 오히려 개인의 행위와 선택(가치 규정)을 좌우할 수도 있다. 그러므로 우리는 이제 단지 개인의 양심이나 행위만을 도덕적 가치 판단의 대상으로 삼을 것이 아니라 사회의 구조와 제도도 도덕적 가치 판단의 대상으로 삼지 않을 수 없다.[4]

미국의 그리스도교적 사회 윤리학자인 니버R. Niebuhr는 1932년에 쓴 그의 저서, 『도덕적 인간과 비도덕적 사회』에서 개인 윤리와 사회 윤리를 구분할 필요성을 처음으로 역설했다. 그는 개인의 도덕과 국가 또는 민족 같은 사회 집단의 도덕은 마땅히 구별되어야 한다고 말했다. 왜냐하면 인간의 도덕성은 개인들간의 관계에서는 비교적 잘 드러날 수 있으나, 집단들간의 관계에서는 드러나기 어렵기 때문이라는 것이다. 그래서 그는 도덕적 인간들에 의하여 구성되는 사회라 할지라도, 그 사회는 비도덕적일 수 있다고 말했다. 그래서 그는 사회의 많은 중요한 문제들은 개인의 도덕적 가치 판단에 의해서가 아니라 그 개인이 속해 있는 사회의 구조나 제도 자체의 개선에 의해서만 비로소 해결될 수 있다는 사회 윤리의 중요성을 강조했다.[5] 이제 사람들은 사회 구조나 제도의 문제가 개인의 양심이나 개인의 도덕적 행위 문제로 환원될 수 없다는 것을 차츰 깨닫게 되었다. 현대 윤리학의 중요한 관심과 연구 대상은 개인의 도덕적 행위로부터 사회 구조나 제도의 문제로 옮겨가고 있다.

그러나 우리는 사회 윤리학에서도 개별적 인간, 즉 개인을 다루는 것을 배제할 수 없다. 왜냐하면 사회 윤리는 어떤 경우에도 개인의 행위나 사회 제도에 대한 개인의 책임을 다루지 않을 수 없기 때문이다. 사회 윤리가 인간을 사회적 존재이며, 제도적 존재라고 이해하고 있다고 하더라도, 개인이 없는 사회란 존재할 수 없으므로, 개인은 항상 존재 가치가 있는 것이다. 그러므로 개인의 행위와 윤리와 규범을 다루는 개인 윤리도 경시할 수 없고, 또 인간의 사회성에 우선권을 두고, 개인의 사회적 행위와 책임을 강조하고 공중 도덕, 공동체의 질서를 다루는 사회 윤리도 무시할 수 없다. 이렇게 보면, 사회 윤리와 개인 윤리는 상호 보완적이며, 그 강조점을 어디에 두느냐에 따라 그 둘은 구분될 수 있을 뿐이다.

II. 사회의 근본 질서

우리는 앞에서 사회 윤리의 과제가 사회 질서를 다룬다는 것을 살펴보았다. 회프너J. Höffner에 의하면, "사회 윤리학은 인간 사회의 본질과 질서, 그리고 거기서 생겨나는 각 시대의 사회적 관계에 적용될 규범과 질서의 과제에 관해서 사회 철학적으로 획득된 지식의 총체이다."[6] 그러면 사회 질서는 근본적으로 어떤 것인가? 우리는 이것을 세 가지로 나누어 살펴볼 수 있다.

1. 연대성

(1) 연대성의 의미

우리는 사회 생활을 규제하는 질서의 원리로서 연대성을 생각해 볼수 있다. 연대성(또는 유대성, Solidarität, solidarity)이라는 말은 "굳게 결합하다solidare"라는 라틴어 동사에서 생겨난 말이다. 이 연대성은 인간의 인격과 인간의 사회성과 동시에 인간에게 주어지며, 인간 상호 간의 결합과 의무를 의미한다.

주지하다시피 개인주의는 사회를 개인의 이해 관계의 기계적 균형화를 위한 수단으로서의 단체로 보며, 집단주의는 개개인간의 인격적 존엄성을 무시하고 인간을 사회적, 특히 경제적 과정의 단순한 대상으로 본다. 개인주의와 집단주의는 각각 인간의 상호간의 연대 의식을 부인한다. 그러나 연대성은 존재적이며 동시에 윤리적이다. 왜냐하면 연대성은 인격의 존엄과 인간의 본질인 사회성에서 생겨나기 때문이다.

이 연대성의 원리를 학문적으로 발전시킨 학자는 페쉬Heinrich Pesch, 군들라흐Gustav Gundlach, 오스발트 폰 넬-브로이닝O.v. Nell-Breuining, 마르틴 부버Martin Buber 등이 있다. 특히 마르틴 부버는 인간의 사회성과 연대성을 그의 책, 『나와 너*Ich und Du*』에서 간명하게 밝혀주고 있다.

(2) 연대성의 근거

부버는 그의 철학적 인간학의 기본 사상을 표명하면서 "인간 실존의 근본적인 사실은 인간이 인간과 함께 있다는 것"[7]이라고 갈파했다. 군들라흐는 연대성의 근거에 관해서 "인간은 내적인 가치 충실에서 전체와 결합되어 있고, 또 전체는 구성원의 개인적인 가치 충실과의 결합에서만 자기 고유의 가치 충실을 갖는다"[8]고 말했다. 또 철학적 인간학의 비조鼻祖라고 할 수 있는 셸러M. Scheler도 "모든 인간에게 있어서 의식의 본질적인 부분에 이미 사회라는 것이 내재되어 있다. 그리고 인간은 사회의 일부분일 뿐만 아니라 또한 사회도 관련 영역으로서 그 인간의 본질적인 부분이다. 나는 우리의 일부분일 뿐만 아니라 또한 우리도 나의 필연적인 구성 요소이다"[9]라고 말한 바 있다.

독일연방헌법재판소는 1954년 7월 20일에 공포한 판결문에서 인간의 연대성에 관해서 "헌법의 인간상은 고고한 개인의 그것이 아니다. 헌법(기본법)은 인간의 자기 고유의 가치를 훼손함이 없이, 인간의 사회 의존성과 사회 결합성의 의미에서 개인과 공동체 간의 긴장 상태를 재판한다"[10]고 말했다.

2. 공익성

(1) 사익성에 대한 공익의 우선

서양 철학자들은 오래 전부터 개인과 사회의 관계를 유기체의 비유를 가지고 설명해 왔다. 일정한 관점에서 보면, 공익(공동선, Gemein-wohl, common good)이 사익보다 우선하나, 최종적인 관점에서 보면, 인격 가치가 최고 가치이므로 공익 우선을 논할 때, 집단주의자들처럼 말해서는 안 된다.

플라톤은 『국가론』에서 도시 국가를 하나의 몸과 그의 각 지체肢體라고 비유한 바 있다. 아리스토텔레스도 사회의 구조에 관해서 설명하면서 유기체의 비유를 이용했다. 토마스 아퀴나스는 "사회는 하나의 몸과 같고, 동시에 한 인간과도 같다"[11]고 하면서 유기체의 유비를 사용했다. 『신약성서』에서 사도 바오로는 교회를 그리스도의 몸이라고 하면서 유기체의 유비로 설명했다(고린도 전서 12,12-30; 로마서 12,4-8; 에페소서 5,21-33).

그리스도교 철학은 유기체의 유비를 사용하고 있다. 그러면 유기체의 유비는 무엇이며, 이것이 공익 우선의 원리를 어떻게 설명하는가를 살펴보기로 하자.

① 하나하나의 세포는 생성했다가 소멸하지만, 세포의 전체로서의 유기체는 거의 항상 그대로 존속한다. 이처럼 사회도 개별적 인간의 생사를 초월하여 존속한다. 가령 가정, 민족, 국가 등이 그러하다. 아우구스티누스도 그의 『신국론神國論』 22장에서, "사회는, 잎이 지면 새로 돋아나오나 줄기와 뿌리는 계속 남아 있는 올리브 나무와 같다"고 말했다. 그러므로 유기체의 유비가 밝혀주는 것은, 한편으로 사회는 한 인간 생명의 짧은 기간을 시간적으로 초월하고 과거와 미래를 포괄하며, 다른 한편으로 사회는 공간적으로 — 올리브 나무의 큰 줄기처럼 — 개개인의 생활 공간을 초월하고 있다는 것이다.

② 나무의 잎과 뿌리가 서로 깊은 관계를 가지고 있는 것처럼, 사회도 내재적 생명력에 의해서 전체에 봉사하도록 되어 있다. 사회의 구성원은 서로 고립되어 있는 것이 아니라, 하나의 정신적·도덕적 질서의 통일체를 형성하고 그 전체에 봉사하고 있다.

③ 유기체는 그의 지체를 쇠퇴시키는 것이 아니라 오히려 부양하며 보존한다. 그러나 위기에 처했을 때만 전체를 구하기 위하여 일부의 지체를 희생시킨다. 예컨대, 어떤 자가 칼을 들어 자기를 치려 덤벼들 때 전체(사회)로서의 몸을 구하기 위하여 자기도 모르게 손(지체)이 먼저 이를 막는 것처럼, 국민도 "전체로서의 공동체(사회)를 유지하기 위하여 생명의 위협을 무릅써야 할 것이다."[12] 사회는 지체를 착취할

것이 아니라, 도리어 돌보아야 하고, 반면에 지체들은 그들대로 사욕을 버리고 자기의 이해를 공동 복지에 기꺼이 종속시켜야 한다. 이러한 공동선의 원리는 작은 단체로부터 국가에 이르기까지 지켜져야 한다. 그리고 공동선은 오늘날 어떤 단체나 국가에만 한정되어서는 안 된다. 공동선은 전인류에까지 확대되어야 한다.

그러나 우리는 여기서 유기체의 유비를 지나치게 강조한 나머지 공익 우선과 공동선의 원리를 남용하는 집단주의자들의 주장을 경계해야 한다. 예컨대, 일본 제국주의의 가미가제 특공대라든가, 공산주의 독재 국가가 전체를 위하여 개인의 인격의 자유와 존엄성을 부정하는 것 등은 엄연히 배격되어야 한다. 그러므로 우리는 공동선을 추구하면서도 인간의 존엄성을 지키는 방도를 강구해야 할 것이다.

(2) 인간의 존엄성

① 사회를 "완전한 실체" 또는 주체를 가진 실체라고 말하는 것은 그 근거가 박약하다. 개인만이 실체이며, 사회는 하나의 실재적 관계 relatio realis 및 질서의 통일체이다. 개인을 떠나서, 개인과 관계없이 사회는 존속할 수 없다.

② 사익에 대한 공익의 우선은 단지 구성원으로서의 인간이 일정한 사회 구성체에 의무를 지고 있는 한에서만 타당하다. 인간은 사회 구성체의 부분에 불과한 것이 아니다. 인간은 그때그때 어떤 회사의 종업원, 어떤 협회의 회원, 어떤 국가의 국민일 수 있으나, 그가 존재하고 생각하고 행위하는 모든 것을 그가 속해 있는 집단을 위해서 포기할 수는 없다. 인간은 사원, 협회원, 국민 이상의 것이다. 토마스 아퀴나스는 "단 한 사람의 초자연적 구성원이라도 전 우주의 자연적 선보다 더 높은 서열에 있다"[13]고 말했다.

③ 인간의 사회성의 최종적인 의미는 인격의 완성에 있다. 궁극적으로 사회는 인간에게 봉사한다. 왜냐하면 사회는 인간을 위해서 있는 것이며, 인간이 사회를 위해서 있는 것이 아니기 때문이다. 그럼에도 불구하고 사회는 물론 어떤 의미에서 개인의 이익을 초월하는 자기 목적을 가지고 있다고 말할 수 있다. 그러므로 우리는 사회가 초자연적 질서, 예컨대 자연법, 인간의 존엄, 인류의 공동선을 지켜나갈 때에만 자발적으로 공익의 우선을 실천할 수 있다. 사회는 그 구성원으로 하여금 공익 실현을 하게끔 하는 권위가 필요하다. 그러면 그 권위는 어떤 것인가?

(3) 권위

사회는 그 구성원이 각자의 특수한 이익만을 추구하면서 존속할 수 없다. "하나의 공동체는 한 사람이 나서서 전체의 복지를 돌볼 때만 하나의 사회로서 존립할 수 있다"[14]고 토마스 아퀴나스는 말했다. 어떤 집단이나 공동체가 권위를 가질 때, 그 집단의 구성원은 공익을 위해서 부과된 조치를 취하고 계획적으로 그 집단의 존립을 안전하게 한다. 예컨대, 국가의 권위, 교회의 권위, 교사의 권위, 부모의 권위는 국가, 교회, 학교 및 가정의 질서와 존립을 위해 필요한 것이다. 그래서 가톨릭 교회는 제2차 바티칸 공의회에서 현대의 많은 사람들이 자유를 빙자하여 모든 종류의 복종과 권위를 부정하고 있는 것을 개탄하고, "오늘의 세계는 도덕적 질서를 따르고 합법적 권위에 순종하면서 동시에 진정한 자유를 애호하는 사람들을 요구한다"고 선언했다 (종교 자유 선언 8). 반권위주의적 교육은 오늘날, 특히 미국 등지에서 공동 생활을 제대로 할 수 없는 극렬한 개인주의자들을 배출하고 그들의 노이로제를 증가시키고 있다.

그러나 권위를 담당한 자는 이 권위의 진정한 의의를 잘못 확대 해석하고 남용하고자 하는 유혹을 받기가 쉽다. 그러므로 이 권위는 민주주의 사회에서 국회, 법원 및 여론에 의해서, 또 국민 개개인에 의해서 통제와 비판을 받아야 한다.

3. 보조성

(1) 보조성의 의미

보조성Subsidiarität, subsidiarity이라는 말은 라틴어 subsidium(보조, 조력)이라는 말에서 유래한다. 이 말은 원래 로마 시대의 군사 용어로서, 전방에서 싸우는 주력 부대에 대해서 후방에서 대기하고 있는 예비 부대를 지칭하는 말이었다. 이 말을 사회에 적용시킬 때는, 보다 큰 사회 구성체, 즉 국가가 개인이나 작은 단체를 위해서 취하는 보충적 · 응급적 조치를 의미한다.

이 보조성의 원리는 연대성과 공익성의 원리를 일단 전제하고 있다. 사회가 그 구성원인 개인을 도와야 한다는 것은 상호 결합과 의무를 강조하는 연대성의 원리의 분명한 표현이다. 교황 비오 12세는 이와 관련하여, "사회의 기능과 수행은 항상 지원하는 상태에만 있으며, 개인 · 가족 · 직업 활동을 뒷받침하고 보조하기만 하면 된다"[15]고 말했다. 그는 이 보조성의 원리에 관해서 이렇게 말하기도 했다. "인간 개개인이 자발적으로 또 자력으로 할 수 있는 것을 그에게서 박탈하여 사회 기능에 떠맡겨서는 안 되는 것처럼, 보다 작은 하위 단체가 능히 치를 수 있고 좋은 결과를 맺을 수 있는 것을 보다 큰 상위 단체에 속하는 것처럼 요구하는 것은 정의에 위배된다. 동시에 이것은 전 사회 질서를 극도로 저해하고 혼란시키는 일이다. 모든 사회 기능은 본질적으로나 개념적으로 보조적이다. 따라서 사회는 그 구성원을 지원해 주어야 하나, 그 구성원을 파괴하거나 흡수해서는 안 된다. 보조성의 원리가 잘 시행되고, 여러 가지 사회화의 계층 질서가 보다 훌륭하게 준수되면 될수록 그만큼 사회의 권위와 용력이 강화되며, 그 구성원은 그만큼 국가보다 좋고, 보다 행복한 상태에 머물게 된다."[16]

(2) 보조성의 근거

보조성의 원리는 그 근거를 첫째로 인간의 자유와 존엄에 두며, 둘째로 보다 더 큰 사회 구성체와, 보람 있게 실현할 수 없는 과제와 권리를 가지고 있는 보다 작은 생활 공동체(예컨대, 가정)의 구조와 특징에 둔다.

① 개인과 소형의 생활 공동체는 대형의 사회 구성체의 부당한 간섭으로부터 보호받아야 하고, 자주의 한계를 존중받아야 한다.

② 보조성의 원리는 "위로부터 아래로의 원조"를 가리킨다. 보조성의 원리가 요구되는 경우로는, 첫째 보다 큰 상위 공동체에 의해서만 치러질 수 있는 업무가 있을 때, 둘째, 개인이나 보다 작은 하위 공동체가 그 기능을 제대로 발휘하지 못하여 상위 공동체의 도움을 받아야 할 때이다. 우츠A.F. Utz는 "보조성 원리란 상위 단체가 하위 단체의 활동을 보충, 촉진시키는 원리이며, 서로 보충 보완하는 원리로서 어느 한쪽으로 치우쳐서 권리를 행사해서는 안 된다"[17]고 말했다. 케텔러Ketteler 주교는 모든 것을 국가에만 맡길 수 없고, 개인이나 단체가 노력을 해도 안 되는 것만을 국가가 보충해 주어야 한다는 원리가 보조성 원리라고 말했다. "모든 개인은 스스로 행할 수 있는 자기 권리를 스스로 행사해도 좋다. 나에게 있어서 국가는 기계가 아니라 살

아 있는 지체를 가지고 있는 살아 있는 유기체이며, 이 유기체 안에서 각 지체는 각기 자기의 독자적 권리와 독립적인 기능을 가지고 있으며, 자기 자신의 삶을 자유롭게 형성해 나간다. 나도 이러한 지체를 개인, 가족 및 공동체(지방 자치 단체) 등이라고 생각한다. 하위에 있는 모든 지체는 자기의 영역 안에서 자유롭게 움직이고, 스스로 자유롭게 결정을 내리고 자기 자신을 다스릴 권리를 누린다. 이 유기체의 하위의 지체가 자기의 목적을 스스로 달성할 수 없거나 자기의 발전을 위협하는 위험을 스스로 제거할 수 없는 그런 경우에만 비로소 보다 높은 지체가 낮은 지체를 위해 활동하게 된다. 그러므로 가족이나 공동체가 자기들의 자연스러운 목적을 스스로 달성할 수 있을 때에는 그들의 자유로운 자치에 맡겨 두어야 한다."[18] 그러나 케텔러는 국가 권력과 개인의 자유와의 관계에 관해서 이렇게 말하기도 했다. "조직적인 국가 권력과 개인의 자유는 인간의 여러 관계들이 발전해 나가는 데 꼭 필요한 것이다. 조직적인 국가 권력 없이는 개인의 참된 자유도 없다. 왜냐하면 만일 국가 권력이 없다면 개인의 자유가 필요한 보호와 도움을 받을 수 없기 때문이다. 이와 반대로 국가 권력이 그 합법적 한계를 벗어나면, 인간 자체를 해치게 된다."[19]

이 보조성의 원리는 특히 사회 복지 정책, 지방 자치제, 대기업과 중소기업 간의 질서 등의 근간이 되고 있다.

III. 사회 규범

앞에서 살펴본 것처럼, 인간은 본질적으로 사회적 존재로서 연대성과 공익성과 보조성을 준수하면서 살 수밖에 없다. 그렇다면 우리는 인간의 사회 생활의 기초가 되고 있는 사회 규범을 생각해 보지 않을 수 없다. 우리는 이 사회 규범을 편의상 자연법自然法과 사회 정의의 문제로 나누어 생각해 보자.

1. 자연법

어떤 사람이 사람으로서의 도리를 지키지 않는다거나 자기의 이익만을 고집할 때, 우리나라 사람들은 곧잘 "그런 법이 어디 있느냐"고 반문한다. 이때 여기서 말하는 법은 인간으로서 마땅히 지켜야 할 양심법良心法 같은 자연법을 대체로 가리킨다. 그러면 자연법은 무엇인가?

자연법은 한 시대의 역사적 성질이나 상황에 의존하는 실정법과는 달리, 인간의 본질에 의하여 규정되는 것으로 절대로 상실해서는 안 되는 것이다. 예컨대, 생명·신체의 불가침해, 양심의 자유에 대한 자연적 권리를 인간은 본래부터 가지고 있다. 이러한 권리는 1948년 12월 10일 유엔에서 선포한 "인권 선언"에 잘 나타나 있다. 즉 "모든 사람은 인간의 생명, 자유, 안전에 대한 권리를 가지고 있다. … 누구나 어디서든지 법률상의 인격으로서 인정받을 청구권을 가진다." 그러나 역사적으로 볼 때 독일의 국가사회주의나 공산 독재 국가들이 실정법을 빙자, 인권 모독을 얼마나 극심하게 했는가를 우리는 알고 있다. 그러므로 자연법에서 나오는 인권 옹호야 말로 사회 윤리의 근본 과제에 속하는 것이다.

(1) 자연법의 특징

① 보편 타당성: 자연법은 모든 사람을 똑같은 입장에서 보기 때문

에 모든 사람에게 자연법을 지킬 의무를 지운다.

② 항구 불변성: 실정법은 그때그때마다의 상황에 의존하므로 변화하지 않을 수 없으며 경우에 따라서는 폐지될 수도 있지만, 자연법은 인간 본질의 항존성에 근거하므로 항구 불변이다. 자연법의 항구 불변성은 인간의 유한성과 역사성과 모순되지 않는다. 왜냐하면 자연법은 초시간적으로 타당한 형이상학적 인간 본질에 근거하고 있기 때문이다. 역사적 변화의 지배를 받는 것은 인간 본질이 아니라, 역사 속에 살고 있는 유한한 개인일 뿐이다.

③ 인식 가능성: 인간이 자연법을 인식할 수 있는 것은 근원적으로 또 직접적으로 가족 공동체가 사회의 근본임을 이해할 수 있을 때 아주 용이하다.[20] 다시 말해서 자연법의 근본 원리는 먼저 형식적으로 이해되고 나서 내용적으로 결정되는 것이 아니라, 자연법의 본질이 제시되고 있는 사랑의 공동체인 가정에서, 어릴 때부터 구체적으로 체험되고 습득되는 것이다. 역사적으로 볼 때, 사람들이 자연법의 원리를 잘못 해석한 것이 많으며, 자연법을 그때그때의 상황에 적용시킬 때 오해될 가능성이 없지 않다. 자연법을 바르게 해석한다는 것은 토마스 아퀴나스의 말처럼, "현명한 사람들의 과제"[21]이다. 하느님이 인간의 마음속에 새겨준 법을 세밀하게 해독하는 것은 매우 어렵고 오류에 빠지기 쉬운 모험적인 것이다. 자연법에 대한 무지와 오해의 가장 깊은 원인은 인간 정신의 유한성에 있다.[22]

자연법의 예를 들어보자. 왜 부모를 섬기고 공경하여야 하느냐고 묻는다면, 우리는 이 명제를 증명할 수 없다. 셸러가 말한 것처럼, 그 명제는 명증적이라고 말할 수 있을 뿐이다. 그리고 인간은 본질적으로 자기의 부모를 사랑하고 공경하도록 되어 있다고 대답할 수밖에 없다.

효도는 자연법이다. 그것은 양심의 부름에 응하는 것이며, 하나의 명령이다. 자연법은 사회 윤리의 뿌리이다.

2. 사회 정의

인간은 누구나 정당한 대우를 받기를 원한다. 다른 사람들이 자기에게 항상 공정하고 불편부당하게 대우해 주기를 바란다. 그리고 누구나 불의(부정의)를 당할 때 괴로워하고 불행해한다. 부당한 피해는 불행을 가져올 뿐만 아니라 사회 질서를 근본적으로 파괴해 버린다. 그래서 사람들은 정의로운 사회 속에서 살기를 원한다.

그러면 정의란 무엇인가? 사람들은 흔히 정의는 상대적이고 아무도 정의가 무엇인지를 확언할 수 없다고 말들을 한다. 그러나 재판관은 무엇이 정당한 형벌인가를 알아야 하며, 입법을 하는 국회의원은 무엇이 정당한 법률인가를 알고 있지 않으면 안 된다. 우리는 무엇이 정당한 정치 질서이며, 경제 질서인가를 알아야 한다. 우리가 정의의 원칙에 대하여 아무것도 모른다면, 우리는 올바른 사회 질서를 이룩할 수 없다.

우리는 정의를 세 개의 사회 기본 관계, 즉 (1) 동등한 권리를 가진 자로서의 상호 관계 (2) 사회 공동체의 그 구성원에 대한 관계 (3) 공동체 구성원의 그 사회 공동체에 대한 관계로 나누어서 살펴볼 수 있다.[23]

(1) 교환 정의

교환 정의justitia commutativa는 정치, 경제, 법 질서에서 중요한 의의를 갖는다. 가령 어떤 물품에 대하여 정당한 가격을 주고받아야 하는 구매자와 원매자 간의 가격 정의, 적절한 임금과 이에 따르는 의무 수행을 정하는 노동 조건에 있어서의 거래 정의 등은 대표적인 교환 정의이다. 이밖에도 타인에게 물질적으로나 정신적으로 손상을 입혔을 경우에도 배상 의무가 따르게 되며, 이 경우 교환 정의가 중요한 조정자 역할을 한다.

(2) 분배 정의

사회 공동체가 그 구성원에 대한 관계를 바로잡는 것이 바로 분배 정의justitia distributiva이다. 분배 정의의 목적은 사회 구성원 개인으로 하여금 정당한 분배를 통해 사회 공동체의 공익에 참여하게 함으로써 그 구성원들로 하여금 정신적·도덕적 계발을 도모하는 데 있다. 분배 정의는 교환 정의에서처럼 산술적인 평등과 균형을 문제삼지 아니하고, 세법稅法 등에서 볼 수 있는 기하학적 균형을 문제삼는다. 가령 사회 구성체 안에서 권력을 행사하는 자에게 의무를 부과할 때 그 구성원들이 이에 대하여 만족하고 수긍한다면, 이 경우 분배 정의가 제대로 이루어진 것이다. 예컨대, 증수회贈收賄나 억압 등으로 어떤 특정인이나 특정 단체가 특혜를 받는다면, 이것은 교환 정의는 물론이며 분배 정의도 파괴하는 것이다.

(3) 법적 정의

이것은 법률적인 정의로서 그 중요한 목적은 공동을 위한 질서 확립을 도모하는 데 있다. 분배 정의가 개개인이 자기에게 주어진 환경과 조건에서 자기의 위치에 알맞는 공익의 분배를 목적으로 한다면,

이 법적 정의justitia legalis는 공동선을 지향하되, 주로 입법자와 위정자가 정당한 입법과 행정에 의해서 그들에게 부과된 의무를 수행하고, 시민으로 하여금 법에 순종하도록 강제하며, 심지어 공동선의 현현顯現을 위해서는 개인의 희생을 요구한다. 법적 정의는 사회 정의로서 적절한 역할을 다 할 수 있을 것이다. 에밀 브루너Emil Brunner는 정의의 실천을 가정 질서로부터 비롯해서, 경제 질서, 국가 질서(정치 질서), 종내에는 국제 질서(국가간의 질서)에로까지 발전시켜야 한다고 주장했다.[24] 참된 평화와 사회 질서는 온 세상이 정의로운 사회가 될 때 비로소 이루어질 수 있을 것이다.

아무튼 우리는 공동 운명 속에서 살고 있다. 그 어느 시대보다도 더욱 불의가 횡행하고 있는 이 시대에 정의 구현은 모름지기 우리에게 참으로 중대한 과업이 아닐 수 없다.

3. 사회 정의와 사랑

법과 정의는 우리에게 무엇인가 딱딱하고 차가운 것으로 느껴진다. 따라서 정의와 법은 아무리 충실하게 잘 지켜진다 할지라도, 소극적으로 사회의 불화와 분쟁의 요소를 제거해 줄 뿐이며, 사회 구성원들의 마음을 내적으로 적극적으로 결합시켜 주지는 못한다. 사회의 평화와 인간의 협동은 공리적인 것만으로는 불충분하며 인간의 내적 신념의 결합을 전제한다. 이 내적 신념의 결합은 사랑으로부터 생겨난다.

정의와 사랑은 서로 배척하는 것이 아니다. 오히려 이 둘이 서로 결합할 때 비로소 인간 사회의 존속과 발전이 보장된다. 이 둘은 서로 보익補益하며 협력하고 인간의 삶을 서로 강화시키며, 서로 의지하며, 평화를 향해 가는 길에서 제휴한다.

한 가정의 평화와 질서는 그 가정 구성원간의 사랑, 즉 부부애, 부모와 자녀간의 사랑, 형제 자매간의 사랑이 밑받침되어야 하는 것처럼, 공동선을 향한 사회애社會愛는 사익에 대한 공익의 우선을 기꺼이 인정하고 사회를 위해 헌신·봉사할 수 있게 해주는 원동력이 된다. 사회애는 정의의 냉정성과 엄격성을 지양하며, 사회 정의의 구현을 용이하게 해준다. 그러므로 "오늘의 정의는 어제의 사랑이며, 오늘의 사랑은 내일의 정의이다."[25]

주

1) 본 논문은 "사회·문화윤리"라는 제목으로 한국국민윤리학회 편,『국민윤리학개론』(서울: 형설출판사, 1987), pp.267-285에 실린 글임을 밝힌다.

2) Arno Anzenbacher, *Einführung in die Philosophie* (Wien, Freiburg Basel, 1982), S.281f; Oswald v. Nell-Breuning, *Sozialethik*, in W. Brugger, *Philosophisches Wörterbuch*, Freiburg,1973, SS.296-297; Gilbert Cormann u.a., *Menschenwürdige Gesellschaft*, Köln, 1963, S.26ff; Peter Müller-Schmid, *Der rationale Weg zur politischen Ethik*, Stuttgart, 1972, S.81ff; Gibson Winter, *Religion, Ethics and Society*, in: M.E. Marty(ed.), *Social Ethics* (New York: Harper & Row, 1963), pp.3-12.

3) D. Heinz-Dietrich Wendland, *Einführung in die Sozialethik*, Berlin, 1963, S.5; John C. Bennet, *The Theology of the Responsible Society: An Christian Ethics in a Changing World* (New York: Association Press, 1963), pp.135-152 참고.

4) D.H. Wendland, 앞의 책, S.6.

5) Reinhold Niebuhr, *Moral Man and Immoral Society* (New York: Charles Scribner's Sons, 1932), 서문xi-xxv 참고. 이 밖에 P.F. Straarson, "Social

Morality and Individual Ideal," in *The Journal of Philosophy*, Vol.36, No.1, 1961 ; Hans W. Gottinger(ed.), *Decision Theory and Social Ethics* (Dordrecht: D. Reidel Publishing Co., 1976) ; R.S. Downie, *Roles and Values: An Introduction to Social Ethics* (London: Methuen, 1971) ; Ernst Wolf, *Sozialethik*, Göttingen, 1975; Johannes Messner, *Das Naturrecht. Handbuch der Gesellschaftsethik, Staatsethik und Wirtschaftsethik*, Innsbruck, 1950 ; 같은 사람의 영어판, *Social Ethics* (New York & London: Herder, 1949); A.F. Utz, *Sozialethik*, Heidelberg, 1958 ; 같은 사람, *Ethik und Politik*, Stuttgart, 1970 ; Joseph Höffner, *Christliche Gesellschaftslehre*, Köln, 1975 ; W. Weber und A. Rauscher(hg.), *Die Handlung Zur Sozialethik*, Paderborn (1969년 이후 매년 1권씩 나오고 있다) 등을 참고.

6) Joseph Höffner, *Christliche Gesellschaftslehre* (Köln: Butzon u. Bercker, 1975), 서문 참고.

7) Martin Buber, *Das Problem des Menschen*, München, 1954, S.165.

8) Gustav Gundlach, *Solidarismus*, Staatslexikon, 1931, S.1614.

9) Max Scheler, *Wesen und Formen der Sympathie*, Berlin, 1923, S.265.

10) *Entscheidungen des Bundesverfassungsgerichts*, 4. 120.

11) Thomas Aquinas, *Summa Theologia*, II. 81.1.

12) 같은 책, I. 60, 5.

13) 같은 책, II. 113, 9.

14) 같은 책, I. 96, 4.

15) 1947. 7. 18 담화문

16) 비오 12세 회칙, 「노동헌장 40주년」, pp.79-80.

17) A.F. Utz, *Das Subsidiaritätsprinzip*, Heidelberg, 1953, S.7.

18) Ketteler, *Kettelers Schriften I*, 1848, I, S.403.

19) 같은 책, II. S.21 및 162 참고.

20) Johannes Messner, *Social Ethics* (London & New York: Herder, 1949), p.289f.

21) Thomas Aquinas, 앞의 책, II, 100, 1.

22) Jakob David, *Das Naturrecht in Krise und Läuterung*, Köln, 1967, S.65ff;
A. Utz(Hg.), *Ethik und Politik*, Heidelberg, 1972.

23) J. Höffner, *Christliche Gesellschaftslehre*, Köln, 1975, SS.74-77.

24) Emil Brunner, *Gerechtigkeit, Zürich*, 1943, S.174.

25) M. Gillet, "Justice et Charité," in *Semaine Sociale de France*, 1928, p.132.

제6장

사회 윤리의 토대로서의 자연법[1]

I. 자연법의 개념

자연법은 일반적으로 사람이 필요해서 만든 성문법, 즉 인정법人定法과 실정법實定法을 초월한 영구 불변한 법으로서 태초부터 인류에게 주어져 있는 불문법으로 정의되기도 한다. 그러나 자연법의 개념 정의는 신학(종교), 철학, 법학에서 이론적으로 다양하게 논의되어 왔다.

독일의 법 철학자 에릭 볼프Erik Wolf는 그의 저서『자연법론의 문제 *Das Problem der Naturrechtlehre*』에서 자연이라는 말이 가지고 있는 의미가 12가지, 법Rechte이라는 말이 가지고 있는 의미가 10가지나 되며 이것들을 조합하면 수많은 자연법의 개념이 성립된다고 설명하였다. 그러나 자연법의 개념은 다의적이지만 그 기능은 일의적이며, 자연법은 항상 비판적으로 실정법의 불완전성을 깨우쳐주는 등에 gadfly의 역할을 한다고 기술했다.

자연법이라는 말은 신학 및 철학에서는 자연적, 즉 비인위적 또는 본성적인 도덕법을 가리킨다: 라틴어로는 lex naturalis, 불어로는 loi naturelle, 독일어로는 Naturrecht로 표기된다. 법학에서는 인정법 내지 실정법을 초월한 자연적인 법을 가리킨다: 라틴어로는 jus naturale, 불어로는 droit naturel, 독일어로는 Naturrechi로 표기된다. 영어에서는 신학, 윤리학, 법학의 구별 없이 다 같이 natural law라고 표기된다. 우리말에서 자연법은 자연, 즉 하늘이 주는 무위無爲의 법, 천도天道를 가리킨다고 말할 수 있다. 그러나 동양에서는 자연법과 자연 법칙이 구별없이 사용되어 왔다.

II. 신학에서의 자연법

특히 가톨릭 신학에서 자연법은 매우 중요한 역할을 해왔다. 윤리 신학자들은 대체로 다음과 같은 근거에서 자연법의 존재를 밝히고 있다.

1. 성서적 근거

구약성서의 모세 5경을 필두로 예언자들에 의해 사람들에게 선포된 신정법神定法 또는 영원법永遠法의 내용이 곧 자연법이라고 할 수 있다. 예컨대 십계명은 자연법의 주축이다. 그러나 신약성서에서 그리스도의 말씀이 수록된 복음서에는 자연법이라는 낱말은 직접 언급되고 있지 않다. 그러나 예수님은 내가 율법을 없애려 온 것이 아니라 완성하러 왔다(마태복음 5장 17절)고 말씀하셨다. 사도 바울로는 로마서 1장 8절-32절, 2장 14절-15절에서 마음에 쓰여진 법을 말하고 있다. 그는 여기서 계시된 법을 가지고 있지 않는 자는 자연의 법을 알 수 없다고 가르치고 있다.

2. 교회 전승과 교회 문헌의 근거

교부들은 자연법은 마음에 내재하는 것, 타고나는 것, 마음에 쓰여진 것이라고 가르쳤다. 성 아우구스티누스, 성 토마스 아퀴나스, 스콜라 철학자들은 자연법의 중요성에 대해 언급했다. 교회 문헌과 회칙에서는 자연법에 대한 언급이 많이 실려있다. 특히 교황 비오 12세는 도덕에 관한 가톨릭의 가르침에서 자연법의 중요성을 상기시켰다. 교황 요한 23세의 회칙, 「어머니와 스승Mater et Magistra」 30항, 111항에서 사유 재산권이 자연법의 요구에 부합한다고 하였다. 회칙 「지상의 평화Pacem in Terris」 28항에서 자연법은 인간의 주체이며 이 자연법에서 인간의 권리와 의무가 유래한다고 쓰여져 있다. 또 동회칙 30항에서 인간의 기본 권리는 자연법으로부터 효력을 갖는다는 지침을 이끌어낸다. 동회칙 81항에서 "각국의 대표자들은 자연법을 침범할 수 없다," 동회칙 157항에서는 자연법의 각도에서 본 협력을 강조하고 있다.

제2차 바티칸 공의회는 양심의 보편적 증거를 통하여 자연법의 존재와 구속력에 대한 확신을 표명하고 있다. 공의회는 "자연법과 그 보편적 원리들이 지니고 있는 불변적 구속력을 상기시키려 한다. 인류의 양심 자체가 이런 원리들을 강력히 주장한다"(사목헌장 79). 교회는 그리스도의 복음뿐 아니라 "인간 본성 자체에 기인한 윤리 질서의 원리"(종교자유 14), 즉 "자연법"(사목헌장 89)도 가르칠 임무를 지니고 있다. 자연 도덕률은 하느님의 의지에 의한 질서이기 때문에 그것을 가르치는 것은 교회의 권리요, 임무이다.

III. 법학에서의 자연법: 자연법과 실정법의 관계

실정법이라는 말은 원래 자연법에 대칭되는 말로 사용되어 왔다. 실정법은 국가의 입법권과 사법권의 권한에 의해 제정된 법률·명령·조례뿐만 아니라 법관이 재판 규범으로 삼게 된 관습법도 이에 포함된다. 이러한 규범은 국가법이라고도 한다. 국가의 기본법인 헌법을 비롯하여 교통 규칙에 이르기까지 모든 정치·행정에 필요한 규범을 총칭한다.

국가법은 국가 존립의 목적을 수행하기 위한 구체적이고 현실적인 기술記述이기 때문에 인간의 합목적성과 충돌이 생길 수 있고 때로는 상황 논리로 궤변을 일삼을 수도 있다. 가령 긴급한 상황을 효율적으로 극복하고 질서를 유지하기 위하여 잠정적이고 예외적인 수단의 불가피성을 내세워 도덕적인 자연법에 역행할 수도 있다. 그래서 실정법과 자연법은 서로 대립되는 것으로 간주되어 오기도 했다. 그러나 현실에서 자연법의 이념과 근본 정신을 구체적으로 구현하기 위해서도 실정법을 필요로 하기 때문에 반드시 자연법과 실정법이 서로 대립되어야 하는 성질을 가지고 있는 것은 아니다.

실정법이 주도면밀하게 규정되어 있다고 하더라도, 법의 속성상 변화하는 사회 속에서 그 변천을 앞질러 규정하지 못하고 뒤따라갈 수밖에 없다. 그러므로 실정법의 부족을 메워 주는 것이 자연법이다. 그 전형적인 실례를 우리는 제2차 세계대전 후에 뉘른베르크와 동경에서 있었던 전범 재판에서 찾아볼 수 있다. 뉘른베르크에서 전범 재판이 개정되었는데, 범법자를 처단할 재판 규범이 마련되어 있지 않았다. 그래서 당시의 재판관은 전범자에게 자연법인 인도人道의 법칙과 공공 양심公共良心의 요구에 크게 배치된 범죄를 저질렀기 때문에 처벌한다고 재판했다. 이처럼 자연법은 이념에 충실함으로써 그 정당성을 찾게 된다.

인정법인 실정법이 과연 정당한 것인가의 여부에 대한 의문에서 실정법 그 자체는 올바른 기준이 될 수 없다. 따라서 어떤 법의 정당성 여부에 관한 평가는 실정법을 초월한 어떤 영원한 질서, 즉 절대적인 도덕적 가치의 기준이 되는 도덕적 자연법에 의거하지 않을 수 없다. 그러므로 정당한 실정법은 초시공간적인 영구 불변하고 보편 타당한 자연법과 대립되지 않는다.

그러나 19세기에 들어와서 실증주의와 자연과학의 발호로 말미암아 학문 일반이 일체의 형이상학을 배척하고 경험적인 것과 현실적인 것에만 한정하려는 경향이 법학에도 영향을 미쳐, 켈젠Hans Kelsen 등의 법 실증주의자들은 시간과 장소에 따라 상대적으로 달라지는 정의의 요구에 대해 자연법의 절대성과 보편성이 시대에 따라 대응하기 어려움을 비판하고 나섰다. 그들은 초국가적인 보편 타당한 자연법을 거부하였고, 그들의 이론은 인간의 기본권을 무시하는 제국주의 국가들의 국가 권력이 인간의 기본권을 합법적으로 제한하는 데 이용되었다. 그래서 법 실증주의도 자본주의 사회의 자기 모순에 부딪힘으로써 비판을 받게 되었고, 특히 나치즘, 파시즘, 식민주의 등의 비극을 경험한 후 새로운 자연법 운동이 대두했다. 오늘날 법학자들은 자연법에 의거하여 자본주의 사회의 병폐를 수정하려고 하며, 한편으로 법의 역사성과 상대성을 인정하면서, 다른 한편으론 법이 응당 갖추어야 할 보편적 원리를 찾아내려고 노력하고 있다. 자연법과 실정법은 대립적인 것이 아니라 상호 보완적인 것으로 파악될 수 있으며 자연법은 실정법에 대한 평가 기준이 된다.

Ⅳ. 철학에서의 자연법

1. 마리탱에 의한 자연법

(1) 자연법 개관

마리탱J. Maritain에 의하면 자연법은 일종의 도덕론이며 인류에게 가장 오래 전부터 알려져 온 도덕 철학의 전통의 일부분이기도 하며, 성문화되지 않았으나 사람이면 누구든지 알 수 있고 존중해야 하는 보편적인 법, 다시 말해서 인간 행위의 기준이 되고 모름지기 행위의 기준으로 삼아야 하는 법이다.

마리탱은 그의 자연법의 해설은 토미즘적이라, 다시 말해서 그의 자연법은 성 토마스의 자연법론에 대한 해설이라고 스스로 말하곤 했다. 그는 자주 성 토마스의 견해를 명시적明示的으로 인용했고, 성 토마스의 도덕 철학에 도전하는 회의론자, 상대주의자, 주관주의자들에 대항해서 토마스를 옹호하려고 했다. 그럼에도 불구하고 마리탱은 무비판적으로 성 토마스를 따른 것은 아니었다. 예컨대 그가 말하는 자연법의 인식론적 측면의 분석은 성 토마스의 견해에 뿌리를 두고 있으되, 그의 이론을 확대해서 발전시켜 나갔다. 마리탱의 자연법 이론은 토마스적이긴 하나 그 자신의 초기 사상에 영향을 미친 베르그송의 흔적도 보여준다.

마리탱이 자연법에 대해서 말할 때, 그가 말하는 법이란 무엇을 의미하는가를 이해하는 것이 매우 중요하다. 그가 말하는 법이란, 자연 과학자들이 물리적 자연만이 전부인 것처럼 오해하고 물리적 자연을 지배하고 있는 법칙을 법으로 간주하는 방식의 그러한 법을 의미하지 않으며, 또한 사회과학자들이 "인간 행위의 법"이라고 말하는 방식의 법도 아니다. 요컨대 마리탱이 서술하는 자연법은 그러한 종류의 법으로부터 이끌어내거나 유추하는 법칙이 아니다. 자연과학자들과 사회과학자들이 논하는 법칙이란 관찰된 특수하고 개별적인 것들을 근거로 일반화한 것이라고 간주하는 것이 더 좋은 표현이라 할 것이다. 그러나 이러한 법칙들도 때로는 유용하기도 하고 예견할 수 있는 능력도 가지고 있지만, 어떻게 실체들이 미래에서 활동하여야 하는가를 우리에게 말해 줄 수는 없다는 것이다.

마리탱에게 있어서 법은 성 토마스가 말한 것처럼 공동체를 보살피는 사람에 의해 만들어진 공동선을 위한 일종의 이성의 명령ordinatio이다. 마리탱은 도덕법이 본성적이며 자연스럽다고 하는데, 여기서 "본성적" 또는 "자연스럽다"라는 말은 두 가지 의미를 지니고 있다. 그 하나는 도덕법이 인간의 본성nature에 관계한다는 의미에서 본성적이라는 것이다. 왜냐하면 그것은 인간적인 것(사람다움)을 반영하고 따라서 모든 인간 존재에게 공통적인 것을 반영하기 때문이다. 모든 인간은 같은 본성을 나누어 가지고 있기 때문에 자연법은 존재론적 성격을 가지고 있다. 그에 의하면 자연법은 인간 본성 안에 내재immanent해 있으며 인간 본성을 반영하지만 그렇다고 인간의 본성으로부터 직접적으로 연역될 수 없다는 점을 강조한다.

마리탱은 자연법은 자연스럽게 알려지기 때문에 자연스럽다고 말했다. 다시 말해서 자연법은 인식론에 비추어볼 때 자연스럽다는 것이다. 자연법의 가장 기본적인 원리는 이성적인 추리에 의해서 알려지는 것이 아니라 보다 직접적인 방식으로, 본성적으로 성향inclinatio에 의해서 알려진다. 그래서 자연법은 의심할 나위도 없고 전혀 오류가 있을 수 없다는 것이다. 여기서 그가 말하는 것을 체용體用 사상을 빌려 말하면 본체론적으로 그렇다는 것이다. 그러나 자연법이 오늘날 우리가 말하는 양심이라든가 타고난 것이라는 의미에서 말하는 것과 꼭같은 것은 아니라고 한다. 중요한 것은 자연법의 기본 원리들이 이성을 통해서 알려지는 것은 아니지만 "이치에 맞는다reasonable"는 것이다. 어떤 사람의 자연법의 지식을 자연법의 존재론적 기반과 구별하는 것은 매우 중요하다. 왜냐하면 이 구별은 설사 어떤 사람들이 자연법을 모른다고 할지라도, 또 자연법에 대한 깨달음이 아주 점진적일지라도 인격의 본성을 반영하는 도덕법인 자연법이 있을 수 있다는 것을 우리에게 상기시켜주기 때문이다. 그리고 이 사실은 도덕 원칙을 배우고 또 도덕적으로 성숙하는 데 있어서 역사와 문화의 역할이 얼마나 중요한 것인가를 상기시켜 준다. 왜냐하면 우리의 성향과 도덕적 교훈은 대체로 연륜이 지나가야만 깨달을 수 있기 때문이다. 자연법 자체는 변화하거나 발전하지 못하지만 자연법에 대한 인식은 점진적이다. 그러므로 자연법을 논하면서 자연법과 자연권을 동의어로 사용하는 경우가 흔히 있는데, 이러한 혼용에 대해서 우리는 유념해야 할 것이다. 아무튼 마리탱은 이러한 혼란을 피하려고 했다. 그에 의하면 자연권은 자연법에 비추어서 본, 한 개인이나 한 집단에 의해 요청된 도덕적 힘이다. 그는 자연법과 자연권의 명백한 연결을 도덕 철학이 제공한다고 했다. 현대의 많은 저술가들이 도덕 철학 또는 인간 본성을 기반으로 하지 않고서도 정치 철학의 성립이 가능한 것처럼 말하는 것에 대해 마리탱은 논박했다.

우리는 문화와 이데올로기와 종교의 차이에도 불구하고 제2차 세계대전 후 1948년 UN 인권 선언에 담긴 일련의 권리들을 조인할 수 있었다. 이 권리들은 권위적이거나 합법적이지는 않았지만 합의의 산물이었다고 마리탱은 덧붙였다. 그는 이 권리들에는 하나의 기초가 있을 수밖에 없는데 그것은 바로 자연법이라고 말했다. 인권은 자연법과 연결되어 있기 때문에 그리고 자연법의 "자연스러움"에 대한 이해가

가능했기 때문에 그는 개인적 권리의 주창자들의 비판을 방어할 수 있었다.[2]

(2) 자연법의 존재론적 요소와 인식론적 요소

마리탱은 자연법의 자연스러움naturaliness을 존재론적 측면과 인식론적 측면에서 밝혀보려고 했다. 자연법은 존재론적으로는 인간의 본성에 내재해 있으며 또한 인간의 본성은 목적론적인 차원을 가지고 있기 때문에 인간은 인간 존재의 기능이 정상인 상태에서 우리가 무엇을 해야만 하는가를 알 수 있다. 인식론적으로 도덕적 지식은 타고난 것은 아니지만, 우리는 자기 인식과 삶의 체험을 통해서 자연법의 기본 원리에 대한 지식을 얻을 수 있다. 이때 도덕적 지식은 시간과 사회적 세계 속에서 발생하지만, 그렇다고 해서 이 도덕적 지식이 역사적 우연에 환원된다거나 단지 사회적 관습에 불과한 것은 아니다.

우리가 자연법을 보다 더 깊이 이해하려고 한다면 우리는 일단 두 가지 요소, 즉 존재론적 요소와 인식론적 요소를 구별해서 살펴보아야 할 것이다.

① 자연법에서의 존재론적 요소

마리탱에 의하면, 인간에게는 본성이 주어져 있으며, 이 인간 본성은 모든 인간에게서 동일하다는 것이 당연시된다. 또한 인간은 지성이 주어진 존재이며, 자신이 추구하는 목적을 스스로 결정할 능력을 가지고 있는 존재이다. 그러나 인간은 지성이 주어져 있고 그 자신의 목적들을 스스로 결정하기 때문에, 자신의 본성에 의해 필연적으로 결정되는 목적들에 자신을 맞추는 일은 인간 자신에게 알려져 있다. 따라서 이것은 인간 이성이 인간의 본질적인 목적들과 조화를 이루기 위해 인간의 자유 의지가 따라 행해야 할 성향이 있다는 것을 의미한다.

요컨대 자연법은 존재론적 요소를 갖고 있다. 이 존재론적 요소란 존재의 본질에 바탕을 둔 본래 목적의 보편성을 의미한다. 자연법은 일반적으로 현존하는 존재가 실현해야 할 가장 이상적인 형식을 말한다. 자연법은 인간 본성에 근거를 두고 있는 이상적인 질서를 말한다.

마리탱에 의한 자연법은 한편으론 존재론적이고, 다른 한편으론 이상적이다. 다시 말해서 자연법은 인간의 본질에 바탕을 두고 있다는 점에서 이상적이고, 인간의 본질은 존재론적 실체이고 모든 인간 존재에 있다는 점에서 존재론적이다. 그러므로 자연법은 이상적인 질서로서 모든 살아있는 인간 존재에 내재한다. 자연법은 존재론적 요소를 가지고 있다는 점에서 본성적(자연적)인 도덕적 규범들과 일관성을 가진다. 우리가 인간의 권리, 의무, 덕에 관해서 말할 때 이것들은 본래 목적의 보편성을 드러낸다.

② 자연법에서의 인식론적 요소

마리탱은 인식론epistemology을, 즉 theory of knowledge와 gnose-ology를 구별해서 사용한다. 그가 말하는 인식론은 합리론적 인식론, 즉 영미의 경험론이나 독불의 이성주의자와는 구별된다. 그의 인식론은 베르그송의 생철학의 영향을 받은 것으로 보인다.

그의 인식론적 요소는 사변적인 면, 즉 이론적 이성보다는 인간의 행위의 척도가 되는 실천 이성과 관련된다. 그는 "자연법은 인간에 의해 쓰여진 법이 아니다… 자연법은 지성적으로 인지된 자명한 원리로서, 자연적(본성적)으로 모든 인간이 공통적으로 가지는 유일한 실천적 지식(앎)은 우리가 선을 행하고 악을 피해야 한다는 것이다. 이것은 자연법의 제일 원리이다. 그것은 법 자체는 아니다. 이것은 반드시 하지 않으면 안 되거나 하지 말아야 하는 것들의 총체적인 취지이다."[3]

자연법은 불문법이라는 바로 그 사실에 의해 자연법에 대한 인간의 지식은 인간의 도덕적 양심이 발달함에 따라 조금씩 증가해 왔다. 인간의 도덕적 양심은 처음에는 어스름한 상태에 있었다. 인류학자들은 부족적 삶의 어떤 구조 내에서 그리고 어떤 마술 가운데서 자연법에 대한 지식이 자각되었는지 그리고 그것이 초기에 어떻게 형성되었는지를 우리에게 가르쳐주었다. 이것은 불문법에 대해 인간이 가진 지식이 철학자나 신학자들이 믿은 것보다 더 다양한 형태와 단계를 거쳐왔다는 것을 보여줄 뿐이다. 동시에 우리 자신의 도덕적 양심이 이 법에 대해 가진 지식은 확실하기는 하지만 여전히 불완전하며 인간성이 존재하는 한 계속 발전하며 좀더 정교하게 될 듯하다는 점을 우리는 알게 된다. 복음서가 인간 실체의 심연에 침투하게 될 때에만 자연법은 꽃피고 완성될 것이다. 그래서 그 법과 그 법에 대한 지식은 별개의 것이다. 법은 그것이 선포될 때에만 법의 효력을 가진다. 자연법이 효력을 가지는 것은 그것이 실천 이성의 확신 속에서 알려지고 표현될 때에 한해서일 뿐이다.

인간 이성이 일련의 기하학적인 정리로서 추상적이고 이론적인 방식으로 자연법의 규제들을 발견하지는 않음을 이해하는 것이 중요하다. 더욱이 인간 이성은 합리적인 지식에 의해서 혹은 지성의 개념적인 실행을 통해서 그러한 규제들을 발견하는 것이 아니다. 여기에서 성 토마스의 가르침은 보통 이해되는 것보다 좀더 깊고 좀더 정확한 방식으로 이해되어야만 한다고 그는 생각한다. 성 토마스가 인간 이성이 인간 본성의 성향들에 안내됨으로써 자연법의 규제들을 발견한다고 말할 때 그는 인간 이성이 자연법을 알게 되는 바로 그 방식은 합리

적인 지식이 아니라 성향을 통한 지식임을 의미한다.[4]

성 토마스는 그 밖의 다른 곳에서 성향에 의한 지식이라는 이 개념을 널리 발전시켰다. 성향에 의한 지식은 개념이나 개념적 판단을 통해 얻어진 것처럼 분명한 지식의 일종은 아니다. 그것은 본능이나 동정에 의한 애매하고 비체계적이며 활력을 주는 지식이다. 이 지식 속에서 지성은 자신의 판단을 내리기 위해 주체의 내적인 학습 ― 자기 스스로 가지는 체험 ― 을 참고로 하며 주체 속에서 만들어져 있는 깊게 뿌리 박힌 성향들의 진동에 의해 형성된 멜로디에 귀를 기울인다. 이 모든 것이 하나의 판단 ― 개념에 근거한 판단이 아니라 마음이 기울어지는 성향에 대한 이성의 순응을 단지 표현하는 판단 ― 으로 이끈다.

우리는 마음의 전의식적preconscious 삶에 불가결하게 침투한 것으로서 인간의 존재에 뿌리를 둔, 그리고 인간성이 진전됨에 따라 계발되거나 드러난 진짜 성향들에 대한 선험적인 그림을 철학이 우리에게 제공해 줄 것으로 기대해서는 안 된다. 그러한 성향들은 인간 의식의 바로 그 역사에 의해 분명히 명시된다. 그러한 성향들은 진실로 태고의 사회적 공동체에서부터 시작하여 거대한 인간의 과거에서, 가장 명확하고 가장 일반적으로 인류에 의해 파악되어온 규제들을 조금씩 알게 될 때 이성을 안내해 온 것들이다. 자연법의 최초의 측면들에 대한 지식은 처음에는 개인적인 판단보다는 사회적인 패턴들에 표현되었었다. 이 지식은 내부에서부터 인간의 성향과 인간 사회의 이중적 보호 조직 내에서 발전해 왔다.[5]

그는 자연법이 불문법이라고 말했다. 그것은 그 표현의 가장 심오한 의미에서 불문법이다. 왜냐하면 그것에 대한 우리의 지식은 자유로운 개념화의 작품이 아니라 인간 속에서 작용하는 바, 존재의, 살아 있는 본성의, 그리고 이성의 본질적 성향에 속한 개념화로부터 결과하기 때문이다. 그래서 고대와 중세에는 자연법에 있어서 인간의 권리보다는 의무에 훨씬 더 많은 관심이 주어졌었다. 18세기의 적절한 성취는 인간의 권리를 또한 자연법에 의해 요구되는 것으로서 완전하게 끌어낼 수 있었다. 인간의 의무로부터 인간의 권리에로 관심이 이동했다. 진정한 그리고 포괄적인 견해는 자연법의 요구에 포함된 의무와 권리 둘 다에 관심을 가질 것이다.

자연법은 개념들에 바탕을 둔 판단이 아니라 성향들에 바탕을 둔 이성의 적합성에 따라 형성되는 판단이다. 따라서 두 번째 기본 요소인 직관 논리적 요소를 고려해 보면, 자연법이란 본성적으로 알려진, 더 정확하게 말하면, 가장 일반적이고 가장 오래된 인간성humanity의 전통을 포함하는 지식이라고 말할 수 있다. 이 자연법은 오직 인간이 성향을 통한 지식에 의해 인식해 온 윤리적 규범들의 영역에만 적용된다. 이 윤리적 규범들은 도덕적인 삶의 기본이고 근본적인 원리들이다. 자끄 마리탱은 이 두 가지 기반, 즉 하나는 자연법의 규범들을 본래 목적이 가진 보편성에 따른 것이며, 다른 하나는 선호에 따른 것이라고 보았는데, 이 두 가지 기반은 서로 상충하는 것처럼 보이지만 그 둘은 상충하지 않는다. 그에 의하면 자연법의 기본적이고 역동적인 구조들schemes은 시간과 공간을 초월한 보편적 깨달음에 있다. 자연법은 두 번째 요소로 인해, 끊임없이 발전해 가는 역동적인 법이란 것을 알 수 있다.

2. 롬멘에 의한 자연법

(1) 자연법의 특성

롬멘H. Rommen은 그의 저서『자연법의 영원한 회귀』[6]에서 다음과 같이 말한다. "자연법은 어떤 시기에도 인간의 마음으로부터 사라지지 않았다. 자연법은 법학자의 세속적 지식에 의해 일시적으로 추방되는 것으로 보여질 때에도 구원久遠의 철학에서 위안을 찾곤 했다."[7]

자연법의 기초가 형이상학에 대한 의심으로 말미암아 흔들릴 때마다 합리주의는 자연법을 불신해 왔다. 합리적 추론의 남용으로 말미암아 자연법에 대한 회의적 태도가 나타났다. 자연법은 합리주의적으로 추론된 어떤 부류에 속하는 것이 아니며, 모든 구체적인 역사적 상황에 적합하거나 즉각적으로 명료하거나 논리적으로 도출된 상세한 규율들의 집합의 코드(부호)가 아니다.

자연법은 단지 본성적인 도덕법이다. 그러나 자연법은 순수한 이상적·규제적 규범이 아니며, 또한 순수한 형식으로서 항상 변하는 내용들을 실제 상황으로부터 받아들일 수 있는 객관적인 마음도 아니다. 자연법은 오랜 연륜을 가지고 있는 아리스토텔레스적이고 토마스적인 준칙에 따르는 덕과 같은 중용 속에 놓여 있다. 성 토마스는 "도덕 과학에 관계되는 것은 대부분 경험을 통해서 알려진다"고 말했는데, 그는 규범 과학을 위해 경험의 중요성을 반복해서 강조했다. 그래서 그는 실정법과 관습법에 대한 장기간 지속되는 연구를 요청했다. 롬멘은 이를 위해 상당한 경험과 지혜가 요구되며, 이것은 모든 사람의 문제가 아니라 현명한 사람들의 문제이며 좀더 나이든 사람들의 문제라고 말했다.[8]

(2) 자연법의 기본 원리와 생명권

자명한, 증명할 수 없는 원리들로서, 두 개의 규범들만이 좁은 의미의 자연법의 내용에 속한다: "정당한 것은 행해져야 하는 것이며, 불의는 피해져야 하는 것이다." 그리고 "모든 사람에게 각기 그의 몫을 주라suum quique." 이러한 규범들은 내용 없는 형식적인 규칙들에 불과한 것이 아니다. 정의로운 것과 자기의 몫은 모든 사람에게 존재하기 때문이다. 자연(도덕)법lex naturalis에서처럼 자연법jus naturale에서도 기본적인 원리는 인간의 이성적 사회적 본성이다. 선과 마찬가지로 정의도 이성적 본성에 합당한 것이다. 그러므로 삼단논법에 의해 정의는 인간의 본성과 일치하므로 실행되어야 한다. 십계명에서 좋은 예를 볼 수 있다: "너의 부모를 공경하라," "살인하지 말라," "간음하지 말라," "훔치지 말라," "거짓 증언을 하지 말라."

그러나 이 계명들은 실제로 자명한 결론으로 나타나지 않기도 한다는 것을 우리는 알 수 있다. 예컨대 "살인하지 말라"는 계명은 확실히 어느 곳에서나 어느 때나 타당한 것으로 보이지 않는다. 자기 방어를 위해 부당한 공격자를 죽일 수도 있다. 십계명의 간단한 진술들은 윤리적 원리들의 충분하고도 적절한 근거를 마련해 주지 못한다. 살인하지 말라의 자명한 의미는 무고한 사람을 살인하지 말라는 것일 것이다. 이 원리는 언제, 어디서나 타당하다. 무고한 사람을 죽이는 것은 언제나 죄로 여겨진다. 그렇다면 어떤 원시인들이 이방인을 죽이는 부당한 행동도 이방인은 원시인들의 눈에는 적이며, 그러므로 그는 무고한 사람이 아닐 수도 있다. 여기서 우리는 안중근 의사의 이또(이등박문)의 저격, 윤봉길 의사의 히라가와白川 대장에 대한 폭탄 투척을 비교해 볼 수 있다. 이 규범은 정의로운 전쟁에서 그 중요성이 부각된다. 적이란 실존적 개념이 아니라 사법상의 개념이다. 공격 능력이나 방어 능력이 없는 병사에게는 엄밀한 의미에서 적이라는 개념이 상실된다. 부상병을 죽이는 것은 명백한 범죄이다. 왜냐하면 부상병을 죽이는 것은 바로 무고한 사람을 죽이는 것이기 때문이다. 비록 격분한 상태에서 그런 행동을 하게끔 분위기가 조성될지라도 진정한 군인은 그런 행위를 명예를 더럽히는 행위로 여길 것이다. 롬멘에 의하면 국가간의 전쟁은 국제법의 규범으로 적용할 수 있으나 내전은 국제법적으로는 전쟁이 아니므로 반드시 중단되어야 한다.

"훔치지 말라"의 계명에서 개인의 사유 재산이 인정된다. 왜냐하면 각자는 자기의 몫을 가지기 때문에 그의 몫은 지켜져야 할 것이다. 그러나 극도의 궁핍에 빠져있는 사람, 예컨대 극빈한 임산부의 경우 다른 사람의 잉여 재산을 소유주의 허락 없이도 사용할 수 있을 것이다. 이때 그 소유주는 이를 감수해야 한다. 왜냐하면 이것은 부당한 재산 침해의 문제가 되기 이전에 생명권에 관한 문제이기 때문이다. 비상 사태에서 자기 보호를 위한 응급 조치는 가능한 것이다. 생명권은 어떤 실정법의 권리보다 우선하는 자연법이기 때문이다. 다시 말해서 생명권은 국가에 앞서서 존재한다. 그 자체를 구성하는 것으로서 그 자체를 보존하는 것, 즉 그 자체에 자신을 방어할 권리가 놓여 있다. 이 자기 방어 권리는 자연법에 대한 안전한 보장과 보호뿐만 아니라 모든 생명체의 보호를 가능하게 해준다. 따라서 모든 생명체의 보호도 자연법에 의거한다고 하겠다.[9]

롬멘은 "양심에 구속되는 한 사람은 누구나 타고난 자연법의 법률가이다"는 말을 하고 나서 인간에게서 자유는 소중한 것이지만 "진정한 자유는 정의 안에서 구속되는 것"[10]이라는 말로 그의 책의 말미를 맺었다.

3. 메스너에 의한 자연법

(1) 인간의 본성과 자연법

메스너J. Messner는 인간 본성의 "완전한 현실성"을 윤리 질서의 객관적 원천으로 보고 있다. 그것은 "인간 본성의 육체적·심리적 본능에 정해져 있는 목적"들[11]과 함께 그의 경험적·현실적인 것들까지 포함한다. 인간의 생명이 존재하는 육체적·심리학적·사회적 구조뿐 아니라 인간의 일반적·개인적 특징들도 실제로 윤리 질서에 영향을 미치며 따라서 그것들 모두가 윤리 질서의 원천이 된다. 이 현실적 인간 본성의 중요한 구성 요소로서 인간의 생리적·심리적·정신적 성향과 소망 안에 정해져 있는 목적들도 포함된다. 이 목적들이 인간의 가능성들과 인간을 둘러싸고 있는 세계의 가능성들을 어떻게 사용할 것인가 하는 문제에 해답을 준다. 이 목적들은 인간 존재에서 나오고 또 그것을 결정짓는다는 이유에서 메스너는 그것들을 "실존적 목적들existential ends"이라 부른다. 실존적 목적들은 보편적이고 확증적인 인간 경험에 비추어 다음과 같은 것들을 말할 수 있다. 즉 육체적 건강과 사회적 존중을 포함한 자기 보존, 경험과 지식의 축적과 생활 조건의 향상을 포함한 자기 완성, 자녀의 출산과 교육, 자기 동료들의 정신적·물질적 복지를 위한 관심과 배려, 공익의 증진을 위한 사회 참여, 선과 가치를 위한 절대적이고 초월적인 형태의 투신, 그리고 특히 하느님 공경을 통한 그분과의 일치 등이다.[12]

요컨대 자연법에서 본성이란 인간의 모든 경험적 현상과 실존적 목적들을 포함한 인간 본성의 총체적 실재와 동시에 인간 행위와 관련되는 모든 사물들의 본성을 뜻한다.[13]

한편, 메스너는 자연법의 특성으로 보편성, 통일성, 무차별성, 불변

성을 들고 있다.[14]

V. 자연법의 실질적인 원리와 해석의 문제

1. 자연법의 전통적 개념

자연법 이론에 있어서 정확한 본성의 개념은 특별히 어려운 문제이다. 윤리 질서의 원천으로 삼고 있는 인간 본성은 정확히 어떤 것인가? 어떤 사람은 본질적이고 형이상학적인 인간 본성을 윤리 질서의 원천으로 보고 있다. 어떤 사람은 시간과 공간의 다양한 모든 조건 속에서도 언제 어디서나 동일하게 남아있는 그러한 본성을 생각한다. 따라서 이 본성에서 나오는 질서들도 역시 언제 어디서나 동일한 것이고 불변하는 것이라야 한다. 그러나 그러한 본성은 하나의 추상적 개념일 뿐, 결코 그렇게만 존재하지 않으며 본성이 그렇게 확실하게 정해질 수도 없다는 이견도 많다. 그리고 이 이견이 더 설득력 있게 보이는 것은 왜 인간 본성의 가변적 조건들은 윤리 의무의 원천이 되지 못하는지 이해할 수가 없기 때문이다. 실제로 현실에서 심각하게 문제되고 있는 윤리 문제들을 다룰 수밖에 없는 윤리 교과서들은, 예컨대 변화된 현대 사회의 수준에 적합한 교육의 의무 등 과거와는 다른 다양한 윤리 의무들을 정해 놓고 있다.

또 어떤 이들은 인간의 경험적 · 현실적 본성과 그 이상적 본질을 구별하고 있다. 인간의 현실적 본성은 육체적 · 생물학적 · 심리학적 · 사회학적 구조와 그리고 인간 생명이 존재하고 유지되는 기계론적 조직을 모두 포함하고 있다. 또 그것은 가끔, 예컨대 나태한 기질이나 가학성의 변태성욕적 기질과 같은 비틀어진 모습도 나타낸다. 만일 이러한 구체적 인간 본성을 윤리 질서의 기초로 삼는다면 그러한 기질들은 그 사람에게 나태한 생활이나 가학적 변태성욕의 충족을 윤리적으로 허락하게 될 수도 있을 것이다. 그러나 진정한 철학자나 신학자라면 아무도 그러한 결론에 동의하지 않을 것이 틀림없다. 따라서 인간의 이상적 본질 또는 본성만이 도덕률의 원천이 될 수 있다. 그것은 생물학주의, 심리학주의, 사회학주의 등의 유혹의 가능성을 피하게 된다. 그러나 어떻게 이상적 본성을 기형적 기질을 가질 수 있는 현실적 본성으로부터 구별할 수 있느냐 하는 것이 문제이다. 이에 대한 해답은 아직도 모호하다. 어떤 사람들은 이성을 자연법의 본질적이고 일차적인 요소라고 생각한다. 윤리법은 이성의 질서이다. 이성에 맞는 것은 윤리적으로 선하다. 이것은 이성이 자연법을 인식하는 데 있어서 결정적으로 본질적인 역할을 할 때 맞는 관점이다. 그러나 그것은 자연법의 구성 원리의 하나, 즉 인식의 주관적 방식일 뿐이다. 이성은 외부의 실재성과 접촉하지 않고서는 자기 내부에서부터 구체적 윤리 질서를 창출해 내지는 못한다. 이 과정에서 이성은 어떤 특정한 행동 방식이 선한지 또는 악한지를 판단해야 한다. 이것은 어떤 객관적 기준에 따라 행해진 것인가? 이런 문제에 해답을 못한다면 그것은 중대한 일이다. "그러한 이성은 인간성이나 사랑도 보장하지 못한다."[15]

결론적으로 자연법에서 본성이란 인간의 모든 경험적 현상과 실존적 목적들을 포함한 인간 본성의 총체적 실재와, 동시에 인간 행위와 관련되는 모든 사물들의 본성을 뜻한다.

2. 자연법 개념의 현대적 해석

제2차 바티칸 공의회에 의하면, 진보한 비그리스도인과 자연법의 궁극 목적에 대한 새로운 이해를 고려해 볼 때, 자연법의 전통적 정의도 수정되어야 한다는 필요성이 제기되었다. 그 정의의 말마디를 바꾸는 것은 아주 사소한 변화로 보일지 모르지만 그것만 해도 자연법 개념을 신학적으로 이해하는 데 중요한 재검토가 이루어졌다는 인상을 주게 된다.

그 새로운 정의는 다음과 같다: 자연법은 인간 행위의 법칙으로서 궁극 목적에 질서지워진 인간 본성의 총체적 실재實在에서 생겨나는 것이며, 그리스도교의 실증적 계시와는 독립된 이성의 수단에 의하여 인식되는 것이다.

여기서 인간 본성의 개념은 넓은 의미에서 보는 것이다. 그것은 이미 앞에서 설명한 대로 인간의 보편적이고 개인적인 모든 특성을 포함한 인간 존재의 총체적 실재를 뜻한다. 그 실재성은 — 전통적 자연법 이론과 구별되지만 — 그리스도의 구속 사업에 의하여 세례를 받은 사람들에게 이루어진 본성의 변화도 포함하고 있으며, 모든 사람들에게 활동하는 은총에 참여하는 것도 포함하고 있다.

궁극 목적도 단순히 자연적인 목적만을 뜻하는 것은 아니다. 그것은 인간의 구체적이고 최종적인 목적을 말하며, 그것은 공의회에서도 말했듯이 하나뿐이고 모든 사람에게 동일하며 신적인 것이다. 자연법의 인식의 주관적 수단은 이성이지만 이 이성은 완전히 은총의 도움에서 제외되는 것으로 이해해서는 안 된다. 구체적 인간에 있어서 이성의 모든 인식 작용은 어디서나 은총과 성령에 의해서 도움받고 인도된다. 다만 비그리스도인들의 경우에는 완전히 은폐된 방법으로 그런 도움과 인도를 받게 된다.[16]

3. 자연법의 보편적인 원리와 내용 해석의 한계

자연법의 가장 보편적인 원리는 "알려진 선은 행해야 하고 악은 피해야 한다"는 것이다. 이성은 이 행동 방식을 당연하게 생각한다. 그런데 인간의 필요에 적합하고 선한 것은 어떤 것인가? 여기에 대한 가장 일반적이고 기본적인 해답은 모든 사람들이 공통적으로 잘 알고 있는 다음의 원칙들이다.[17]

너의 육체적인 삶을 유지하고 증진시켜라.

사회적 공존을 유지하고 증진시켜라.

생활 신분에 따른 임무들 — 특히 부모의 임무 — 에 책임을 져라.

합법적 권위 — 특히 부모 — 에 복종하라.

네가 원하지 않는 것은 다른 사람에게도 행하지 말라(「황금률」).

모든 사람을 놓아주고 모든 사람에게 그의 것을 주어라(suum quique)

계약은 존중되어야 한다.

그 외의 다른 모든 윤리 규범들은 이차적 원칙들이다. 무지와 실수는 그 원칙들을 흐리게 하거나 왜곡한다. 그것은 어떤 민족과 문화 전체 안에서도 그럴 수 있다. 이차적 원칙들은 자연법의 근결론近結論과 원결론遠結論으로 나뉜다. 근결론은 그것을 받아들여야 할 사람들의 범위가 넓고 쉽게 동의할 수 있는 것들이다. 인권들 중에도 어떤 것들은 원결론의 범주에 들어가지만, 모든 사람의 동등한 존엄성의 원칙이나 종교 자유의 권리 등 많은 것들이 근결론에 들어간다.

원결론들은 인간 본성에 대한 더 깊은 이해를 필요로 하며, 그것들을 분별하는 데는 가끔 큰 어려움을 겪게 된다. 그것들을 정확히 파악하고 올바르게 생각할 수 있다면 그 사람은 반드시 그것들을 받아들여야 한다. 그러나 배우지 못한 사람은 모든 구체적 자료를 검토하기가 어렵기 때문에 오랜 시간이 지나도 어떤 원결론들에 대해서는 극복 불가능한 무지에 머무를 수 있다. 그러나 배운 사람들도 가끔 그럴 수 있다. 예컨대 노예 제도를 인정하거나 여성의 인권을 제한적으로 보는 사람들의 경우이다.

가톨릭 교회의 교도권은 지난 백 년 동안 여러 가지 윤리 문제들에 대해서 자연법에 근거를 두어 교회의 입장과 결정을 발표해 왔다. 그리고 자연법은 보편적 성격을 지닌다는 이유에서 이 결정들은 모든 사람의 윤리 행위를 위한 순수하고 객관적인 규범으로 이해되어 왔다. 그러나 비가톨릭인들은 이러한 윤리 문제에 대해서 거듭 다른 의견들을 보여왔다. 그들은 가톨릭 교도권이 그 윤리적 결정에 보편적 규범을 적용해야 한다는 주장을 거부했으며, 그러한 주장을 동반한 자연법에 대한 가르침과 자연법의 교리까지도 모두 거부하는 일이 많았다. 최근에 와서는 특히 의학 윤리와 부부 윤리의 문제들에 대해서 그러한 논쟁들이 급증하고 있다. 사실 가톨릭의 윤리적 가르침도 모든 자연법의 원원칙遠原則들을 언제나 완전하게 제시하지는 못하고 있다. 어떤 것들은 아주 정확한 결론에 도달하기까지 오랜 동안의 연구와 발전이 필요하다. 가톨릭의 종교 자유에 관한 교리는 제2차 바티칸 공의회에 와서야 완숙에 도달했고, 부부애에 관한 가르침도 진일보를 보이고 있다. 부부애에 관한 최근의 변화는 공의회에 의하여 결혼의 목적성이 새롭게 평가된 점이다.

가톨릭 윤리학도 모든 윤리적 가르침에 있어서 언제나 완전한 해석을 제시하지는 못한다는 사실을 고려할 때 교회와 윤리 신학에 대한 신자들의 믿음이 흔들리지 않을까 하는 의문이 생긴다. 그러나 교회와 윤리 신학 전체를 완전히 의심하는 것은 확실한 잘못이며 부당한 반항이다. 모든 학문에는 부족함이 있기 마련이다.

윤리 신학이나 윤리학, 그리고 법 철학도 언제나 완전한 해결을 제시하지는 못한다. 그러나 우리는 전문적인 학자들이 공통적으로 인정하는 학설들을 호의적으로 받아들여야 한다. 능력 있는 권위자 또는 관할권자의 결정을 받아들이는 것은 최소한의 모험을 내포하고는 있지만 그것은 우리의 행동을 위한 가장 지혜로운 방법이다.

인간의 존재 조건들은 많이 변화되었고 계속해서 더욱 신속히 변화될 것이다. "인간에게 일어나는 변화에는 두 가지 방향이 있는데, 그 하나는 내적·지적·정신적인 변화로서 거기에서 어떤 사상과 이상이 새롭게 창조되고 계획되며, 다른 하나는 기술과 기계에 의한 물리적 변화로서 그것에 의하여 인간은 자기의 활동을 새롭게 수행해 간다. 이 두 가지 변화가 아주 밀접한 관계를 맺고 있다는 것은 분명한 사실이다."[18] 이러한 형태의 변화들도 가끔 자연법의 요구를 새롭게 조정하도록 만든다.

자연법의 실질적 내용은 고정된 것이 아니고 역동적인 특성을 지니고 있다. 왜냐하면 자연법의 실질적 내용의 성문화는 인간이 만든 것이기 때문이다. 그것은 실정법에서처럼 인간의 언어와 통찰력의 불완전성에 의거한 것이다.

최근에 개신교에서도 자연법에 대하여 새로운 관심을 가지게 되었다. 개신교에서 자연법론은 오랫동안 외면되어 왔다. 그 이유는 자연법에 대한 성서적 근거가 부족하며, 인간의 본성은 아담에서부터 근본적으로 절대 타락하였기 때문에 오직 신앙만으로sola fide 구원될 수 있다는 계시 신학에 근거하여 자연법을 외면해 왔다. 개신교는 그리스도께서 보여준 사랑의 법칙만이 인간 공동체의 본질이며 그 이외의 어떠한 이론이나 원리도 용납될 수 없다고 보았다. 그러나 이러한 극단적인 계시주의는 니버R. Niebuhr가 지적한 것처럼 프로테스탄트 신학의 단조화와 윤리학의 불모화를 초래하였고, 세속적 사회 질서와 학문과의 단절과 무력을 야기시켰다. 이에 대한 반성으로 제2차 세계대전 후 개신교의 윤리 신학자들이 자연법에 대하여 새로운 관심을 가지게 되었다.

스위스의 신학자 브루너가 1943년에 쓴 『정의 *Gerechtigkeit*』는 개신교 쪽에서도 자연법의 새로운 지평을 보여주었다. 프랑스의 법 철학자 엘륄 J. Ellul은 『법의 신학적 근거』(1948)를 저술하였으며, 이 책에서 법의 혁신을 촉구하는 시도를 하였다. 독일에서는 법 철학자인 에릭 볼프가 『자연법론의 문제 *Das Problem der Naturrechtslehre*』(1964)를 저술하였다. 그리고 특히 윤리 신학자인 틸리케 Helmut Thielicke의 『신학적 윤리학 *Theologische Ethik*』(1966-1972) 전5권은 성 윤리 및 생명 윤리의 구체적 문제를 자연법에 기반을 두고 다루었다. 미국에서는 최근에 램지 Paul Ramsey가 활발히 활동하고 있다.

4. 인간 행위에 대한 자연법의 적용

인간 행동의 질서는 본성의 질서에 상응해야 한다. 달리 말하면, 당위는 존재에 근거한다. 따라서 인간은 자기 본성에 어울리게 행동해야 한다. 그것에 위배되는 행동은 좌절, 실패, 패배에 떨어진다. 왜냐하면 그것은 어떤 방법도 없이 행동을 시도하는 것이며, 또는 효과적이고 실제적인 행동이 되기 위한 필수적인 준비 조건이 갖추어지지 않은 행동이므로 결국 부조리에 떨어지기 때문이다. 그러므로 인간 행위의 법칙은 인간 본성에 의하여 결정된다. 이것은 인간의 모든 행위에 보편적으로 적용되는 진리이다. 여기에 자연 도덕률이 있는 것이다.

윤리학의 역할은 인간을 그 참된 본성과 그 모든 본질적 관계들 안에 실재하는 존재로 보는 것이고, 그 본성과 관계들로부터 그의 행위를 지도할 도덕률을 추론해 내는 것이다. 인간은 많은 공통적인 특성과 조건들을 지니고 있다는 사실에는 의심의 여지가 없다. 이 사실에서 그 특성과 조건들에 상응하는 공통적인 의무들이 나오며, 그 의무들은 일반법으로 제정될 수 있다. 물론 다른 사람들과는 다른 한 인간의 개체성은 일반법에 포함되지 않는 개인적 의무들의 원천이 된다. 개인적이고 특유한 이 의무들은 인간이 공통적으로 지니고 있는 본성에서 나오는 일반적 의무들과 모순되지 않는다.

본성은 불변성과 가변성을 동시에 나타낸다는 것도 사실이다. 이것은, 일반적인 자연 본성과 특수한 인간 본성은 불변하면서도 변하기 때문에 도덕률도 불변하면서도 변한다는 뜻이다. 그러므로 철학자와 신학자들은 도덕률의 역사성을 올바르게 제시하고 그 역사적 관계성을 숙고해야 한다고 강조하는 것이다.

존재의 질서는 또한 본성에 상응하는 목적을 달성하려는 본성의 성향과 추구를 포함하고 있다. 윤리적 의무를 규정하는 데 있어서 바로 이 성향과 추구에 대한 지식이 대단히 필요하다.[19] 여기에서 다시 하느님에 대한 인간의 관계와 궁극 목적을 향한 인간의 실존적 방향이 거론된다. 인간은 그 궁극적 의미를 자기 자신 안에 지니고 있는 것이 아니고 오직 하느님과의 관계, 하느님이 정해 놓으신 계획과의 관계, 그리고 그 계획을 실현하는 데에 이바지해야 할 그러한 관계 안에 두고 있다고 이해해야 한다. 이 실존적 관계에서 볼 때 인간은 도덕률을 추론하는 데 있어서 그 자신과 세계만을 볼 것이 아니다. 그것은 다만 윤리 질서의 구성 원리들 중에 하나인 존재론적 결정 요소일 뿐이다. 그것과 동시에 잊지 말아야 할 것은 인간이 발전시키고 실현시켜서 궁극적으로 도달해야 할 그 목적이다. 그것은 윤리 질서의 또 하나의 구성 원리, 즉 목적론적이고 종말론적인 결정 요소이다.

끝으로 자연법에 비추어 최근에 논란이 되고 있는 생명 윤리 문제를 고찰해 보기로 한다. 자연법에 따르면 윤리적 행위는 하느님의 창조 법칙에 따라 이성을 가진 인간이 그의 자연적 본성에 합당한 행위와 선을 행하고 악을 피하는 것이다. 예컨대 인간의 자연적 생존 조건, 생명권, 신체적 완전성을 해치는 행위는 자연법에 반한다. 또한 인간과 타동물과의 교배, 인간과 다른 종간의 유전자 결합, 미성숙 생식자(정자, 난자)를 동물의 몸을 이용해 성숙시키는 것, 체세포를 이용하여 수정란을 만드는 시도 등도 자연법에 어긋난다. 그러므로 자연법에 의하면 낙태, 체외 수정, 인간 배아 복제, 동물 복제, 인체 실험, 거세 등은 죄악이다. 따라서 크리스찬은 인간의 존엄성을 훼손시키는 연구 등에 반대하는 여론을 형성하는 데 주도적 역할을 하지 않으면 안될 것이다.

주

1) 본 논문은 "자연법의 현대적 의의"라는 제목으로『신학전망』, 제139호, 광주 가톨릭대학교, pp.116-135에 실린 글임을 밝힌다.
2) William Sweet가 편찬한 J. Maritain, *Natural Law* (South Bend, Indiana: St. Augustine's Press, 2001), pp.1-12에 기재되어 있는 서문을 많이 참고했다.
3) J. Maritain, 앞의 책, pp.31-32.
4) 앞의 책, pp.32-34. 마리탱은 여기서 St. Thomas,『신학대전』II-II. 45. 2를 참고했다고 주를 붙였다.
5) 앞의 책, p.35 이하.
6) H. Rommen, *Die ewige Wiederkehr des Naturrechts* (Leipzig: Jacob, 1936). 영어판 *The Natural Law* (St. Louis: Herder, 1979).
7) 앞의 책(독어판), S.151.

8) 앞의 책, SS.156-160.

9) 앞의 책, SS.225-255.

10) 앞의 책, S.275.

11) Johannes Messner, *Social Ethics* (St. Louis and London: B. Herder Book Co., 1965), p.18.

12) J. Messner, 앞의 책, p.19.

13) 앞의 책, pp.62-64.

14) 앞의 책, pp.64-83.

15) Wolfgand Schrage, *Ethik des Neuen Testament* (Götingen: Vandenhoeck und Ruprecht, 1982), S.14.

16) K.H. Peschke, *Moral Theology in the Light of Vatican II* (1986). 김창훈 역, 『그리스도교 윤리 신학』, 제1권 기초윤리 신학, 분도출판사, 1990, p.203.

17) J. Messner, Social Ethics (St. Louis and London: B. Herder Book Co., 18) 및 Walter Kerber, *Sozialethik* (Stuttgart: Kohlhammer), SS.87-92.

18) Andreas Laun, *Die Naturrechtliche Begründung der Ethik in der neueren katholischen Moraltheologie* (Wiener Dom-Verlag, 1973), S.152.

19) Johannes Messner, 앞의 책, pp.18-19

제7장

가톨릭적 정의관의 현대적 의의[1]

I. 서론

아득한 옛날부터 인간 사회는 가치 판단이나 이해의 조정과 배분 방식을 둘러싸고 다양한 요구와 주장들이 정의의 이름으로 논의되어 왔다. 그래서 정의의 뜻은 시대와 장소, 사람에 따라 다의적으로 사용되어 왔다.

인간 사회의 모든 불의는 인간의 존엄성과 사람다운 삶의 조건을 무시하거나 근본적으로 인정하지 않는 데서 기인한다고 할 수 있다. 사람다운 삶의 조건이 실현되고 인간의 존엄성이 보전되기 위해서는 구체적으로 정의의 구현이 요청된다.

그러나 정의의 개념에 대한 해석은 시대의 징표를 어떻게 해석하느냐에 따라 다양한 해석이 있을 수 있다. 그래서 가톨릭 교회 안에서도 정의의 제일성齊—性과 항상성恒常性과 아울러 변화나 개개의 사례의 특수성에 따르는 해석을 동시에 고려하지 않을 수 없다. 우리는 정의의 개념을 형식적인 것과 실질적인 것으로 나누어 생각해 볼 수 있을 것이다. 정의를 일반적·형식적으로 살펴보면 보편성을 얻을 수 있으나 추상성을 면할 길이 없고 반면에 정의를 특수적으로 살펴보면 실질적이고 구체적인 이해를 할 수 있으나 다의성을 면할 길이 없다. 따라서 우리는 가톨릭의 정의관을 고찰할 때도 그런 점을 고려하면서 일의적이 아닌 유비적인 해석을 하지 않을 수 없다.

가톨릭의 정의관은 성서에서 나타난 정의, 전통적인 스콜라 철학의 정의, 현대 사회에서의 사회 정의로 나누어 고찰할 수 있을 것이다.

가톨릭의 정의관의 논거는 제일 먼저 성서에서 찾아보고 이어서 윤리 신학적인 해명에서 찾아볼 수 있을 것이고, 그 다음 철학적 논변를 검토해 보는 것이 무리 없는 순서가 될 것이다. 그러나 이 글은 철학적인 관점에 주안을 두고 가톨릭의 정의관의 현대적 해석을 살펴보려고 한다.

II. 성서에 나타난 정의

1. 구약성서에 나타난 인간의 정의

구약성서에서 나타나는 정의의 중요한 개념은 인간의 의무의 전체를 포괄하며 성스러움과 경건함에 대해서 우리가 파악하고 있는 것과 유사한 것이다. 정의는 요컨대 하느님의 의지에 따르는 행동을 의미한다(창세기 15,6; 신명기 6,25; 24,13; 시편 106, 31; 이스라엘 1,27 참고).

또 정의는 분명하게 율법과 결합되어 있으며, 이 경우 정의는 법 규범과 일치하는 것으로 전제되어 있다(신명기 1,16; 16,18; 25,15 참고).

출애굽 이전과 출애굽 이후에 정의의 사용이 달라진다. 출애굽 이전에는 정의와 판결이 병행되는 것으로, 즉 상응하는 것으로 사용되었고, 또 법과 정의가 같은 것으로 사용되었다. 정당한 사람은 부채가 없는 사람으로, 죄 없는 사람으로, 행복한 사람으로 묘사되었다. 다윗과 솔로몬과 예언자들은 정의의 실행의 모범이었다.

그러나 출애급 이후에는 정의로운 사람은 법 앞에서 죄 없는 사람이 아니고 능동적으로 정의를 실행하고 도덕적 의무를 다하는 사람, 예컨대 일반적으로 경건한 이스라엘 사람을 가리킨다. 욥과 토비아에서는 정의로운 사람은 계명을 준수하고 흠 없는 사람, 모든 실수로부터 벗어난 사람, 선행을 하는 사람, 즉 자선을 베푸는 사람으로 묘사된다.[2]

2. 신약성서에 나타난 인간의 정의

정의는 신약성서에서는 관행적인 술어로 사용된다. "관행적인 의미에서 옳고 공정한 것인데, 하느님을 의식함으로써 더욱 깊게 작용된다"(사도행전 4,19; 테살로가니아 후서 1,6; 콜로세서 4,1; 에베소서 6,1 참고).

구약성서에서 넘겨받은 정의의 개념은 하느님의 의지에 묶여있다고 느끼고 있는 하느님을 두려워하는 인간의 태도이다. 즉 인간의 행동이 하느님의 요구에 따르는 것이다(마태 1,19; 13,17; 23,29; 누가 1,6; 2,25; 사도행전 10,22; 로마서 5,7; 베드로 후서 2,7; 히브리서 7,14 참고).

요컨대 신약성서의 정의는 그리스도가 하느님의 의지의 실제적 완성이라고 하신 말씀에 잘 나타나고 있다(마태 10,41; 히브리서 12,23; 야고보서 5,6; 베드로 전서 3,12; 요한 묵시록 22,11 참고).

정의는 인간으로 하여금 실제로 하느님 마음에 들도록 하는 것이며 신앙을 근거로 하느님의 은총에 의해 전달된 것이다.[3]

슈푀를라인B.Spörlein에 의하면, 신약성서의 정의는 하느님이 선물로 주시는 구원의 선물인데, 법적 정의와 분배 정의, 평등, 법칙성, 정당함과 같은 개념처럼 보편적인 희랍어 사용과 일치하는 것으로 사용되기도 한다. 하지만 사도 바울에게서 하느님의 정의는 인간에게 올바른 척도를 가리키려는 것이 아니고, 하느님이 올바르게 말씀하시고 올바르게 행하시는 것을 보여주는 데 있다. 따라서 정의는 인간의 사회적 활동을 다스리는 것이 아니라 하느님과의 올바른 관계를 표기하는 것이다. 그러므로 하느님의 정의는 형식적 개념과는 전혀 다른 것이며 적극적으로 구원을 나타내는 것이다. 다시 말해서 신약성서의 정의는 사도 바울이 말하는 하느님의 정의에 대한 신학적 기본 이념과 더불어 하느님 나라에 들어가기 위한 전제로서 인간에 의해서 살게 되는 정의의 요구라는 이중의 의미가 담겨져 있다.[4]

III. 전통적인 가톨릭 철학에서 본 정의

전통적인 가톨릭 철학에서의 정의의 개념은, 토마스 아퀴나스에 의하면, "확고하고 지속적인 의지에 의해서 각자에게 그의 권리를 인정해 주는 자세"이다. 그러나 이러한 정의에 대한 정의定義는 이미 고대 희랍 철학자들인 플라톤, 아리스토텔레스, 아우구스티누스 등에 의해서 표현되었고, 고대 로마의 법전(Codex juris civilis, Instit, I.1)에도 정의는 "각자에게 그의 몫을 주는 것suum cuique tribuere"[5]이라고 명기되어 있다. 토마스 아퀴나스는 이러한 표현을 받아들여 이를 심화시켰고 사물의 자연적 질서를 목표로 하는 내용을 담아 정의의 개념이 오늘날까지 자연법의 최고의 명제가 되게끔 했다.

전통적인 스콜라 철학의 정의의 개념은 인간의 세 가지 기본 관계에 따라 세 가지 종류로 구분된다. 세 가지 기본 관계는 인간과 인간과의 관계, 인간과 공동체와의 관계, 공동체와 개인과의 관계이다. 첫번째 관계는 교환 정의Iustitia commutativa, 즉 교환 또는 계약의 정의에 의해 다스려진다. 두 번째 관계는 일반적 정의Iustitia generalis 또는 법적 정의Iustitia legalis에 의해 다스려진다. 세 번째 관계는 분배 정의 Iustitia distributiva에 의해 다스려진다. 이밖에 가톨릭의 사회 교서社會敎書와 사회 교서들의 해석과 관련하여 사회 정의Iustitia socialis라는 개념이 19세기 후반에 들어와서 교회의 문헌에 등장한다. "이 사회 정의의 개념은 때로는 법적 정의 또는 일반적 정의와는 다른 뜻으로 사용되기도 한다. 그러나 사회 정의의 개념은 일반적 정의의 한 부분을 표기하는 것에 불과하다고 주장하는 학자들도 있다. 왜냐하면 사회 정의는 일반적 정의의 하위 개념으로서 개인과 공동체와의 관계와 관계되기 때문이라는 것이다."[6] 여기서 일반적 정의는 성문법에 근거한 정의를 말하는 것이 아니라 법에 선재先在하여 법을 가능하게 하는 정의이다. 입법자에게는 올바른 법의 제정을, 재판관에게는 법의 올바른 적용을, 준법자에게는 올바른 의미에서의 법의 준수를 가능하게 하는 덕으로서의 정의이며 공동선을 직접적인 대상으로 하는 정의이다.[7] 토마스 아퀴나스는 이 법적 정의가 인간을 공동선에로 향하게 한다는 이유에서 일반적 정의라고 말하기도 했다.[8] 우츠A.F.Utz는 토마스 아퀴나스가 말하는 일반적 정의를 둘로 구분하여 시공간의 제약을 받는 자연적인 공동선을 구체화하는 전체 질서를 의미하는 정의를 법적 정의라고 부르고, 모든 개별적인 공동체(예, 국가, 가족 등)에 앞서서 주어지는 인도人道의 질서Humanitätsordnung를 의미하고 정의를 공동선-정의라고 부른다.[9]

최근의 가톨릭 철학자들은 앞에서 열거한 정의에 대한 전통적인 유명론적唯名論的 정의定義의 삼분법만으로는 새로운 실제적·사회적 상황을 파악하고 규제하기에는 충분하지 못하다고 본다.[10] 사회 정의는 오래 전부터 알려져 있었던 것의 하나의 표현에 불과한 것인가 아니면 이제까지 전혀 알려지지 않았거나 유의하지 못했던 사회 생활의 새로운 구성 법칙인가 하는 물음은 학자들간에 지금도 논란되고 있다.

우츠에 의하면 "스콜라 철학의 정의에 대한 유명론적 정의는 개별 정의Iustitia particularis를 모아놓은 집합 개념으로 집약된다. 왜냐하면 이 정의들은 개별 인격을 문제삼고 있기 때문이다. 모든 이러한 고려는 정의를 개념적으로 고정시켜놓고 보는 것에 기반을 두고 있다."[11]

필자는 여기서 사회 정의가 법적(일반적) 정의와 동일한 것이라고 주장하는 사람들(B.A. Vermeersch, E. Genicot, P.T. Ischleder 등)이나, "사회 정의는 하나의 새롭고 독립적인 정의의 종류가 아니라 법적 정의와 분배 정의를 합친 것을 가리키는 새로운 표현"이라고 주장하는 사람들(H. Desch, E. Weltz 등)이나, 사회 정의를 올바로 이해된 법적 정의와 분배 정의와 교환 정의 간의 새로운 조화로서 해석하는 사람들(B. Mathis, F. Cavarella 등)처럼 사회 정의가 전통적인 정의의 세 가지 기본 형태와 독립해 있는 새로운 네 번째의 정의의 기본 형태가 될 수 없다는 주장에 대해서 일일이 논박하지 않으려고 한다.[12] 종래의 정의의 세 가지 기본 형태가 정적인 성격을 가지고 있으며 개인 윤리의 차원에서 논의되는 것이라고 한다면, 사회 정의는 동적인 성격을 지니고 있어 현대 사회 윤리에 매우 부합되며 정의의 각 종류의 새로운 측면과 기능을 밝히고 상호 보완 관계를 더 명백히 해줌으로써 현대 사회의 상황에서 대두되는 문제를 해결해 나갈 수 있다고 우리는 생각해 볼 수 있을 것이다. 지난 100년 동안 정의를 다루고 있는 20여 개나 되는 교회 문헌들은 전통적인 정의와 사회 정의를 엄격히 구분해서 사용하지 않고 있다.

사회 정의는 인간의 인격성과 사회성에서 연유하는 존재론적 질서 이념이다. 그러나 사회 정의는 옛날에는 사용되지 않다가 인간의 존엄성과 인격 가치에 대한 자각 및 사회 생활 양식의 변화에 따라 현대 사회에 들어와서 비로소 사용되기 시작했다. 가톨릭의 사회 정의 사상은 사회적·경제적 불평등과 인권을 의식하면서부터 약자의 보호라는 관점에서 활발히 논의되기 시작했다.

IV. 현대 사회에서의 가톨릭의 정의

현대 사회에서 사용되고 있는 정의의 개념은 다의적이다. 그 이유는 정의라는 말이 철학적 사변에서 기인하거나 사용되기 시작한 것이 아니며 역사적 사실인 사회적 현상에서 요청되었고, 사회 문제들의 외연外延이 점차 확대되고 사회 정의의 이름으로 문제삼는 영역이 매우 광범해짐으로써 그 개념을 일의적으로 표현할 수 없었기 때문일 것이다. 현대에서 가톨릭의 정의는 그리스도교 사회 윤리로 다루어지고 있다. 가톨릭의 사회 윤리는 사회 정의 사상의 발전 과정에서 존재론적으로 체계화되어 왔다.[13] 가톨릭의 사회 윤리는 전통 사회가 현대 사회로 변하는 과정에서 발생한 여러 사건들과 현상들의 자극을 받으면서 표출된 것으로 현재에도 계속 발전하고 정교화되고 있다. 따라서 가톨릭의 사회 윤리는 결코 이미 완성된 것이 아니다. 가톨릭 사회 윤리는 기본적 원리를 제시하는 데 그치지 않고 사회 교서와 기타 교회의 공식 문헌을 통해서 그 원리를 구체적 상황과 문제에 적용하여 바람직한 사회상과 미래의 청사진을 제시하고 있다.[14]

가톨릭 사회 윤리에서 사회 정의의 개념은 현대 사회가 복잡하게 발전하고 있는 것처럼 역대 교황의 사회 교서들에 의해서 계속 발전하고 있는 개념이다.[15] 가톨릭의 사회 정의의 개념에 대한 고찰은 교회의 공식 문헌에 의거해야 하고 그중에서도 특히 교황의 대對 사회 교서에 의거하지 않으면 안 된다. 왜냐하면 거기에서만 사회 정의라는 말이 뚜렷한 의미를 가지고 사용되고 있기 때문이다.[16]

그러나 지금까지의 교황들의 대사회교서들에서 사회 정의에 대한 개념적인 내포를 명확히 하여 그 개념을 정의한 일은 한 번도 없다. 그럼에도 불구하고 사회 정의라는 말은 교황의 회칙들 중에서 단순하게 사용되지 않고 변천하는 시대 상황에 따라 야기되는 새로운 문제나 무질서와 결정적인 사회악 등에 대한 치료책이나 개선책을 교설하는 데 있어서 중요한 의미를 가지고 사용되어 왔다. 또 모든 사회 교서들은 사회 정의의 실현을 목적으로 하고 있다.

그러므로 가톨릭의 정의를 이해하기 위해서는 사회 교서들의 내용과 정의라는 용어가 사용된 의미를 찾아보고 이해할 수밖에 없다.

(1) 레룸 노바룸Rerum Novarum: 일명 노동 헌장[17]

이 헌장은 교황 레오Leo 13세가 1891년에 공표한 사회 회칙이다. 이 헌장은 당시의 노동자들의 노동 조건과 자본주의 경제 원칙을 분석, 비판하고 또한 자본주의에 대립하여 일어난 사회주의의 급진적인 사회 문제 해결책을 분석, 비판하였다. 이 헌장은 주로 노동과 자본, 노동자와 고용주와의 관계, 사유 재산 제도, 공정한 임금, 노동 단체의 사명, 국가의 역할 등에 관하여 원칙을 발표하고 정의에 입각한 새로운 사회 경제 질서를 제시하였다. 이 헌장은 사회 질서의 근본 원리인 보조성의 원리Subsidiaritäsprinzip를 논하고 있다는 사실에 우리는 주목할 필요가 있다.

오늘날 상식으로 여겨지는 결사의 자유과 노동법 등의 사회 입법과 1차 세계대전 후의 윌슨Wilson 대통령의 전후 처리 방침, 베르사이유 평화 조약과 국제연맹 노동회의 등은 이 회칙을 모델로 삼았다고 한다.[18]

(2) 꽈드라제시모 안노Quadrgesimo Anno: 일명 40주년[19]

이 회칙은 레룸 노바룸이 발표된 지 40년 후인 1931년 교황 비오 11세에 의해 반포되었다. 이 회칙은 당시의 사회, 경제 상황을 분석, 비판하고, 그 시대에 적응하는 경제 질서 개혁의 기준을 제시하였으며, 사회 정의라는 용어를 처음으로 9번이나 사용하였다. 그래서 이 회칙은 "사회 정의의 회칙"이라고 불리기도 한다. 이 회칙에서 사회 정의는 경제 질서에 관계하고 경제적 공동선을 목적으로 하며 이 목적의 실현을 위해 사회선社會善과 개인선個人善의 조화를 꾀하며, 경제적 독재를 거부하는 경제 질서의 지도 원리가 되고, 자본·사유 재산과 노동의 이중 성격을 고려하며 개인주의와 사회주의의 암초를 피하며, 사회애와 더불어 공동선의 실현 조건을 확립하는 사회 질서 재건의 원리가 된다.

(3) 디비니 레뎀또리스Divini Redemptoris: 일명 구세주 천주

이 회칙은 1937년 비오 11세에 의해 반포된 회칙으로서 당시 공산주의자들에 의하여 가해진 스페인 교회에 대한 박해를 계기로 반포되었다. 그래서 이 회칙은 "무신론적 공산주의에 대한 회칙"으로 알려지고 있다.

이 회칙에서 사회 정의는 교환 정의와는 다른 정의이며, 사회 경제 질서를 그 영역으로 하며, 그 목적은 경제적 공동선이며, 그 의무의 주체는 공동체의 모든 구성원이며, 경제적 공동선을 조성 · 분여分與하여 사회선과 개인선의 조화를 이룩하고자 하는 것이다.

드러몬드W.F. Drummond는 상술한 세 가지 회칙을 검토하고 "사회 정의는 교환적 정의와 배분적 정의 및 법적 정의와는 별개의 특수한 정의이며 물질적 재화는 사적으로 소유한 것마저도 모든 인간의 공동 사용에 이바지하는 것을 요구하는 정의라고 정의定義할 수 있다"[20]고 하였다.

(4) 마떼르 엣 마지스뜨라Mater et Magistra: 일명 어머니와 교사[21]

이 회칙은 1961년 교황 요한 23세에 의해 반포되었다. 이 회칙에서 사회 정의는 인류의 연대성을 기반으로 하여 사회 경제의 성장과 발전의 모든 부면이 조화롭게 총체적으로 발전해야 하는 것이며, 사회 경제와 관련된 모든 질서, 제도, 체제, 기능, 과정 등에 있어서 인간의 존엄성에 합당하게 관철되어야 하며 또 개개 인간뿐만 아니라 전인류 공동체에서 실현되어야 한다는 것이다.

이 회칙을 계기로 1961년 이후 가톨릭의 정의의 영역과 범위는 확대되었다고 말할 수 있다. 그래서 교황 요한 바오로 2세는 사회 정의의 발전 사상을 연구하려면 1961년 이전과 이후의 두 시기로 나누어 고찰해야 한다고 하였다.[22]

(5) 빠쳄 인 떼리스Pacem in Terris: 일명 지상의 평화[23]

이 회칙은 교황 요한 23세에 의해 1963년에 반포되었으며, 정의라는 용어는 22회나 사용되었으나 사회 정의라는 용어는 한 번도 사용되지 않았다. 이 회칙은 인권에 관한 헌장으로서 인간의 기본적 권리와 의무와 정치 공동체의 윤리에 관한 회칙이다. 이 회칙에 의하면 권리와 의무가 없는 곳에서는 정의를 논할 수 없으며 권리는 정의의 근거이다.

(6) 가우디움 엣 스뻬스Gaudium et Spes: 일명 현대 세계의 사목 헌장[24]

이 헌장은 교황 바오로 6세에 의해 1965년에 반포되었으며 제2차 바티칸 공의회에서 성립된 것이다. 이 헌장은 만민의 본질적 평등과 사회 정의를 논하면서 인간의 기본권에 대한 모든 차별 대우는 하느님의 뜻에 어긋나는 것이므로 제거되어야 한다고 하였다. 요컨대 사회 정의는 인간의 기본권의 보장을 의미한다.

(7) 뽀뿔로룸 쁘로그레시오Populorum Progressio: 일명 민족들의 발전 촉진[25]

이 회칙은 바오로 6세에 의해 1967년에 반포되었다. 이 회칙에 의하면, 교황 직속으로 정의평화위원회를 두기로 하고 이 위원회에 "빈곤한 사람들의 발전을 증진시키고 국가간의 사회 정의를 고취시키는 한편, 저개발 국가에 원조를 제공하여 그들 자신들의 발전을 스스로 촉진할 수 있도록 하는 임무를 맡겼다"고 하였다. 이 회칙은 특히 세계 사회 정의를 논하면서, 세계 사회 정의는 세계 공동선을 목표로 하며 개인이나 인류 전체를 인간답게, 균형 있게, 완전하게 발전시키는 데 공헌하도록 하는 데 있다. 여기서 인간다운 조건이란 "먼저 빈곤에서의 해방과 생활에 필요한 재화 획득에로의 진보, 사회악의 제거, 지식의 증대, 정신적 문화의 획득과 인권의 존중, 청빈에의 노력, 공동 복지를 위한 협력, 평화의 소망 같은 것을 들 수 있다"[26]고 하였다.

(8) 옥또제시마 아드베니엔스Octogesima adveniens: 일명 "교황 바오로 6세 서한 노동 헌장 반포 80주년을 맞이하여"[27]

이 서한은 교황 바오로 6세가 교황 레오 13세의 회칙 레룸 노바룸의 반포 80주년을 맞이하여 1971년 교황청 평신도국과 정의평화위원회 의장인 로이Roy 추기경에게 보낸 서한이다. 이 서한은 현대 사회의 모습을 비판하고 나서 보다 완전한 정의와 더욱 폭넓은 책임성이란 두 원리를 제시하였다. 국내외적으로 재화의 재분배에 있어서 보다 완전한 정의를 구현할 것을 제안하고 공동 이익을 위한 합의에 도달하기 위해서 우선 힘의 관계를 극복해야 하며, 정의 구현에서 가장 중대한 의무는 각 민족이 온갖 경제적 · 정치적 지배 속에서 해방되어 진정 서로 협력함으로써 스스로의 발전을 도모할 수 있게 하는 데에 있다. 그러므로 국제 관계를 재검토하고 국제 조직을 보다 효과적으로 재정비할 것을 요청한다.

(9) 데 유스티티아 인 문도De Justitia in Mundo: 일명 "세계 정의에 관하여"[28]

이 문헌은 1971년 세계주교대의원회의 제2차 총회에서 반포되었다. 이 세계주교대의원회의는 정의 문제를 다루었다. 머피C.M. Murphy는 현대 사회 교리의 역사에서 가장 현저한 발전으로 기록되는, 1971년 세계주교대의원회의 가장 중요한 통찰은, "정의를 위한 행동과 세계 개혁 활동에의 참여는 복음 선포의 본질적 구성 요소임이 명백하다. 즉 인류를 구원하고 온갖 억압에서 해방시켜야 할 교회 사명의 일부인 것이다"[29]라는 구절이라고 하였다. 머피는 "세계주교대의원회의 이후 10년이 지난 지금 이 논문에서 나는 그 회의에서 채택된 '본질적 구성 요소'란 용어가 사회 정의, 인간의 변태성, 해방을 위한 교회의 투신의 영신적·종교적 기초를 분명히 하였는지 또한 어느 정도 분명히 하였는지를 고찰할 것이다"[30]라고 하면서 이 문헌을 둘러싸고 벌어진 여러 경과를 소개하고 정의를 위한 행동이 복음 선포의 본질적 구성 요소, 즉 그리스도교의 본질의 일부인지 아니면 정의를 위한 노력은 복음 선포의 부수적 요소인지 하는 문제에 대한 교회 안에서의 강온파간의 논쟁을 검토하고, 그는 정의를 위한 행동을 바로 그리스도교의 본질이라고 갈파한다.[31]

이 문헌은 이제까지의 역대 교황의 정의에 대한 교리들을 총정리한 것이라고 할 수 있다. 서론에서 "인간다운 세계 건설이 우리의 사명"이라고 천명하고, 1. 정의와 국제 사회에서의 세계의 유대의 위기, 대량 소비와 공해, 발전할 권리, 자결 의식에 기인된 용기와 희생심, 은밀히 행해지고 있는 온갖 불의, 대화의 필요성 등에 대해서 논했고, 2. 복음의 가르침과 교회의 사명에서 그리스도를 통하여 인류를 구원하시는 하느님의 정의, 교회의 사명과 성직자와 평신도들, 3. 정의의 실천에서 정의에 대한 교육, 정의 실천의 실제 교육, 지역 교회들간의 협력, 갈라진 형제들과의 협력, 국제 활동들, 4. 희망의 한마디에서 "다가오는 하늘 나라에 대한 희망과 주님의 빠스카 신비를 통해서 절대적이고 완전한 세계 개혁이 이루어진다는 확신이야말로 불의, 폭력, 미움을 감소시키고, 정의, 자유, 형제애, 사랑 속에서 모든 사람이 다 함께 진보 발전하도록 하는 모든 인간, 특히 젊은이들의 인간적 노력에 참뜻을 부여해 준다"고 하였다.

(10) 첸떼시무스 안누스Centesimus Annus: 일명 "백 주년"[32]

이 문헌은 교황 요한 바오로 2세가 1991년 1월 1일 제24차 세계 평화의 날을 기념하는 미사 강론 중에 그해를 "사회 교리의 해"로 선포하고 교황 레오 13세의 회칙 "레룸 노바룸"의 반포 100주년을 기념하여 1991년 5월 15일에 반포한 것이다.

이 회칙은 서론을 비롯하여 6장 62개 항으로 되어 있으며 레오 13세 및 그 이후의 교황의 사회 교서(회칙)를 계승 발전시켜 현대 세계가 당면한 새로운 문제들에 적용하려고 한다.

이 회칙에 의하면 노동자들의 상황에 대해 교황 레오 13세의 회칙 "노동 헌장"이 제시한 기본 원리를 새로이 발견할 것을 권고하면서 현대의 새로운 사태를 직시하고 그리스도교 시대의 3000년대를 향해 미래를 바라다보도록 촉구했다.[33]

이 회칙은 연대성의 원리가 국내외적으로 그리스도교의 사회 및 정치 조직의 기본 원리임을 밝히고 공동선을 실현하는 것이 국가의 의무이며 국가는 특히 힘없고 가난한 사람들을 특별히 돌보아야 할 의무가 있음을 지적한다.[34]

이 회칙은 사회주의가 아직 강력한 국가 형태를 갖추기 이전에 교황 레오 13세가 노동 헌장에서 사회주의가 제시한 사회 질서의 정치적, 사회적, 경제적 폐허를 예측한 것을 예로 들면서 그 예측의 정확성이 특히 1989년 말부터 1990년 초에 일어난 동구의 사태들에 의해 확인됐음을 밝히고, 사회주의의 근본적 오류는 인류학적 성격을 띤 것으로 인간의 초월적 성격을 무시한 채, 단지 사회 전체에 예속된 하나의 요소로만 취급한 데 있다고 설명했다.[35]

이 회칙은 공산주의를 포기한 나라들을 도덕적 · 경제적으로 재건하기 위해 국제적 차원에서 상호 원조하며, 동시에 제3세계 국가들에 대한 원조 능력을 축소해서는 안 된다고 강조했다.[36] 그리고 아직도 제3세계에서 소외와 착취의 현실이 남아있다는 사실을 환기시키고 교회는 이러한 불의한 현상을 강력히 비판한다는 점을 역설하고, 급진적 자본주의 이데올로기가 이러한 문제를 고려하는 것 자체를 거부할 위험이 있다는 것을 경고했다.[36]

이 회칙은 "공산주의의 몰락으로 자본주의가 과연 승리를 거둔 사회 체제라고 할 수 있는가?"(42항)라는 문제를 제기하고, 자본주의는 결코 유일한 사회의 모델이 될 수 없음을 지적하고 "진정한 민주주의는 법과 인간에 대한 올바른 이해에 바탕을 둘 때 비로소 가능하다"(46항)고 밝혔다.[38]

끝으로 이 회칙은 인간은 교회의 길이라는 사실을 재천명하면서 "사회 교리는 복음화의 효과적 수단이며(45항), 사회 교리는 교회의 복음화 사명에 합당한 것임을 상기시키고"(55항), "교회의 사회적 메시지는 그 내면적 논리와 인간성보다는 행동의 증거를 통해 더욱 즉각적으로 신뢰받게 될 것"(57항)이라고 하였다.[39] 그리고 교황은 "노동헌장"이 반포된 지 100년이 지난 오늘의 교회는 여전히 "새로운 사태"와 새로운 도전에 직면해 있다고 지적하고 이 회칙 "100주년"은 그리스도교 3000년대를 준비하는 미래를 향한 회칙이며 3000년대에도 교회는 인간의 길을 자신의 길로 삼아 나아갈 것임을 천명하였다.

이상에서 본 바와 같이 우리는 사회 교서에 나타난 정의 및 사회 정의 사상을 살펴보았다. 가톨릭 교회의 사회 정의는 회칙, 어머니와 교사가 반포된 1961년 이전과 이후로 나누어 볼 때 후기에서 우리는 발전적 변화를 찾아볼 수 있다. 왜냐하면 전기까지의 사회 정의의 목적은 주로 경제 공동선이었다고 할 수 있고, 후기에는 인간의 존엄성, 사람다운 삶의 조건의 충족, 세계 전체의 진보와 발전, 세계 공동선, 평화의 구현 등으로 그 범위가 확대되었으며 동시에 관계 영역도 국내 사회를 넘어 세계 사회에까지 확대되고 대상 범위도 경제적 · 사회적인 면에서 문화, 종교, 민족, 인권, 개발, 자연 보전, 기술 분야에까지 확대되어 가는 경향을 보여주기 때문이다. 따라서 가톨릭의 정의의 이해는 그 외연이 확대되어감에 따라 달라질 수밖에 없을 것이다. 그러므로 가톨릭의 정의는 고정되고 일의적인 개념 정의를 할 수 없을 것이다.

V. 결론

이제 우리는 가톨릭의 정의의 개념에 대해 철학적인 측면에서 살펴보기로 하자. 우리가 앞에서 살펴본 정의를 개념적으로 검토해 보면 정의는 상대 관계에서 생기며, 그 상대 관계는 공동체 대 공동체 또는 개인 대 공동체 또는 개인 대 개인이다. 정의의 목적은 공동선이고, 그 형상形相은 조화調和이며, 그 작용은 조성造成과 분여分與이며, 그 권리와 의무의 주체는 공동체 내지 개인이며, 가톨릭의 정의의 특징은 사회적 · 평준적 · 자연적(본성적)인 것으로 존재론적이며 자연법에 근거한다는 것이다.[40]

교환 정의가 주로 개인 대 개인의 관계이고 분배 정의가 주로 공동체 대 개인의 관계이며, 법적 정의가 주로 개인의 공동체와의 관계라는 전통적인 해석에 따른다면, 현대 사회에서 통칭되고 있는 사회 정의는 공동체 내지 개인 대 공동체 내지 개인의 관계라고 할 수 있다. 왜냐하면 사회 정의는, 예컨대 공동체가 소유하고 있는 것은 물론이고 개인이 사적으로 소유하고 있는 것마저도 모든 인간을 위해 이바지함으로써 공동체 대 개인, 개인 대 개인, 개인 대 공동체 사이에서 작용하기 때문이다. 그러므로 현대 사회에서의 정의, 즉 사회 정의의 범위는 국내 사회뿐만 아니라 세계 사회에까지 확대되고, 장차 생태학적 윤리학자들의 견해까지 포괄하게 되면 전 우주에까지 확대될 수 있을 것이다.

교환 정의와 분배 정의가 개인선이고 법적(일반적) 정의가 공동선을 추구하는 것이고 또한 사회 정의도 공동선을 추구하는 것이라고 한다면, 법적 정의와 사회 정의의 차이가 무엇이냐는 반문이 생기고, 법적 정의와 사회 정의의 일치 여부에 대한 논란이 생길 수 있을 것이다. 요컨대 법적 정의의 목적인 공동선과 사회 정의의 목적인 공동선은 동일한 내용을 담고 있는 것이냐 아니면 다른 것이냐 하는 문제이다. 이 문제에 관해서 학자들 사이에서 많은 논의가 있으나 필자는 관점에 따라 다르다고 본다. 그 이유는 법적 정의의 목적이 국가와 실정법에 초점을 두고 공동선, 즉 공공 복지를 — 예컨대 국가적 이익 — 논한다면, 사회 정의의 목적은 인류 사회 전체에 초점을 두고 공동선을 논한다고 볼 수 있기 때문이다. 문제는 공동선 내지 공익의 범위를 어디에 두고 있느냐에 달린 것이라고 하겠다. 마리탱J. Maritain은 인간 사회와 국가 사회를 구분해서 인간 사회를 국가 사회보다 상위 개념으로 보고 있다.[41]

제2차 바티칸 공의회 이후 가톨릭의 정의는 한때 사회 정의의 목적인 공동선을 정치적·경제적 공동선이라고 한 것을 수정해서 사회 정의의 대상의 범위를 확대 해석하고 있다. 현대 세계의 사목 헌장司牧憲章은 공동선을 "개인과 가정과 단체가 보다 완전하고 보다 용이하게 자기 완성에 도달할 수 있는 사회 생활의 모든 조건들의 총체를 포함한다"[42]고 정의한다.

현대 사회의 가톨릭의 정의는 실천적으로는 사회 전체의 복지와 인간 고유의 존엄성(또는 인간의 기본권)의 두 가지 요구를 조화시키고 이론적으로는 정의의 사회적 측면과 자연법적 측면을 통합시키려고 한다. 인간은 사회의 구성원이면서 동시에 이를 초월하는 인격 존재라는 이중의 범주에 속하므로 개인선과 사회선의 조화 속에서 완성되어 가고 있는 존재이다. 따라서 공동선은 전체와 부분에 공통된 선을 가리키는 것이 되어야 하고 전체와 부분의 조화를 꾀하는 것이 사회 정의의 목적이 될 수밖에 없다.

가톨릭의 정의는 사회를 인격 공동체로 보며, 인격을 위하고 인격에 의하여 인격의 협동으로 공동선을 조성하고 분여함으로써 인간의 존엄성과 인격 완성에 이바지하는 정의라는 점에서 인격주의적이라고 할 수 있다.

가톨릭의 정의는 개인주의건 사회주의건 자본주의건 간에 일체의 이데올로기에서 벗어나고 모든 종류의 억압과 착취에서 인간을 해방시키려는 데 그 지향을 두고 있다. 가톨릭의 정의는 종국적으로 하느님의 정의에 따르는 것이다. 하느님의 정의에 대해서 우리는 그 그림자만을 볼 수밖에 없기 때문에 언제나 그 일면만을 보고 말할 수밖에 없다. 정의는 상대 관계에서 발생하는 개념이므로 상대 관계를 어떻게, 어떤 측면에서 보고 해석하느냐에 따라 해석상의 차이가 있을 수밖에 없고[43] 일의적으로 정의 내릴 수 없는 신비스러운 성격을 지니고 있다.

끝으로 필자 자신의 정의관을 간단히 피력해 보고자 한다. 우리는 정의를 문제삼거나 논할 때 정의를 논하는 사람들 중에는 대체로 부당한 대우와 불의로 말미암아 마음에 깊은 상처를 입은 나머지 미움이나 복수심을 품고 있는 사람들이 있음을 주의 깊게 살펴보아야 할 것이다. 그들은 때로는 냉혹하리만치 엄격하게 논리적으로 따지고 들면서 오류를 지적하기도 하지만, 자기의 이익을 숨겨두고 도리어 자기 이익의 정당화를 도모하려 하고 그 결과 심지어 그 사회에 적대감을 조성시키거나 분열을 조장하기도 한다는 사실을 우리는 유의할 필요가 있다. 특히 우리는 이러한 작태를 때로는 정의를 구현한다고 외치는 개혁 운동에서, 때로는 입법 과정에서 찾아볼 수 있다.

그러므로 불의에 대해서 논하는 자는 항상 미움을 경계해야 한다. 그래서 정의를 주장할 때 우리는 반드시 관용과 사랑을 염두에 두어야 한다. 정의와 사랑이 서로 배척하지 않고 오히려 양자가 융합할 수 있을 때 비로소 인간 사회의 존속과 발전과 평화가 보장될 수 있다. 우리가 정의를 문제삼는 근본 이유는 우리 사회의 존속과 평화를 위하기 때문이다. 사회 정의는 원래 인간을 사랑하기 때문에 문제삼기 시작한 것이다. 그래서 가톨릭 교회는 정의를 논할 때 항상 이 점을 고려해 왔다.

정의는 원래 불의를 느낄 때 비로소 생각하게 되는 것이라고 필자는 생각한다. 그러므로 서양 철학자들의 대부분은 정의를 논리적으로 규명하는 것을 능사로 삼고 있지만, 정의는 근본적으로 정의감에서 나오는 것이기에 감정적인 면에 유의하지 않으면 안 된다는 것이 필자의 생각이다.

왜 동양의 전통 사상에서는 의에 대해서는 언급하면서도 불의에 관해서는 상론하지 않았는가를 우리는 이제 긍정적으로 고려해 보아야 할 것이다. 시비를 가리는 마음은 나의 생각에 동조하지 않거나 이해가 상반되는 관계에 있는 사람을 배척하고 미워하게 될 수 있다는 사실에 우리는 주목해야 한다. 우리는 "오늘의 정의는 어제의 사랑이며 오늘의 사랑은 내일의 정의이다"라는 질레M. Gillet의 말을 정의를 논할 때마다 겸허하게 받아들여야 할 것이다.[44]

정의라는 말은 우리에게 딱딱하고 차가운 느낌을 자아낸다. 정의는 소극적으로 사회의 불의와 분쟁의 요소를 제거해 줄 수 있겠으나 사회 구성원들의 마음을 내면적으로 적극적으로 결합시켜 주기는 어렵다. 사회의 평화와 인간의 협동은 공리적이거나 논리적 합리성만으로 는 이루어질 수 없으며 인간의 내면적 신념의 결합을 전제하지 않을 수 없다. 이 내면적 신념의 결합은 사랑으로부터 생겨나온다.

정의와 사랑은 서로 배척하는 것이 아니며 서로 보완하면서 인간의 삶과 사회를 튼튼하게 해주며 서로 의지하면서 평화로 가는 인도人道 에서 제휴한다.

한 가정의 평화와 질서가 그 가정 구성원들간의 사랑, 즉 부부애, 부 모와 자식 간의 사랑, 형제 자매 간의 사랑이 밑바침되어야 하는 것처 럼 공동선을 향한 사회애가 이익에 대한 공의公義의 우선성을 기꺼이 인정할 수 있는 것이다. 이 사회애는 정의의 냉점함과 엄격함을 지양 하면서 사회 정의의 구현을 용이하게 해준다. 그러므로 모든 정의론은 사회애, 즉 인간애를 선결 요건으로 삼아야 할 것이다. 따라서 사랑이 없는 정의는 사회를 비정하게 만들고 정의가 없는 사랑은 사회를 혼 란에 빠뜨릴 위험이 있음을 우리는 경계해야 할 것이다.

주

1) 본 논문은 그리스도교철학연구소 편, 『현대 사회와 정의』(서울: 철학과현실 사, 1995), pp.372- 394에 실린 글임을 밝힌다.

2) W. Kornfeld, "Die Gerechtigkeit im A.T.," in J. Höfer u. K. Rahner(hrsg.), *Lexikon für Theologie u. Kirche*, Freiburg 1960, SS.711-712. 참고; Claus Westermann, "Gerechtigkeit," K. Rahner u. Bernhard Welte(hrsg.), *Christlicher Glaube in moderner Gesellschaft*, Freiburg, 1981, SS.12-13.

3) H. Vorgrimler, "Gerechtigkeit im N.T.," *Lexikon für Theologie und Kirche*,

S.714.

4) Bernhard Spörlein, "Gerechtigkeit im Neuen Testament," Bernhard Wete(hrsg.), *Christlicher Glaube in moderner Gesellschaft*, Freiburg, 1981, SS.17-19. 참고.

4) Thomas V. Aquinas, *Summa theologia*, 2. II. Q.58 A.1.

5) Willi Geiger, "Gerechtigkeit," in (hrsg) Görres Gesellschaft, Staatslexikon, Bd.3, Freiburg, 1959, S.783.

6) Thomas Aquinas, *Summa theologia*.I-II. Q.60, A.3; Q.61, A.5 참고.

7) 같은 사람, 같은 책, II-II, Q.58, A.5.

8) A.F. Utz, *Sozialethik, II.Teil. Rechtsphilosophile*, Heidelberg, 1963, S.108 참고.

9) J. Höffner, *Christlich Gesellschaftslehre*, 박영도 역, 『그리스도교 사회론』, 분도출판사, 1979, p.78 참고

10) A.F. Utz, 앞의 책, S.105.

11) 崔根成,「가톨릭 사회 윤리의 원리로서의 사회 정의에 대한 고찰」,『국민윤리연구』, 제22호, 1986, pp.99, 123-125 참고 ; B. Welty, *Grundfragen und Grundkräfte des sozialen Lebens*, 稲垣良典 譯,『社會生活根本問題』(東京: Herder, 1962), pp.394-395 참고.

12) 장병보,「사회 윤리학상으로 본 사회 정의의 의의」,『展望』, 제15호, 광주대 건신학대학, 1971, p.21.

13) 오경환,「전통사회의 변모와 천주교의 사회 윤리」,『현대 사회와 전통 윤리』, 고려대학교 80주년 국제학술회의 논문집, 1986, p.492 참고.

14) W.F. Drummond, *Social Justice* (Milwaukee: The Bruce publishing Co., 1955), p.19.

15) William Ferree, *The Art of Social Justice* (Dayton Ohio, Marianist Pub. Co., 1951), p.95.

16) 한국천주교 정의평화위원회 교육분과 역, 교황 레오 13세,『회칙』'노동 헌장' (서울: 바오로출판사, 1982) 참고.

17) 가톨릭출판사편,『社會正義: 가톨릭의 立場』(서울: 가톨릭출판사, 1976),

p.5.

18) 교황 비오11세, 『회칙 *Quadrgesimo Anno*』, 오경환 역, 한국천주교중앙협
의회, 1987, 참고.

19) W.F. Drummond, *Social Justice* (Milwaukee: The Bruce publishing Co.,
1955), p.19.

20) 교황 요한 23세, 『회칙 *Mater et Magistra*』, 이해남 역, 한국천주교중앙협의
회, 1969, 참고.

21) 교황 요한 바오로 2세, 『회칙 *Loboren Excercens*』, 범선배 역, 한국천주교중
앙협의회, 1983, p.11.

22) 교황 요한 23세, 『회칙 *Pacem in Terris*』, 정규만 역 (서울: 聖 바오로출판사,
1963), 참고.

23) 김남수 역, 『제2차 바티칸 공의회 헌장 *Gaudium et Spes*』, 한국천주교중앙
위원회, 1968 참고.

24) 교황 바오로 16세, 『회칙 *Populorum Progressio*』, 김남수 역, 한국천주교중
앙협의회, 1967 참고.

25) 같은 책, 21항, p.18.

26) 교황 바오로 6세, 『서한 *Octogesima adveniens*』, 김남수 역, 한국천주교중
앙협의회, 1971 참고.

27) 김남수 역, 『세계정의에 관하여』, 한국천주교중앙협의회, 1987 참고.

28) 앞의 책, p.33, 부록 오경환 역, 『세계 정의에 관하여 해설』, 원문, C.M.
Murphy, "Action for Justice as Constitutive of the Preaching of the
Gospel: What did the 1971 Synod mean?," *Theological Studies*, Ⅴ.44,
1983.

29) 앞의 책, p.33.

30) 앞의 책, pp.33-42.

31) 한홍순 해설, 교황 요한 바오로 2세 회칙 100주년, 한국천주교 평신도 사도
직협의회, 1992.9.5.

32) 앞의 책, p.6, 동 회칙 3항 참고.

33) 앞의 책, p.8 참고.

34) 앞의 책, p.9 참고.

35) 앞의 책, p.13 참고.

36) 동 회칙 42항, 앞의 책, p.16 참고.

37) 앞의 책, p.17 참고.

38) 앞의 책, pp.19-20 참고.

39) A.F. Utz, *Ethik und Politik*, Stuttgart, 1970, S.228-232 참고.

40) J. Maritain, *Man and State* (Chicago: Univ. Chicago Press, 1965), pp.9, 14,19 참고.

41) 김남수 역, 『현대세계의 사목현황』, 26항, p.42.

42) 천주교 대구대교구 정의평화위원회 편, 『사회 정의』 (대구: 대건출판사, 1992), pp.75-79 참고.

43) M. Gillet, "Justice et Charite," in *Senaine Sociale de France*, 1928, p.132.

제3부 현대 사회의 제문제와 윤리학의 과제

제8장

세계화 시대의
사회 윤리 교육의 방향[1]

I. 세계화 시대와 새로운 삶

우리는 지금 세계화 시대, 다시 말해서 국제화 시대에 살고 있다. 우리의 필요 여부와 상관없이 우리는 이미 하나의 지구촌 안에서 살고 있기 때문에 세계화는 불가피한 것이다. 지구촌이라는 말은 마셜 맥루한Marshall Mcluhan이 1964년에 처음 사용한 말이지만 오늘날 지구가 하나의 마을이라는 사실을 누구나 실감한다. 과거에는 세계화나 국제화라는 말은 정치적, 경제적인 관점에서 이데올로기적인 의미로 사용되기도 했다. 그러나 지금 우리는 교통과 통신 수단의 발달로 말미암아 이른바 일일권 내에 살고 있으면서 세계화에 대처해서 살아가지 않을 수 없다.

지구촌화는 경제계와 정치계뿐만 아니라 문화와 교육계에도 엄청난 변화와 영향을 미치고 있다. 미국의 미래학자인 존 나이스비트John Naisbitt는 이를 두고 "일본의 스시(초밥)를 먹고 이탈리아 베네통의 오색찬란한 옷을 입고 미국과 영국의 록음악을 들으면서 한국의 현대 자동차를 몰고 점심에는 미국의 맥도날드 햄버거 집으로 간다"

고 말한 것처럼, 문화적으로 현대인들은 범세계적인 생활 방식으로 살고 있다고 말할 수 있다. 그러나 이와 같은 범세계적 생활 양식과는 달리 아직도 폐쇄적인 문화적 지역주의regionalism를 고집하면서 살고 있는 사람들도 있다. 그렇지만 이제 지구상의 어디에서도 세계의 문화 조류와의 접촉과 교류로부터 완전히 단절되거나 유리된 문화적 삶을 가진다는 것은 거의 불가능하다.

지금 전 인류는 생태학적 위기로 말미암아 하나의 운명 공동체가 될 수밖에 없다. 지구의 온난화와 오존층의 파괴는 전 지구에 영향을 미치고 있고, 아마존강 유역의 원시림의 남벌은 지구 전체의 산소 적정량을 위협하고 있다. 그리고 러시아나 프랑스가 핵 폐기물을 바다에 내버리는 것은 전세계의 바다를 오염시키지 않을까 하는 우려하게 만든다. 유럽의 몇몇 선진 공업국의 대기 오염은 애꿎은 북부 아프리카 지역을 사막화할 뿐만 아니라 발칸반도에도 심대한 영향을 미치고 있다. 이 지구상에 오염되지 않는 곳은 없다.

핵 무기를 적재할 수 있는 대륙간 유도탄 개발의 확산, 생화학 무기의 파급 효과, 공군기와 해군 함정의 파괴력은 지구를 단일 전쟁터로 만들었다.

우루과이 라운드 등의 국제 무역 자유화는 지역 경제와 국가 경제를 세계 경제에 통합하게 만든다. 무역의 국제화는 소비자로 하여금 특정한 지역이나 국가의 테두리를 벗어나서 국제적 소비 시장의 일원으로 만든다. 지구촌 시대는 상품의 소비에서만 경제의 국제화를 가져오는 것이 아니라 생산의 분담과 자본의 국제적 상호 투자에서도 국제화 시대를 초래하게 만들었다. 이른바 다국적 기업이 생겨난다. 그래서 후기 산업 사회의 경제 구조의 특징은 "국경 없는 경제"이다. 국경 없는 블록 경제와 경제의 세계화는 현대의 국민 국가 또는 민족 국가의 기능과 역할을 현저히 제한하고 있으며 어떤 의미에서는 종내의 국민 의식을 위협하기도 한다. 오늘날 국민 국가는 안팎으로 침식되고 있다. 예컨대 소련이나 체코나 유고슬라비아 같은 나라에서는 인종적 또는 종교적 집단마다 지역적 아이덴티티와 이해 관계를 들고 나와 자결권을 주장하고 나선다. 그들의 주장은 이제 국민 국가의 이념으로는 도저히 충족시켜줄 수가 없다. 그러나 이와는 정반대로 유럽경제공동체EEC나 북미자유무역협정NAFTA과 같은 블록 경제의 요구는 국민 국가의 권한에 우선하며 더욱이 우루과이 라운드나 세계무역기구WTO는 국민 국가의 경제권을 심각하게 위협한다. 이밖에도 그린 라운드 등 국민 국가의 권한을 넘어서는 많은 초국가적인 요구에 직면하여 국민 국가의 국민 의식에 많은 문제를 제기한다.

우리는 현대 사회의 지구촌화에 따라 안팎에서 제기되고 있는 사회 문제의 해결에 적극적으로 대처하지 않을 수 없다. 우리나라의 정치, 경제와 특히 교육은 아직도 세계화에 대한 대비가 부족하다. 국제적 안목 없이는 어떤 국민도 미래 세계에서 살아남을 수 없다. 우리 정부는 지금 국제화를 부르짖고 있다. 국제화와 세계화가 우리 국민의 이익과 안녕을 소홀히 할 수는 없다. 세계화 시대는 초국가주의transnationalism와 지역주의와 국가주의의 균형과 조화를 요청한다. 우리는 한편으로 세계 시민이면서 다른 한편으론 민족 국가의 일원으로서 전통의 뿌리에서부터 영양을 공급받아 "열려있는" 민족 문화를 육성하고 발전시켜 나가야 할 것이다. 다시 말해서 다원화 사회에서는 국제화와 지방화의 조화가 요청된다. 피터 드러커Peter, F. Drucker가 그의 저서 『자본주의 이후의 사회 *Post-capitalistic Society*』(1993)에서 말하는 것처럼, 초국가주의와 국가주의와 종족주의와 지역주의는 서로 반대되는 것이 아닐 수 있다. 우리는 인류 전체의 공존공영의 대기치 아래 보편적인 세계적 가치와 특수적인 지방적 가치의 조화를 슬기롭게 실현해야 할 책무를 가지고 있다. 우리는 비전과 시야 및 정보에서는 세계 시민이어야 하지만, 우리 민족의 전통과 이익을 무시할 수도 없고 무시해서도 안 된다. 문화의 보편성과 특수성의 조화가 항상 새로운 문화를 창조하는 것처럼, 우리는 우리의 전통 문화를 계승 발전시키면서 세계화에 동참해야 할 것이다.

우리는 지금 급변하는 사회에서 살고 있다. 사회를 구성하는 세포라고 할 수 있는 가족 제도를 비롯하여 온갖 사회 제도가 빠른 속도로 변화하면서 가치관에 대혼란을 야기하고 있다. 대부분의 일반 대중의 의식은 타성에 젖어 있어서 사회 변화에 대처하지 못하고 있다. 사람들은 지금까지 살아온 생활 방식과 지금까지 통용되어 온 사고 방식과 가치관을 그대로 지속시키고 거기에 집착하는 경향을 가지고 있다. 이러한 의식의 경향은 기존의 의식과 새로운 사회 현실 사이에 불일치를 가져온다. 이러한 불일치는 사회 혼란을 야기시킨다. 기존의 의식에 사로잡혀 있는 보수적인 인습적 사고는 사회적 문제들과 사고들에 대해 책임질 줄 모르고 사회 혼란의 책임을 제도나 남의 탓으로 돌리고 부적합한 제도나 구조를 개선하려고 하지 않는다. 그들은 새로운 제도의 도입이나 개혁을 배격하고 심지어 적대시한다. 우리는 변화하는 사회 속에서 살아남기 위해서 인습적 사고에서 벗어나야 한다. 우리는 시대의 징표를 읽을 줄 알아야 하며 새로운 시대가 요청하는 새로운 가치관과 새로운 삶의 방식을 끊임없이 모색하고 이룩하지 않으면 안 된다. 이러한 새로운 삶의 방식의 모색과 새로운 가치관의 확립이야말로 세계화 시대의 사회 윤리 교육의 기본 방향이다.

보통 교육의 핵심은 학생들로 하여금 현대 사회에서의 생활 윤리를 터득하게 하는 데 있다. 세계화 시대의 사회 윤리 교육의 과제는 이러한 현대 사회의 생활 윤리와 현대 사회의 윤리 문제를 올바르게 이해하는 데 있다. 우리는 현대 사회의 생활 윤리를 가정 생활 윤리, 직장 생활 윤리, 시민 생활 윤리, 문화 · 예술 생활 윤리, 종교 생활 윤리로 나누어 살펴볼 수 있으며, 현대 사회 윤리의 근본 문제를 생명 존중(생명 윤리), 환경 보전(환경 윤리), 성의 바른 이해(성 윤리), 과학과 윤리(과학 윤리)의 문제의 규명이라고 할 수 있다.

II. 현대 사회 생활과 윤리 교육

1. 가정 생활과 윤리 교육

산업화와 도시화는 전통적인 가정 제도에 큰 변화를 주었으며, 대가족 제도의 해체와 핵가족화를 초래할 뿐만 아니라 종내에는 1인 1가구가 급속도로 확산되게 만들고 심지어 가정 무용론까지 나오게 만들었다. 가정의 위기는 곧 사회의 위기이다.

세계 인권 선언문에도 나타나 있듯이 가정은 사회의 자연적인 기본적 단위체이며 그 기초이자 세포이다. 따라서 가정의 해체는 곧 사회의 해체이며 가정의 붕괴는 바로 사회의 붕괴이다. 그러므로 우리는 가정 공동체의 회복과 존속을 위해 청소년들에게 가정 생활의 중요성을 일깨워주지 않으면 안 된다.

오늘날 대부분의 가정은 부부 중심의 가족, 즉 핵가족으로 되어 있다. 그래서 가정의 기능은 크게 변질되었다. 많은 사회학자들은 핵가족의 약점을 지적하고 산업화가 초래한 가정의 기능 쇠퇴에 대해 불평을 늘어놓는다. 예컨대 공동체의 기본 질서인 연대 의식은 한 가족끼리도 희박해지고 있고 몇 안 되는 가족들조차도 함께 식사를 할 수 없다. 특히 가족간에 대화가 단절되고 있고, 기혼 여성의 취업은 엄마의 따뜻한 손길이 필요한 어린이들에게 심적 타격을 주며, 대부분의 어린이들은 고아처럼 포근한 엄마의 사랑을 모르게 된다. 또 직장을 잃은 노인들의 삶도 매우 고달프다. 노인들은 대접받기는 커녕 단란함을 누리지 못하고 버림받는 사람들이 되고 있다. 대부분의 사람들은 아늑한 가정의 분위기를 누리지 못하고 있으며 "길에 내던져진 사람"들이 된다. 그래서 외식업과 유흥업이 번성하게 되고 사람들은 더욱더 돈을 필요로 하게 된다.

그러나 우리가 핵가족 제도의 결점을 부분적으로 보완한다고 해도 근본적으로 핵가족 제도를 다시 전통적인 대가족 제도로 바꾸어 놓을 수 없을 뿐만 아니라 가족 제도를 근본적으로 부인하는 사람들이 속출하고 있다는 사실에 대해 우리는 주목하지 않을 수 없다. 우리는 가정의 본질에 대해 새로운 이해를 하지 않을 수 없다. 왜냐하면 아직도 많은 한국인들은 대가족 제도 아래에서 축적되어 온 가치관에 젖어 있으면서도 생활은 산업 사회의 핵가족화에 바탕을 두고 있어 심한 갈등을 겪고 있기 때문이다. 한국인은 올바른 가정 생활 윤리를 가지고 있지 않다. 대부분의 한국 부모들은 자녀들에게 사회 생활을 제대로 할 수 있는 덕목을 가르치려고 하기보다는 이기심과 출세욕과 물질 만능 사상을 고취한다. 심지어 어떤 부모들은 자식에게 사회 규범을 가르치지 않고 도리어 비합법적인 방법을 사용해서라도 그들의 자식들이 다른 사람과의 경쟁에서 거의 맹목적으로 이기기를 바라며 인격 교육을 무시한다. 한 가정 안에서도 사회관과 문화관과 가치관의 차이로 말미암아 갈등이 심하며 자식들은 부모를 존경하지 않는 경우가 많고 예의범절의 기준이 없어지고 전통적인 효도가 사라지고 있다. 한국 가정은 아직도 남아있는 남아 선호 사상 때문에 여성 인구의 인위적 감소와 부모의 자식에 대한 과보호, 이혼의 증가 등 많은 문제를 안고 있다. 따라서 우리는 위기에 처해 있는 우리의 가정을 지키기 위해 올바른 가정 생활 원리를 청소년들에게 가르쳐야 한다(예컨대 혼인과 가정의 신성성과 중요성, 부부애, 가정의 화목과 단란함, 가정 보호의 의무, 가정 교육의 중요성, 특히 가정에서 배워야 할 예절 교육, 친척과 이웃과의 친교와 신뢰와 사랑, 노인 공경 등).

페스탈로치Pestalozzi는 인격의 바탕이 되는 사랑과 감사와 신뢰의 싹은 어릴 때 가정의 도덕 교육에서 생기며 이 싹이 차츰 자라서 이웃 사랑과 동포애와 인류애로 뻗어 나간다고 말했다. 교황 비요 12세는 "가정이 사회의 기초가 되지 못하고 모든 교육과 문화의 첫째 터전이 되지 못한다면 그 결과 사람들은 비인격화 · 대중화되고 말 것이다"라고 일찍이 경고한 바 있다. 이웃에 대한 이해와 친절과 융화와 정의, 연대 의식, 효도, 염치, 순종, 관용, 충고, 긍지, 감사, 협동의 가능성 등 사회가 존립하는 데 없어서는 안 되는 사회 윤리의 근간을 우리는 가정에서부터 습득한다.

사회의 근본 질서의 원리이자 사회 윤리의 기본 원리인 연대 의식, 공동선의 우선성과 자력갱생을 바탕으로 하는 보조성의 원리의 구현과 훈련은 바로 가정에서부터 시작되어야 한다.

그러나 우리는 동시에 내 가족 중심주의, 즉 가족 이기주의의 폐단을 경계해야 함은 물론이다. 우리는 족벌주의에 빠져 공과 사를 제대로 구분하지 못하고 사회의 대동단결을 해치는 일을 자행해서는 안 된다. 아직도 우리 사회에서는 곳곳에 가족 이기주의가 국민간의 화합을 해치고 공정성을 잃게 하는 경우가 많다. 내 가족에 대한 편애가 사회 정의를 무시해서는 안 된다. 우리는 또한 핵가족 제도 아래에서 두드러지게 나타나는 부부 중심의 생활을 부정적으로만 볼 것이 아니라 남녀간의 평등과 가정의 민주화라는 측면에서 긍정적으로 볼 수 있어야 할 것이다. 우리는 좁은 내 가정의 울타리를 벗어나서 소외감을 느끼고 사는 무의탁 노인과 고아들의 가정 위탁 제도를 적극적으로 실시하는 것도 고려해 보아야 할 것이다. 모든 이웃이, 모든 인류가 한 가족이라는 생각을 할 수 있을 때 우리는 비로소 세계 평화를 누릴 수 있을 것이다. 안정된 가정은 국가와 인류 사회의 안정의 발판이다.

2. 직장 생활과 윤리 교육

산업이 고도로 발달한 현대 사회에서 직업이 차지하는 비중은 과거 어느 때보다 크며 개인 생활과 사회 생활에 대하여 미치는 영향과 의의도 또한 크다.

현대 산업 사회에서는 인간은 누구나 원칙적으로 노동에 참여할 것을 요구받는다. 현대 사회에서 직업은 생계 유지를 위한 수단일 뿐만 아니라 동시에 사회 생활에 참여하는 통로이며 한 걸음 더 나아가서는 자아 실현을 도모하고 인격 성숙을 이룩하는 도장이기도 하다. 따라서 실업자나 무직자는 사회의 성원으로서 무자격자로 낙인이 찍히며 그 사회에서 소외된다. 그러므로 직업 교육과 직업에 대한 윤리 의식은 사회 윤리의 중요한 과제가 되며 사회 윤리 교육의 방향을 설정하는 관건이 된다.

그러나 최근에 우리나라에서는 소위 노동의 3D 업종 기피증이라는 매우 우려할 만한 사태가 벌어지고 있다. 즉 더럽고 힘들고 위험 부담이 있는 일을 기피하는 현상이 만연되고 있다. 뿐만 아니라 할 수만 있으면 옛날의 양반들처럼 노동을 하지 않고도 살 수 있는 방법을 찾아 요행수를 바라거나 투기 행각을 일삼는 자들이 생기고 있다는 것이다. 노동 기피는 반사회적인 작태이다. 그러므로 우리의 청소년들이 어린 시절부터 부지런히 일하고 경제적으로 자립하려는 의지를 갖도록 가르치고 직업에 대한 편견을 갖지 않도록 가르쳐야 한다.

노동은 때로는 힘들고 귀찮을 수도 있고 고통을 주기도 하지만, 자기 자신과 가족과 이웃을 위하여 하지 않을 수 없는 것이다. 인간은 누구나 자기가 속해 있는 공동체를 위해 해야 할 일이 있다. 자기에게 맡겨진 일을 기꺼이 행하는 것은 자기와 공동체를 발전시키는 원동력이 된다. 노동은 인간들이 그들의 삶의 가치를 실현하기 위하여 행하는 육체적, 정신적 활동이다. 인간의 노동은 목적과 지향을 가지고 있다. 따라서 노동은 인간의 삶의 가치를 실현하는 의미를 가진다.

사람들은 노동을 하고 난 후, 그 노동에 대한 응분의 보상을 원한다. 오늘날 사람들은 노동에 대한 보상이 물질적으로 많으면 좋은 직업이고, 그렇지 못하면 좋지 않은 직업이라고 함부로 생각하는 경향이 있다. 그러나 만일 물질적 보상만이 노동의 목적이라고 생각하고 노동 자체에 대한 윤리적·정신적 가치를 부여하지 않는다면 노동은 단지 돈을 벌기 위한 수단에 불과한 것이 되고 인간의 자유를 속박하는 것으로 전락하고 말 것이다. 그렇게 되면 돈 있는 사람은 노동을 하지 않아도 된다는 생각을 가지게 될 것이며, 결국 사람들은 노동을 기피하려고 들 것이다.

우리의 조상들은 "일일부작일일불식一日不作一日不食"(하루 일하지 않으면 하루 먹지도 말라)이라는 말로 노동과 근면의 중요성을 가르쳤다. 그리스도교에서는 직업vocatio(소명이라는 뜻과 같다)을 하느님으로부터 자기 몫의 일을 하도록 부름을 받는다는 뜻으로도 사용한다. 자기의 소임, 즉 자기의 직업에 충실하는 것이 바로 하느님의 부름에 응하는 것이며 하느님의 역사에 동참하는 것이라고 그리스도교에서는 가르쳐 왔다. 노동은 신성한 것이다. "일하지 않는 자는 먹지도 말라"는 말씀은 만고불변의 진리이다.

그러나 후기 산업 사회에 들어오면서 지나친 분업화와 기계의 자동화 등으로 말미암아 노동의 참된 의의가 희미해지는 감이 있다. 어떤 사람들은 직업을 부와 권력과 자기 과시를 위한 수단에 불과하다고 잘못 생각하는 경우가 많아졌고 노동 소외로 말미암아 노동의 의의를 망각하고 자기의 직업에 태만하고 불성실하게 임하기도 한다. 그러나 이러한 사고 방식이 생기게 된 원인은 사람들이 올바른 직업 윤리 의식을 가지고 있지 못하기 때문일 것이다. 우리나라에는 아직도 잘못된 직업관을 가지고 있는 사람들이 많다. 예컨대 전근대적인 관존민비 의식, 직업에 대한 차별 의식, 비합리적인 업무 처리, 정확성과 절제 의식의 결여, 자기 직업에 대한 소명 의식의 부족 등이 바로 그것이다. 우리는 매일같이 각종 부실 공사, 각종 대형 사고의 다발, 엄청난 시간과 물자 장비의 낭비, 환경 오염에 시달리면서 불안한 삶을 살고 있다.

모든 직업은 그 나름대로 각기 존재 이유가 있다. 모든 직업의 발전이 곧 사회 전체의 균형적인 발전을 가져온다. 그러므로 우리는 어린 시절부터 노동의 참된 의의와 모든 직업의 중요성과 자기 직업에 대한 긍지를 배우고 가르쳐야 한다.

3. 시민 생활과 윤리 교육

우리는 지금 시민 사회에서 살고 있다. 시민 사회는 전근대적 신분 사회와 구별된다. 전통적인 신분 규제로부터 벗어나서 자유와 평등을 찾고 국민 모두가 각기 사회의 주역이 되는 사회를 민주 사회, 즉 시민 사회라고 한다. 따라서 시민 생활의 윤리는 가족 중심주의, 지방주의와 같은 연고주의로부터 벗어나서 사회 공동체 전체의 유지와 발전이라는 시각에서 시민 사회가 공유하는 가치와 규범과 그것들의 구현인 사회 생활과 문화를 독립적으로 자율적으로 받아들이고 이를 생활에 옮기는 것을 의미한다.

우리는 오랫동안 족벌, 지연, 학연 등 자기와 직접 이해 관계가 있는 사람들에 대해서만 관심을 표명하고, 나와 이해 관계가 직접 없는 듯이 보이는 사람들을 배타적으로 차별하는 편견을 가지고 살아왔다. 한국인은 역사적으로 시민 의식의 훈련을 받을 기회를 충분히 가지지 못했으며 시민으로서의 평등 의식과 공공 정신에 대한 이해가 부족하다. 우리는 공공 기물을 아끼고 보존한다든가 공중 도덕을 지킬줄 몰라 서로를 불편하게 하면서 살고 있다.

우리는 민주주의나 상호 존중을 구호로만 외칠 뿐 이를 실천에 옮기는 삶을 제대로 살고 있지 못하다. 우리는 자기에게 주어진 권리를 인식하고 주장할 줄도 알아야 하지만 다른 사람의 권리를 존중할 줄도 알아야 하며, 자신의 의무와 책임도 숙지하고 이를 실천에 옮길 줄 알아야 한다.

우리는 어린 시절부터 자기의 권리와 공동체에 대한 자기의 의무에 대해서, 또 자기의 행동과 사회 공동체에 대해 비판적으로 사고하는 것을 배워야 한다. 사회의 근본 질서인 연대 의식과 공익 존중은 성숙한 시민 의식의 발로이다. 우리는 우리 자신의 이익과 다른 사람과 공동체 전체의 이익의 조화를 꾀하는 법을 배우고 익혀야 한다. 사회가 안정되고 번영할 때 나의 안정과 발전이 이루어질 수 있다. 따라서 국가의 안전은 나의 안전과 직결된다. 그러므로 이웃에 대한 존중과 사랑이 곧 나의 존중임을 깨닫고 이를 실천해야 한다. 사회의 안전은 때로는 개인의 희생과 봉사를 요구하고 강제할 수 있다. 정치적 안정은 때로는 강제력의 행사를 필요로 할 경우가 있다. 이런 경우 우리는 사회의 안전을 위해 자기를 희생하고 자기의 이익을 양보하고 관용을 베풀 수 있어야 한다. 우리는 지금 심각한 생태학적 위기에 직면하고 있다. 환경 오염 방지는 일차적으로 개인의 자발적인 도덕감에 호소해야 하나 동시에 국가적인 강제 규정이 요청되지 않을 수 없다. 시민 각자가 환경을 오염시키지 않도록 노력함은 물론이고, 우리 모두가 환경

수호자로서 타인의 무책임한 반사회적 환경 오염에 대해서 감시하고 이를 적극적으로 만류할 수 있어야 한다. 우리는 공공 기물의 파괴자나 거리에 담배꽁초나 쓰레기를 함부로 버리거나 아무데서나 흡연을 하는 사람, 교통 질서를 지키지 않는 사람들에 대해서 유럽인들처럼 고발할 줄도 알아야 한다.

우리는 시민의 유대감을 해치고 시민들간에 위화감을 조성하는 사치와 낭비를 부추기는 행위를 삼가야 한다. 내가 번 돈을 내 마음대로 사용할 권리를 주장하기 이전에 사회 공동체의 구성원으로서 상호 의존 관계를 먼저 생각하고 근검 정신을 발휘할 수 있어야 한다. 우리는 우리의 후손들도 우리 못지않게 자연의 혜택을 누릴 수 있는 권리를 가지고 있다는 것을 인정해야 한다. 따라서 우리는 자연을 보존해야 할 막중한 책무를 지고 있음도 명심해야 한다.

우리는 시민 생활 윤리의 기본 방향을, 사회 윤리의 기본 덕목을 고려하면서, 자율 정신과 공공 정신과 근검 정신과 자연 보전에 두어야 할 것이다.

4. 문화 · 예술 생활과 윤리 교육

인간은 문화적 존재이다. 인간은 문화를 떠나서 살 수 없다. 인간은 자기의 부족한 점을 극복하기 위하여 자기와 자기의 환경 조건을 반성하고 자기 보전을 위하여 노력하지 않을 수 없다. 인간은 자연을 이용하고 모방하고, 또 고안하고 선택할 수 있는 능력을 가지고 있다. 이러한 모방과 고안과 선택 능력은 인간의 정신적 작용의 소산이다 그러므로 문화의 본질에는 단순한 모방과 고안(창작)뿐만 아니라 동시에 무엇을 왜 어떻게 해야 한다는 목적 의식과 가치 의식이 수반된다.

가령, 원시적인 단순한 문화 생활을 하는 사람들의 모습을 보더라도 인간은 단지 기능적인 효용성만으로는 만족하지 못하고 동시에 미적인 것에도 관심을 가지며 그밖에 특별한 의미를 부여하는 가치 의식을 가지고 있는 것을 어디에서나 쉽게 찾아볼 수 있다. 예컨대, 옷만 보더라도 피부를 보호하거나 실용성만을 문제삼는 것이 아니라 인간의 미 의식과 품위 의식과도 관련이 있다.

인간은 많은 문화적인 영역을 만들어냈다. 생활 양식, 예술, 기술, 정치와 경제, 제도, 풍속, 신화, 종교, 가치관 등은 문화적 산물이다. 그리고 이러한 모든 문화의 영역들은 어떤 천재나 개인이 짧은 기간 동안 직접 만들어낸 것이 아니라 여러 사람들의 지혜가 모여 이루어진 것이며 거의 대부분이 조상과 선배들로부터 물려받거나 배운 것이다. 그러므로 민족 문화의 계승과 보존과 발전은 그 민족의 고귀한 사명이다.

인간은 문화 속에서 어떤 형태로든 자기의 본질을 표현한다. 우리가 어떤 인간을 이해하려면 우선 그가 어떤 문화 생활을 하고 있는가를 살펴보지 않을 수 없다. 그래서 인간은 문화적 존재라고 말하는 것이다. 문화의 지평은 창의성, 순치성馴致性(피조성, Kreaturalität), 역사성, 사회성, 전통성과 윤리성으로 이루어진다. 문화는 인간에 의해 이루어졌기 때문에 또한 인간의 다른 행동과 마찬가지로 비판과 반성의 대상이 되지 않을 수 없다. 사람들은 문화를 대체로 과학적, 기술적, 예술적 업적이나 과정 또는 그것의 효용성이라는 면에서 따져볼 뿐, 문화가 가지고 있어야 할 윤리성을 간과해 왔다. 그 결과 오늘날 우리는 문화의 몰락, 또는 문화 하강 시대에 살고 있다는 문화 비판의 소리를 듣게 되었다.

인간은 원래 더 많은 자유를 얻기 위하여 더 안정된 삶을 살기 위하여 문화를 창조하였다. 그러나 오늘날 인간이 만든 문화가 도리어 인간의 자유를 억압하고 인간을 불행하게 만들고 있다고 지적하는 사람들이 많다. 인간은 스스로 만든 기계에 의하여 위협을 받고, 자기가 만든 제도 속에 스스로 갇혀버린 셈이 되고 말았다는 것이다. 그래서 인간은 문화적 산물의 압제로부터 해방되어야 한다고 주장하는 사람들도 생기게 되었다.

우리는 오늘날 문화의 하강 시대에 살고 있다. 사람들은 일찍이 없었던 생존 경쟁 속에서 불안에 떨며 살고 있다. 현대 문화의 몰락의 근본 원인은 자유 방임에 빠져 자기 반성을 철저하게 하지 않은 데 있다. 그러므로 문화를 재건하려면, 무엇이 우리의 마음에 안정과 조화를 가져다주는가를 판별할 줄 알아야 하며, 인간의 존엄성, 인류와 자연의 공존공영의 항구적인 보편적 윤리 가치가 문화 평가의 기준이 되어야 할 것이다. 우리는 어떤 문화가 인간의 삶을 긍정하고 보전하고 발전시키는가 아니면 인간의 삶을 부정하고 해롭게 하느냐에 따라 우리는 그 문화가 좋다든가 아니면 나쁘다는 판단을 내릴 수 있다.

문화의 꽃이라고 할 수 있는 예술의 의미를 살펴보자. 인간이 만든 도구와 의식주 등은 단순히 기능적인 필요에 의해서만 만들어지는 것이 아니라, 인간으로 하여금 아름다운 느낌을 가질 수 있도록 고안되고 창안된다.

예술은, 인간이 단순히 동물로서 생존하기 위해 필요한 조건들을 초월해서 인간을 위해 의미 있고 가치 있는 세계를 창조해 내려는 인간의 본질적 요구에 의해서 생겨난 것이다. 다시 말해서 예술은 사람다운 삶의 요구로부터 발생하는 정신 활동이다. 인간은 본성적으로 아름다운 것을 좋아한다. 인간이 예술 활동을 통하여 미적 가치를 추구하고자 하는 것은, 예술이 혼탁한 세계에 질서와 조화를 부여하여 인간의 정신을 순화시키고 고매한 인간성을 함양시킬 수 있기 때문이다.

토마스 아퀴나스는 미는 세 가지 조건, 즉 완전성, 균형 및 명료성을 내포하고 있다고 말했다. 이러한 미의 세 가지 조건은 또한 윤리적 가치의 조건도 된다. 그런 면에서 예술적 미는 도덕적 선과 일치된다고 말할 수 있다. 훌륭한 사람의 삶은 선량한 동시에 아름답다. 공자는 "예禮에서 사람이 서고 악樂에서 사람이 이룩된다(立於禮 成於樂)"고 말했다. 예와 악, 규범과 예술은 따로따로 떼어놓고 볼 수 있는 것이 아니라 본래 하나로 되어 있는 것이다. 예술과 도덕은 무관한 것이 아니다. 예술이 도덕을 무시할 때 어떤 문화도 건전할 수 없다. 우리는 폭력적이고 선정적인 음악과 영화와 무용 등이 청소년에게 끼치는 해독을 방치해 둘 수 없다.

예술은 무디기 쉬운 우리의 감수성을 예민하게 하고 우리의 상상력을 자극하며 다른 사람의 삶에 참여하는 공감을 가능하게 해준다. 예술적 체험과 공감을 통하여 자연과 이웃을 깊이 만나게 되고 쉽게 도덕적 공감을 가질 수 있기 때문에 우리는 예술 교육을 통하여 도덕 교육을 할 수 있다.

5. 종교 생활과 윤리 교육

인간의 삶은 유한하다. 인간은 누구나 죽을 수밖에 없는 존재이지만 오래 살고 싶어하고 영생을 동경한다. 인간은 불완전한 존재임을 자각하면서 인간의 능력을 초월하는 초월자를 믿고 의지하거나 자기에게 내재해 있는 성스러움을 계발하려고 하기도 한다. 인간은 정도의 차이가 있을 뿐 기도를 하는 마음을 가지고 살아간다. 인간은 특정한 종교를 믿건, 믿지 않건 간에 사랑하는 사람의 건강과 행복을 바라고 비는 마음을 가질 수 있다.

종교를 일의적으로 정의할 수는 없지만, 종교는 인간으로 하여금 좌절, 실망, 불안, 공포 등으로부터 벗어나게 해줄 수 있고 인간의 고통스러운 삶에 활력을 줄 수 있고 한 걸음 더 나아가 사회의 근본 질서의 기초를 마련해 주기도 한다.

그러나 종교는 사회를 통합하고 유지해 주기도 하지만, 사회의 변화와 발전을 어렵게 만드는 경우도 있다. 가령 어떤 종교의 보수성과 절대성은 때로는 그 독선적인 태도로 말미암아 종교간의 갈등을 심화시키기도 하고 사람들의 화합을 해치는 부정적인 측면도 있을 수 있다. 그러므로 어떤 종교인도 신앙 고백 방식이 각기 다를 수 있는 다른 종교에 대하여 함부로 악평하는 것을 삼가야 할 것이며 열린 마음과 관용의 정신으로 다른 종교를 믿는 사람들을 이해하는 자세를 가져야 할 것이다.

종교는 도덕적 삶과 불가분의 관계에 있다. 종교는 영원한 안식과 구원에 대해서 해명해 줄 뿐만 아니라 인간의 현세적 삶의 실천적 문제에 관해서도 해명을 줄 수 있다. 예컨대 이웃과 나와의 관계에서 어떻게 바르게 처신할 수 있는가 하는 도덕적인 삶에 대한 지침을 마련해 준다.

종파에 따라 윤리의 강조점이 차이가 있기는 하나 모든 종교는 그 종교가 성취하려는 이상적인 도덕적 인간상을 제시한다. 어떤 종교에서는 도덕적 행위는 절대자에 이르려는 궁극적인 목적을 도와주는 단계 내지 수단이라고 여겨지기도 하지만, 종교들은 사람들에게 사랑과 자비를 가르치고 도덕적인 삶을 살 것을 가르친다. 신앙인은 이 사회에서 버림받은 사람, 병으로 고생하는 사람, 의지할 곳 없는 사람을 도와주며 한 걸음 더 나아가 근본적으로 사회의 안녕과 질서를 위하여 봉사하고 헌신하며 정의로운 사회를 이룩하는 데 앞장서야 할 것이다. 도덕적인 삶을 실천하려는 종교의 요청은 개인과 개인의 차원에서 그치는 것이 아니라 모든 인류의 행복에 대해서, 사회에 대해서도 관심을 가지도록 할 것이다.

우리는 공교육 시간에 청소년들에게 특정한 종교를 선전하거나 함부로 비판해서는 안될 것이지만 윤리가 종교에 근거하고 있고 또 종교가 보편적인 도덕을 가르치고 있다는 사실에 유념해야 할 것이다. 그러나 어떤 종교인들의 배타적 태도에 대해서 주의를 주고 다른 종교의 비판에 대해서 신중한 자세를 취할 것과 지나친 현실 도피에 주의를 줄 수 있어야 할 것이다. 종교는 근본적으로 사람들에게 갈등과 미움을 갖게 해서는 안될 것이며 사람들을 화해시키고 평화를 심어줄 수 있어야 할 것이다.

III. 현대 사회 문제의 사회 윤리적 해결

1. 생명 위기의 문제

오늘날 우리는 심각한 생명의 위기를 맞고 있다. 생명 경시 현상은 우리 사회에서 만연되고 있다. 생명의 위기는 근본적으로 생명에 대한 올바른 이해가 부족한 데서 생긴다고 할 수 있다.

생명이라는 말은 매우 다의적으로 사용되고 있기 때문에 하나의 통일된 견해를 찾아보기 어렵고, 같은 학문 분야에 종사하는 사람들간에도 관점에 따라 생명의 의미는 상당한 차이가 있다. 사람들은 대체로 생명을 살아있는 것, 또는 목숨을 의미하며 생물의 생활 현상에서 추출해 낼 수 있다고 생각해 왔다. 예컨대, 생물의 현상에는 이러저러한 특성이 있다고 설명할 수 있다. 생물은 조직적이며 물질대사를 하고 성장하고 자신과 꼭같은 것을 번식시키며 자연 환경으로부터 에너지를 받아 생명 현상을 유지한다.

그러나 이러한 생명 현상의 기술記述만 가지고는 생명의 본질을 다 밝혀낼 수가 없다. 생명 현상을 연구하는 생명 과학은 생명의 본질이나 생명의 기원을 제대로 충분히 다룰 수 없다. 왜냐하면 생명의 최초의 발생은 과거에 단 한 번 일어난 유일한 사건인 반면에, 자연과학은 반복적이고 규칙적으로 일어나는 현상만을 연구 대상으로 삼을 수밖에 없으므로 생명의 기원 문제는 엄격히 말해서 실험 과학의 증명 대상이 될 수 없기 때문이다.

밖으로 드러나는 생명 현상은 설명될 수 있는 측면도 있으나 생명의 본질은 설명될 수 없고 다만 체험을 통해 이해될 수 있을 뿐이다. 생명 하나하나는 일회적이고 영혼이 깃들어 있으며 정서적인 느낌을 통해서 이해될 수 있을 뿐이다. 따라서 생명은 그 무엇으로 환원될 수 없는 초합리적이고 신비적인 것이다. 생명은 의미가 충만한 것이고 가치가 충만한 것이라고 믿으며 생명은 고귀하고 소중한 것이고 신성한 것이라고 우리는 생각할 수 있을 뿐이다. 우리는 생명에 손상을 입히는 것은 바람직하지 않다고 말할 수 있을 뿐이다.

우리 민족은 인간과 생물의 모든 생명을 아끼고 살생은 불가피한 경우에만 할 수 있다는 살생유택殺生有擇의 정신을 지니고 살아왔다. 이러한 생명 존중 사상은 단군 신화를 비롯하여 화랑도의 세속오계, 보우普雨의 사상, 동학사상에 이르기까지 연면해 왔다. 동학 사상은 천天, 지地, 인人 3재三才를 근원적으로 하나로 본다. 우리는 인간과 자연이 본래 하나임을 생각할 수 있어야 한다. 천지인이 상생相生하면서 온 누리를 온전하게 한다는 것이 동양의 성현들의 가르침이다. 『역경易經』은 "만물이 본래 가지고 있는 천성天性을 그대로 실현시켜 그 생명 발전을 끊임없이 존속하게 하는 것이 도의道義가 할 일이다(成性存存道義之門)"라고 하였다.

우리 인간은 생명 보전에 대한 책임을 지고 있다. 우리는 생명 보전을 실현하기 위하여 다음과 같은 점을 고려해 볼 수 있다. 첫째로 모든 생명체의 고유한 가치를 인정하는 것이며, 둘째로 인간의 도덕적 책임의 범위를 모든 생명의 보전에로까지 확대해서 실천하는 것이며, 셋째로 생명의 존엄성과 그 아름다움을 느끼고 생명을 찬미하는 것을 배우고 가르치는 것이다. 우리는 생명에 대한 외경심을 가져야 한다.

오늘날 우리는 인간이 인간성을 상실하여 비인간화되고 인간의 존엄성이 무시되고 인명 경시가 횡행하는 시대에 살고 있다. 도처에서 엄청난 인명 사고가 발생하고 살인 행위가 자행되고 있고 자살과 낙태가 속출하고 있다. 의학과 생명 과학의 발전은 한편으로는 인간에게 많은 혜택을 주기도 하지만 다른 한편으로는 생명 존중 사상에 위협이 되기도 한다. 기술의 발전 자체는 가치 중립적이므로 우리는 의료와 생명 공학의 기술적 발전이 어떤 경우에도 인간 생명의 존엄성을 해치지 않도록 경계하지 않으면 안 된다.

우리는 어린 시절부터 생명 존중 사상을 배우고 가르치지 않으면 안 된다. 슈바이처는 "인간은 그가 도울 수 있는 모든 생명체를 도와줄 때, 그리고 그 어떤 생명체에도 해가 되는 일을 삼가고 또 여기에 그 자신이 순응할 때에만 비로소 진정한 의미에서 윤리적이다. 윤리적인 인간은 이 생명 또는 저 생명이 얼마만큼 값이 나가는지 묻지 않으며, 또 그것을 얼마만큼 지각할 수 있는지도 묻지 않는다. 그에게는 생명 그 자체가 거룩하다. 그는 나무에서 나뭇잎 하나도 함부로 따지 않고 어떠한 꽃도 망가뜨리지 않으며 어떠한 곤충도 밟아 죽이지 않도록 항상 주의한다"고 말하였다.

우리는 의식을 상실한 사람, 부상당한 사람, 아직 태어나지 않은 사람들의 생명권을 존중해야 할 뿐더러, 비인간적 존재의 생존권도 존중해야 한다. 이러한 생명 존중의 실천은 사회 윤리학의 근본 과제이다.

2. 환경 위기의 문제

오늘날 우리는 "환경 오염," "환경 위기," "생태계의 위기," "자연 파괴," "지구의 종말"이라는 말을 항다반사처럼 듣고 있다.

인간은 자연(환경)에서 태어나서 자연 속에서 살고 있다. 인간은 자연을 떠나서는 잠시도 살아갈 수 없다. 그러나 인간과 자연 환경과의 교섭은 오늘날 당초에 의도하지 않았던 결과를, 즉 자연 환경의 위기를 가져왔다. 그래서 자연 환경의 위기는 인간에게 심각한 위협이 되고 있다.

무분별한 경제 개발은 산업화와 도시화에 의하여 자연 환경의 파괴를 가속화하였다. 그래서 생태계의 자연스러운 순환은 단절되고 생태권生態圈의 재생 능력은 무너지기 시작했다. 이른바 "생태학적 위기"가 닥쳐왔다. 우리 인류는 지금 하나의 지구촌에서 살고 있다. 그러나 이 지구촌은 밑바닥부터 거의 모든 곳에서 동시에 붕괴되기 시작하고 있다. 이 지구의 붕괴는 우리 인류가 자연을 아끼고 보전할 줄 모르고 자연을 착취하고 수탈하고 파괴를 일삼아 왔기 때문이다. 생태학적 위기는 한 생물과 다른 생물, 그리고 모든 생물과 자연 환경과의 연대가 무너지기 시작함에 따라 지구 자체를 유지시켜 주는 동적 상호 작용이 와해되기 시작함을 의미한다. 생태학적 위기의 극복은 생물 생태학의 과제일 뿐만 아니라 사회 윤리학의 과제이다. 왜냐하면 인간은 본질적으로 사회적 존재로서 연대성과 공익성의 우선과 보조성의 원리를 준수하면서 살아갈 수밖에 없고 이러한 사회 윤리의 실천이 생태학적 위기의 극복에서 가장 극명하게 드러날 수 있기 때문이다.

킨젤바흐R. Kinzelbach는 우리가 당면하고 있는 "생태학적 위기의 극복과 해결책은 근본적으로 인간의 내면 세계의 위기 해결 없이는 불가능하다"고 갈파했다. 왜냐하면 "생태학적 위기는 인간이 조성한 것이며, 따라서 생태학적 위기는 바로 인간의 위기이기 때문"이라는 것이다. 그는 "우리는 인간과 세계에 대한 낡은 생각에서 벗어나 자연과 인간에 대한 새로운 이해를 필요로 하며 참된 인간성에로 되돌아갈 수 있을 때 비로소 진정한 의미의 자연 보호가 가능하다"고 말했다. 환경 문제는 인간학의 과제이자 동시에 사회 윤리의 과제임을 아무도 부인하지 못할 것이다.

환경 위기, 즉 생태학적 위기를 극복하려는 윤리학을 초기에는 환경 윤리학environmental ethics, Umweltethik이라고 부르다가 최근에는 생태학적 윤리학 또는 생태 윤리학ecological ethics, ökologische ethik이라고 부른다. 이 새로운 생태 윤리학은 1968년 빈에서 개최된 제10차 국제 철학 대회에서 환경 윤리 분과가 창설되면서 철학자들과 세인의 관심의 대상이 되었다.

이 생태 윤리학은 인간의 자연 환경에 대한 윤리적인 가치 판단을 탐구하는 철학이다. 디쉬R. Disch에 의하면 인간의 자연에 대한 태도는 "생태학적 양식ecological conscience"에 따라 선과 악으로 판별된다. 칸R. Kahn은 "우리가 살고 있는 지구 환경과 그 속에 살고 있는 모든 생물 종을 아끼고 사랑하며 다른 생물을 직접, 간접으로 해치는 사리사욕을 버리며, 환경에 가능한 흔적을 남기지 않는 것을 선"이라고 해석한다. 레오폴드A. Leopold는 "생물 군집을 보호하고 안정성을 유지하며 심미감을 보전해 주는 행위는 선이며 그렇지 않은 행위는 악이다"라고 하면서 환경 윤리의 실천 지침을 제시했다.

환경에 대한 윤리적 가치 판단은 생태학에 관한 지식에 근거하지 않을 수 없다. 예컨대, ① 생태계의 보전 및 다양성을 이해할 수 있는 지식, ② 인간은 자연의 지배자가 아니고 인간도 자연의 한 구성원에 불과하다는 것, ③ 모든 생물 종은 생존권을 가지고 있으므로 인간은 함부로 생태권을 파괴해서는 안 된다는 것, ④ 지구 자원의 낭비는 환경의 오염과 파괴와 직결된다는 것 등의 생태학적 지식이 요청된다. 이러한 생태학적 지식은 "생태학적 양식"을 형성하는 기초가 된다. 왜냐하면 우리는 생태학적 지식 없이는 우리의 행동이 자연 환경에 대하여 이로운지 해로운지를 판단할 수 없기 때문이다.

1972년 스톡홀름에서 열린 유엔 인간 환경 회의는 인류 역사에 하나의 이정표를 세웠다. 이 회의에서 채택된 선언문은 "현재와 미래의 세계를 위하여 인간 환경을 보호하고 개선하는 것은 이제 인류의 지상 목표가 되었으며 그 목표는 인류의 평화와 범세계적 경제 사회 발전이라는 확고하고 기본적인 목표 아래 조화 있게 추구되어야 한다"고 강조했다. 자연과 인간의 공생 관계야말로 자연 보전의 윤리적 기반을 형성하는 것이다. 그러므로 생태 윤리학의 교육이야말로 사회 윤리의 중요한 과제일 뿐만 아니라 교양 교육의 핵심이 되어야 한다.

3. 성 윤리의 문제

성폭행, 성의 문란, 인신 매매단의 여성 납치, 중고등 학생의 집단 성폭행 등은 언론에서 아주 빈번히 보도되고 있다. 청소년의 성 윤리의 문제는 지금 우리 사회에서 심각한 문제가 되고 있다. 그러면 이렇게 성 도덕이 타락하게 된 원인은 무엇인가?

우리는 그 원인을 첫째로 성에 대한 무지, 둘째로 일부 학자들의 그릇된 성에 대한 견해, 셋째로 표현의 자유를 빙자하고 성을 상품화하는 상업주의의 발호에서 찾아볼 수 있다.

우리는 성에 대한 올바른 이해를 위해서는 성욕의 인간학적인 이해, 즉 성 교육이 필요함을 역설하지 않을 수 없고, 그 다음 성욕과 윤리의 상관성을 밝혀볼 수 있어야 하며, 또 현대의 일부 사람들의 그릇된 성관性觀의 문제점을 검토해야 하며, 성 윤리 문제의 해결을 위해서는 도색물의 제작과 판매가 철저히 금지되어야 함을 지적하지 않을 수 없다.

성은 육체적·심리적·사회적 의미를 내포하고 있으며, 성 그 자체는 자연스럽고 아름다운 것일 수도 있고 새로운 생명을 탄생시키며 사랑의 표현이 될 수도 있다. 인간의 성욕은 다른 동물과 달리 기능적으로 자동화되어 있지 않다. 일반 동물은 발정기, 교미기, 수태기가 정해져 있고 환경이 종족 번식에 적합할 때에만 성행위를 하고 영양 상태가 나쁘거나 병이 나거나 천재지변이 있을 때 발정하지 않으며 수태기에는 성행위를 하지 않는다. 그러나 인간의 성행위는 외부의 조건과 관계 없으며 도리어 삶이 불안할 때, 병이 들거나 수태중에도 성욕은 발동한다. 그러므로 인위적으로 인간의 성욕은 억제될 필요가 생긴다.

성행위는 남녀가 서로 자신을 증여하는 헌신적인 영육의 표현이며 상보성을 요구하는 행위이다. 그래서 인간의 성행위는 자제와 헌신 같은 윤리적인 성격을 가진다. 성행위는 인간 본성에 바탕을 둔 이성과 하나가 되는 혼인과 내면적으로 관계되고 있다.

인간에게는 성적 수치심이 있다. 성적 수치심은 삼가는 것과 유보라는 두 가지 작용을 한다. 이것은 다른 사람과 거리를 두게 하면서도 동시에 새로운 방법으로 결합을 하려고 한다. 이것은 자신을 보호하는 절제와 결혼할 때 깨끗하게 증여할 가치의 적립이다. 그래서 성적 수치심은 동물적인 본능으로부터의 자기 보호이다. 그러나 이 성적 수치심의 외적 표현 방식은 사회적 풍조에 따라 쉽게 변화되기도 한다. 특히 그릇된 선전이나 성에 대한 그릇된 이해와 무지는 성적 수치심을 둔감하게 만들며 상업주의와 결탁한 악질적인 성 해방은 그릇된 표현의 자유를 빌미로 성적 수치심을 파괴시킬 수 있다. 혼인의 신성성의 파괴와 가정 질서의 방파제로서의 성적 수치심의 파괴는 종내에는 인간의 존엄성을 위협하고 사회 해체 현상의 근본 원인이 된다.

도색물은 전통적으로 부도덕하다고 비난되어 왔다. 그것은 성욕에 대해 병적인 관심을 유발시키도록 고안되었다. 도색물이 나쁜 이유는 그것이 대부분 여성을 비인간적으로 전락시켜 표현하고 있기 때문이다. 도색물은 여자를 남자의 환상을 위한 단순한 도구로 만들며, 여자의 성생활을 남자의 쾌락을 위해 희생할 것을 요구한다. 이것은 여성의 존엄성과 인간성을 파괴한다. 도색물은 여자에 대한 폭력을 함축하고 있고 여자에 대한 사악한 거짓을 유포하는 매체이고 여성에 대한 중상모략이며 남성 중심의 성 차별을 조장한다. 그러므로 도색물의 제작과 홍보와 판매는 엄금되어야 하는데 이는 의지박약하고 호기심이 많은 젊은이들에게 주는 해독이 엄청나기 때문이다.

우리는 가정 교육, 학교 교육과 사회 교육을 통해 올바른 성 윤리 교육을 하지 않으면 안 된다. 성의 문란은 개인뿐만 아니라 사회를 파괴하므로 성 윤리는 사회 윤리의 중요한 과제라 아니할 수 없다.

4. 과학과 윤리의 상관성

근세 이후 과학과 기술은 종교와 철학의 간섭으로부터 벗어나 탈가치를 부르짖게 되고 제어 장치 없는 자동차처럼 달리기 시작했다. 어떤 과학자들은 과학의 발전 그 자체가 마치 목적인 것처럼 주장한다. 그러나 과학 기술은 원래 인간의 안정과 행복을 위해 고안된 것이며 인간의 가치를 높이는 것이어야 한다. 그러나 최근의 눈부신 과학 기술의 발전은 인간의 통제를 받지 않고 오히려 인간을 지배하기에 이르렀다. 이것이 이른바 테크노크라시이다.

기술 발전의 역작용은 가공할 살인 무기와 자원의 고갈과 자연 파괴를 초래했다. 따라서 과학자들은 기술의 부작용을 사전에 예측하고 인류 전체의 복지에 해를 줄 수 있는 가능성을 제거해야 하며 그들의 행동의 결과에 대해 책임을 질 줄 알아야 한다.

우리는 과학 기술의 발전을 계속 도모할 수밖에 없으나 인류의 장래에 어두운 그림자를 드리우는 해로운 과학 기술은 과감히 폐기시켜야 하며, 과학은 올바른 목적을 위해서만 이용될 수 있어야 한다. 따라서 어린 시절부터 과학 기술의 순기능뿐만 아니라 역기능에 대해서도 관심을 가지도록 가르치지 않을 수 없다.

우리는 자연 자원의 소모가 심하고 환경 오염을 초래하는 과학 기술은 가능한 한 억제하고, 때로는 불편을 감수할 수 있어야 한다. 기술의 억제는 먼저 인간 자신의 욕망과 허영을 억제하는 데서부터 시작해야 한다. 우리 시대는 그 어느 때보다 과학자들의 높은 사회 윤리 의식이 요구된다.

우리는 앞에서 언급한 사회 문제 외에도 경제 문제와 정치 문제에 대해서도 윤리적 성찰을 하여야 할 것이다.

주

1) 본 논문은 한국도덕국민윤리과교육학회 편, 『도덕국민윤리과교육』, 1994, pp.65-84에 실린 글임을 밝힌다.

제9장

가정의 근원적 의미: 가정 윤리의 기초[1]

I. 서론

먼저 우리는 왜 이 시점에서 가정의 중요성을 새삼스럽게 강조하고 이를 문제삼지 않을 수 없는가를 묻지 않을 수 없다. 그 이유를 우리는 다음과 같이 열거해 볼 수 있을 것이다.

첫째, 우리가 살고 있는 이 시대의 거의 모든 문화권에서 크나큰 변혁이 일어나고 있으며, 드디어 사회의 근본 질서가 붕괴 위험에 직면해 있다는 것이다. 특히 사회와 문화의 발전과 보호와 전승은 가정을 그 기저로 하고 있는데, 오늘날 이 사회의 모태라고 할 가정이 점차로 파괴되어 가고 있다는 것이다. 둘째, 이 시대에 팽배해 있는 개인주의와 황금 만능주의가 가정의 안정과 질서를 위협하고 있다는 것이다. 셋째, 합리적인 것만을 정당시하는 유물론적인 행동주의자들의 발호와 그들과의 타협은 일체의 인격 공동체가 부정되고 종래에는 가정의 신성성이 파괴되고 가정조차도 이해가 얽힌 상업적인 계약에 불과한 것이 되어버리고 인간 모두가 편히 살 수 있는 아늑한 보금자리로부터 쫓겨나서 안정감을 잃어버리게 되었다는 것이다.

그러므로 우리의 가정이 오늘날 심각한 위기에 봉착하고 있기 때문에 이 위기를 극복하기 위해서 우리는 무엇보다도 먼저 가정의 근원적 의미부터 살펴보지 않을 수 없다.

오로지 가정만이 인류 사회의 지속성과 미래를 보장해 준다. "세계 인권 선언"을 굳이 인용하지 않더라도 "가정은 사회의 자연적 기본적인 단위체이며 그 기초이자 세포이다. 따라서 가정의 해체는 곧 사회의 해체이며 가정의 붕괴는 곧 사회의 붕괴이다. 그러므로 우리는 가정 공동체의 회복을 위해 뜨거운 관심을 가지지 않을 수 없다."

이제 우리는 먼저 현대 사회에서, 그리고 우리나라에서의 가정의 위기의 원인을 보기로 하자.[2]

후기 산업 사회의 대량 생산 체제는 가족 제도에도 큰 영향을 미쳤고 변화를 초래했다. 오랫동안 존속해 왔던 "확대 가부장제 가족 extended partrichal family," 즉 대가족 제도는 대체로 부부 중심의 가족, 즉 핵가족으로 바뀌었다. 이로 말미암아 가정의 기능은 크게 변질되고 축소되었다. 많은 사회학자들과 교육학자들은 핵가족의 역기능과 약점을 지적하고 산업화가 초래한 가정 기능의 쇠퇴에 관해 세찬 불평을 늘어놓는 것이 예사가 되었다. 예컨대 부부 사이에서 부모와 자식 사이에서 대화가 단절되고, 온 가족이 한 식구로서 함께 식사를 할 수 없게 되었고, 집은 단지 잠만을 자는 일종의 여인숙으로 전락하고 말았다는 것이다. 부모들은 그들이 원하지 않는 장소와 시간에 집을 떠나 노동을 할 수밖에 없게 되고, 특히 기혼 여성의 취업은 엄마의 따뜻한 손길이 필요한 어린이들에게 많은 심적 타격을 주게 된다. 대부분의 어린이들은 고아처럼 포근한 엄마의 보살핌과 사랑을 모르게 되고 올바른 가정 교육을 받지 못하고 성장하게 된다. 그래서 비행 청소년이 속출하게 된다는 것이다. 그뿐만 아니라 직장을 잃은 노인들의 삶도 매우 고달프다. 노인들도 가정의 단란함을 누리지 못할 뿐만 아니라 자식들로부터 버림받은 사람들이 되고 만다. 대부분의 사람들은 오늘날 아늑한 가정의 분위기를 누리지 못하고 "길에 내던져진 사람들"이 되고 만다. 그래서 외식 산업과 유흥업이 독버섯처럼 번성하게 되고 사람들은 향락을 위해 더욱더 돈을 필요로 하게 된다.

사회학자들은 현대 사회를 "고독한 군중," "병든 사회," "인간성 상실의 사회," "자기 소외"라는 개념으로 분석하면서 현대 사회의 비리를 진단한다. 예컨대 이혼으로 말미암은 가정 해체, 정신병의 만연, 청소년 범죄, 성도덕의 문란, 미혼모와 기아棄兒의 문제, 자녀 양육과 노인 문제 등의 심각성을 지적한다. 그러나 핵가족 제도의 결점을 제도적으로 부분적으로 보완한다고 해도 이제 와서 핵가족 제도를 다시 전통적인 대가족 제도로 근본적으로 바꾸어놓을 수는 없다. 심지어 가족 제도 자체를 부인하는 짐승 같은 사람들이 속출하고 있다는 사실에도 우리는 주목하지 않을 수 없다(예컨대 소위 자유 동거, 계약 동거, 혼외 정사를 정당시하는 작태).

이제 우리는 한국의 가정이 안고 있는 문제점을 살펴보기로 하자.

한국의 산업화와 핵가족화는 급속도로 이루어졌기 때문에 한국의 가정 문제는 어떤 의미에서는 서구보다 더 심각하다고 말할 수 있다. 왜냐하면 아직도 대다수의 한국인들은 심리적으로 대가족 제도 아래에서 이루어진 가치관에 젖어 있으면서도 생활은 산업 사회의 핵가족화에 의거하고 있으므로 그사이에서 비롯되는 갈등을 더 심하게 겪고 있기 때문이다. 대부분의 가정에서 실제로 대다수의 부모들은 자녀를 교육하는 데 있어서 인격 성숙을 위한 바람직한 덕목을 가르치기보다는 매우 이기적이고 자기 중심적인 생활을 강요하고 출세욕과 황금 만능 사상을 가지도록 고취한다. 부모들은 자식들에게 준법 정신을 가르치지 않고 도리어 비도덕적이고 심지어 불법적인 방법을 자행해서라도 그들의 자녀들이 다른 사람과의 경쟁에서 거의 맹목적으로 이기기를 요구한다.

갈수록 한국의 가족 결속도 매우 불안정해지고 있다. 우리나라에서도 매년 이혼율이 증가하고 있다. 2002년 3월 통계청이 발표한 "2001년 혼인 이혼 통계 결과"에 의하면, 2001년 혼인 건수는 32만 1천 건, 이혼은 13만 5천 건이었다. 2000년에 비해 결혼은 1만 4천 건이 감소하고, 이혼은 1만 5천 건이 증가하였다. 2003년 5월 통계청이 발표한 바에 의하면, 2002년 혼인 건수는 30만 6천 건, 이혼은 14만 5천 건이며, 전년도에 비해 혼인은 13만 5천 건이 감소하고, 이혼은 1만 3천 건이 증가하였다. 출생아 수는 2000년 63만 7천 명, 2001년 55만 7천 명으로 해마다 감소하고 있다. 전반적으로 이혼 증가율이 결혼 증가율보다 훨씬 앞서고 있을 뿐만 아니라 고령층의 이혼율 증가는 심각한 자녀 문제를 양산하고 있다. 이처럼 이혼율이 증가하는 것은 혼인의 신성성을 사람들이 믿지 않으며 전통적인 가정과 결혼에 대한 가치관이 크게 쇠퇴했기 때문이다.

한 가정 안에서도 가족간에 문화관과 사회관에서 큰 차이가 있다. 소위 세대간에 갈등이 쉽게 나타나며 자식들은 보수적인 부모를 존경하지 않는 경우가 많고 부모들은 새로운 것을 좋아하는 신세대를 불신하는 경우가 많다. 가정 안에서 지켜져야 할 가정 윤리의 기준이 불분명하며, 특히 부모의 권위가 매우 약화되었다.

잘못된 인구 조절 방식과 성도덕의 문란은 연간 150만 건이나 되는 낙태 영아 살인를 초래했고 인간 생명의 존엄성을 무너뜨렸다. "아들 딸 구별 말고 하나만 낳아 잘 기르자"는 인구 정책은 결과적으로 인구 증가율을 억제시켰지만 아직도 남아있는 남아 선호 사상 때문에 낙태를 공공연하게 부추길 뿐만 아니라 여성 인구의 감소와 자식에 대한 과보호를 초래했다. 이것도 부모의 권위를 실추시키는 요인이 된다.

이 밖에도 서양 가정의 문제가 전파 매체 등을 통해 거의 그대로 옮겨와 우리 가정의 위기를 더욱 부추기고 있다.

그러면 이제 우리는 이렇게 위기에 처해 있는 우리 가정의 문제를 근본적으로 해결하기 위해서 먼저 가정의 본질과 가정의 근원적인 의미가 무엇인지를 묻지 않을 수 없다. 우리가 가정의 근원적인 의미를 바르게 깨달을 수 있고 가정 교육에 성공할 수 있다면, 우리는 가정의 위기를 극복할 수 있고 우리의 가정을 제대로 지킬 수 있을 것이다.

이 발표는 II에서 가정의 이해를 위한 학제적 접근을, III에서 가정의 본질을, IV에서 가족간의 윤리를, V에서 결론을 다루려고 한다.

II. 가정의 이해를 위한 학제적 접근

가정에 대한 올바른 이해는 학제적 접근을 필요로 한다. 종교적 측면에서 보면 그리스도교에서는 가정 예과家庭禮科, 유교에서는 제사祭祀를 모시는 데서 가정의 중요성을 생각해 볼 수 있다. 철학적 측면에서 보면, 사회 존재론과 사회 윤리의 이론을 근거로 가정의 본질을 규명하고 윤리, 즉 가정 윤리의 의미를 살펴보아야 할 것이다. 사회학적 측면에서는 사회의 기본인 가정의 구조와 기능과 제도를 살펴봄으로써 가정을 이해할 수 있을 것이다. 우리는 의료적 측면에서는 가족의 보건을, 생물학적 측면에서는 가족의 양육과 섭생과 가정의 존속을, 경제학적 측면에서는 가정 관리와 가정 경제를, 예술적 측면에서는 가정의 분위기를 포근하게 함으로써 가족의 안식을 도모하는 데서, 역사적 측면에서는 가정이 전통 문화의 보존과 전수의 장소라는 점에서, 교육적 측면에서는 인간의 학습장으로서, 가정의 의의와 그 중요성을 생각해 볼 수 있다.

이상에서 살펴본 것만으로도 가정을 올바르게 이해하기 위해서는 다양한 측면에서 접근해야 한다는 것을 우리는 알 수 있다. 우리는 한정된 지면에서 가정의 이해와 관련되는 모든 문제를 두루 다 망라하여 다룰 수는 없지만, 총체적 인격Gesamtperson, 즉 총체적 인격 공동체인 가정은 여러 측면에서 종합적으로 학제적 접근을 통해서만 제대로 이해할 수 있다는 것을 말하지 않을 수 없다.

가정은 인간의 삶의 터전으로서 인간의 온갖 정신 활동과 문화 활동의 기반이다. 그러므로 가정이 불안하고 가정 질서가 무너지면 그 가정에 속해 있는 가족들은 불안정하게 되고 쉽게 타락한다. 인간은 가정에서 태어나고 가정에서 살다가 가정에서 죽는다. 인간은 가정을 떠나서는 제대로 살 수 없다. 인간은 처음부터 가정을 가지고 살도록 되어 있는 존재이다. 왜냐하면 가정은 사람을 살리고 사람을 사람답게 살게 하는 거룩한 곳이기 때문이다. 인간은 불확정된 상태로 태어나서 가정 안에서 부모의 보호와 교육을 받음으로써 자기의 부족됨을 메우고 사람다운 사람이 된다. 그러므로 부모 또는 조부모는 최고의 교사이며 가정은 최고의 교육의 터전이 될 수 있다. 그래서 사람들은 흉악무도한 살인 사건이나 반인륜적 사건이 터져나올 때마다 가정 교육의 부재와 실패를 통탄하게 된다. 불량아의 속출은 나쁜 가정 환경과 밀접한 관계가 있음은 논란의 여지가 없다.

최근에 소위 고아원의 SOS 프로그램은, 보통 가정 형태를 모방하여 고아들이 고아원을 "내 집"처럼 생각하며 고아원 일에 자발적으로 참여케 함으로써 성공을 거두고 있다. 가정에서의 "집안 일"의 중요성을 경제적으로만 평가할 수는 없다. 내 집을 지킨다는 공동 목표에 대한 가족간의 협동과 협력과 가사의 공유 의식과 한 걸음 더 나가서 공존 의식은 가사 노동에서부터 배울 수 있다.

가정의 중요성을 우리는 명시적인 면뿐만 아니라 묵시적인 면에서도 찾아볼 수 있다. 예컨대 나의 안식처인 "내 집"의 포근함은 건축적인 외형 구조보다는 가족간의 사랑으로 이루어지는 내면적·정서적 분위기에 의해 좌우된다. 가정에는 객관적인 가치 규범과 이를 요구하는 엄격한 아버지로서 대표되는 권위와 정의가 요청되며, 한편으로 가족 구성원의 일상적인 섭생에 필요한 욕구를 충족시켜주면서, 다른 편에서는 포근하게 감싸주는 따뜻한 어머니로서 표현되는 사랑이 절대로 요청된다.

메스너Messner에 의하면 가정의 존재 이유는 세 가지 관점에서 찾아볼 수 있다: 첫째, 가정 구성원들이 일상생활에서 필요로 하는 것을 제공해 주기 때문이며, 둘째, 자녀들을 키우기 위해서이며, 셋째, 가정이 도덕적인 세포가 되기 때문이다.[3] 우리는 여기에 덧붙여 가정의 생물학적 기능을 생각해 볼 수 있다. 만일 가족이 그 생물학적 기능을 잃는다면 인간 사회는 그 자체를 영속시키고 증가시키고 발전시킬 수 없을 것이며, 인류의 멸망은 필연적인 것이 될 것이다. 동물의 한 종으로서의 인간은 다른 동물과 마찬가지로 종족 보존을 위한 성적인 욕구를 가지고 있다. 그러나 인간은 성적 욕구에 대해 반성적 의식을 가지며 사랑에 의해서 성적 욕구가 사회화를 거치면서 세련된다. 성적 욕구는 온갖 종류의 도덕적 혼란과 범죄와 사회의 해체까지도 야기시킬 수 있다. 그러나 가족이 있기 때문에 성적 욕구의 자제는 사회적 윤리의 근간이 되기도 한다. 우리는 여기서 혼인의 순결과 신성성을 생각해 볼 수 있다. 혼인과 가정은 인간이 필요로해서 만들어진 것이 아니라는 대종교, 특히 그리스도교와 유교 등의 가르침을 우리는 이해할 수 있을 것이다. 인간은 본래부터 가정과 관계를 맺도록 되어 있다. 가정은 존재론적으로 항존해야 하는 것이다. 그러면 가정다운 가정은 어떤 것인가? 가정의 본질은 무엇인가? 우리는 다음 장에서 이 물음에 대한 응답을 찾아보기로 하자.

III. 가정의 본질의 이해

1. 본질 직관에 의한 가정의 이해

사람은 누구나 어머니를 필요로 한다. 가톨릭 신자는 예수의 모친인 마리아를 성모聖母라고 부른다. 어린이는 엄마 없이는 제대로 성장할 수가 없다. 그래서 만일 어떤 어린이가 어머니(生母)가 계시지 않게 되면, 그 대역을 맡을 사람(養母)이 있어야 한다. 우리말에는 어머니의 역할을 하는 분들이 많다. 친모와 양모를 비롯하여 이모, 고모, 숙모, 외숙모뿐만 아니라 심지어 식모, 침모, 찬모, 수양 엄마라는 말도 있다.

누이나 오빠라는 호칭은 혈연 관계가 있는 사람에게만 해당되는 것이 아니라 동서양을 막론하고 은밀히 좋아하는 이성異性을 지칭하기도 한다는 것은 매우 주목할 만한 일이다. 학교 동창 선배를 형이나 언니라고 부르는 것은 학교가 단순한 이익 단체가 아니라 사랑의 인격 공동체임을 의미한다고 볼 수 있을 것이다. 같은 종교의 신앙을 가지고 있는 사람들끼리는 서로 교형자매教兄姉妹라고 부르기도 한다. 아주 친한 사람들 사이에서는 서로 형이나 아우라고 부르기도 한다.

그리스도교 신자는 하느님을 아버지라고 부른다. 그리고 모든 사람들은 하느님 아버지의 자녀로 불리운다(신약성서 마태복음 12장 46-50절, 하느님의 뜻대로 사는 자가 곧 나의 어머니요 나의 형제라고 그리스도가 말씀하셨다). 가톨릭 교회에서는 세례를 받아 새롭게 태어나 새 사람이 될 때 대부代父와 대모代母를 모시는 제도가 있다. 영신적인 아버지, 영신적인 어머니가 있다는 것은 참으로 마음 든든한 일이 아닐 수 없다. 남자 수도원에서는 원장을 *Abbas* 또는 *Abt*라고 부르는데, 이 말은 아버지라는 뜻이다. 교황을 *Papst* 또는 *Pope*라고 부르는 것이나, 사제를 신부pater, father라고 부르는 것도 전부 아버지를 가리킨다. 우리 말에서는 남자 수도원의 수도자를 수사修士라고 부르고 여자 수도원의 수도자를 수녀修女라고 부르는데, 이것은 잘못된 번역이다. 서양의 수도원에서는 남자 수도원의 수사를 "형제"라고 부르고 수녀원의 수녀를 "자매"라고 부른다. 성공회에서는 수녀원의 머리되는 분을 원모院母라고 부른다.

우리가 조금만 깊은 애정을 가지고 우리의 이웃을 살펴보면 모든 사람들이 우리의 부모 형제가 되는 분들이다. 그래서 우리는 가정에서 가족을 믿고 마음 놓고 살 수 있는 것처럼 이 세상에서도 이웃 사람들을 믿고 살 수 있는 것이 아니겠는가? 모든 사람이 창조 이래 피를 나누었으며 우리 모두가 한 분이신 하느님 또는 한울님의 자손들이다. 따라서 우리 모두가 한 가정의 일원이다. 독재자 히틀러를 제거하려다가 순교한 본회퍼Bonhoeffer가 "마치 하느님이 우리 아버지로 남아 계신 것처럼 대지는 우리의 어머니로 남아 계신다. 어머니에게 충성스러운 사람만을 그녀는 아버지의 팔에 안기게 할 것이다"[4]라고 한 말은 가정의 의의를 되새기면서 우리가 음미해 볼 만한 말이 될 것이다.

2. 사회 존재론에 의한 가정의 이해

사회성은 인간의 본성이라는 말에는 이미 인간의 사회성은 존재론적으로 존재한다는 뜻이 담겨있다. 다시 말해서 인간의 사회 제도는 인간이 필요해서 만든 제도가 아니라 인간에게 본질적으로 주어져 있는 것이다. 인간 존재는 공존재共存在이다. 인간은 누구나 홀로 있으면 쓸쓸함을 느낀다. 그 이유는 본래 다른 사람과 더불어 함께 살도록 되어 있기 때문이다.

인간의 사회성이 가장 잘 드러나는 곳이 가정이다. 따라서 가정도 인간이 필요해서 만들어낸 산물이 아니라 본디부터 존재하고 있다는 뜻이다. 가정은 사회의 세포이며 사회애의 진원지이다. 가정은 이해 관계를 초월하여 서로 믿고 의지하면서 살아가는 인격 공동체로서 총체 인격Gesamtperson이다.

우리는 인간 관계의 이상을 가족적 분위기에 둔다. 그래서 우리는 혈연 관계가 아닌 가까운 친지들간에 형제 자매의 호칭을 서로 주고 받을 때 연대 의식과 공동체 의식을 갖는다. 우리나라 사람들은 이웃은 물론이고 처음 만나는 사람들까지도 친근감을 표시할 때, 할아버지, 할머니, 아저씨 또는 아주머니라고 부르며 친인척을 대하듯이 한다. 그래서 우리는 이웃을 믿고 화목하게 산다. 우리 모두가 공동 운명체라는 의식이야말로 사회애의 발로이다.

유가에서 부모를 공경해야 한다고 가르치는 것은 합리적으로 설명할 수 있는 성질의 것이 아니라 사회 존재론에 입각하여 자식은 모름지기 근본적으로 부모를 공경하도록 되어 있다고 말할 수 있을 뿐이다. 부자지효父子之孝는 천성天性이라고 한다(『효경孝經』). 모든 사람과 친하다고 한들 부모 자식 사이의 친애親愛보다 더 한 것이 없을 것이요, 자기 부모를 공경하는 것보다 더 소중한 것은 없다고 하겠다. 그래서 『효경』은 "제 부모를 사랑하지 않고 남을 사랑함은 패덕悖德이라고 하며, 제 부모를 공경하지 않고 남을 공경함을 패례悖禮라고 한다"[5]고 했다. 부자유친父子有親은 오륜五倫 중의 기본이다. 다른 것은 가변적인 인간 관계이나 부자 관계는 불변적인 것이다. 부자 관계란 인간의 본성에 의해 이루어진 것이지 후천적으로 만들어지는 것이 아니다. 이제 우리는 왜 가정이 사회애의 진원지라고 말할 수 있는가를 살펴보기로 하자.

페스탈로치는 어머니와 자녀간의 관계를 아름다운 한 폭의 그림처럼 여실하게 묘사한 책[6]을 저술했다. 그가 묘사한 감동적인 내용을 몇 군데 살펴보기로 하자.

"어떻게 나는 사람을 사랑하고, 사람을 믿고 사람에게 순종하게 되었는가? … 우리는 이런 것들이 젖먹이와 어머니 사이에서 싹튼 것임을 알 수 있다." "어머니는 어린이를 기르고 키우고 보호하며 기쁘게 하여 준다. … 어린이는 보살핌을 받고 즐거움을 받음으로써 사랑의 싹을 마음속에 기른다." "지금껏 보지 못했던 물건이 어린이의 눈 앞에 놓여졌다고 하자. 어린이는 처음에는 놀라고 무서워하며 울기 시작한다. 이때 어머니가 어린이를 따뜻하게 가슴에 안고 같이 놀아주면 어린이는 울기를 그친다. 그리고 어린이는 금방 웃는다. 이러한 어머니와 어린이 사이의 미소의 교환 속에서 신뢰의 싹이 튼다."

"어린이가 무엇인가 구하면서 보챌 때에 어머니는 재빨리 요람에서 아기를 달래고, 배고파할 때 젖을 주고, 목말라할 때 물을 준다. 아기는 엄마의 발자국 소리만 듣고도 울음을 그치며, 어머니의 모습을 보자 손을 내민다. 어린이의 눈은 어머니의 가슴속에서 반짝이며 어머니의 품에서 어린이는 만족한다. 엄마와 만족은 어린이에게는 동의어가 된다. 이리하며 감사의 염念이 싹튼다."

"사랑, 신뢰, 감사의 싹은 이렇게 자란다. … 어린이는 어머니와 닮은 사람을 사랑한다. 어머니와 닮은 사람은 어린이에게는 엄마처럼 좋은 사람인 것이다. … 어머니가 사랑하는 사람을 어린이도 사랑한다. 그리하여 마침내 어린이의 마음속에 인류애와 동포애가 싹트고 자란다."[7] 이렇게 하여 인간의 사회애가 발로된다.

페스탈로치는 인간의 가장 고귀한 감정들이 아늑한 모자 사이에 싹이 트고 자라는 것임을 참으로 감미롭게 묘사했다. 그러나 어린이는 언제까지나 어머니 품에 매달려 살 수만은 없다. 어린이가 성장하면 어머니는 "아이야, 이제 네가 나를 필요로 하지 않는구나, 꼭 필요한 분이 있으니, 그분은 하느님이다"라고 가르치거나 같은 연배의 친구가 필요함을 가르친다. 이런 말을 처음 들을 때 아이는 형용하기 어려운 아쉬움과 두려움을 느끼겠지만 동시에 용기가 솟아오르면서 이제부터는 하느님을 의지하고 망망한 대해로 노를 저어가야 하겠다고 스스로에게 다짐할 수 있다. 이렇게 하여 어린이는 어른이 된다. 어머니는 최고의 교사이며 가정은 최고의 교육의 터전이다. 그러나 오늘날 많은 어머니들이 직업을 통한 사회 참여로 말미암아 모성이 갖는 중요한 역할이 현저하게 줄어들고 있다. 페스탈로치는 자본주의의 초창기에, 산업화가 농촌에까지 침투하여 가정을 파괴하는 광경을 보고 크게 우려한 나머지 이를 "안방의 약탈Wohnstubenraub"이라고 개탄했다. 이 말은 오늘날 우리에게도 해당되는 말이기도 하다.

슈프랑거Spranger는, "동서의 교육사에서 페스탈로치만큼 가정 교육을, 즉 가정에 있어서의 모성애에 의한 도덕 교육과 종교 교육을 중시하고 이를 강조한 교육자는 없을 것이다. 참으로 그의 교육학은 가정 교육학이며 그의 평생의 노력은 인류의 가정 교육의 개선을 위하여 바친 것임을 우리는 잊어서는 안 된다"[8]고 했다.

3. 교육적 기능을 통해 본 가정의 이해

동물학자인 포르트만A. Portmann에 의하면 인간은 그와 비슷하게 생긴 다른 동물보다 현저하게 조기에 출생한다고 한다. 그는 이 현상을 "자궁외조기출생extra uterines Frühjahr"라고 명명했고 이것을 인간의 고유한 특징이라고 말했다.[9] 이 사실은 다른 동물들은 아직 어미의 자궁 속에서 외부 세계로부터 보호를 받고 있는 동안 인간은 이미 자궁 밖으로, 즉 변화하고 있는 환경에 내던져진다는 것이다. 그러므로 인간은 부모의 특별한 보호와 교육을 받음으로써 비로소 그의 부족됨을 보상받을 수밖에 없다는 것이다. 다시 말해서 인간은 근본적으로, 즉 존재론적으로 부모 또는 부모에 의해 양육될 수밖에 없도록 되어 있는 학습 존재라는 것이다.

겔렌A. Gehlen은 신생아의 생물학적인 초기 모습들을 연구하면서, 인간은 그 기관 기능적인 면에서 생물 중 가장 결핍된 존재Mängel Wesen라고 말했다.[10] 다른 동물들은 그들이 살아가야 할 자연 환경에 꼭 알맞도록 육체적 기관 기능들이 특수하게 완성되어서 나타나므로 환경에 대해 반응할 때, 기계적으로 자동적으로 반응하게끔 되어 있다. 그러나 인간은 동물처럼 자연적인 본능에 따라 기계적으로 자동적으로 행동하도록 미리 결정되어 있지 않다. 겔렌에 의하며 인간은 생물학적으로 결핍된 존재이지만, 인간은 동시에 그의 결핍의 보상으로 자기 반성과 자기 의식을 할 수 있는 능력과 특히 학습할 수 있는 능력을 타고났다고 한다. 이 학습 능력이 최초로 발휘되는 장소가 가정이다. 그래서 가정은 인간의 최초의 교육장이 되며, 인간은 가정을 통해서 인간으로 성장하고 사람다운 사람이 된다.

가정의 기능과 역할은 그 가정이 속해 있는 사회의 문화가 요구하는 가치관에 따라 달라질 수 있다. 다시 말해서 문화권에 따라 가정의 기능과 역할은 달라질 수 있다. 그러나 가정의 기능이 시간적·공간적 배경에 따라 달리 요청된다고 하더라도 가정의 본질이 달라지는 것은 아니다. 그러므로 한국의 전통적인 가정에서는 대체로 가계의 계승과 가족의 욕구 충족, 자녀의 사회화, 가족 내의 상부상조와 정서의 생산과 도덕 교육의 기능과 역할이 요구되었다. 우리는 이를 좀더 자세히 살펴보기로 하자.

(1) 가계의 계승

가계家系의 계승은 대체로 장남에게 계승되는 가부장권의 세습 제도에서 이루어진다. 가계를 계승하기 위해서는 적법한 혼인 제도가 필연적으로 요구된다. 혼인 제도는 가계 계승자를 확보하는 가장 필요하고 정당한 제도이다. 혼인은 가계를 계승하기 위한 자녀의 출산뿐만 아니라 인간이 가지는 기본적 욕구로서의 성적 욕구를 충족시키는 기능도 한다. 인간의 성적 욕구는 청년기에 이르러 절정을 이루며 혼인에 의하여 사회적 승인을 받아 합법적이고 공공연하게 충족될 수 있게 된다. 따라서 가계 계승의 기능은 성적 욕구의 충족이라는 기능을 수반한다.

이밖에도 가정은 인간이 가지는 많은 욕구를 충족시켜주고 있다. 예컨대 가정은 가족이 필요로 하는 의·식·주와 관계되는 생활 필수품을 충족시켜주는 생활 협동체이며 가정 구성원의 안녕과 보건을 배려해 주며 때로는 생산과 소비를 함께하는 협동 노동 조직체로서 경제적 욕구를 충족시켜주기도 한다.

(2) 자녀의 사회화

여기서 사회화라는 말은 대체로 개인이 사회의 구성원이 되는 데 필요한 태도와 행동과 사고와 가치관 등을 다른 사람들과의 상호 작용을 통해 습득하는 과정을 의미한다. 사회화는 사회의 구성원이 될 새로운 개인들을 어떤 확립된 문화 전통과 전승된 생활 양식에 적응하게 하는 과정이면서 동시에 개인의 성장과 발달을 위한 여러 가지 잠재 능력을 실현시킴으로써 하나의 자아, 즉 정체성을 획득하는 과정이기도 하다.

사회화는 어린 시절부터 시작되지만 성인이 된 이후에도 계속하여 진행된다. 특히 어린 시절의 사회화는 대체로 가정에서 부모들에 의하여 이루어진다. 청소년기의 사회화는 대체로 유년기의 사회화 과정이 연장되는 것이라고 볼 수 있다. 그러나 청소년기는 성인기로 넘어가는 과정에서 사회에 적응하면서 여러 가지 문제점들에 봉착하게 되고 갈등을 겪게 된다. 청소년들은 가정 교육 외에 학교 교육과 사회 교육에서의 사회화를 필요로 한다. 그러나 기본적으로 청소년들은 가정 교육을 통해 모국어의 기초와 기본적인 예의범절을 익히고, 기본적인 가치관을 계발한다. 그러므로 청소년기의 가정 교육은 매우 중요하다.

(3) 정서의 순화와 안정

가정은 가족들의 정신적 긴장을 해소시키고 정서를 순화·안정시켜주고 휴식을 취할 수 있게 해준다. 사람들은 가정 밖에서 활동하면서 심신의 긴장과 피로를 느끼게 마련이다. 이러한 심신의 긴장과 피로를 푸는 곳이 곧 가정이라고 할 수 있다. 사람들은 자기 집에서 편히 쉬기를 원한다. 그래서 가정에서의 가족간의 화목은 인간의 정신 건강에 참으로 중요하다.

가정에서는 감정의 표현이 매우 자유로워 가족들은 희노애락의 감정을 마음껏 토로할 수 있다. 그래서 억눌렸던 감정이 풀어지고 맺혔던 서러움이 후련하게 사라질 수도 있다. 그러나 가족간에도 때로는 갈등과 충돌이 있고 언쟁이 있을 수 있다. 그렇지만 가족간의 언쟁과 대립은 오래가지 않고 당사자들이 의식하지 못하는 사이에 오히려 긴장을 해소시켜주는 순기능을 발휘하여 가족들의 정서를 안정시켜주는 작용을 하기도 한다. 가족간의 단결과 상호 협조와 보살핌은 거의 무조건적이다. 따라서 어떤 인간의 집단도 가족 공동체의 응집력을 우선할 수는 없다.

슈프랑거는 가정을 사랑을 통해 정서 관계와 관습 관계를 배우는 곳이 가정이라고 말하였다.[11] 그는 페스탈로치의 사상을 이어받아 인간의 삶은 가정을 핵으로 동심원적으로 확대해 나가는 것이며, 가정에서 배워야 할 가장 귀한 것은 사랑의 감정을 바탕으로 하는 종교적 감정의 도야라고 말했다.[12]

스미스Lester Smith도 가정 교육의 내용에 대해서 누구나 쉽게 수긍할 수 있는 감동적인 말을 하였다:

"가정은 성장하는 어린이의 생활에서 많은 역할을 한다. 가정은 자연스러운 애정의 샘이며 안정감을 가지고 살 수 있는 곳이다. … 가정은 갖가지 방법으로 어린이를 교육하며 여가를 즐길 기회를 제공한다. 가정은 사회에서의 그의 지위를 가르쳐주며, 또한 그에게 종교에 대한 태도를 굳혀준다."[13] 가정은 순수한 심정을 길러주는 교육의 장소이다. 여기서 순수한 심정이란 사랑과 믿음과 순종과 감사의 마음을 가리킨다. 이 순수한 심정은 우선 부모와 자녀 사이에 싹트고 익혀지며 차츰 하느님과 이웃을 향해 확대해 가며 종내에는 사회와 국가로 확대되어 간다.

4. 도덕 교육의 장

인간은 가정 교육을 통해서 인仁 · 의義 · 예禮 · 지智 · 신信과 같은 인간의 기본 덕목을 배우며 순종과 공경을 익히게 된다. 인간의 정신적 · 윤리적 · 문화적 삶은 가정에서 배우고 익히게 되어 있다. 게다가 기꺼이 도우려는 것, 친절함, 인내, 성실, 공정함, 권위에 대한 존경, 적절한 순종 등의 중요한 덕목을 우리는 가정 교육을 통해서 배우고 익힐 수 있게 되어 있다.

우리는 가정 생활에서 순종이 자기를 비하하는 비굴이 아니라 보다 더 좋은 자아의 실현이라는 것을 배워야 하며, 권위도 근본적으로 지배받는 자들의 권위를 옹호하기 위해서 만들어져야 한다는 것을 알아야 한다. 인간은 이러한 사실을 배울 수 있을 때 비로소 인간의 고귀함과 권리가 양립할 수 있음을 깨달을 수 있게 된다. 가정 안에서의 통치(지배)는 강요가 아니라 공동체와 그 구성원(즉 가족)에 대한 봉사이다.

"우리 집," "우리 가족," "우리 가정"이라는 말은 우리가 공동 운명체임을 가리키며 우리로 하여금 화합심을 불러일으키는 정겨운 말이다. 모든 것을 서로 믿고 자기보다 다른 가족을 위하고 그저 평화롭게 자기를 내맡기고 해방감을 누릴 수 있는 곳이 가정이다. 이 가정에서 우리는 인격의 핵심과 사랑과 사회 생활의 기본인 질서를 배운다.

우리가 이와 같이 하나의 공동 운명체로서 이해를 넘어서서 가정 윤리를 확립할 수 있을 때, 우리는 사회 윤리의 근간인 연대 의식과 공동선을 터득할 수 있다. 가족은 생물학적으로 뿐만 아니라 도덕적으로도 사회의 세포이다. 따라서 가정의 본질에서 도덕성을 빼놓을 수 없다. 그러면 다음 장에서 우리는 가족 내의 윤리에 대해서 좀더 살펴보기로 하자.

Ⅳ. 가정의 윤리적 의미

가정은 구체적이며 실질적인 목적, 예컨대 성적 욕구를 사랑으로 채워주고 순화시키며 자녀를 돌보아주고 양육한다든가 일용할 양식을 생산하고 소비하며 가족을 보호하는 것과 순수한 인격적 목적 — 예컨대 정신적 성숙 — 이 가장 친밀하게 상통할 수 있는 공동체이다. 이 공동체 속에 정의(질서)와 사랑이 가장 강력하게 작용하고 있다.

브루너E. Brunner는 "진정한 의미의 가정에서는 원래부터 서로 다른 세 종류의 원리, 즉 자연적인 사랑eros과 하느님의 사랑agape과 정의正義가 종합될 수 있다"[14]라고 말했다. 여기서 말하는 정의는 가정의 질서 그 자체에 충실함으로써 주체적으로 표현되는 것이지 이론의 영역에 있는 것이 아니다.

일반적으로 서양 윤리는 개인 중심의 윤리로 보고 유교와 같은 동양 윤리는 가족 중심의 윤리라고 보는 경향이 있다. 그러나 필자는 유태적 · 그리스도교적 윤리는 아리스토텔레스의 윤리학으로부터 칸트의 윤리학에 이르는 전통적 서양 윤리와는 엄격히 구별되어야 한다고 본다. 다시 말해서 그리스도교 윤리는 일반적인 동양 윤리와 마찬가지로 가정 공동체 중심의 윤리라는 것이다. 왜냐하면 전통적인 서양 윤리는 인간의 자유와 평등을 찾기 위한 과정을 문제삼으며, 동양 윤리는 인간 대 인간의 관계에서 하나의 질서를 찾기 위한 과정이라고 할 수 있기 때문이며, 그리스도교 윤리는 인격 공동체와 가정 윤리로부터 출발하고 있기 때문이다.[15] 우리는 가정의 의의를 질서와 정의에서 찾아볼 수 있다. 가정 질서는 서양인들에게서는 대체로 부부 관계가 중심이 된다면, 동양인들에게서는 부모와 자녀 관계가 중심이 된다고 볼 수 있다. 그러나 부부 관계는 숙명적인 것이라고 말할 수 있다.

한 가정은 한 남자와 한 여자가 만나서 함께 사는 결혼으로부터 출발한다. 남녀의 성적 결합이 부부 사이에서만 이루어져야 하는 배타적인 이유는 가정과 특히 자녀들의 보호를 고려하는 데 있다. 성적 결합이 엄격히 일부일처제에서만 이루어져야 한다는 것은 애초부터 자녀들만을 위한 것은 아니라는 견해도 있지만, 처음부터 자녀들을 위해서 그래야만 하는 것이다. 왜냐하면 결혼의 객관적인 의의는 자녀를 낳아 기름으로써 가정을 계승하는 데 있기 때문이다.

모든 고등 종교에서 성의 기능을 "삶에 봉사한다"고 보고 결혼의 의의를 자녀의 출산에 두고 있는 것은 이것이 바로 창조의 질서에 부응하기 때문이다. 삶은 인간 생명의 근본이기 때문에 이를 사람이 자의대로 좌우할 수 없는 일이다. 따라서 결혼을 하고서도 상규常規를 벗어난 이기주의에 빠져있는 것은 결혼과 가정을 결합시키는 하느님또는 하늘의 창조의 질서를 파괴하는 것이 된다. 모든 집단과 공동체에 질서가 있어야 하듯이 가정 공동체도 질서가 있어야만 유지되고 발전할 수 있다. 따라서 가정 성원간에, 즉 가족간에 질서가 있어야 하는 것은 당연하다. 이 질서는 편의상 생활 질서와 도덕 질서로 나누어 생각해 볼 수도 있을 것이다. 근본적으로 도덕 질서가 우선하며 도덕 질서로부터 생활 질서가 나온다.

이제 우리는 가족간에 지켜져야 할 도덕에 대해서 살펴보기로 하자.

부부간의 윤리

『예기禮記』에는 "천지가 합한 후에 만물이 흥하는 것이니 무릇 혼례는 세상 만사의 출발이다"[16]라는 말씀이 있고, 또 『중용中庸』에도 "부부로부터 군자지도君子之道의 단초가 비롯된다"[17]고 기록되어 있다. 우리는 남녀와 부부 사이에 질서가 있어야 함을 유념하지 않을 수 없다.

부부간의 윤리는 남녀의 혼인에서 비롯된다. 혼인은 인간의 성적 욕구를 정의롭게 충족시키려고 이루어지는 것이며 남녀의 영속적 결합을 도모한다. 따라서 남녀 쌍방에 정절의 의무가 주어진다. 혼인은 윤리적인 면뿐만 아니라 법률적·종교적으로도 중시되는 인류지대사이다. 왜냐하면 혼인 관계야말로 모든 생활 규범의 기초가 되기 때문이다. 그래서 어디서나 혼인은 법적 승인을 필요로 한다.

부모의 윤리

부모는 자녀에 대해 양육의 의무를 진다. 부모는 물질적으로 뿐만 아니라 정신적으로도 자녀를 잘 기를 의무를 지고 있다. 요즈음 논의되고 있는 인격 교육 또는 인간 교육의 기초는 바로 이러한 가정 윤리의 교육에 있다.

부모는 자녀에 대한 의무를 지고 있는 만큼, 자녀를 올바르게 가르치고 인도하기 위한 교도권敎導權과 명령의 권리를 가진다.

자녀의 윤리

유가에서는 부모에 대한 자녀의 도리를 효라고 하고, "효는 덕의 근본이며 가르침이 비롯되는 것"[18]이라고 하였다.

효도의 실천은 구체적으로 부모를 공경하고 봉양하는 데 있다. 효는 본래 부모에 대한 자식의 자발적인 사랑에서 비롯되는 것이다. 그래서 자녀는 부모의 가르침에 기꺼이 따를 수 있는 것이다.

상황이 달라지면 부모를 공경하는 방식이 옛날 농본 사회農本社會에서 하던 것과 꼭같을 수 없고 반드시 부모와 동거하면서 부모를 봉양해야만 하는 것은 아니다.

여기서 우리가 부모와 자녀 간의 관계에서 반드시 유념해야 할 것이 있다. 부모의 존엄성은 자식의 존엄성과 동등하다는 것이다. 자녀의 원초적 권리는 부모의 윤리적인 권리와 동등하다.

자녀는 부모에 대하여 부모가 어린 자녀를 올바르게 부양할 책임을 요구할 권리를 갖는다. 만일 이 권리가 제대로 이행되지 못할 때. 다른 공동체가 이를 대신하지 않을 수 없다.

가능한 한 국가가 이혼을 허용하지 말아야 하는 중요한 근거는 바로 자녀의 부모에 대한 권리를 보호하는 데 있다. 다시 말해서 이혼으로 말미암아 자녀가 그 부모의 보호를 받지 못하게 되는 것은 부모가 그 자녀에게 불의를 저지르는 것이 된다. 자녀가 부모로부터 보호받을 권리는 창조의 질서에 기초한 권리이다. 오늘날 창조의 질서는 법률 제도를 통해서도 자녀들의 권리가 지켜지도록 명령하고 있다.

가정의 모든 구성원은 서로에게 속하여 있다. 부모는 자녀에게, 자녀는 부모에게 속하여 있다. 그러나 이렇게 속하여 있는 양식이 동일한 것은 아니다. 자녀는 아버지와 어머니가 자녀에게 속하여 있는 것과는 다르게 아버지와 어머니에게 속하여 있다. 이 "다르다"는 사실은 하느님에 의하여 창조된 "자연의 질서"(즉 자연법)로 규정된 것이다. 이 "다름"은 한 가정에서 분명한 입체적인 질서를 이룩하며 가정의 각 구성원의 동등한 인간 존엄성을 훼손시키지 않으며, 오로지 역할의 다름으로 말미암아 결성되는 입체적인 가정의 편제에서 생긴다. 아버지는 가정의 머리이며 지도자이다. 만일 아버지가 병약하여 그 가정의 머리 역할을 못하는 경우에는 어머니나 그 밖의 다른 식구가 아버지를 대신하여 머리 역할을 하지 않을 수 없다. 이러한 제도는 유교뿐만 아니라 유태적 그리스도교와 또 이슬람교에서도 시행되고 있다.

그리스도교도 유교와 마찬가지로 자녀는 성인이 되기까지 아버지의 권위(존엄성)에 순종하도록 가르친다. 자녀를 사랑하는 아버지는 의당 자녀에게 순종할 것을 요구하는 위엄을 보여주려고 할 것이다. 그럼에도 불구하고 오늘날 아버지의 권위를 폭군에 빗대어 비난하는 것은 근본적으로 가정 제도를 부정하는 방임주의적 개인주의에서 생겨난 것이라고 말하지 않을 수 없다.

참된 가정은 사랑과 정의의 완전한 융합이 이루어지는 장소이다. 가정에서 가족간에 동등한 관계를 이루게 하는 것은 사랑이다. 그러나 이 사랑은 아버지와 어머니와 자녀에게 있어 각기 다른 형식을 띠고 나타난다. 각기 다른 이 형식은 바로 정의가 결정한다. 올바른 아버지는 자녀에게 순종할 것을 요구해야 함을 알고 있으며 또 올바른 자녀는 부모에게 순종해야 한다는 것을 알고 있다. 다만 타락한 자녀만이 순종은 사랑과 배치된다고 생각할 뿐이며, 또한 사랑이 없는 비정상적인 아버지만이 자기의 권위가 그의 사랑을 무시해도 되는 것처럼 잘못 생각하고 잘못 처신할 뿐이다. 그런데 이러한 엄친嚴親이 가지는 정의와 권위 그리고 아무런 제도에도 매이지 않는 사랑 사이에 어머니가 위치한다. 어머니에게서 사랑은 가장 직접적으로 가장 거리낌없이 피어난다. 왜냐하면 어머니는 가정의 정의의 질서에 직접적으로 매이지 아니하고 물질적인 사랑을 베풀려고 하기 때문이다. 가정에서 아버지와 어머니, 자녀 간에 맺어지는 정의와 사랑의 풍부한 관계 속에는 참으로 무궁무진한 가정의 비의秘意가 깃들어 있다.

형제 자매 간의 윤리

형제 자매 간에는 나이와 성별의 차이가 있다. 먼저 태어난 형이나 누나, 오빠와 언니가 대체로 동생보다 체력이나 지능, 경험 면에서 우세하기 마련이므로 형이나 누나, 오빠나 언니가 부모를 대신해서 또는 부모의 조수로서 동생을 보호하고 지도할 책임을 가진다. 그래서 아우는 형을 존경하고 따르고 본받아야 할 것이다.

형제 자매는 이 세상에서 가장 가까운 친구이기도 하다. 형제 자매는 서로 돕고 서로 이해하면서 측은해하는 마음과 사양하는 마음을 쉽게 배우고 익힐 수 있다.

남매 관계는 부모에 의해서 어려서부터 자연스럽게 질서지워져야 한다. 부모는 남매를 복장과 태도에서부터 다르게 길러야 하고 특히 그 거처에 대해서도 구분된 생활을 할 수 있게 해주고 남매에게 남녀 유별을 가르쳐주어야 한다.

친족간의 윤리

옛날에는, 국가 반란죄를 범한 죄수의 삼족, 즉 부족, 모족, 처족을 멸하는 형벌이 있었다. 이러한 형벌이 있게 된 원인은 혈연을 중심으로 죄수와 관련되는 모든 친족이 하나의 공동 운명체이므로 그 연대 책임을 묻는 것이며, 근원적으로 복수할 기회를 주지 않으려는 것이라고 우리는 생각해 볼 수 있을 것이다.

이 친족간에도 지켜야 할 도리가 있다. 이 도리는 상부상조를 비롯하여 여러 호칭에 따라 윗사람과 아랫사람이 각기 지켜야 할 질서와 예절을 제시한다. 선조를 경애하고 추모하는 마음과 보본사사報本謝思의 정情을 표현하는 것은 친족간의 도리이다. 이것은 숭조崇祖와 미풍양속을 계승하고 발전시키는 원동력이 되며 오늘날에도 종약宗約, 종친회, 화수회花樹會 등으로 이어지고 있다. 이것은 수많은 가족으로 이루어지는 씨족 집단으로 널리 확대 적용되었고 더 나아가서 향리애, 동포애, 인류애의 근원이 되었다. 따라서 하나의 가정에서 출발한 종법宗法의 씨앗이 대족代族을 넘어서 사회와 국가의 규범으로 발전함으로써 『대학大學』의 이른바 수신제가修身齊家가 곧 치국평천하治國平天下의 초석이 되는 것이다.

V. 결론

우리는 앞에서 가정의 근원적 의미를 두루 살펴보았다. 가정이야말로 사람을 인간답게 만드는 터전이다. 그러므로 우리는 그 어느 때보다 인격 교육 또는 인간 교육이 요청되는 이 시점에서 가정의 의미를 바르게 이해하고 우리 모두가 가정 보호에 대한 막중한 책임을 지고 있음을 깊이 고찰할 수 있어야 할 것이다. 이제 우리 모두가 가정 보호를 위해서는 첫째로, 가정 교육의 중요성을 재인식하고, 둘째로 각급 학교의 교육 과정에 가정의 의의와 가정 윤리에 대한 프로그램을 확충하고, 특히 남녀 모든 학생에게 가정과科 교육을 실시해야 한다. 셋째로 국가에서 가정 보호를 위한 지원을 제도적으로 확립해야 할 것이다. 요컨대 사회 보장 제도의 중심은 가정 보호에 있어야 할 것이다.

주

1) 본 논문은 『정신문화연구』, 제19권, 제2호, 한국정신문화연구원, 1996, pp.3-20에 실린 글임을 밝힌다.

2) 진교훈, 「21세기를 향한 家庭科敎育의 方向」, 제15회 가정과교육연구발표회, 1994 참고.

3) J. Messner, *Social Ethics*, B. Herder. 1949, p.289 참고.

4) Dietrich Bonhoeffer, *Grundfragen einer christlichen Ethik*, 전집, Bd. Ⅲ. S.58.

5) 孝經: 故不愛其親而愛他人者, 謂之悖德, 不敬其親敬他人者, 謂之悖禮.

6) J.H. Pestalozzi, *Wie Gertrud ihre Kinder lehrt*. R.VI., p.1801.

7) 앞의 책, S.345-347.

8) E. Spranger, *Pestalozzis Denkformen*, Heidelberg 1966, S.35-41 참고.

9) Adolf Portmann, *Zoologie und das neue Bild des Menschen*, Reinbeek, 1959. S.68ff.

10) Arnold Gehlen, *Der Mensch, seine Natur und seine Stellung in der Welt*, Berlin, 1941, S.2f.

11) E. Spranger, *Pädagogische Perspektiven*, Heidelberg, 1964, S.75 참고.

12) E. Spranger, *Pestalozzis Denkformen*, Heidelberg, 1966, S.36f.

13) W.O. Lester Smith, *Education*, Middlesex, Penguin, 1970, p.64.

14) Emil Brunner, *Gerechtigkeit*, Zürich, 1944. 전택부 역,『정의와 사회 질서』, 사상계사, 1954. p.209.

15) 진교훈,『哲學的 人間學硏究 (II)』, 1994. pp.235-236 참고 ; E. Bruner, *Das Gebot und die Ordungen*, 1932. S.498; 윤성범 편,『현대와 효도』, 을유문화사, 1975, p.79쪽 참고.

16) 天地合 而後萬物興焉 夫婚禮 萬世之始也:『禮記』

17) 君子之道 造端乎夫婦:『中庸』第12章.

18) 夫孝 德之本也 敎之所由生:『孝經』, 第一章.

제10장

효학의 학문적 정립을 위한 인간학적 접근[1]

I. 머리말

　먼저 우리는 왜 이 시점에서 효孝의 중요성을 새삼스럽게 강조하고 이를 문제삼지 않을 수 없는가를 묻지 않을 수 없다. 그 이유를 우리는 다음과 같이 열거해 볼 수 있을 것이다. 첫째, 우리가 살고 있는 이 시대의 거의 모든 문화권에서 크나큰 변혁이 일어나고 있으며, 사회의 근본 질서가 붕괴 위험에 직면해 있다는 것이다. 특히 사회와 문화의 발전과 보호와 전승은 가정을 그 기저로 하고 있는데, 오늘날 이 사회의 모태라고 할 가정이 점차로 파괴되어 가면서 사회 해체 현상이 일어나고 있다는 것이다. 둘째, 이 시대에 팽배해 있는 개인주의와 황금만능주의가 가정의 안정과 질서, 즉 효를 경시하고 있다는 것이다. 셋째, 합리적인 것만을 정당시하는 유물론적인 행동주의자들의 발호와 그들과의 타협은 일체의 인격 공동체가 부정되고 종래에는 인간성 상실을 초래했다는 것이다.

　그러므로 우리가 오늘날 봉착하고 있는 이 인간의 위기를 극복하기 위해서 우리는 무엇보다도 먼저 가정 질서의 근원인 효를 살펴보지 않을 수 없다.

"세계 인권 선언"에서도 "가정은 사회의 자연적인 기본적 단위체이며 그 기초이자 세포이다. 따라서 가정의 해체는 곧 사회의 해체이며 가정의 붕괴는 곧 사회의 붕괴이다. 그러므로 우리는 가정 공동체의 회복을 위해 뜨거운 관심을 가지지 않을 수 없다"고 천명했다.

이제 우리는 먼저 현대 사회에서, 그리고 우리나라에서의 가정의 위기의 원인을 살펴보기로 하자.[2] 많은 사회학자들과 교육학자들은 핵가족의 역기능과 약점을 지적하고 산업화가 초래한 가정 기능의 쇠퇴에 관해 강하게 비판하는 것이 예사가 되었다. 예컨대 부부 사이에서, 부모와 자식 사이에서 대화가 단절되고 온 가족이 한 식구로서 함께 식사를 할 수도 없게 되었고 집은 단지 잠만 자는 일종의 여인숙으로 전락하고 말았다는 것이다. 부모들은 그들이 원하지 않는 장소와 시간에 집을 떠나 노동을 할 수밖에 없게 되고, 특히 기혼 여성의 취업은 엄마의 따뜻한 손길이 필요한 어린이들에게 많은 심적 타격을 주게 된다. 대부분의 어린이들은 고아처럼 포근한 엄마의 보살핌과 사랑을 모르게 되고 올바른 가정 교육을 받지 못하고 성장하게 된다. 그래서 비행 청소년이 속출하게 된다는 것이다. 뿐만 아니라 직장을 잃은 노인들의 삶도 매우 고달프다. 노인들도 가정의 단란함을 누리지 못할 뿐만 아니라 자식들로부터 버림받은 사람들이 되고 만다. 대부분의 사람들은 오늘날 아늑한 가정의 분위기를 누리지 못하고 "길에 내던져진 사람들"이 되고 만다. 그래서 외식 산업과 유흥업이 독버섯처럼 번성하게 되고 사람들은 향락을 위해 더욱더 돈을 필요로 하게 된다.

사회학자들은 현대 사회를 "고독한 군중," "병든 사회," "인간성 상실의 사회," "자기 소외"라는 개념으로 분석하면서 그 비리를 진단한다. 예컨대 이혼으로 말미암은 가정 해체, 정신병의 만연, 청소년 범죄, 성도덕의 문란, 미혼모와 기아棄兒 문제, 자녀 양육과 노인 문제 등의 심각성을 지적한다. 그러나 핵가족 제도의 결점을 제도적으로 부분적으로 보완한다고 해도 이제 와서 핵가족 제도를 다시 전통적인 대가족 제도로 근본적으로 바꾸어 놓을 수도 없다. 심지어 가족 제도 자체를 부인하는 짐승 같은 사람들이 속출하고 있다는 사실에도 우리는 주목하지 않을 수 없다.

이제 우리는 한국의 가정이 안고 있는 문제점을 살펴보기로 하자.

한국의 산업화와 핵가족화는 급속도로 이루어졌기 때문에 한국의 가정 문제는 어떤 의미에서는 서구보다 더 심각하다고 말할 수 있다. 왜냐하면 아직도 대다수의 한국인들은 심리적으로 대가족 제도 아래에서 이루어진 가치관에 젖어 있으면서도 생활은 산업 사회의 핵가족화에 의거하고 있으므로 그 사이에서 비롯되는 갈등을 더 심하게 겪고 있기 때문이다. 대부분의 가정에서 실제로 부모들은 자녀를 교육하는 데 있어서 인격 성숙을 위한 바람직한 효를 가르치기보다는 매우 이기적이고 자기 중심적인 생활을 강요하고 출세욕과 황금 만능 사상을 가지도록 고취한다. 부모들은 자식들에게 효를 가르치지 않고 도리어 비도덕적이고 심지어 불법적인 방법을 자행해서라도 그들의 자녀들이 다른 사람과의 경쟁에서 거의 맹목적으로 이기기를 요구한다.

한국의 가족 결속은 갈수록 매우 불안정해지고 있다. 우리나라에서도 매년 이혼율이 증가하고 있다. 통계청의 "인구 동태 통계 연보"에 의하면, 1972년에는 혼인 20쌍 중에 1쌍이 이혼, 1980년에는 혼인 17쌍에 1쌍이 이혼, 1987년부터는 급속도로 이혼율이 증가하여 혼인 9쌍 중 1쌍이 이혼했고, 1992년에는 혼인 7.8쌍 중 1쌍이 이혼했고, 1996년에는 5쌍 중 1쌍이 이혼했고, 2002년에는 2.1쌍 중 1쌍이 이혼했으며, 1990년에 4만 4천 9백 건이었던 이혼이 1997년에는 무려 9만 3천 2백 건으로 7년만에 2배로 증가한 것으로 기록되어 있다. 1990년부터 인구수는 전년보다 약 0.9% 증가하나 혼인 수는 오히려 매년 감소하고 있다. 이처럼 이혼율이 증가하는 것은 사람들이 혼인의 신성성을 믿지 않으며 가정과 결혼에 대한 전통적인 가치관이 크게 쇠퇴했기 때문이다.

한 가정 안에서도 가족간에 문화관과 사회관에서 큰 차이가 있다. 소위 세대간에 갈등이 쉽게 나타나며, 자식들은 보수적인 부모를 존경하지 않는 경우가 많고, 부모들은 새로운 것을 좋아하는 신세대를 불신하는 경우가 많다. 가정 안에서 지켜져야 할 가정 윤리의 근본인 효 사상은 매우 약화되었다.

그러므로 우리는 이제 효 사상을 바르게 이해하고 이를 가르치지 않으면 안 된다.

효학孝學에 대한 올바른 이해는 학제적 접근을 필요로 한다. 종교적 측면에서 보면 그리스도교에서는 성부와 성자, 즉 하느님 아버지와 그의 아들 예수와의 관계, 유교에서는 부자유친에서 효의 중요성을 생각해 볼 수 있다. 철학적 측면에서 보면, 사회 존재론과 사회 윤리의 이론을 근거로 효의 본질을 규명하고 가족간의 윤리, 즉 가정 윤리의 의미를 살펴보아야 할 것이다. 사회학적 측면에서는 사회의 기본인 가정의 구조와 기능과 제도를 살펴봄으로써 효의 중요성을 이해할 수 있을 것이다. 우리는 의료적 측면에서는 노부모의 보건을, 생물학적 측면에서는 어린이와 노부모의 양육과 섭생을, 경제학적 측면에서는 가정 관리와 가정 경제를, 예술적 측면에서는 가정의 분위기를 포근하게 함으로써 가족의 안식을 도모하는 데서, 역사적 측면에서는 가정이 전통 문화의 보존과 전수의 장소라는 점에서, 교육적 측면에서는 인격 도야의 목표로서의 효의 의의와 그 중요성을 생각해 볼 수 있다.

이상에서 살펴본 것만으로도 효학을 올바르게 이해하기 위해서는 다양한 측면에서 접근이 가능하다는 것을 우리는 알 수 있다. 따라서 효학은 근본적으로 학제적 접근을 통해서만 제대로 정립될 수 있음을 말하지 않을 수 없다.

II. 효의 인간학적 의의

유교 사상뿐만 아니라 모든 종교의 인륜의 근본은 인仁이라고 할 수 있다. 그러면 이 "인仁" 자를 "이인二人"이라고 쓴 이유는 무엇인가? 그것은 나와 나 아닌 다른 사람과의 관계를 화목하게 하는 것을 의미하는 것이다. 사람 "인人" 자도 두 사람의 상호 의지를 상징하는 것이다. 따라서 "인간"이라는 말이 그러하듯이 인간은 사람과 사람과의 관계, 즉 인륜에서 비로소 사람다울 수 있다. 그런데 이 "인仁"은 추상 개념이며, 인자한 마음씨가 구체적인 행위로 옮겨질 때 효가 드러난다.

그렇다면 효와 인은 어떤 관계를 가지고 있는가를 살펴보기로 하자. 인은 추상적 관념이라면 효는 구체적 행위이다. 인이 오상五常(仁, 義, 禮, 知, 信)의 근본이라면 효는 오륜五倫(義, 親, 別, 序, 信)의 근본이다. 사람이 인仁 없이는 사람이 아니며, 사람이 "사람됨Menschwerdung" 은 인仁을 이루었다고 하는 것이다. 다시 말해서 성인成人은 곧 성인成仁이다. 효는 자녀가 부모를 사랑(仁)하고 공경함을 지칭하는 것이다.

효는 인식의 문제가 아니라 인간의 삶의 태도의 문제이다. 따라서 우리는 효를 분석하고 설명하려고 할 것이 아니라 이해하고 터득하려고 해야 할 것이다. 부모가 자녀를 사랑하고 자녀가 부모를 친애하며 공경하는 것은 천륜이다. 효는 인간의 사고에 의하여 후천적으로 만들어진, 즉 인위적 당위가 아니라 선천적 존재로서 인간성의 발로이다. 효는 존재론적으로 인간의 본성에서 우러나오는 것이다.

효는 인간의 생명으로부터 우러나는 도리이다. 모든 생명은 무한히 연속되어 끊이지 않고 발전되어 가기를 요청하는 속성을 가지고 있다. 특히 사람은 생명에 대한 애착과 존중과 경외감을 가지고 있다.『주역周易』은 천지의 대덕大德은 생生이며, 생생지위역生生之謂易이라고 이르면서 낳고 또 낳고 영원히 이어가는 것이 생명의 작용이라고 하였다. 자기의 생명의 유일무이한 존귀함과 신성함을 받은 것에 대하여 인간은 은혜와 감사를 느끼지 않을 수 없다. 그래서 인간은 나를 낳아주신 근원을 찾아 그 은혜에 보답하려고 한다. 우리가 부모에게서 받은 것은 단순히 눈에 보이는 혈육만이 아니라 눈에 보이지 않는 인간의 본성의 이치와 생명의 기운이다. 율곡은 이를 두고 "사람은 태어날 때 생명과 피와 살을 모두 어버이에게서 받는다. 그러므로 숨을 내쉬고 들이마시는 데도 어버이의 기운과 혈맥이 서로 통한다. 이것은 자기 자신의 몸이 자기 개인의 것이 아니며 부모에게서 물려받은 기운이다"[3]라고 말하였다. 그러므로 효는 생명의 온전한 실현을 의미한다고 할 수 있다.

부모가 자녀를 사랑하고 자녀가 부모를 사랑하고 따르는 것은 억지로 만들어서 하는 것이 아니라 인간의 본성에서 나오는 자연스러운 발생이다. 효는 외부의 압력으로 강요되는 것이 아니라 아무런 조건 없이 행해지는 것이다. 따라서 효는 특정한 사람만이 행할 수 있는 것이 아니라 모든 인간의 만행의 근본으로 누구나 행할 수밖에 없는 것이며 인간의 본질에서 나오는 것이다. 다시 말해서 인간은 사람답게 살기 위해서는 효를 행하지 않을 수 없다. 부모와 자녀간의 친애하는 마음은 곧 형제간의 사랑을 낳게 되고 이것은 우애로 발전되며, 그 다음에는 이웃 사랑으로 인류애로 발전된다.

우리는 효를 이해하지 않고서는 인간을 제대로 이해할 수 없다. 효는 인간의 본질을 총체적으로 이해하고 밝혀 보려고 하는 인간학의 과제가 되지 않을 수 없다. 따라서 우리는 효학의 학문적 정립을 위해서 인간학적 고찰, 즉 인간의 본질 이해를 시도하지 않을 수 없을 것이다. 인간을 바르게 이해하고 인간의 도리를 밝히려는 자는 누구나 효학을 공부하지 않으면 안 된다.

III. 가정 교육과 효

동물학자인 포르트만A. Portmann에 의하면 인간은 그와 비슷하게 생긴 다른 동물보다 현저하게 조기에 출생한다고 한다. 그는 이 현상을 "자궁외조기출생extra uterines Frühjahr"이라고 명명했고 이것을 인간의 고유한 특징이라고 말했다.[4] 이 사실은 다른 동물들은 아직 어머니의 자궁 속에서 외부 세계로부터 보호를 받고 있는 동안 인간은 이미 자궁 밖으로, 즉 변화하고 있는 환경에 내던져진다는 것이다. 그러므로 인간은 부모의 특별한 보호와 교육을 받으므로써 비로소 그의 부족됨을 보상받을 수밖에 없다는 것이다. 다시 말해서 인간은 근본적으로, 즉 존재론적으로 부모에 의해 양육될 수밖에 없도록 되어 있는 학습 존재라는 것이다.

겔렌A. Gehlen은 신생아의 생물학적인 초기 모습들을 연구하면서, 인간은 그 기관의 기능적인 면에서 생물 중 가장 결핍된 존재라고 말했다.[5] 다른 동물들은 그들이 살아가야 할 자연 환경에 꼭 알맞도록 육체적 기관 기능들이 특수하게 완성되어서 나타나므로 환경에 대해 반응할 때, 기계적으로 자동적으로 반응하게 되어 있다. 그러나 인간은 동물처럼 자연적인 본능에 따라 기계적으로 자동적으로 행동하도록 미리 결정되어 있지 않다. 겔렌에 의하며 인간은 생물학적으로 결핍된 존재이지만, 인간은 동시에 그의 결핍의 보상으로 자기 반성과 자기

의식을 할 수 있는 능력과 특히 학습할 수 있는 능력을 타고났다고 한다. 이 학습 능력이 최초로 발휘되는 장소가 가정이다. 그래서 가정은 인간의 최초의 교육장이 되며 인간은 가정을 통해서 인간으로 성장하고 사람다운 사람이 된다.

가정의 기능과 역할은 그 가정이 속해 있는 사회의 문화가 요구하는 가치관에 따라 달라질 수 있다. 다시 말해서 문화권에 따라 가정의 기능과 역할은 달라질 수 있다. 그러나 가정의 기능이 시간적·공간적 배경에 따라 달리 요청될 수 있다고 하더라도 가정의 본질이 달라지는 것은 아니다. 그러므로 한국의 전통적인 가정에서는 대체로 가계의 계승과 가족의 욕구 충족, 자녀의 사회화, 가족 내의 상부상조와 정서의 생산과 도덕 교육의 기능과 역할이 요구되었다. 이러한 요구가 바로 효 사상을 이끌어왔다. 그러므로 우리는 다음과 같이 효 사상의 기능과 역할을 살펴볼 수 있다.

1. 가계의 계승과 효

가계를 계승하기 위해서는 적법한 혼인 제도가 필연적으로 요구된다. 혼인 제도는 가계 계승자, 즉 자녀를 확보하는 데 가장 필요하고 정당한 제도이다. 혼인은 가계를 계승하기 위한 자녀의 출산뿐만 아니라 인간이 가지는 기본적 욕구로서의 성적 욕구를 충족시키는 기능을 발휘하기도 한다. 인간의 성적 욕구는 청년기에 이르러 절정을 이루며, 혼인에 의하여 사회적 승인을 받아 합법적이고 공공연하게 충족될 수 있게 된다. 따라서 가계 계승의 기능은 성적 욕구의 충족의 기능을 수반한다. 가계 계승은 또한 조상 숭배 신앙과 제사의 계속을 통하여 죽은 이들과의 교제를 가능하게 해준다.

이밖에도 가정은 인간이 가지는 많은 욕구를 충족시켜 주고 있다. 예컨대 가정은 가족이 필요로 하는 의·식·주와 관계되는 생활 필수품을 충족시켜주는 생활 협동체이며 가정 구성원의 안녕과 보건을 배려해 주며 때로는 생산과 소비를 함께하는 협동 노동 조직체로서 경제적 욕구를 충족시켜주기도 한다. 따라서 가계가 단절되는 것은 최대의 불효가 된다.

2. 자녀의 사회화와 효

여기서 사회화라는 말은 대체로 개인이 하나의 사회의 구성원이 되는 데 필요한 태도와 행동과 사고와 가치관 등을 다른 사람들과의 상호 작용을 통해 습득하는 과정을 의미한다. 사회화는 사회의 구성원이될 새로운 개인들을 어떤 확립된 문화 전통이라는 전승된 생활 양식에 적응하게 하는 과정이면서 동시에 개인의 성장과 발달을 위한 여러 가지 잠재 능력을 실현시킴으로써 하나의 자아, 즉 정체성을 획득하는 과정이기도 하다.

사회화는 어린 시절부터 시작되지만 성인이 된 이후에도 계속하여 진행된다. 특히 어린 시절의 사회화는 대체로 가정에서 부모들에 의하여 이루어진다. 청소년기의 사회화는 대체로 유년기의 사회화 과정이 연장되는 것이라고 볼 수 있다. 그러나 청소년기에는 성인기로 넘어가는 사회 적응 과정에서 여러 가지 문제점들에 봉착하게 되고 갈등을 겪게 된다. 청소년들은 가정 교육 외에 학교 교육과 사회 교육에서의 사회화를 필요로 한다. 그러나 기본적으로 청소년들은 가정 교육을 통해 모국어의 기초와 기본적인 예의범절을 익히고, 기본적인 가치관을 계발한다. 그러므로 청소년기의 가정 교육은 매우 중요하며 이것은 효를 통해서 이루어져야 하며 이루어질 수 있다.

3. 정서의 순화와 안정과 효

가정은 가족들의 정신적 긴장을 해소시키고 정서를 순화 안정시켜 주며, 안정시켜 주고 휴식을 취할 수 있게 해준다. 사람들은 가정 밖에서 활동하면서 심신의 긴장과 피로를 느끼게 마련이다. 이러한 심신의 긴장과 피로를 푸는 곳이 곧 가정이라고 할 수 있다. 사람들은 자기 집에서 편히 쉬기를 원한다. 그래서 가정에서 가족간의 화목은 인간의 정신 건강에 참으로 중요하다.

가정에서는 감정의 표현이 매우 자유로워 가족들은 희노애락의 감정을 마음껏 토로할 수 있다. 그래서 억눌렸던 감정이 풀어지고 맺혔던 서러움이 후련하게 사라질 수도 있다. 그러나 가족간에도 때로는 갈등과 충돌이 있고 언쟁이 있을 수 있다. 그렇지만 가족간의 언쟁과 대립은 오래가지 않고 당사자들이 의식하지 못하는 사이에 오히려 긴장을 해소시켜주는 순기능을 발휘하여 가족들의 정서를 안정시켜주기도 한다. 가족간의 단결과 상호 협조와 보살핌은 거의 무조건적이다. 따라서 어떤 인간 집단도 가족 공동체의 응집력에 우선할 수는 없다.

슈프랑거Spranger는 사랑을 통해 정서 관계와 관습 관계를 배우는 곳이 가정이라고 말하였다.[6] 그는 페스탈로치의 사상을 이어받아 인간의 삶은 가정을 핵으로 동심원적으로 확대되어 나가는 것이며, 가정에서 배워야 할 가장 귀한 것은 사랑의 감정을 바탕으로 하는 종교적 감정의 도야라고 말했다.[7]

스미스Lester Smith도 가정 교육의 내용에 대해서 누구나 쉽게 수긍할 수 있는 감동적인 말을 하였다.

"가정은 성장하는 어린이의 생활에서 많은 역할을 한다. 가정은 자연스러운 애정의 샘이며 안정감을 가지고 살 수 있는 곳이다. … 가정은 갖가지 방법으로 어린이를 교육하며 여가를 즐길 기회를 제공한다. 가정은 사회에서의 그의 지위를 가르쳐주며, 또한 그에게 종교에 대한 태도를 굳혀준다."[8]

가정은 순수한 심정心情을 길러주는 교육의 장소이다. 여기서 순수한 심정이란 사랑과 믿음과 순종과 감사의 마음을 가리킨다. 이 순수한 심정은 우선 부모와 자녀 사이에 싹트고 익혀지며 차츰 하느님과 이웃을 향해 확대되어가며 종래에는 사회와 국가로 확대되어 간다. 이것이 바로 효 사상을 가리킨다.

4. 도덕 교육의 근본과 효

인간은 가정 교육을 통해서 인仁 · 의義 · 예禮 · 지智 · 신信과 같은 인간의 기본 덕목을 배우며 순종과 공경을 익히게 된다. 인간의 정신적 · 윤리적 · 문화적 삶은 가정에서 배우고 익히게 되어 있다. 게다가 남을 기꺼이 도우려는 것, 친절함, 인내, 성실, 공정함, 권위에 대한 존경, 적절한 순종 등의 중요한 덕목을 우리는 효 사상을 통해서 배우고 익힐 수 있게 되어 있다.

우리는 가정 생활에서 순종이 자기를 비하하는 비굴이 아니라 보다 더 좋은 자아의 실현이라는 것을 배워야 하며 권위도 근본적으로 피지배자들의 권위를 옹호하기 위해서 행사되어야 한다는 것을 알아야 한다. 인간은 이러한 사실을 배울 수 있을 때 비로소 인간의 고귀함과 권리가 양립할 수 있음을 깨달을 수 있게 된다. 가정 안에서의 통치(지배)는 강요가 아니라 공동체와 그 구성원(즉 가족)에 대한 봉사이다.

　"우리 집," "우리 가족," "우리 가정"이라는 말은 우리가 공동 운명 체임을 가리키며 우리로 하여금 화합심을 불러일으키는 정겨운 말이다. 모든 것을 서로 믿고 자기보다 다른 가족을 위하고 그저 평화롭게 자기를 내맡기고 해방감을 누릴 수 있는 곳이 가정이다. 이 가정에서 우리는 인격의 핵심인 사랑과 사회 생활의 기본인 질서를 배운다.

　이와 같이 하나의 공동 운명체로서 이해利害를 넘어서서 효를 확립할 수 있을 때, 우리는 효의 근간인 연대 의식과 공동선을 터득할 수 있다.

Ⅳ. 그리스도교 윤리와 효학

　서양 윤리는 대체로 인간의 개인적인 자유와 권리와 평등에서부터 윤리의 문제를 도출해 낸다고 볼 수 있다. 반면에 동양 윤리는 가족적인 효의 관점에서 윤리의 근거를 이끌어낸다고 볼 수 있다. 그러므로 서양 윤리는 인간의 자유와 권리와 평등을 확보하기 위한 과정을 문제삼는다고 볼 수 있고, 반면에 동양 윤리는 인간 대 인간의 관계, 즉 인륜의 질서를 유지하기 위한 과정을 문제삼는다고 볼 수 있다. 서양 윤리는 인간을 이원론적으로, 즉 정신과 육체, 인간과 자아를 구별하고 정신적인 것의 육체적인 것으로부터의 자유Freiheit von를 문제삼는다면, 동양 윤리는 인간을 일원론적이며 종합적으로 보고 한 인간의 다른 인간을 위한 자유Freiheit zu und für를 문제삼는다고 볼 수 있다.[9]

　사람들은 그리스도교 윤리와 서양 윤리는 모두 개인주의적인 특성만을 가지고 있는 것으로 오해하고 있다. 그러나 그리스도교 윤리는 엄밀한 의미에서 일반적인 서양 윤리와는 구별해서 성찰하여야 한다. 왜냐하면 서양 윤리는 대체로 개인주의화되었고, 인격 공동체를 근간으로 하는 가정 윤리의 특성을 상실했기 때문이다. 그리스도교 윤리는 오히려 가정 윤리의 측면이 강한 동양의 유교 윤리에 더 가깝다고 할 수 있다. 왜냐하면 그리스도교 윤리는 가정 윤리로부터 출발했기 때문이다.[10] 그러나 그리스도교 윤리도 근세 이후부터 개인주의의 영향을 강하게 받아 인격 공동체 윤리의 모습과 이상을 많이 상실했다. 이제라도 그리스도교 윤리가 그 본연의 모습을 회복한다면, 다시 말해서 그리스도교 윤리가 인류의 근본인 효 사상, 즉 효학을 중시하고 이를 활성시킨다면, 그리스도교 윤리는 현대 사회의 인간성 상실의 위기를 극복하고 공동체 윤리를 확립하는 데 크게 이바지할 수 있을 것이다.

모든 종교의 윤리가 인간학에 근거하지 않을 수 없는 것처럼, 그리스도교 윤리도 인간학을 고려하지 않을 수 없다.[11] 그러므로 우리는 그리스도교 윤리의 근간인 효 사상을 무엇보다도 먼저 인간학적으로 성찰해야 할 것이다.

Ⅴ. 결론

우리는 앞에서 효의 근원적 의미를 인간학적으로 두루 살펴보았다. 효학이야말로 사람을 인간답게 만드는 근간이다. 그러므로 우리는 그 어느 때보다 인격 교육 또는 인간 교육이 요청되는 이 시점에서 효의 의미를 바르게 이해하고 가르쳐야 할 막중한 책임을 지고 있음을 깊이 고찰할 수 있어야 할 것이다. 이제 우리 모두가 인륜을 회복하기 위해서는 첫째로, 효학의 중요성을 재인식하고, 둘째로 효학의 의의와

프로그램을 확충하여야 할 것이다. 그리고 모든 학생에게 효 교육을
실시해야 한다.

주

1) 본 논문은 제1회 효학 학술 대회에서 발표한 것으로서, 『효학II(효윤리학, 교
   육학)』, 성산효도대학원대학교 효학연구소, 1998, pp.19-25에 실려있음을 밝
   힌다.

2) 진교훈, 「21세기를 향한 家庭科教育의 方向」, 제15회 가정과교육연구발표
   회, 1994 참고.

3) 人子之受生, 生命血肉, 皆親所遺故, 喘息呼吸, 氣脈相通, 此身非我私物, 乃父
   母之遺氣也 (『栗谷全書』)

4) Adolf Portmann, *Zoologie und das neue Bild des Menschen*, Reinbeek,
   1959. S.68.

5) Arnold Gehlen, *Der Mensch, seine Natur und seine Stellung in der Welt*,
   Berlin 1941, S.2f.

6) E. Spranger, *Pädagogische Perspektiven*, Heidelberg, 1964, S.75 참고.

7) E. Spranger, *Pestalozzis Denkformen*, Heidelberg, 1966, p.36.

8) W.O. Lester Smith, *Education*, Middlesex, Penguin, 1970, p.64.

9) Karl Barth, *Das Geschenk der Freiheit*, S.5 참고.

10) Karl Barth, *Kirchliche Dogmatik* Bd. III, S.127f; Emil Brunner, *Das Gebot
    und die Ordnungen*, S.498; Heinrich Ott, *Ort und Gestaltung einer
    christlichen Ethik in unserer Zeit*, S.14 참고.

11) Jürgen Moltmann, *Mensch, Christliche Anthropologie in den Konflikten
    der Gegenwart*, S.115ff. Dietrich Bonhoeffer, *Grundfragen einer
    christlichen Ethik*, S.58 참고.

제11장

주거의 철학적 의미와 그 위기[1]

I. 보금자리를 잃어버린 현대인

필자는 환경 위기 발생 원인 규명, 생태학적 위기의 실태, 자연 보전의 실현 가능 방안 등에 관해서 여러 지면에 글을 발표한 바 있다. 이제 그러한 현대의 환경위기가 현대의 건축에 어떤 영향을 미치었으며 왜 현대인은 아늑한 보금자리를 상실하게 되었는가를 철학적 인간학의 측면에서 살펴보기로 하자.

"집 없는 인간," "보금자리를 잃어버린 현대인," "거리에 던져진 사람." 이런 말들은 현대인의 본질상本質相을 아주 적절하게 드러내준다. 다시 말해서 현대인은 그를 보호해 주고 편안하게 쉴 수 있는 집을 빼앗겨버렸다는 것이다. 현대인은 아무런 제어 장치도, 아무런 조종간도 없는 수레를 타고 그저 내리막길을 아무런 목표도 없이 무작정 달려가고 있다고, 심하게 말하면 현대인은 더러운 시궁창에서 온갖 생활하수가 쏟아져 들어오는 하수도에서 이리저리 떠밀리면서 정처없이 떠내려가는 검부러기와 유사하다고 말할 수도 있다.

옛날에도 집을 떠나 사는 사람, 집없이 사는 사람들 — 가령 나그네,

방랑자, 떠돌이 ─ 이 있었다. 인정 많은 우리의 선조들은 그런 사람들을 가엾게 여기어 가능한 한 그들에게 잠시나마 쉬어갈 곳을 예비해 두고 살뜰하게 보살펴주기도 했다. 그래서 생각하기에 따라서는 다소 감상적이긴 하지만, 나그네나 방랑자는 그런대로 낭만적인 멋이 깃들어 있는 것 같다고 느끼는 사람들도 있었다. 예컨대 김병년(김삿갓)의 방랑기가 멋이 있다고 생각하는 사람들이 있었다. 또 편력승, 유랑자도 때로는 멋이 있다고 보는 사람들이 있었다. 그러나 지금 우리가 직면하고 있는 "집 없는 인간"이란 말은 매우 절박한 것이고, 인류 전체가 당면하고 있는 일대 위기이다. 아무런 목적도, 아무런 휴식과 안정과 안전도 없는 삶이란 바람직한 인간의 삶이 아니다.

그러나 대다수의 현대인은 집 없이 사는 것이 마치 완전한 자유를 누릴 수 있는 것처럼 생각하고 스스로를 속이고 있다. 그래서 엄청난 수의 독신자들과 집 없는 사람들이 도시를 메우고 있다. 그들은 오히려 가족(가정)과의 유대 속에서 사는 것이 마치 허위 의식인 것처럼 생각하고 홀로 사는 것을 자랑스럽게(?) 생각하기까지 한다.

우리는 처음 누구를 만나 사귀게 되면 "너는 어디에 사느냐?," "너는 어떤 집에서 사느냐?"고 묻는다. 여기서 "산다"는 말은 '거주한다 wohnen'는 뜻이다. 인간은 집 속에서만 사람답게 살 수 있다. 왜냐하면 인간은 본질적으로 집 속에서만 살 수 있도록 되어 있기 때문이며 집 속에서만 평화를 누릴 수 있기 때문이다. 그러면 인간은 자기의 집과 어떤 관계가 있는가? 우리는 다음 장에서 집의 인간학적 의미, 다시 말해서 집에 대한 철학적 의미를 음미해 보자.

II. 집에 대한 철학적 의미

집의 인간학적 의미란 인간의 본질 규명에 대한 집의 의미를 묻는 것이다. 사람이 산다는 것은 집에서 사는 것을 의미한다. 집 없는 사람은 버림받은 사람이다. 산다는 것(거주한다는 것)의 근본적인 형태는 집 속에서만 일어나고 또한 집을 매개로 해서 환경(세계) 안에서만 일어난다. 왜 남녀가 서로 사랑하면 그들만이 사는 오붓한 보금자리를 마련하고 싶어하는가? 왜 신혼 부부는 집을 소유하고 싶어하는가? 그 이유는 그들은 그들만의 공간 속에서 바깥 세계로부터 방해와 간섭을 받지 않으며, 다른 사람 눈치 보지 않고 오로지 사랑하는 사람끼리만 자유롭게 살고 싶기 때문이다. 그래서 신혼 부부뿐만 아니라 사람은 누구나 사랑하는 사람과 함께, 자기 집이 위생적이든 아니든간에 화려하든 화려하지 않든 간에 상관없이, 한평생을 평화롭게 살고 싶어한다. 저 달 속에 계수나무 옥도끼로 찍어내어 금도끼로 다듬어서 초가 삼간 집을 지어 천년만년 살고 싶은 것은 인간의 본성이다.

에드몽 바르보탱Edmond Barbotin은 "집은 사적 세계이다. 나의 집은 사적 소유권뿐만 아니라 나만 자유롭게 거주할 수 있는 공간이다. 나의 허락 없이 누가 내 집에 들어오는 것은 가택 침입죄에 해당한다. 나는 아무도 알 권리가 없는 삶을 내 나름대로 살며, 나는 내 집 속에서 이웃의 평화를 깨지 않는 한 자유롭게 행동하며, 누구의 간섭도 받지 않고 산다…. 나는 내 집에서 일체의 가식과 공중 앞에서의 역할을 벗어버리고 사회적 구속으로부터 해방되며, 먹고 마시고 잠자고 휴식하며 여가를 즐긴다. 내 집은 내가 실제로 있는 그대로를 드러내는 '진실의 장소'이며, 나의 정체가 밝혀지는 장소이다…. 그래서 '저 집은 오를레앙의 집이며 이 집은 그 사람의 집이다'라고 사람들은 말한다"[2]

라고 내 집에 대해서 서술한 바 있다.

생텍쥐페리는 그의 『사막의 도시 *Zitadelle*』에서, 인간은 자신의 견고한 성을 구축함으로써 사막의 이미지를 띠고 있는 카오스(혼돈)적인 힘에 대항해 튼튼한 기반을 유지할 수 있는가를 문제삼는다. 그는 "인간이 산다는 것과 인간을 위한 사물의 의미가 그 인간의 집의 의미에 따라서 변화한다는 위대한 진리를 나는 발견했다"고 기술한다. 인간이 거주한다는 것, 인간은 오직 거주함으로써만 가장 내적인 본질을 채울 수 있다는 사실을 생텍쥐페리는 여러 가지로 깊이 고찰했다.[3]

하이데거는 그의 『다름슈타트의 대화』의 「집을 짓고 거주하며 생각한다」는 논문에서 "인간은 무엇보다도 먼저 산다는 것을 배워야 한다"고 강조했다. 하이데거는 "저 집에 유령이 산다"는 말은 "저 집에 유령이 있다"는 말과 같으며 따라서 "산다"는 말과 "있다"는 말은 근원적으로 같은 의미를 가지고 있다고 해석한다. 그는 독일어의 "거주한다wohnen"는 말은 어원학적으로 고트족의 말에서 온 것인데, 원래 평화 속에 머문다는 뜻을 가지고 있다고 풀이하면서 산다는 말, 즉 집에서 산다는 말은 "편안하게 있다"는 뜻이라고 해석한다. 그는 "인간은 집에서 살게 되면서 비로소 평화를 누리게 된다"고 말한다.[4]

메를로-퐁티는 산다는 문제를 가장 극단적인 방법으로 취급했다. "산다"는 개념은 그에게 있어서는 그의 모든 사상이 융합되어 있는 기본 개념이다. 산다는 말은 메를로-퐁티에게서는 단순히 집안에서 산다는 의미를 넘어서는 하나의 전체적이고 우주적인 의미를 가진다. 그리고 인간은 육체 내에서, 그리고 물체들 사이에서, 공간과 우주의 내부에서 살며, 보편적으로 말해서 존재 안에서 살고 있다고 그는 말한다. 그러나 산다는 것은 인간과 세계와의 참다운 본래적인 관계를 말하는 것이다. 이러한 보편적인 삶은 다시 좁은 의미에서 주거, 곧 집에 거주한다는 것과 밀접히 관계되어 있다. 그래서 집은 인간의 본질을

규정하는 데 있어서 중심적인 기능을 가지는 것이다.[5]

우리는 이제 집은 철학자들에게 인간 존재의 하나의 근본 문제라는 것을 분명히 알 수 있다. 보르노Bollnow는 주거의 철학적 의미를 몇 단계로 나누어 밝히고 있다.[6]

1단계: 거주한다(산다)는 것은 공간 속의 임의의 한 장소에 단순히 위치하는 것이 아니라, 특정한 장소에 속해 있는 것을 말한다. 이 장소는 여기서부터 세상으로 모든 길이 뻗어나가고 또한 반대로 모든 길이 되돌아오는 곳이다. 그리고 이 장소는 뿌리를 내리고 세계를 이룩하는 곳을 말한다. 다시 말해서 인간이 거주할 수 있는 동안 자기 세계는 하나의 중심을 가지고, 또 그럼으로써 자기 세계는 정리된 하나의 질서가 되는 것이다.

2단계: 인간은 자기의 주거지에서 살기 위해서 자기의 생활을 발전시킬 수 있는 공간적인 확장을 필요로 한다. 사람들은 이러한 거주 공간을 주택이라고 표현한다. 이렇게 해서 인간이 체험하고 생활하는 공간의 기본 조직이 생겨난다. 즉 내적 공간과 외적 공간의 구별이 생겨난다. 이 두 공간은 근본적으로 상이한 성격을 가지고 있다. 그 하나는 노동과 노력의 공간이며 생활 공간이다. 다른 하나는 인간이 뒤로 물러나서 안락함을 느끼는 휴식과 평화의 공간이며 안전한 장소Sicherheit이다. 건전한 인간의 삶은 이 두 영역이 상호간에 올바른 균형을 이루는 데 그 근거를 둔다.

3단계: 인간은 안정과 안전을 얻기 위해서 경계가 그어져야 하고 반갑지 않은 침입자로부터 보호되어야 한다. 가장 단순한 상황에서는 동굴이 그러한 역할을 했다. 이것이 발달하여 오늘날의 집Haus으로 발전했다.

4단계: 집이라는 사적인 공간을 소유한다는 것은 인간의 정신 건강을 위해서 불가결의 조건이다. 집이란 인간이 육체적으로 피곤할 때,

새롭게 원기를 회복하여 다시 사업에 종사할 수 있도록 하는, 내적으로 자기 자신에게로 돌아갈 수 있는 그러한 곳이다.

가정적인 영역을 보유한다는 것은 친숙하지 않는 사람들의 접근을 막을 뿐만 아니라, 무명의 형태, 즉 매스미디어, TV, 라디오 등의 침입으로부터도 담을 쌓는 것이다. 그러므로 매스컴은 가정에 위협이 된다. 수도원이나 사원에서 매스미디어를 멀리하는 것은 중요한 의미가 있다. 특히 TV는 가정에서 가족간의 대화를 단절시킨다.

5단계: 집은 안식과 안주를 위해서 외부 세계로부터 자신을 보호할 수 있는 공간이어야 할 뿐만 아니라 내부에서 즐겁게 머무를 수 있는 공간이어야 하며 평화의 분위기, 즉 아늑함을 유지할 수 있어야 한다. 민코프스키Minkowski는 집은 합리성만을 강조해서는 안 되며 안락감과 친밀감을 줄 수 있어야 한다고 강조한다. 그는 또 집은 영속성의 요소를 지니고 있어야 한다고 말한다. 이 말은 다시 말해서 시대의 흐름 속에서 살아가는 인간의 삶의 역사가 공간 속에서, 즉 집 속에서 쌓여져 있어야 한다는 것을 의미한다.[7]

지면 관계로 이제 우리는 이 정도에서 집에 대한 철학적 의미를 살펴보는 것을 그칠 수밖에 없다.

생텍쥐페리는 이렇게 말한 바 있다. "어느 집이나 다 위협받고 있다"고…. 그러면 우리는 다음 장에서 어떻게 우리의 보금자리가 위협받고 있는가를 살펴보기로 하자.

III. 현대 건축의 단말마와 위기

"건축은 각 시대의 사회를 반영한다"는 말은 다시 설명할 필요가 없는 주지의 사실이다. 오늘날 건축 — 특히 신도시, 대단지라고 불리워지는 곳에 가보면 — 은 시멘트와 철근을 넣어 만든 긴 상자를 일직선으로 나열하거나 수직으로 높이 쌓아올린 것으로 강제 수용소나 포로 수용소를 연상시킨다. 사무소 건물 같은 대도시의 고층 빌딩은 고도의 기술을 이용해 강철과 유리로 만들어진 것이지만, 그 차가움과 살벌함은 금방 사람의 목을 조를 것만 같고 악몽에 시달리는 사람의 기분을 맛보게 한다.[8]

도시의 위기는 바로 건축의 위기이며, 건축의 위기는 주택의 위기이며, 이것은 환경의 위기와 직결되어 있다. 이제 우리는 현대 건축의 단말마를 편의상 몇 가지로 나누어 살펴보기로 하자.

1) 도시의 거대화와 건물의 대형화는 정치 권력의 집중 의지를 반영시킨 것이며, 특히 부자연스러운 직각과 직선의 사용은 군국주의나 자본주의의 역사와 밀접히 관련되어 있다. 라공Ragon은 "대도시는 중앙 집권과 권력 집중의 상징과 동의어"라고 말했다.

2) 현대 건축의 공업화는 건축을 단조롭게 만들었다. 여기서 단조롭다는 말의 의미는 기술적인 면보다는 사상적인 면에서 결함이 있다는 뜻이다. 다시 말해서 지나치게 획일적이고 기능주의적이라는 것이다. 가령 소련의 전체 주택의 70%는 조립 주택prefab으로 되어 있다고 하는데, 조립 주택은 오늘날 개발도상국에도 만연되고 있다. 또 고층 아파트는 빨리 짓는 데만 관심을 가지고 이론적인 면에서 폭넓게 충분히 검토할 수 있는 시간 여유를 가지지 못한 상태에서 지어졌다. 그래서 고층 아파트는 노인들의 느낌을 무시했으며 특히 소음 공해가 심하다.

3) 현대 건축은 투기업자들의 전횡과 만행으로 녹지대는 주차장 및 자동차 도로의 출구 등으로 축소되었고, 수림樹林은 남벌되었다. 그 결과 사람들은 신선한 공기를 마실 수 없게 되었고 아이들은 극성스럽

게 되었고, 조용함이나 아늑함을 전혀 누릴 수 없게 되었다.

4) 고층 건물에 사는 사람들, 특히 고층 아파트에 사는 사람들은 단전, 단수, 청소부의 파업 등에 대해서 항상 잠재적인 불안을 가지고 산다.

5) 아파트에 사는 사람들은 익명인 채로 산다. 그들은 이웃 사람들에 대해서 무관심하며 매우 이기적이며, 무간섭을 좋은 것으로 착각한다. 그래서 대도시는 범죄의 온상이다.

6) 대도시의 주택들은 아파트나 연립 주택은 물론이고 단독 주택들까지도 소위 "잠자는 동네bed-town"로 변모해 버리고 있다. 도시의 근로자들은 그들이 원하건 말건 아침 일찍 집에서 나와 직장에서 종일 기계처럼 일하다가 밤이 어둑해서 집에 돌아온다. 집에 돌아온 근로자들은 가족들과 대화할 시간적 여유를 갖지 못하며 이웃 사람들과의 대화도 단절한 채 잠만 잔다. 그래서 베드 타운이라는 말이 생겨났다. 그들은 과밀한 사람들 속에서 고독하게 산다.

7) 도시에 사는 현대인은 소위 "도시병"으로 신음한다. "도시병"이라는 말은 도시의 역사 연구가였던 앙리 라브당Henri Rabeden이 "19세기 도시의 역사는 병의 역사이다"라고 한 말에서 비롯하는데, 그후 정신과 의사들이 도시인의 특유의 병이라는 뜻으로 사용하기 시작했다. 정신과 의사인 로베르 아즈망Robert Hazemann은 1961년 10월 어느 날 파리의 파스퇴르Pasteur 연구소에서 위생 공학衛生工學 및 공중위생의학협회에서 "가정에서 안정할 수 없는 사람은 질병 속으로 도피해 버리게 된다"고 주의를 환기시켰으나 당시의 건축가나 기업가들, 시 관리들은 그를 우스꽝스러운 어린애 취급을 했다고 라공은 기술했다.[9] 아즈망은 "세계적으로 전염병은 반 이하로 감소하였지만 적어도 부분적인 원인이 피로, 특히 노이로제에 있는 병들은 증가일로에 있다"고 말하고, 이어서 "한편에서는 암 발생이 늘어나고 있다. 그 원

인의 일부는 교통, 매연, 가공 식품 등에 있으며, 대개의 경우에 신경 소모神經消耗에 의하여 촉진되고 있다. 그리고 한편으로는 정신 신경 계통의 병들이 늘어나고 있는데, 강제적이며 강압적으로 일어나는 생체 리듬의 단절과 책임의 과중이 그 원인의 일부로 작용하고 있는 것 같다. 즉 정신착란, 강박관념, 정신불안, 생리장애; 정신 신경 장애로 인한 심장병, 심근경색, 위궤양, 알레르기, 천식, 편두통, 습진, 피부병 외에도 마치 음식물처럼 소비되고 있는 엄청난 양의 진통제, 중독성이 있는 약, 진정제, 아스피린 또 알코올과 담배 소비량의 급증… 도피수단으로서의 도박, 스피드, 라디오, TV, 음란 행위, 이유 없는 논쟁과 화풀이가 만연되고 있다"고 부연했다. 또 그는 이렇게 말하기도 했다. "도시의 대단지들은 거대하여… 신경의 긴장도가 높아지기 쉽고, 자살 미수나 청소년 범죄가 일어나기 쉽다."

8) 현대의 대도시화가 바로 생태학적 위기의 근본 원인이라는 것은 널리 알려진 사실이다. 특히 대도시 주택 단지에서 버리는 생활 하수가 대부분의 하천 오염의 제1의 원인이다. 우리는 주말이나 공휴일마다 엄청난 수의 사람들이 도시로부터 필사의 탈출을 하여 해안이나 야산으로 맑은 공기와 맑은 물을 얻기 위하여 가는 것을 목격한다. 그러나 건축 투기업자들은 도시인들을 유혹하기 위한 레저 타운을 만든다는 구실로 푸른 녹지대와 산림과 해안, 강안江岸을 또 파괴한다. 소위 별장이 세계적으로 아름다운 천연풍경들을 망쳐놓고 있다.

Ⅳ. 인간 소외의 극복과 집

우리는 이제 자연의 위기, 도시의 위기, 집의 위기, 인간의 위기가 상호 밀접한 연관이 있음을 알 수 있었다. 그러면 우리는 이러한 위기를 어떻게 극복할 수 있겠는가?

오늘날 제비는, 옛날에 흔히 볼 수 있었던 것처럼, 처마 밑에 좀처럼 둥지를 틀지 않는다. 그러나 새들은 믿음을 가지고 곳곳에 둥지를 짓는다. 인간의 집은 세계 내에 있는 하나의 보금자리이다. 우리는 어떤 고난 속에서도 좌절하지 말고, 자연을 믿고, 하느님을 믿고, 사람을 믿고, 우리가 살 집을 지어야 한다. 우리는 지상의 평화와 안정을 위한 노력을 게을리 하지 말아야 하며, 사람답게 사는 길이 무엇인가를 탐구하여야 한다. 우리는 언제까지나 유랑민이나 유랑자로서 집 없이 살 수는 없다. 이제 가옥은 투자 수단이나 교환 가치가 되어서는 안 된다. 이제 우리는 더 이상 집의 파괴를 방관해서는 안 된다. 우리는 자연 파괴와 도시의 황폐화 속에서도 우리의 보금자리를 재건하여야 한다. 집은 인간성의 요람이며, 안식처이므로 우리는 우리와 우리의 후손들이 안주할 수 있는 집을 지어보자.

집의 재건은 의식주를 창조하는 인간 정신의 재건으로부터 시작될 수밖에 없다. 그러므로 건축가는 한갓 기능인이 아니라 정신적 활동의 수행자가 되어야 한다. 건축은 건축 기술자의 전유물이 아니라 안식을 구하는 모든 사람의 관심사이다. "잘 짓고 잘 사세. 우리 집 잘 짓세. 만세반석 위에다 우리 집 잘 짓세."

주

1) 본 논문은 『공간』, 제264호, 공간사, 1989, pp.98-101에 실린 글임을 밝힌다.

2) Edmond, Barbotin, *L'humanite de L'ahombre* (Paris: Editions Aubier),

1970 (trans.) M.J. Mc O'connell (N.Y.: Obris Books), 1975, pp.292-293.

3) A. de Saint-Exupéry, *Citadelle* (Paris: Gallimard, 1948); übersetzt von O.R. Nostiz, *Die Stadt in der Wuste*, Düssedorf, 1951.

4) Martin Heidegger, "Bauen, Wohnen, Denken," *Darmstädter Gesprach*, 1951, in *Vorträge und Aufsäatze*, Pfullingen, 1967, p.19ff.

5) Maurice Merleau-Ponty, *Phenomenology of Perception* (trans.) Colin Smith (N.Y.: Humanities Press, 1961, 1장과 2장 참고.

6) O.F. Bollnow, *Neue Geborgenheit* (Stuttgart: Kohlhammer, 1972), SS.183-197 참고; 같은 사람, *Mensch und Raum* (Stuttgart: Kohlhammer, 1954), S.172ff.

7) E. Minkowski, *Espace, intimité, habitat, Utrecht, Antwerpen*, 1954, p.172ff.

8) Hans Sedlmeyer, *Die Verlust der Mitte* (Frankfurt am Main: Fischer, 1957) 제들마이어는 현대 조형예술가의 질료가 주로 차갑고 비정한 무기물을 사용하는 것을 징후로 보고 그밖에 불균형과 극단적임을 고발한다. 그의 책 *Wahrheit und Methode*, Wien, 1978에서 현대 조형예술의 특징을 악마적이라고 까지 혹평한다.

9) Michel Ragon, 같은 책, 3장의 제목이 "새로운 병: 도시병"이며, 3장에서 이를 상론한다.

제12장

직업 윤리의 방향 모색[1]

I. 서론

직업 윤리라는 말은 최근에 와서도 단순히 사회 상식을 의미하는 말로 사용되는 것 같다. 국민의 생명과 재산을 보호해야 하는 군인이나 경찰관이 아무런 잘못도 저지르지 않은 무고한 백성에게 총기를 난사한다든가, 존경과 신뢰를 받아야 하는 교사가 학생이나 학부모로부터 금품을 갈취한다든가, 의사가 환자의 약점을 악용하여 과다한 진료비를 청구한다든가, 국가의 공복인 공무원이 법을 사리에 사용하거나 횡령을 하는 경우라든가, 그밖에도 상인이 속임수를 써 바가지 요금을 물릴 때, 사람들은 비로소 이러한 직업인의 반윤리적 행위에 대해서 분개하면서 직업 윤리의 정착과 중요성을 부르짖을 뿐이다. 그러나 필자가 조사한 바로는 고전적인 윤리학에서는 말할 것도 없고, 최근에 출판된 윤리학 서적에서도 직업 윤리를 전문적으로 다루거나, 심지어는 하나의 독립된 장으로 다룬 것조차 찾아보기 어려웠다.[2] 최근에 들어와서 기업 윤리를 다룬 책들은 적절한 노사 문제의 해결을 위하여 기업가와 고용인의 책임과 의무에 관하여 언급하고 있을 뿐이

다.[3]

우리나라에서는 신분身分 윤리만 있었을 뿐, 직분職分 윤리가 발달할 소지는 없었다고 말해도 과언이 아닐 것이다.[4] 다만 막연하게 상식적으로 일부의 직업인들에게서 직업적인 윤리 의식이 전승되어 왔을 뿐이다. 8·15해방과 6·25전란 후의 혼란, 급격한 산업화와 도시화의 비인간화, 한국적인 기업 윤리의 역기능, 혈연 및 지연의 중시, 생계비에 미달하는 저임금, 비생산적 투기 등, 특히 "돈이 최고 가치"라는 금권 만능 사상의 팽배 등은 우리나라의 직업 윤리 발달을 방해해왔다. 여기에 또 오늘날 전세계적인 후기 산업 사회의 대량 생산 체제의 후유증인 "소외 의식," "무력감," "자기 상실," "비인간화" 현상들은 가일층 반윤리적인 분위기를 조성하고 있다. 그래서 작금에 우리나라에서는 "모두가 도둑놈"이라는 끔찍스러운 유행어까지 나돌고 있다. 그러나 인간은 근본적으로 윤리적인 존재이다. 인간이 사회적 존재로서 공동 생활을 하는 한 일정한 사회적 규범이 내면화되어 생길 수밖에 없다. 문명 사회는 서로 다른 직업을 가진 시민들로서 구성되어 있다. 직업의 분화, 직능의 특수화와 전문화는 사회가 발달하면 할수록 현저해진다. 사회 생활에 필요한 기능이 분화하고, 분화된 기능들이 조화되어 종합을 이룰 때, 사회가 온전하게 발달할 수 있다. 그러므로 직업에 따라서 그 직업에 알맞은 직업 윤리가 존재한다는 것은 많은 설명을 할 필요가 없겠다.

우리들이 정치가의 윤리, 공무원의 윤리, 의사의 윤리, 교사의 윤리, 기업가의 윤리, 군인의 윤리, 근로자의 윤리 등에 대해서 말하는 것은 바로 이러한 특수성을 띠고 있는 직업 윤리를 가리키는 것이다. 이 직업 윤리는 시간과 공간의 제약을 받는 상황 윤리로서 종래의 이론적이고 형식적이며 획일적인 규범 윤리로서 설명을 할 수 없다. 보편적으로 타당한 직업 윤리란 있을 수 없다. 기업가의 행동 윤리는 성직자,

교육자, 군인의 실천 윤리와 꼭같을 수는 없다.

아무튼 건전한 사회의 지속적인 발전을 이룩하기 위해서는 그 시대에 알맞은 직업관과 훌륭한 노동 정신이 요청된다. 오늘날 우리 사회는 그 무엇보다도 올바른 직업 윤리의 확립과 그에 대한 의식 계발을 필요로 하고 있다.

그러나 지금까지 한국 사회에서는 전문적인 직업 윤리 의식에 관한 경험적인 연구 자료가 발표되고 있지 않다. 이와 같은 제한점 때문에 이 논문은 정확한 통계나 풍부한 자료를 근거로 하지 않고 한국인의 직업관의 현상을 부분적으로 분석 검토하고, 이 시대가 갖고 있는 직업 윤리의 문제점을 부각시키고, 그 다음에 직업 윤리의 전반적 방향에 관하여 필자의 소견을 밝히려고 한다.

II. 직업 윤리의 의미

1. 직업의 의미

직업이 본질적으로 무엇을 의미하는가 하는 문제는 한 개인으로 두고 볼 때 양면을 생각해 볼 수 있다.

어떤 개인에게 있어서 직업은 생활을 유지하기 위한 생계 유지 수단이다. 최초의 직업은 한 개인이나 그 개인의 가족 또는 부족의 생계를 도모하기 위한 "생업"에 지나지 않았으나, 점차로 사회가 복잡하게 발전하여 감에 따라서 자급자족하는 생업의 범위를 넘어서 보수를 얻는 수단이 되었다. 그러나 직업은 단순히 개인이 보수를 얻는 수단에 불과한 것이 아니라, 한 개인의 사회적 역할을 분담하는 성격도 가지게 되었다.

인간은 노동을 하면, 그 대가를 받기를 원한다. 이 노동의 대가나 보상이 많으면 좋은 직업이고, 그렇지 못하면 나쁜 직업이라고 생각할 수 있다. 그러나 만일 돈만이 노동의 목적이라고 할 때, 그 수입에 대해서는 만족을 느낄 수 있을지 몰라도 노동 그 자체는 고통스러운 것이다. 노동은 인간에게 육체적인 고통을 주고 자유를 속박한다. 만일 우리가 노동 그 자체에 종교적인, 윤리적인 고등 가치를 부여할 수 없다면, 사람들은 고통스러운 노동으로부터 도피하려고 할 것이다.

직업이 생계 수단이라는 것은 오늘날에 와서는 직업을 갖는 목적의 한 부분을 말할 뿐이다. 우리는 하루의 대부분을 직장에서 보내고, 또한 직장을 통해서 사회와 연관을 맺으며, 공동 유대 속에서 살고 있기 때문에, 직업은 인생의 목적과 상관될 수밖에 없다. 인간은 직업을 통해서 자기를 실현시키고 개성을 발휘하며, 직업을 통하여 사회에 참여하며 사회 발전에 공헌한다. 인간은 직업을 가지고 노동함으로써 일정한 사회적 지위와 사회적 가치를 인정받는다. 사람됨은 구체적으로 직업을 통해서 형성되기도 한다. 그래서 오랫동안 아니 오늘날에도 직업 선택은 한 인간의 운명을 좌우하는 것이므로 누구나 신중하게 하는 것이다.

어떻게 생각하면 행복이란 인간이 직업에 종사하여 노동하는 과정에서 자기 완성감을, 일하는 보람을, 사는 보람을, 만족감을 느끼는 것이라고 말할 수 있다. 이런 의미에서 본다면, 직업과 노동은 행복의 원천이 된다고 하겠다. 노동의 보람은 보수에서도 찾을 수 있지만, 보다 중요한 것은 자기의 적성과 능력에 알맞은 그리고 하고 싶은 직업에 종사함으로써 노동하는 가운데서 자기 실현을 하는 데서 찾을 수 있는 것이다. 다시 말해서 직업에 대한 만족감은 자기의 개성을 충분히 발휘하고, 그것이 동시에 국가 사회 발전에 공헌한다고 느껴질 때 절로 우러나오는 것이며 이때 인간은 행복감을 맛볼 수 있는 것이다.

현재까지 사회 발전은 어떤 의미에서는 직업의 분화를 의미한다고도 말할 수 있다. 어떤 인간도 사회 전체가 필요로 하는 모든 역할을 다할 수는 없다. 그러므로 사회 구성원 전체가 서로 협동하여 그 역할을 분담할 수밖에 없다. 직업의 분화, 직능의 전문화는 문명 사회가 될수록 뚜렷한 현상이다. 사회 생활에 필요한 기능이 분화되고, 분화된 기능들의 조화된 종합에 의하여 사회 전반의 운영이 완전하게 이루어진다.

동서를 막론하고 고대 사회에서 육체적 노동은 정해진 운명에 따라 노예 계층의 일이었으며, 직능 의식이나 직분 의식이라곤 없었다. 봉건 사회에서는 신분 계층에 따르는 직능의 사회적 배분이 있기는 했으나, 분명한 직역 의식은 없었다. 다시 말해서 자기 책임 아래서 자유롭게 직업을 선택할 수는 없었다. 직역 의식이나 직분 의식은 대체로 근세에 들어와서 자본주의의 발전과 궤를 같이한다고 말할 수 있다. 그러나 서양에서는 중세 시대에 이미 장인 의식, 즉 직인 의식이 있었다. 특히 그리스도교에서는 직업을 하느님으로부터 불리움을 받는다는 의미로 사용하고 있다. 즉 vocation, Beruf라는 말이 바로 그러한 뜻을 가지고 있었다. 토마스 아퀴나스에 의하면, 직업은 자연적인 질서에 있어서 사회적 직능을 분담하는 것이고 또 그런 한 직업 속에 하느님의 의지가 들어있는 것이라고 한다. 토마스 아퀴나스는 인간은 사회적 존재이기 때문에 직능을 나누어 가지는 것이 불가피하다고 했다.[5] 막스 베버에 의하면, 마르틴 루터나 장 칼뱅은 직업을 초자연적 질서의 차원으로 불리움을 받는 것이라고 해석했다고 한다. 자기의 직업에 열심하는 것이 바로 하느님의 부르심에 충실하는 것이다.[6] 그러므로 서양인에게 직업은 천직이며 노동은 신성한 것일 수 있었다. 자기의 직업을 천직으로 생각하는 사람들에게는 직업상 노동을 한다는 것은 고통이 아니라, 당연히 참고 견뎌야만 하는 것이고, 하느님의 뜻에 따르는 것이며, 내면적인 만족감을 얻을 수 있는 것이다. 불행히도 우리나라에서는 이러한 소명감이나 사명감을 찾아볼 수 없다. 그러나 서구에서도 후기 산업 사회에 들어와서는 이러한 직업 의식에 큰 변화가 오고 있다.

2. 현대 사회와 직업인의 소외 의식

현대에 들어와서는 직업 분화가 극도로 발달했다. 노동부가 추정하고 있는 우리나라의 직업 종류는 약 1만 5천 종 내지 2만 종이라고 한다. 이것은 미국의 4만 5천 종, 일본의 3만 5천 종에는 못 미치지만 엄청난 숫자다. 산업이 발전할수록 직업 종류는 더욱 늘어만 간다. 그러나 기술이 진보하면서, 사회가 변화하면서 어떤 직업은 사라지기도 한다. 이 명멸하는 엄청나게 많은 직업 종류를 어떤 틀에 넣고 분류하고 그 특징을 논한다는 것은 대단히 큰 작업일 뿐만 아니라 이 논문이 다룰 성질의 것이 아니다.

자기의 능력과 재량에 따라 사업을 경영하는 중소 기업주나 장인이 갖는 직업 의식과는 전혀 다른 직업 의식을 현대인은 가질 수밖에 없다. 시대와 사회가 요구하는 대로 직업 의식도 변하기 마련이다.

오늘날 우리는 조직 기구들과 기술이 지배하는 후기 산업 사회 속에서 살고 있다. 다시 말해서 우리는 관료 제도와 기술 지배의 영향 아래 살고 있다.

우리가 여기서 기술 지배라는 말을 사용할 때 분명히 해두어야 할 점은 과거나 현재나 미래에서도 우리가 결코 기술을 가볍게 보거나 업신여길 수 없다는 것이다. 원래 기술은 인간이 필요해서 생각해 낸 것인데, 오늘날에 와서는 이 기술이 인간의 정신에 반작용을 가하고 있다는 데서 심각한 문제가 제기되는 것이다.

기술은 본래 두 가지 특성을 가졌다고 볼 수 있는데, 첫째로 기술에 의해서 다루어지는 도구가 직접 인간의 손에 의해서 만들어졌고, 둘째로 그 도구는 인간의 손에 의해서 직접 다루어지는 것이었다. 그러나 오늘날에 와서는 도구는 인간의 손에 의해서 직접 다루어지지 않으며, 기계적으로 자동화되어서 인간의 작업을 대신 담당하고 있다. 마침내 인간이 도구를 부리는 것이 아니라, 이 도구가 인간을 부리고 인간이 이 도구에 봉사하게 되어버렸다. 기술은 마치 "햇빛이 강할수록 그늘이 짙다"는 비유처럼 우리에게 이로운 면뿐만 아니라 해로운 면까지 함께 가져다주었다. 문제는 기술이 인간의 선한 목적을 위해서만 사용되지 않고 있다는 점에 있다. 인간이 자기를 위해서 기술을 지배하는 것이 아니라, 기술이 인간을 자의로 지배할 때 테크노크라시(기술 지배)가 유령처럼 등장한다. 여기서는 인간이 아니라 기술이 주체가 된다. 이렇게 되면 인간은 그의 본질인 사고하는 능력을 상실하게 되고 기술이 주체가 되도록 돕거나 방조하는 역할을 하게 된다. 따라서 인간도 물체와 똑같이 이용성과 효용성이라는 관점에서 계량적으로 취급된다. 기술이 지배하는 후기 산업 사회의 나쁜 결과들을 다른 관점에서 좀더 깊이 살펴보면 더욱 무서운 사실들이 발생함을 찾아볼 수 있다.

모든 것을 능률적으로 처리하기 위해서는 신속화, 자동화, 분업화, 물량화, 기계화가 요구된다. 뿐만 아니라 또한 산업의 고도 성장은 불가피하게 대량 생산 체제를 이룩하게 된다. 이 대량 생산 체제는 대중화, 가속화, 기계화, 자동화, 물량화, 규격화(주물화) 등의 현상을 인간에게 가져다주었다. 이제 이들 현상들이 인간에게 미친 영향을 자세히 살펴보기로 하자.

대중화는 개인의 창의성이나 개성을 무시하게 만들며, 인간을 의존적으로 만들며, 무비판적이게끔 만든다. 따라서 인간은 얼빠진 무사려한 자로 전락하고 만다.

가속화는 인간으로 하여금 인간의 본질이라고 할 자기 반성이나 자기 비판을 할 시간적 여유를 갖지 못하게 한다. 그래서 사람들은 쉽게 다른 사람이 하는 대로 따라서 행동하는 꼭두각시처럼 타인 지향으로 되고, 소위 "거리의 사람"(유랑자)이 되고 만다.

기계화는 인간으로부터 자유를 박탈할 수 있는 구실을 만들어주며, 마침내 인간을 기계의 노예로 전락시키고 만다. 그래서 인간도 하나의 기계의 부속품처럼 되고 만다.

자동화는 인간을 한갓 도구로 만들며 무사려하게 만든다. 그래서 인간은 무책임하게 되며, 동물처럼 되고 만다.

물량화는 인간을 수시로 필요에 따라 물건처럼 대치할 수 있다는 생각을 갖게 만들고, 인간을 아주 비정하게 만든다. 그래서 인간은 존엄성을 잃게 될 뿐만 아니라, 자기 정체를 잃고, 우왕좌왕하다가 급기야는 불안, 초조 속에서 허덕이는 정신병자가 되고 만다.

규격화(주물화)는 인간도 필요에 따라서 판에서 찍어내거나 만들어내는 상품이나 도구에 불과하다는 인간 경시 풍조를 가져왔다. 특히 관료 제도와 무단 정치가 여기에 합세하면 인간의 주물화는 더욱 조장된다.

이렇게 후기 산업 사회의 대량 생산 체제의 역기능들은 인간으로부터 가장 소중한 개성, 창의성, 자발성, 자기 반성을 약탈함으로써 사람들로 하여금 소외 의식을 가지도록 만들었다. 현대 사회에서의 이와 같은 일반적 소외 의식은 직업인(봉급 생활자, 넓은 의미의 노동자)에게서 더욱 첨예화되고 있다. 이밖에도 노동자들에게는 또 다른 소외 의식이 있다.

노동자(직업인)의 소외 문제는 마르크스 이론의 중요한 문제이다. 마르크스에 의하면 자본주의의 발전이 임금 노동자를 노동으로부터 소외시키며 마침내 실업과 빈곤 속에서 허덕이게 만든다고 한다. 마르크스의 소외 개념은 다음과 같은 4가지 측면이 있다. 첫째로 인간은 자연으로부터 소외되어 있다. 둘째로 인간은 자신(그 자신의 활동)으로부터 소외되어 있다. 셋째로 인간은 자기 인종(인류 구성원으로서의 존재)으로부터 소외되어 있다. 넷째로 인간은 인간(다른 인간)으로부터 소외되어 있다. 이를 쉽게 풀이해 보자.

첫째로, 소외 노동은 자기가 만들어낸 노동 생산물로부터 소외를 가리키는 것이다. 다시 말해서 노동자가 만들어낸 생산물이 그의 소유물이 되지 않고 생산 수단 소유자에게 귀속되고 만다는 것이다.

둘째로, 소외 노동은 노동 과정에 있어서 노동자와 생산 활동과의 관계를 표현하는 것이다. 다시 말해서 노동자는 노동 과정에서 자신을 만족시킬 수 없다는 것이다. 노동자는 노동 방식(예컨대, 노동 시간, 기계나 도구 사용, 작업 순서, 작업 장소)을 자기 의사대로 결정할 수 없다는 것과 노동의 전 과정이 분할되어 개개 노동자는 극히 일부분의 노동밖에 담당하지 못한다는 것이다.

셋째로, 자기 자신으로부터 소외를 가리키는 것이다. 노동이 인간에게 전 존재를 걸 만한 가치가 있는 목적이 되어야 하는데 그렇지 못하다는 것이다. 이것은 노동 대상이 인간 생활을 대상화하는 것과 관련되어 있다. 소외 노동은 인간의 외적 자원과 정신적 존재를 소원하게 만들 뿐 아니라 인간을 자신으로부터 소외시킨다. 따라서 소외 노동은 자기 자신뿐 아니라 다른 사람과의 관계도 소외시키는 것을 의미한다.

우리는 일반적으로 노동의 정신적, 도덕적 가치를 높이 평가한다. 그러나 오늘날 우리는 노동의 고귀한 목적을 실제로 사회에서 찾아볼 수 없다. 노동자는 본인의 의사와는 관계없이 장소와 시간의 제약을 받는다. 그는 원하지 않는 장소에서 원하지 않는 시간에 과중한 노동을 하지 않으면 안 된다. 그래서 노동자는 쉽게 고향을 잃어버리게 된다.

앞에서 열거한 바와 같이 여러 가지 소외 현상의 요인들과 분배의 불공정 등은 직업인으로 하여금 근로 의욕을 잃게 만들고 있다. 현대 사회에서 직업인들은 인격 도야의 기반이며 행복감의 원천이며 자기 실현의 기반이어야 할 직업 활동으로부터 보람을 느끼지 못하고 있다. 그래서 그들은 무위와 자기 도피를 일삼는다. 그들은 직장 안에서 그랬던 것처럼 직장 밖에서도 생각하지 않는 사람이 된다. 대부분의 현대인들은 정신적 허무감에 빠지고 만다. 그러면 직장인들을 사물화된 채로 자기 상실감 속에서 자포자기하도록 방치해 두어야 할 것인가? 이제 우리는 직업인의 소외 의식을 극복하고, 자기의 직분을 다할 수 있도록 소명감을 다시 생각해 보아야 할 것이다. 우리는 이 소명 의식을 다름 아닌 현대 사회에 적합한 직역 윤리 또는 직업 윤리 속에서 모색해 보아야만 한다.[7]

3. 직업과 윤리

앞에서 우리는 직업의 의미를 살펴보았다. 그러나 그것은 우리의 삶에 있어서 직업이 가지는 위치와 의의를 살펴본 것에 불과하다. 이제 우리는 이 직업이 왜 윤리적인 성격을 가져야만 하는가를 살피고 직업 윤리의 의미를 밝혀 보기로 하자.

주지하다시피 서구어에서 직업은 본래 소명이라는 뜻으로 사용되어 왔다(예컨대, 독일어의 Beruf, 영·불어의 vocation, 영어의 calling, 라틴어의 vocatio). 그러나 이밖에도 직업은 영어로 occupation(일자리를 잡는다, ~에 종사하다는 뜻), business(사무, 업무), job(도급)으로 낮추어서 표현되며, 또 불어에서는 affaire(일, 사건), besogne(부담스러운 일)로, 독일어에서도 Gewerbe(얻는다, 번다는 뜻과 생업이라는 의미)로 낮추어 사용되기도 한다. 최근에는 서양에서도 일상 언어로는 대체로 후자의 뜻으로 많이 사용된다. 그런가 하면 동양에서는 일반적으로 직업을 신성시하거나 하늘의 부르심으로(제왕을 천자라고 부른 예는 있다) 높이 평가한 예가 없는 것으로 알려져 있다. 그러나 한자의 직업이라는 말을 주의 깊게 살펴보면 의미심장한 뜻이 포함되어 있다는 것을 찾아볼 수 있다. 그리고 이 뜻은 우리가 문제삼고 있는 한국적인 직업 윤리 의식을 정립하는 데 시사하는 바가 있다고 보여진다.

한한사전漢韓辭典에서 직職 자를 살펴보면, "주장하다(主也)," "맡을" 직(執掌, 職分 職), "벼슬" 직(品秩), 많을 직(多也), 공바칠 직(貢也), 떳떳할 직(掌也), 나눌 직(分也)의 의미가 있다. 그리고 업業 자를 살펴보면, 업은 일, 근무, 업무, 생업生業, 실업實業, 공업工業, 상업商業, 경영한다, 기업基業(기초 작업), 공업功業(업적이라는 뜻), 학업學業, 업보業報(인과응보, 因을 果로 하게 하는 業)의 의미로 쓰이고 있음을 찾아볼 수 있다. 여기서 우리가 주목해야 할 것은 "맡는다," "떳떳하다," "나눈다"라는 직職 자의 의미를, 학업學業이니, 대업大業을 위임받는다느니, 기업基業(기초를 다진다는 뜻)이라든가, 불가佛家에서 사용하는 "업을 다한다"는 의미와 접합시켜 보면 매우 흥미 있는 사실을 발견할 수 있다. 다시 말해서 직업은 하늘이 맡긴 일, 떳떳한 일, 나누는 일(職分으로서의 職業), 전생前生의 허물을 차생此生에서 보속報贖한다는 뜻을 가지고 희생과 봉사를 한다는 의미로 이해해도 좋을 것 같다. 물론 우리나라의 전통 사회에서 직업이 이러한 뜻으로 사용된 적은 거의 없었다고 보아야 할 것이나, 앞으로 이러한 뜻이 이 직업이라는 낱말 속에 들어있다고 보고서 사용하는 것은 의의 있는 일이라고 나는 주장하고 싶다.

이제 우리는 직업이 왜 윤리적이어야만 하는가를 살펴보자.

우리들이 일상생활에서 실천하고 있는 구체적인 실천 윤리는 우리가 가질 수밖에 없는 직업의 특수성을 감안한 윤리와 무관할 수 없다는 것은 자명한 사실이다. 오늘날 사회 생활에 필요한 기능이 분화되고, 분화된 기능들의 조화로운 종합에 의해서 사회 전체의 운영이 온전하게 이루어진다는 것은 아무도 부인할 수 없는 엄연한 사실이다. 그러므로 현대 사회에서는 그 나름대로의 직능에 따라 직업 윤리가 존재한다는 것은 당연한 일이다. 실제로 일상생활에 존재하는 실천 윤리는 각기 특수성을 가지고 있는 직업 윤리로서 존재하는 것이라고 말할 수도 있을 것이다.

일찍이 플라톤은 그의 『국가론 *Republic*』에서 사람들로 하여금 각자의 사회적 지위에 알맞은 직분을 수행하도록 교육하는 방법과 또 사회적인 여러 가지 계급에 알맞은 특유한 덕을 지니는 것에 대하여 언급한 바 있다.[8] 플라톤에 의하면, 국가는 분업의 원리에 따라서 조직된다. 어떤 사람들은 다른 사람들을 위해서 식료품을 마련하고, 또 어떤 사람들은 다른 사람들을 위해서 집을 짓고, 어떤 사람들은 다른 사람들을 위해서 의료품을 만든다. 바로 이런 점에서 국가의 존재 이유가 있다는 것이다. 직업의 종류는 그 국가가 점차로 커지고 부강해짐에 따라 거의 무한히 늘어갈 수 있다. 플라톤은 일단 직업을 중심으로 국민들을 생산자(서민), 전사(군인), 지배자(정치가)의 세 계급으로 나누고, 이 세 계급에 각기 알맞은 기본 덕을 부여했다. 즉 정치가의 기본 덕을 지혜, 군인의 기본 덕을 용기, 서민의 기본 덕을 절제라고 하였다. 그리고 제각기 자기의 분수를 지키고, 공연히 월경하여 다른 영역을 침범하지 않는 것을 정의의 덕이라고 하였다. 플라톤이 정치가, 군인, 서민에 대하여 각기 알맞은 기본 덕을 들었듯이, 직업 윤리에는 직업마다 특히 중시되는 덕이 있다고 말할 수 있다. 정치가에게는 특히 국가를 경영하는 데 지혜가 중시되고, 공무원에게는 특히 청렴결백의 덕이 중시되고, 상인에게는 특히 신용이 중시되는 것 등이다. 그러므로 비슷한 행위 같아도 직역과 직능에 따라서 윤리적 평가는 같지 않다. 예를 들면, 일반 시민이 어떤 공무원에게 돈을 주고 사의를 표하면 증수회나 뇌물이 되지만, 일반 시민이 어떤 의사에게 고맙다는 표시로 선물을 하거나 때로는 돈을 주더라도 이것은 증수회가 되지 않는다. 또 일반 시민이 거리에서 행패를 부리는 무뢰배를 처치하지 않았다고 해서 비겁하다고 비난하지 않지만, 만일 경찰관이 보고도 못 본 체하고 지나칠 것 같으면, 사람들은 그 경찰관을 용기 없는 비겁한 사람이라고 비난할 것이다.

그러면 직업 윤리를 성립시키는 근본 원리는 어떠한 것인가? 그것은 어떤 특수한 직능을 수행하는 데 있어서 그것을 실행하지 아니하고서는 누구든지 그 직능을 훌륭하게 제대로 수행할 수 없는 그러한 덕성이라고 간단히 규정할 수 있을 것이다. 예를 들면, 군인이나 경찰관은 일반 시민보다도 용감해야 한다. 만일 그렇지 않다면 군인이나 경찰관으로 그 직능을 훌륭하게 제대로 수행하지 못할 것이다. 원래 덕이라는 말은 고대 희랍 철학에서는 각 사람이 자기의 신분과 위치에 따라, 즉 직분에 따라 최선을 다하는 것을 의미한다. 희랍어의 *ἀρέτη*, aréte가 바로 그러한 뜻을 가지고 있다.

일반적으로 사람들은 도덕이라고 하면, 우리들의 일상생활을 위축시킬 것이라고 생각하는 선입견이 있다. 그러나 이것은 봉건 시대에 있어서의 노예 도덕에 대한 편견에서부터 나온 것이라고 말할 수 있다. 대체로 윤리 도덕은 "…을 하지 말라," "…을 해서는 안 된다"고 하는 부정적이며 소극적인 면이 없는 것도 아니다. 그러나 도덕은 참된 의미에 있어서 인간에 내재하는 본연의 생명, 본래 가지고 있는 능력을 고양시키는 것이다. 직업 윤리의 근본 원리도 모든 직업인들로 하여금 자기가 타고난 능력대로 자기의 직분을 발휘하도록 하게 하는 데 있다고 하겠다. 우리들이 제각기 자기의 능력에 따라 특수한 직능을 분담하고, 이 직능을 충분하게 발휘하고, 훌륭하게 수행하는 것이 바로 직업 윤리라고 말할 수 있다.[9]

III. 한국인의 직업 윤리의 상황

현대 산업 사회에 있어서 한국의 직업 윤리의 정립을 시도하려면, 우리는 모름지기 한국인의 직업 윤리 의식을 분석 검토하지 않을 수 없다. 우리는 먼저 한국인의 의식의 밑바닥에 깔려 있는 전승되어 온 직업 윤리 의식을 살펴보고, 그 다음에 오늘날 한국인의 직업 윤리 의식의 양상을 비판해 보자. 이렇게 분석 검토된 내용은 새로운 직업 윤리의 전반적 방향 정립의 기초 자료가 될 것이다.

1. 한국의 전통 사회에 있어서 직업 윤리 의식과 그 문제점

(1) 관료 사회와 직업 차별

생각하기에 따라서는 전통 사회라는 말과 직업 윤리라는 말은 서로 잘 어울리는 말이 아니다. 그 이유는, 엄격히 말해서 직업 윤리라는 말은 근대 산업 사회에 들어와서야 사용되기 시작한 용어이기 때문이다. 그러나 현대 한국인의 직업관과 직업 윤리 의식을 철저하게 파헤쳐

보기 위해서는, 한국 전통 사회에 있어서의 직업관을 먼저 살펴보지 않을 수 없다.

주지하다시피 한국의 전통 사회는 오랫동안 중앙 집권적 관료 사회였다. 이 관료 사회에 있어서는 엄격한 신분 제도와 이로 말미암은 계층 의식이 지배적이었으며, 일반의 의식은 지위 지향적인 경향이 매우 강하였다. 이것은 과거제의 실시에 의하여 더욱 뚜렷해졌다. 우리나라의 과거제는 고려 제4대 광종光宗 9년(서기 958년)[10]에 시작하여 조선 왕조 말기에 이르기까지 실시되었다. 남아로 태어난 사람이며, 거의 누구나 과거에 합격하여 관리가 되고 입신출세하여 부귀영화를 누리는 것을 인생의 최고 목표로 삼았다. 이 관료 사회에서는 과거를 통하여 관리가 되면 지위와 명예를 얻을 뿐만 아니라 힘든 노동을 하지 않고도 쉽게 재물을 획득할 수 있었다. 이 과거 제도는 많은 후유증을 남겼지만, 그중에서도 가장 나쁜 것은 노동을 무시하는 풍조를 남긴 것과 직업의 귀천 의식을 심어준 것이다. 그밖에도 이것은 지위와 권세를 이용하여 반윤리적으로 부를 쌓거나 계층 의식을 조장하였다. 이 과거 제도의 폐단은 광복 이후 대한민국의 고시 제도에도 잔존하고 있다.

사농공상士農工商이라는 직업 차별 의식은 유교가 지배했던 전통 사회에서는 뿌리 깊은 것이었으며, 단순히 사상적으로 뿐만 아니라 제도적으로, 또 실제로도 그랬었다. 특히 공업이나 상업에 종사하는 사람들을 무슨 장이匠라고 하거나 "장사치" 또는 "장사꾼"이라고 천시해 왔다. 뿐만 아니라 농자천하지대본農者天下之大本이라고 말하면서도 농민을 "농사꾼"이라고 멸시하거나 심지어는 "땅파먹는 놈"이라고 업신여겼다. 선원을 "뱃놈"이라고 부르는 것도 예사로운 일이었다. 그러므로 노동이 존중될 수 없었다. 또 관리들은 권세와 지위를 악용하여 소위 실업에 종사하는 이들을 가렴주구하고 착취 수탈했다. 그러므

로 이러한 관료 사회에서는 올바른 직업 윤리가 형성되기 어려웠다고 하겠다.[11]

(2) 직분과 지위 지향성

전해종 교수는 "한국 전통 사회의 직업 윤리"라는 제목하의 그의 강연에서, 직업 윤리에 관한 참고 기록을 우리나라의 중요한 사료史料인 『삼국사기三國史記』, 『삼국유사三國遺事』, 『고려사高麗史』 등에서 거의 찾아볼 수 없다고 말했다.[12] 그리고 이어서 그는 전통 사회에서 한국인의 직분 의식이 매우 약했던 점을 지적하였다.[13]

유교에서는 "사양지심辭讓之心은 인지단仁之端"이라고 사양하는 정신을 매우 높이 평가한다. 그러나 이것이 때로는 지나쳐 문집이나 상소문에는 많은 사직소辭職疎가 들어있음을 볼 수 있다. 저 유명한 도연명陶淵明의 귀거래사歸去來辭 같은 것이 좋은 예가 된다. 이 사실은 직분 의식이 부족했다는 점을 잘 보여준다고 하겠다. 따라서 올바른 직업 윤리관이 없었음을 말해 준다. 그 많은 관리들이 남긴 문집文集 속에 들어있는 회고록이나 일기문에서 직분이나 특히 직책에 대하여 깊은 관심을 가진 글을 찾아보기 어렵다. 그들은 자기 직업이나 직책과 직분에 대한 자부심이나 자긍심을 가지고 있지 않았다. 따라서 관료 사회에서 직업은 보다 높은 지위를 획득하기 위한 수단이며, 벼슬살이란 궁극적으로 최고 지위인 영의정에 이르기까지의 일시적인 노정에 불과한 것이었다. 직책 그 자체는 아무런 의미가 없었다고 말할 수 있다. 예양禮讓은 대개의 경우 더 높은 지위를 의식하고서 말하는 위선이며, 형식주의의 산물이었다고 말할 수 있다. 유교에서 예양을 지나치게 강조한 것도 직업 윤리가 발달하기 어려웠던 이유라고 말할 수 있을 것이다.

(3) 물질 경시와 염세 사상

또 유교에서 중요하게 가르치는 속俗, 기己, 극기복례克己復禮라든가, 불교에서 흔히 말하는 멸기滅己라고 하는 수신修身은 과욕을 경계하는 데 그치지 아니하고 극단적으로 물질을 지나치게 경시하고, 자연스러운, 너무나도 인간적인 물욕까지도 죄악시하였다. 특히 잘못 해석된 노장 사상은 더욱 기세적棄世的이며 염세적厭世的이었다. 그 결과 노동을 기忌하고 따라서 항산恒産이 있을 수 없었으며, 올바른 직업 의식이나 직역 의식이 형성되기 어려웠다.

우리나라에서 천직이라는 말은 단순히 생계를 유지하기 위한 생업의 뜻으로 사용되었을 뿐, 서양의 그리스도교 문화권에서 볼 수 있는 적극적인 소명 의식과는 거리가 먼 소극적인 것이었다. 서양 사람들이 사용하는 직업이라는 말 자체가 "하느님으로부터 불리움을 받은" 직역(또는 직분) 의식을 담고 있다.

한국의 전통 사회에서는 노동의 신성성을 주창하는 내용의 글을 거의 찾아볼 수 없다. 서양 어디서나 흔히 들을 수 있는 "일하기 싫은 사람은 먹지도 말라" "일하면서 기도하라"는 말처럼 근로 사상을 고취하는 격언이나 속담도 찾아보기 어렵다. 물론 서양에서도 산업 혁명 이전에는 대체로 노동은 노예 노동을 연상시키지만, 그러나 동양, 특히 한국에서처럼 노동에 대한 보상이 빈약하지는 않았다. 이와 같은 노동에 대한 대가나 보상에 대한 무시나 경시는 직업 윤리 발달을 저해하는 원인이었다. 그리고 농, 공, 상에 종사하는 사람들은 전통 사회에서는 아무런 발언권도 가지지 못한, 즉 사회 발전에 참여하지 못하는 소외된 존재였다. 그러므로 그들은 소외 의식과 자기 상실, 무력감 속에서 바람직한 직업 윤리 의식을 가지기 어려웠을 것이다.

(4) 풍토의 영향

우리나라의 기온은 같은 위도상의 다른 지역에 비하여 온대 지방보다는 냉대 지방에 가깝고, 겨울은 길고 건조하며 기온의 연교차가 심한 것이 특징이다. 삼면이 바다에 접하여 있으면서도 계절풍의 나쁜 영향을 주로 받고 있다. 여름 기온은 열대 지방과 별 차이 없을 정도로 고온이고 여기에 습도가 매우 높아 활동하는 것을 어렵게 만든다.

강수량은 여름 6-8월 3개월 동안에 연강수량의 60% 이상이 내린다. 한반도가 태풍권 내에 들면 집중 호우가 내린다. 이 호우는 가뜩이나 빈약한 토질(산성이 강한 사질 토양)을 더욱 거칠게 만들고, 해로운 잡초를 무성하게 만들어 농사에 큰 지장을 준다. 겨울은 기간이 길뿐만 아니라 매우 건조하여 목초의 생육을 불가능하게 만든다. 이러한 기후의 영향을 받은 한국인의 의식주는 활동하는 데 불편을 주고, 생산 의욕을 감소시키는 부작용을 가져온다.[14] 윤태림은 한국의 기후가 한국인에게 오랫동안 폐쇄적인 생활 태도를 가져온 중요한 원인이라고 주장한다.[15] 우리는 이러한 기후가 어느 정도 한국인의 근로 의욕을 무디게 만들고, 따라서 직업 윤리가 형성되기 어렵게 만드는 원인이라고 말해도 좋을 것 같다.

(5) 왜구와 전란의 영향

상술한 원인 외에도 무수한 왜구의 침입과 전란으로, 특히 빈번했던 왜인의 약탈은 전답의 황폐는 물론이려니와, 한국인에게 불안과 위축을 가져다주었다. 따라서 이러한 사실도 간접적으로 직업 윤리의 형성을 지연시키는 원인이 되었다고 말할 수 있을 것이다.

우리는 앞에서 유교적 · 전통적 관료 사회에 있어서 직업 윤리가 발달하지 못한 이유에 관해서 편의상 몇 가지로 나누어 살펴보았다. 이 원인들은 현대의 한국인의 직업 윤리 의식에도 아직까지 깊은 영향을 미치고 있다고 말하지 않을 수 없다.

그러나 비록 유교적 전통 사회에서 직업 윤리가 발달하지 못했다고 할지라도 직업 윤리가 전혀 없었다고 말할 수는 없다. 적어도 그 사회의 주인 역할은 못했다고 할지라도 농공상의 계층이 존재한 만큼 어떤 직업 윤리의 싹이 있었다고 보아야 할 것이다. 이 경우에 직업 윤리라는 말은 직업 의식이나 직업관을 의미한다고 해도 좋을 것 같다. 또는 소박한 의미의 노동 의식이라고도 말해도 좋을 것 같다. 아무튼 소극적이긴 해도 직업 활동을 규제하는 규율에 대한 내적 의식은 있었다. 이러한 직업 윤리 의식은 순전히 직업을 중심으로 하는 집단이나 조직에 의하여 이루어지는 서구의 사회적 규범과는 다른 것이다. 이제 우리는 직업 윤리를 내적 의식에 초점을 두면서, 우리나라의 역사에서 직업 일반에 대한 윤리 의식을 찾아보도록 하자.

두레: 새마을 운동의 근원을 이 두레에서 찾는 국민윤리학자들이 있다. 이 두레는 순수하게 직업을 중심으로 하는 직업 단체는 아닌 것 같기도 하지만 경제적인 이해 관계를 함께하는 공동 작업체作業體이다. 이 두레의 구성원은 근로 존중의 의식을 가지고 있었다고 말할 수 있을 것 같다.

청백리淸白吏: 청렴강직, 봉공奉公 등의 윤리 의식을 가지고 있었다. 아마도 신분 질서를 유지하려는 제도적 사회 규범이라는 면에서 보는 것이 더 타당한 것 같기도 하다. 그러므로 관료들에게서 직역 의식이나 직분 의식 같은 직업 윤리를 기대한다는 것은 거기라 먼 이야기라고도 하겠다. 그러나 춘추필법春秋筆法을 신조로 삼았던 사관史官이나 언관言官에게서 그들의 직분을 지키려고 하는 윤리적인 태도를 신분 윤리라고만 볼 것이 아니라, 모호한 점이 있으나 유기적 직업 윤리의 관념으로도 볼 수 있다. 일반적으로 막스 베버가 주장하는 것처럼, 동양에서는 금욕주의적인 합리적 직업 윤리 의식이 빈약했던 점을 우리는 유감스러우나 시인할 수밖에 업다. 그리고 특히 직업 윤리를 직업 일반의 윤리와 직업별 윤리로 나누어서 볼 때, 직역 또는 직능 윤리 의식을 가지고 있는 직업별 윤리 의식을 우리 역사에서 찾아보는 것은 더욱 어려운 일일 것 같다.[16] 그러나 청백리와 같은 사대부들이 고도한 윤리 의식을 가지고 그들의 직분을 훌륭하게 지킨 실례를 우리는 상당히 많이 찾아볼 수 있다. 이 직분 의식은 전통 사회에서 근대 사회로 옮아가는 전환기라고 말할 수 있는 조선 왕조 중기 이후에 실학 사상이 발달하면서부터 점차 언급되기 시작했다. 실학 사상은 조선 왕조 중기까지는 실사구시實事求是니, 경세제민經世濟民이니 무실역행務實力行이니 하면서도 신분 계급을 고수하면서 어디까지나 유교의 입장에 바탕을 두고, 평등한 입장에서가 아니라 치자의 입장에서 백성을 불쌍히 여기는 일종의 동정심의 발로 같은 것에 지나지 않는 것이었다. 여기서도 아직 고도의 인격 가치에 대한 윤리 의식은 없었다. 그러나 영조나 정조 시대에 이르러 치용론致用論과 이용후생利用厚生과 같은 북학파北學派의 사상이 나오면서부터 유교적인 전통 사회로부터 차츰 탈피하게 되고, 마침내 이원귀李元龜에 이르면 윤업일야倫業一也와 같은 고도의 기업 윤리 사상이 나오게 된다.[17] 그러나 이원귀의 사상이 당시 사회에 어느 정도 깊이 영향을 미칠 수 있었는지는 의문의 여지가 많다. 아무튼 18세기가 거의 지날 무렵부터 비로소 우리나라에서는 서민층들이 자의식을 갖게 되어 공인계貢人契, 도중都中, 보부상단 등을 조직하고 단결과 이익을 도모하게 되었고, 이로써 직업 일반의 윤리로서의 근로 정신이 함양되기에 이르렀다. 그러나 직분 의식이나 건전한 직업 의식은 20세기에 들어와서야 언급되기 시작했다고 말하는 것이 옳을 것이다. 그러면 우리는 다음 절에서 현대 사회에서 한국인의 직업 윤리 의식과 그 문제점을 살펴보기로 하자.

2. 현대 한국 사회에서 직업 윤리 의식과 그 문제점

현대 한국인의 직업 윤리 의식은 아직도 고루한 전통 사회의 의식으로부터 멀리 벗어나 있다고 보여지지 않는다. 그러므로 한국인의 직업 윤리 의식 전반을 논하면서 전통 사회에서의 직업 윤리 의식과 현대 사회에서의 직업 윤리 의식을 간단히 구분할 수는 없다. 따라서 이 절에서는 최근의 동향을 간단히 살피고 그 문제점을 지적하는 것으로 만족할 수밖에 없다.

(1) 직업에 대한 편견과 차별 의식

아직도 우리 사회에는 전근대적인 관존민비 사상과 사농공상의 차별 의식이 풍미하고 있다. 상급 학교에 진학할 때나 직업 선택을 할 때 불합리한 편견이 크게 작용하고 있다. 직업을 한 사람의 시민으로서 역할을 분담한다는 자각은 소위 고등 교육을 받은 사람들에게서도 찾아보기 어려운 형편이다. 자기의 형편과 능력을 고려해서 잘 선택한 직업은 직업상의 의무를 충실히 하는 것을 용이하게 한다. 그러나 그렇지 못한 경우에는 직업 윤리가 제대로 정착할 수 없을 뿐더러 당사자는 불행한 삶을 살아가게 된다.

특히 한국인들에게는 육체 노동을 천시하는 경향이 있고 놀고 먹기 좋아하는 폐습이 잔존하고 있다. 땀 흘려 일하고 이웃을 돕는다는 봉사 정신이 부족하다. "남 좋은 일 하지 마라" "남이야 죽든 말든 상관할 바 없다"는 말을 부모가 자식에게 공공연하게 하는 경우가 흔하다.

이러한 것이 누적되어 하나의 전형을 이루어, 편견과 차별 의식은 고정되고 그 악영향은 더욱 심화된다. 최근에도 법상경法商經 계통으로 학생들이 몰려들고 있다. 여기에 금권 만능이라는 배금 사상이 가미되면서 단순히 돈만 많이 벌 수 있으면 제일이라는 생각이 팽배해 있다. 그 결과 전문직에 종사하는 의사나 변호사 등은 우월감을 가지고 그 특수직을 악용하는 사례가 많다.

(2) 시민 윤리 의식의 결핍

한국인은 공동체 의식이 부족하다. 지연, 혈연, 학연 등 귀속적인 기준을 지나치게 따진다. 그리고 끼리끼리 이익을 독점하며, 그 결과 공사의 명확한 구별이 없고, 사회 생활을 하는 데 합리성이 결핍되어 있다. 그래서 기업 운영이 비능률적이다. 민족 유산에 대한 공유 의식이나 긍지가 부족하다. 그나마도 부족한 문화재 보호나 공동 기물에 대한 애착이 부족하다. 직장에서도 주인 의식이 없다. 한 사람의 시민으로서, 국민으로서의 자부심이 부족하고 공익 정신이 매우 부족하다.

공명정대한 경기 정신이 부족하다. 일을 할 때나 경기를 할 때 규칙을 준수하는 데 등한히 하고, 절차나 과정을 매우 소홀히 한다.

공중 도덕이 매우 낙후되어 있다. 한 개인의 무분별한 행동에 의해서 많은 시민들이 불편을 겪고 불쾌감을 겪는다. 예컨대, 교통 질서를 보면 알 수 있다. 도처에서 아무 때나 고성방가하는 것을 흔히 보고들을 수 있다.

이상과 같이 간단히 몇 가지만 살펴보아도 한국인의 시민 의식이 얼마나 부족한가를 알 수 있는데, 이것이 직업 윤리에 미치는 영향은 대단히 큰 것이다.

(3) 정밀주의 정신의 결핍

"어중간하다"든가, "적당히 한다"든가 하는 말을 한국인은 흔히 사용한다. 치밀하게 꼼꼼하게 정확성을 기하면서 일하려고 하지 않는다. 대부분의 공산품들이나 건축도 날림으로 만들고 짓는다. 그래서 불합격품이 아주 많은 편이어서, 국제 시장에서 같은 재료로 만든 상품도 다른 나라에 비하여 제값을 못 받고 있다. 이 손실은 엄청나게 큰 것이다. 이것은 고도의 정밀을 요하는 현대의 기술 집적 산업 사회에서 심각한 문제가 아닐 수 없다.

(4) 자연 애호 사상의 결핍

급속한 산업화와 도시화가 자연 환경을 파괴하는 것은 어느 정도는 불가피한 현상이다. 그러나 최근에는 공익 정신의 부족으로 말미암아 공기와 땅, 물의 오염이 매우 심각하다. 무지한 탓도 있겠지만, 자연을 보호하고 가꾸는 데 등한하다. 거리의 보도나 빌딩의 복도 등에 함부로 버려진 껌의 공해라든가, 산과 들, 개울가에 함부로 쓰레기를 버리거나, 심지어 고속도로변에 온갖 쓰레기를 버리는 몰상식한 행위도 벌어지고 있다.

(5) 절제 의식의 결핍

식량 사정이 나쁜 고장에 살면서도, 버려지는 음식이 많고 폭식폭음하는 경향이 많다. 유행을 지나치게 따르다보니 버려지는 생활 도구가 많아 자원의 낭비가 심하다. 내일을 위한 대비책이 부족하다. 거의 매년 홍수, 태풍, 한발이 몰려오건만, 근본적인 대책이 매우 부족하다.

저축심이 부족하다. 서양의 산업 발전과 자본주의의 발달은 시민의 합리적인 절제 정신에서 기인하는 것인데, 우리나라 사람에게는 금욕 정신이 부족하다. 의와 식이 비합리적이고 낭비가 많다.

(6) 장기 계획이 부족하다

옛날이나 지금이나 관공서나 종교적인 건축물만 보아도 알 수 있는 것처럼 한국인은 매우 성급하여 아주 짧은 기간 동안에 모든 것을 끝내려는 조급한 성벽을 가지고 있다. 장기 계획을 세워 꾸준하게 일을 추진하는 힘이 부족하다. 수시로 바뀌는 법과 제도 때문에 국민들은 내일을 기할 수 없다.

(7) 매우 감정적이다

공사를 막론하고 일을 하는 데 있어서 냉철하게 합리적으로 처리하는 것이 아니라, 기분이나 감정에 따라 행하는 경우가 많다. 따라서 일의 선후와 전반적인 통일성이 결여되어 있는 경우가 많다. 따라서 공평하게 일을 처리하기가 어렵고 나중에는 뒷말이 많다. 그래서 불평불만이 쏟아지기 일쑤고 작업 진행에 차질이 생기기 쉽다. 인정은 어떤 의미에서는 오늘날 매우 중요한 의의를 갖는 것이기도 하지만, 지나치면 수습하기 어려운 일이 생긴다. 그래서 맺고 끊는 것이 분명하지 않아 시간과 정력의 낭비가 많다. 체념을 잘 하고 너무 빨리 한다. 이 점은 때로는 정신 건강에 좋을 수 있으나, 새로운 기업을 창업하거나 새로운 상품을 고안 개발하거나 할 때는 방해가 된다.

(8) 소명(사명) 의식의 부족

직업은 단순히 돈을 버는 수단만이 아니고 삶을 사는 방식일진대, 한 사람의 국민이나 시민으로서 자기 직업에 대한 긍지와 자부심은 중요한 의미를 갖는다. 일본이 오늘날 저토록 고도의 산업 발전을 구가할 수 있는 것은 기업주와 고용인이 철저한 공동 유대 의식을 가지고, 임하고 있기 때문이다. 또 서구인들의 자기 직업에 대한 긍지와 자부심은 절로 수준 높은 직업 윤리 의식을 가지게 만드는 것이다. 하늘에서 불리움을 받았고, 신의 영광을 위하여 신의 창조 사업의 일익을 담당한다는 자부심은 참으로 훌륭한 자세인 것이다. 그러나 우리에겐 천직으로서의 사명감이 너무나 부족하다. 특히 최근에는 기업간에 숙련공을 유인해 간다든가 아주 작은 이익 때문에 쉽게 직장을 옮기는 경우가 허다하다. 이것은 참으로 직업 윤리의 부재를 가리키는 것이다.

거의 모든 한국 사람은 자기 직업에 만족감이나 성취감을 가지지 못하고 있다. 자기 직업 분야에서 제1인자가 되겠다는 노력과 함께 무언가 좋은 흔적(공적)을 남기겠다는 의식이 직업인에게는 매우 중요한 것인데, 우리는 그러한 의식을 가지고 있지 못하기 때문이다. 물론 노력한 만큼의 대가가 뒤따르지 않기 때문일 수도 있다.

상술한 것 이외에도 문제삼을 만한 점들이 있으나, 그러한 것들은 현대 한국인에게만 국한된 것이 아니고, 또 II장 2절에서 어느 정도 언급했기 때문에 여기서는 더 자세한 논구를 하지 않는다.

아무튼 우리는 하루 속히 자기의 직업 속에서 풍족한 삶을 살아가는 방법을 터득해야 할 것이다. 그러면 다음 IV장에서 직업 윤리와 일반 윤리와의 관계를 살펴보기로 하자.

Ⅳ. 직업 윤리와 일반 윤리

직능과 직분이 사람에 따라 다르듯이 직업 윤리도 직역이나 직능에 따라 각기 다를 수 있다. 그러나 직업 윤리가 특수한 면을 가지고 있다고 해서, 갑이라는 직업에서 덕이라고 불리어지는 것이 을이라는 직업에서 부덕이라고 불리어질 정도로 상호 배타적일 수는 없다. 예컨대, 상인이 지켜야 할 덕목인 신용은, 군인이나 교사나 변호사에게도 필요한 덕목이고, 사실은 모든 직업인에게서 없어서는 안 되는 인간 일반의 덕이다. 단지 그 덕이 발현하는 방식이 직역에 따라 같지 않을 뿐이다. 상인과 의사와 교사에게서 발양되어야 할 신용의 방식이 조금씩 다르게 되어 있을 뿐이다. 신용에 관해서 이렇게 말할 수 있는 것처럼 다른 모든 덕목들, 예컨대 인내, 용기, 근면, 정직, 절제, 공평, 성실, 친절, 관용, 염치, 신용 등에 관해서도 이렇게 말할 수 있다. 모든 직업 윤리는 그 안에 전 덕목을 포함하고 있는 것이다. 또 직업 윤리는 서로 독립하거나, 서로 이질적이거나, 배타적일 수는 없는 것이다. 그러므로 직업 윤리는 일반 윤리를 포용하고 있는 것이다. 왜냐하면 직업인도 직업인이기에 앞서 한 사람의 인간이며 인간 일반의 윤리를 지킬 수밖에 없기 때문이다.

그러면, 직업 윤리가 각각 다르다든가 특수성을 가지고 있다는 말은 무엇을 의미하는 것인가? 우리는 여기서 직업의 특수성과 윤리의 보편성에 관해서 고려해 보지 않을 수 없다. 직업 윤리가 직역에 따라 다르다고 하는 것은 직업의 특수성에서부터 오는 성질의 것이지 윤리의 특수성으로부터 유래하는 것은 아니다. 특수한 각각의 직능을 완수하기 위해서 그리고 직능이 다르기 때문에, 어떤 덕목을 일차적으로 좀더 중시할 수 있다. 이것이 종래에 가서 직업 윤리의 특수성을 형성한다. 그러므로 우리는 다음과 같이 생각하여도 좋을 것이다. 직업 윤리와 일반 윤리는 체體로 보면 그 본질에 있어서 서로 다른 것이 아니지만, 용用으로 보면 같은 것이 아니다. 다시 말해서 직업을 통하여 실행하게 되는 실천 윤리는 각기 다를 수 있는 것이다. 어떤 사람이 오랫동안 어떤 전문적인 특수한 직업에 종사하게 되면 다른 직업에 종사하는 사람과는 다른 가치 판단을 할 수도 있다. 그래서 어떤 직업적인 기질이나 분위기를 강하게 나타내게 된다. 이렇게 되면 같은 직역에 종사하는 사람들에게서는 별 문제가 없지만, 다른 직역에 종사하는 사람들에게서는 호감을 받을 수 없게 되는 경우가 많다. 그러나 우리는 분업 시대에 살면서 자기의 직업을 통하여 인간성 일반을 심화시킬 수밖에 없으며, 직업 윤리를 통하여 일반 윤리를 구체적으로 실현할 수밖에 없다. 그것은 과일을 맛볼 때 과일 일반을 맛본다는 것은 실제로 불가능한 것이며, 반드시 특정한 과일 — 예컨대, 사과나 배나 포도 — 등을 맛볼 수밖에 없는 것과 같은 이치라고 할 수 있겠다. 그러나 동시에 우리는 사과 맛이나 포도 맛을 과일 맛이라고 할 수 있으되, 과일 일반의 맛이 포도나 사과 맛과 꼭같다고 말할 수는 없다. 그러므로 우리는 특수한 직업 윤리를 일반화해서는 안 된다. 이를테면, 군인의 윤리 하나만으로 사회의 모든 실천 윤리가 확립될 수 없고, 확립시키려고 해서도 안 된다. 사회는 군인만으로도 노동자만으로도 성립되지 않는다. 따라서 어떤 특수한 직업 윤리를 일반화하거나, 부당하게 월경하는 것은 사회의 건전한 질서를 교란시키고 조화롭고 평화로운 사회 질서를 혼란하게 만드는 것이 된다. 우리는 이러한 실례를 군인 사회에서나 통용되는 무조건적인 복종만을 강요하는 북한과 같은 공산 독재 국가나 군부 독재 국가에서 찾아볼 수 있다. 명령 하나만으로 움직이는 기계적인 사회는 겉으로는 질서정연해 보이나 안으로는 곪고 있는 것이다. 노동 정신은 자발적이어야 하며 산업의 발전도 자유로운 분위기에서 창의성이 발양되면서 가능한 것이다. 공산 제국의 집단 농장이 실패하고만 이유가 바로 이 점에 있다고 하겠다.

V. 직업 윤리의 정립

1. 직업 윤리 정립의 선결 요건

오늘날 현대 사회는 공동 사회Gemeinschaft로부터 이익 사회Gesell-schaft로의 변화에 이어 공익 사회의 실현이 요청되고 있다. 건전한 직업 윤리가 정착되고 육성 발전되려면 기업주와 근로자 어느 한쪽의 일방적인 희생을 강요할 수는 없다. 직업 윤리는 상호적인 것이며 기업체(산업체)의 어떤 구성원에게만 요구되는 것은 아니다.

첫째로 기업체를 구성하는 모든 성원은 각자가 맡은 일을 책임감을 가지고 수행하여야 한다. 정당하게 합리적으로 정해지는 규약은 성실하게 준수해야 한다.

둘째로 기업체의 성원들은 합법적인 절차에 의하여 자기의 의사를 표시할 권리를 가져야 한다. 그러나 이 의견은 전체 성원의 찬성을 얻을 수 있는 정당성을 가져야 하며 기업 전체와 사회 전체의 발전에 기여할 수 있어야 한다.

기업주나 기업 관리자와 일반 노동자(종업원)의 이익은 상충하기 쉽다. 그러나 여기서 노사간에 의견을 조정할 수 있는 합리적 통로가 마련되어 상호간의 이해가 이루어질 수 있어야 한다.

셋째로 기업 경영자는 기업을 합리적으로 운영하여야 하며 도덕적으로 떳떳해야 한다. 효율efficiency, 정확clarity, 공적merits을 기해야 한다.

넷째로, 종업원(근로자)에 대한 적절한 대우, 예컨대 정당한 보수, 재해에 대비한 안전 조치, 노동 환경 조건의 개선 등을 행해야 한다.

상술한 요구 조건이 최소한 이루어질 때 우리는 비로소 직업 윤리를 정립할 수 있다. 만일 그렇지 못할 때, 직업 윤리는 기업주에게만 유리한 것이 되고 오히려 일반 근로자들을 괴롭히는 노예 도덕으로 전락할 위험성마저 있는 것이다. 여기서 필자는 이상적이긴 해도 모든 인간의 존엄성, 노동자의 경영 참가, 인격 가치의 확립을 주장하고 싶다.

2. 직업 윤리 일반의 방향 모색

앞서 Ⅳ장에서 어떤 특정한 직업 윤리를 일반화하는 것은 폐단이 많음을 우리는 살펴본 바 있다. 그러므로 이 글의 주제인 "직업 윤리의 전반적 방향에 관한 연구"는 자칫하면 견강부회될 위험이 있다. 모든 직업에 적용될 수 있는 직업 윤리란 사실은 일반 윤리와 다를 바가 없거나, 아니면 공산주의 독재 국가의 획일적인 군인 윤리 같은 것이 되고 말 것이다. 그러나 우리는 여기서 그러한 위험성이 있음에도 불구하고 직업 윤리 일반에 공통된 덕목을 찾기보다는 오히려 현대 사회에 사는 직업인으로서 항상 염두에 두어야 할 기본 방향에 관해서 모색할 수는 있을 것이다.

(1) 직업적 양심

"저 사람은 양심적이다"라고 하는 말은 상점 점원, 교사, 전기 기사, 의사, 변호사 등 거의 모든 직종을 막론하고, 직업인에 대한 최대의 찬

사라고 말할 수 있다. 양심적인 상인은 처음에 단골 손님을 확보하는 데는 값싼 선전에 능한 비양심적인 경쟁자보다는 시간이 오래 걸릴는지 모른다. 그러나 한번 신용을 얻게 되면 그 상인의 기업은 오랫동안 지속될 것이다.

그러면 직업적 양심이란 무엇인가? 직업적 양심을 가지고 일하는 사람은 그의 도움을 바라는 사람들의 권리와 이익에 전심하며 다른 사람의 이익을 자신의 이익보다 우선적으로 생각한다. 이를테면, 양심적인 상인은 손님을 만족시킬 수 있는 좋은 상품을 마련해서 공급하고 결코 비싼 값을 받지 않는다.

직업적 양심은 먼저 책임감을 전제한다. 예컨대 내가 의사나 변호사를 찾아가 상의할 때 나는 자신의 이익을 그들의 손에 내맡기는데, 그것은 그들이 그 일의 보수 이상으로 나에게 가장 이익이 되는 것을 찾아내어 준다고 내가 그들을 믿기 때문이다.

직업적 양심의 본질은 약속에 대한 충실성이라고 할 수 있다. 예컨대, 문외한이 얼핏 확인하기 어려운 일을 맡아하는 지붕 수리인이나 연관공 같은 직업을 가진 사람은 일을 부탁하는 사람을 속이지 않기 위해서는 필요한 물품의 양과 질을 되도록 분명히 한다. 그는 비용이라든가, 공사 기간 등을 적당히 하는 것이 아니라 모든 가능성을 예상하고 견적서를 성실히 작성해 준다. 대對 작업적 양심은 특히 정확성을 기하여 매사를 꼼꼼하고 빈틈없이 하는 데서 나타난다. 부당한 대가를 바라거나 공기일을 함부로 늦추고 변명을 하지 않는다. 만일 예상 밖의 일이 발생했을 때도 손님을 실망시키지 않기 위해 자기의 손해를 무릅쓰고 명예를 지키기 위하여 최선을 다한다.

직업적 양심은 일단 일을 착수하게 되면 이해 관계를 초월하여 일 그 자체가 제대로 이루어지도록 순수한 애정을 가지고 일에 전심전력을 기울인다. 일 하나하나를 후세에 길이 남길 귀중한 예술품을 만들듯이 한다. 이러한 직업적 양심을 가진 사람은 결함 있는 일을 남에게 넘겨주는 것을 싫어하며, 명예를 목숨같이 아낀다.

(2) 연대 의식

어떤 의미에서는 인간은 날 때부터 생존 경쟁 속에서 살고 자라고 있다고 말할 수 있다. 현대 사회는 인간으로 하여금 끊임없이 경쟁하게 만든다. 때로는 내가 죽든가, 네가 죽든가 해야 한다고 하는 절박한 경우도 있다. 예컨대, 상인은 동종업자를 희생시킴으로써 고객을 유치하고 사업을 번창시킬 수 있다. 또 같은 직장의 동료들은 승진을 하는 데 있어서 라이벌이 되고, 그 라이벌의 성공으로 자기의 승진이 늦어져 당장 손해를 보는 수도 있다.

또 인간은 자기 중심적이어서 모든 사람은 자기를 위하여 살며 일한다고 말할 수도 있다. 이 자기 안에 가족을 포함시키는 수도 있다. 그러나 다른 사람들의 이익은 관심 밖이 되기도 한다. 그래서 남은 적이 되기도 한다. 그러나 그것은 직업 관계의 어떤 일면에 불과한 것이며, 이 일면이 나와 다른 사람 사이에 가로놓여 있는 공동 이익을 완전히 가릴 수는 없는 것이다.

한 기업에서 번영과 곤란은 기업주이거나 종업원이거나 간에 모든 구성원에 의하여 감지되고 모든 구성원에게 파급 효과를 미친다. 그러므로 그 기업의 모든 구성원은 그 기업의 영고성쇠와 운명을 같이하는 것이다. 사실 어떤 기업체의 구성원의 행동은 그 주위에 있는 모든 사람에게 영향을 미친다.

기업 내의 연대 의식이나 공동 유대 의식은 이론적으로 구성원으로 하여금 임금이 고정되어 있는 경우라도 기업의 재무 사정의 영향을 감지하게 만든다. 결국 그 기업의 적자 운영은 곧 급료를 동결시키거나 해고와 관련이 있으며, 반대로 그 기업의 흑자 운영과 융성은 고용자(근로자)의 승급 요구를 가가능케 한다. 따라서 그 기업의 구성원의 직업적 양심의 결과는 점차로 종업원 전체가 그 기업에 적극 참여하도록 만들며, 공동 유대 의식을 갖게 만든다. 한 걸음 더 나가 모든 사회의 구성원은 개개인이 가지고 있는 직업의 개별적 이익과는 별도로 근본적으로 연대 의식을 가지고 있다. 어떤 한 기업의 번영은 국가 수입 전체와 세계 경제의 안정과도 관계가 있다. 최근에 우리는 미국 경제의 침체와 세계 경제의 침체가 밀접한 관계가 있음을 알게 되었고, 이것이 한국 경제 침체의 근본 원인이라는 사실을 체득하고 있다. 1920년대의 경제 공황과 오늘의 국제 경제 상황은 세계가 하나임을 잘 설명해 주고 있다. 일반적으로 도시의 노동자와 농촌의 농민은 대립 관계에 있다고 말할 수 있다. 그러나 긴 안목에서 보면 한쪽의 이익은 다른 한쪽의 이익을 가져다준다. 농민의 구매력은 도시 상공인의 수입을 보장해 주고 증대시켜준다. 또 노동자의 급료가 오르면, 농산물의 구입을 용이하게 해주며, 농민의 생활을 윤택하게 하여준다. 오늘날 극렬한 노동 분쟁은 양쪽을 다 해롭게 한다는 사실은 주지되고 있다.

인간은 본래 다른 사람과 더불어 함께 살게 되어 있고 서로 도움을 주고 도움을 받도록 되어 있다. 나라는 말은 너라는 말이 있어 비로소 존재할 수 있듯이 나는 너와 더불어 우리로서 있는 것이다. 현대의 극심한 환경 오염은 우리로 하여금 공동 유대 의식을 가질 수밖에 없게 만든다. 바다, 대기의 오염 방지는 우리 모든 인류의 의무이자 책임이다. 우리는 지금 하나의 지구촌에서 함께 살고 있다. 우리 모두는 똑같은 운명을 짊어지고 사는 형제 자매이다. 우리의 직업 활동은 동료와 후배들에게 끝없는 파급 효력을 미치므로 누구에게든지 해가 되는 일을 해서는 안 되며, 그들에게 도움이 되는 일이면 기꺼이 도와주어야

할 의무가 있다.[18]

필자는 여기서 미르달G. Myrdal과 틴버근J. Tinbergen 같은 정의를 내세우는 경제학자가 사회 발전을 위해 불가결한 덕목이라고 나열한 것을 참고로 소개하려고 한다.[19]

■ 미르달Myrdal의 덕목[20]

1. 효율, 2. 근면, 3. 규율 바른 것, 4. 시간 엄수, 5. 검약,

6. 정직, 7. 합리성, 8. 변화에 대한 준비, 9. 민첩, 10. 왕성한 도취심,

11. 성실성, 12. 독립심, 13. 협동심, 14. 장기적 안목.

■ 틴버근Tinbergen의 덕목[21]

1. 정당한 이윤 추구에 대한 관심, 2. 미래에 대한 관심,

3. 위험을 무릅쓸 용의, 4. 기술에 대한 관심, 5. 불요불굴성,

6. 열심히 일할 능력, 7. 협동 능력, 8. 개방성, 9. 논리적 분석 능력.

우리는 이상에서 열거한 덕목들이 우리가 직업적 양심을 지키고 공동 유대 의식을 갖는 데 있어서 어느 정도 방향을 제시하고 있음을 살펴볼 수 있을 것이다.

(3) 전문적인 직업 기술 연마

자기가 종사하는 직역이나 직능이 필요로 하는 기술의 부단한 연마는 직업 윤리의 중요한 내용이며 모든 직업인의 당연한 의무이다. 예컨대, 의사나 교수는 끊임없이 의술이나 학술의 수련에 헌신해야 할 것이다. 이렇게 할 때 의사나 교수는 세상 사람들의 신용을 얻게 되고 존경을 받게 될 것이다. 의사나 교수가 기술 연마에는 관심을 가지지

않고 대외 활동이나 보직에 연연한다면, 그들은 사람들로부터 빈축을 사게 될 것이다.

(4) 인간애에 투철할 것

인간애는 직업 윤리의 덕목이라기보다는 모든 인간이 지녀야 할 최고 최선의 덕으로 일반 윤리의 근본이며 핵심이라고 하여야 할 것이다. 그러나 직업인도 인간이며 인격자가 되는 것이 바람직하다고 할 때 인간애를 떠나서 덕목을 논한다는 것은 근본을 도외시하고 지엽말단만을 문제삼는 것과 같다고 하겠다.

사랑은 모든 지향적인 정서 생활의 최고 단계이며 모든 인격 작용의 기초가 되는 것이며, 도덕 생활의 근본이다. 사랑은 덕 중의 덕이며 선 중의 선이다. 그러므로 우리가 사람답게 살기 위해서, 윤리를 논하면서 사랑을 언급하지 않을 수 없는 것이다. 사랑은 어떤 직업을 가진 사람에게도 그 직업을 수행하는 데 있어서 최고 최선의 것일 수밖에 없는 것이다. 인격적 행위는 사랑 없이는 불가능한 것이다.[22]

VI. 결론

이 글은 필자에게 주어진 논제에 충실하다보니, 직업 윤리의 내용을 구체적으로 드러내 밝히고 검토하는 데 주안점을 둘 수 없었다. 그러나 이 글은 한국의 직업 윤리를 정립하는 데 있어서 고려해야 할 것이 무엇이며, 직업 윤리의 전반적인 문제점과 과제에 대하여 방향을 제시하였다고 본다. 좀더 풍부한 내용을 담기 위해서 직업군을 만들고 각 직업군의 대표적인 덕목을 추출하여 이것들을 비교 검토할 수 있었다면 더욱 흥미를 줄 수 있었을 것이다. 그러나 이것은 방대한 작업이어서 이 소소연구에서는 감당하기 어려운 것이었다. 본문에서 상세히 논한 내용을 또다시 부연하는 것을 피하기 위하여 여기서 끝을 맺는다.

주

1) 본 논문은 "직업 윤리 일반의 방향에 관한 연구"라는 제목으로 『철학사상의 제문제(I)』, 한국정신문화연구원, 1983, pp.279-304에 실린 글임을 밝힌다.

2) Tomas Aquinas, *De regimine principium*,I.1에서 Tomas는 직분의 중요한 의의를 간단히 언급했다. Wright Mils, *White Collar*, 1951 ; Max Weber, *Die protestantische Ethik und der Geist des Kapitalismus*, Tübingen, 1934 ; 같은 사람, *Wirtschaft und Gesellschaft* (Tübingen, 1922)에서 공사를 엄격히 구별하는 현대 관료 제도의 장점에 관해서 논하면서 일부의 직업 윤리에 관하여 언급하고 있다. 아마도 직업 윤리에 관한 단행본으로는 小林珍雄과 Helmuth Ehrlingen 編著인 『職業の 倫理』(東京: 春秋社, 1958)뿐인 것 같다.

3) Jacques P. Thiroux, *Ethics*, Glencoe Publishing, Enoino California 1977, pp.291-313 ; Raymond Baumhart, *Ethics in Business*, Holt, Rinehart and Winston of Canada, 1968 ; Marquis W. Childs and Douglass Cater, *Ethics in a business Society*, A Mentor Book. 1954.

4) 鄭仁在, 『尹白湖의 禮論과 윤리 사상: 현대 사회와 윤리』, 한국정신문화연구원, 1982, p.87. 유교의 예학이 신분적 정명론(正名論)에만 관심을 기울인 나머지 직분적 정명론을 소홀히 했고, 그 결과 한국의 전통 사회에서 신분 윤리는 발달되었어도 서구의 Beruf와 같은 직업 윤리가 발달되지 못한 이유를 잘 설명하여 주고 있다.

5) 上田辰之助,「聖トマス에 있어서 職分社會思想의 硏究」, 東京商科大學硏究 年報,『商學硏究』2, 1933, 및 Thomas Aquinas, *De regimine principum*, I, 1.

6) Max Weber, *Die protestantische Ethik und der Geist des Kapitalismus*, 권세원·강명규 공역,『프로테스탄티즘의 윤리와 자본주의의 정신』, 일조각, 1971, p.158.

7) 진교훈,「현대 사회와 소외 의식」,『중앙문화』, 1981. pp.48-53 참고.

8) Platon, *Republic*, 431-432 참고.

9) 高山岩男,『敎育哲學』, 한기언 역, 한국일본학회, 1980, p.352 참고.

10) 진단학회편,『韓國史』, 연표, 을유문화사, 1959, p.116.

11) 박종홍,『한국의 사상적 방향』, 박영사, 1968, pp.51-53 참고.

12) 전해종,『한국전통사회의 직업윤리』, 아산, 1980, 동계호, p.36

13) ibid. p.35.

14) 차종환, 이우철, 이순애,『한국의 기후와 식생』, 서문당, 1975, pp.28-52 참고.

15) 윤태림,『한국인』, 현암사, 1979, pp.73-93 참고.

16) 高山岩男, 전게서, pp.354-358 참고.

17) 박종홍,『한국의 사상적 방향』, 박영사, 1972, p.79.

18) P. Proukille, *Aujourd'hui et demain, Reflexion et Perspective*, Editions de L'Ecole, 1996. 김철수 역,『公民의 倫理』, 삼성미술문화재단, 1980, pp.213-226 참고.

19) 임종철,『노동계층의 윤리의식과 노사관계』, 아산 1980. 동계호, pp.127-134 참고.

20) G. Myrdal, *Asian Drama*, 1968. pp.61-62.

21) J. Tinbergen, *Lessons from the past*, 1963, p.86.

22) 진교훈,「한국사상과 윤리」, 한국철학회편,『철학사상의 한국적 조명』(서울: 일지사, 1974), p.113 참고.

제13장

현대 사회의 생명과 문화 윤리[1]

I. 서론

교황 요한 바오로 2세는 그의 『새로운 복음화』에서 교회 복음화 활동의 일차적 목표는 그리스도 안에서 온전히 실현되는 "사랑의 문화 문명"의 건설을 도모하는 것이라고 천명하셨다. 여기서 교회의 복음화 활동이란 복음 진리의 생활화를 통한 교회와 인류 그리고 이 세계의 내적 쇄신 내지 변형을 목표로 하는 것을 의미한다. 그러므로 가톨릭 교회는 현대 사회에 만연하고 있는 "죽음의 문화"에 대치되는 "생명의 문화"를 재건하기 위하여 가일층 분발하고 노력하지 않으면 안 된다. 따라서 한국 교회도 인간의 존엄성이 경시되는 역사상 미증유의 한국의 "죽음의 문화"의 위기로부터 "생명과 사랑의 문화"를 재건해야 할 과업을 부여받고 있다. 이에 주교회의 신앙교리위원회 산하 생명윤리연구회가 교회의 가르침에 따라 오늘처럼 일련의 생명 윤리의 연구 발표회를 갖는 것은 한편으론 생명 존중 및 수호에 관한 이론적 근거를 한국 학계와 한국 사회에 적극 홍보하고 다른 한편으론 교회 안에서 행해지고 있는 각종 생명 운동에 올바른 방향을 제시해 줄 수 있는 계기가 될 것이다.

필자는 이 논문에서 먼저 현대 사회에서, 특히 한국의 반생명적인 문화 상황의 실태와 배경을 살펴보고 이어서 이렇게 된 원인을 규명해 보고, 그 다음 문화 윤리의 의의를 논하고, 끝으로 어떻게 죽음의 문화를 생명의 문화로 재건할 수 있는가를 성찰해 보려고 한다.

II. 반생명적인 문화의 실태와 배경

1. 폭력의 난무와 생명 경시

우리나라에서는 도처에서 온갖 종류의 폭력이 난무하고 있다. 학교 폭력, 가정 폭력, 전문적인 직업화된 조직 폭력, 국가 기관에 의한 제도적 폭력 등은 선량한 국민을 공포에 떨게 하고 인권을 유린하고 인간의 존엄성을 훼손시키고 있다.

폭력을 과시하거나 심지어 미화시키기까지 하는 영화, 만화, 애니메이션, 인터넷 등은 도처에 범람하고 있고, 많은 청소년의 호기심을 자극하고 폭력을 조장하고 있다. 사람의 목숨을 파리 목숨처럼 취급하는 미국의 수입 영화가 우리나라 영화계를 지배하다가 최근에는 우리나라에서도 폭력을 미화하는 영화, 〈친구〉, 〈조폭마누라〉 등이 흥행에 성공하고, 청소년뿐만 아니라 성인 사회에서조차 엄청난 인기를 끌고 있을 정도이다. 돈만 벌 수 있다면 무슨 짓이든 할 수 있다는 생각이 기업가들에게 만연되고 있으나, 정부는 이를 표현의 자유라는 미명 아래 아무런 규제도 하지 않고 있다. 우리나라의 공연 윤리는 현재 업자의 자율에 맡길 수 있을 정도로 높지 않다는 엄연한 사실에도 불구하고 관계 당국은 영화 산업 육성 등을 이유로 업자들의 횡포를 방임하고 있다.

학교 폭력: 학교에서 학생들 사이에서의 폭력 사태로 말미암아 많은 학생들이 사망하거나 육체적·정신적 피해를 입는 일이 속출하고, 학교 폭력은 더욱 증가일로에 있다. 학교 폭력은 갈수록 더욱더 흉폭해지고 조직화되어 가고 있으며, 더욱 심각하게 우려되는 것은 점점 더 저연령화되어 가고 있고, 어린 여학생들 사이에서도 발생하고 있다는 것이다.

그러면 이처럼 청소년의 인권을 유린하는 학교 폭력의 발생 원인 내지 배경에 대해서 우리는 묻지 않을 수 없다. 학교 폭력 조직의 발호는 일차적으로 돈벌이에만 급급한 부모의 자녀에 대한 무관심과 청소년의 애정 결핍, 경쟁 위주의 학교 교육에서 생기는 소외감과 강박관념, 건전한 여가 선용의 시설 미비 및 기회 박탈, 돈벌이에만 급급하여 수단과 방법을 가리지 않는 각종 유해 매체, 그리고 학교 주변의 나쁜 환경 등을 우리는 학교 폭력의 발생 배경으로 볼 수 있을 것이다.

가정 폭력: 욕구 불만과 열등 의식을 가졌거나 가학증을 앓고 있는 남편이 부인에게 폭력을 휘두르는 일은 오늘날 점점 더 심해지고 있다. 최근에는 부인이 남편에 가하는 폭력도 빈번해지고 있다. 또 부모의 자식에 대한 폭력도 줄지 않고 있을 뿐만 아니라, 오히려 자식이 노부모를 폭행하는 패륜도 적지 않게 발생하고 있다. 시부모의 며느리에 대한 학대만 있는 것이 아니라 최근에는 며느리의 시부모에 대한 박대가 늘어가고 있으며, 자식들의 노부모 괄시가 심해져서 사람다움의 근본인 효도가 무너지고 있다. 가정 폭력은 결국 사회악을 조성하고 인간의 존엄성을 훼손한다.

조직 폭력배: 정치 권력의 앞잡이로 시작한 조직 폭력배는 대체로 청부 폭력을 행했으나 이제는 온갖 종류의 이권에 적극적으로 개입하

고 정치계와 경제계에서 막강한 세력을 떨치고 있다. 그들은 정치 집회는 물론이고 심지어 종교인들의 주도권 다툼에도 개입하고, 술집, 호텔과 나이트클럽 등의 유흥장을 지배하고 최근에는 사채 시장 또는 건축 공사 등 각종 입찰 과정 등에서 폭력을 휘두르는 반사회적인 암적 존재로서 사회의 기강을 문란하게 하고 인간의 존엄성을 훼손시킨다. 조직 폭력배들은 최근에는 마약 거래, 인신 매매 등에도 깊이 관여하여 우리 사회에 어두운 그림자를 드리우고 있다.

제도적인 폭력: 국가 기관인 정보 기관과 군 및 경찰 등의 수사 기관에서의 혐의자에 대한 공공연한 고문과 취조는 인권을 철저히 유린하고 인간의 존엄성을 훼손시켜 왔다. 과거 군사 정권에서 국민의 생명을 경시했고 천인공노할 고문사 등 혹독한 폭력을 휘둘렀다. 특히 오늘날까지 시행되고 있는 사형 제도는 국가에 의한 제도적 폭력의 전형이다. 사형 제도는 자위 수단을 전혀 가지고 있지 않은 구금 상태에 있는 사람(죄수)을 무참하게 살인하는 것이며, 공공연하게 인간의 존엄성과 생명권을 파괴하는 살인 제도이다. 사형 제도는 법의 이름으로 인간의 기본권인 생명권을 부인하는 것을 정당화한다. 따라서 사형 제도는 경우에 따라 복수심에 차 있는 사람들의 살인을 정당화할 수 있는 빌미를 마련해 줄 수도 있다. 그러므로 회개와 갱생의 기회를 완전히 박탈하는 비인간적인 사형 제도는 조속히 폐지되어야 함은 물론이고 더 나가서 우리는 인간을 황폐화시키는 고문과 온갖 종류의 폭력을 불식시키기 위해 적극적인 노력을 경주하여야 할 것이다.

이밖에도 성폭력에 의한 인권 유린과 또 폭언에 의한 인권 유린도 심각하게 고려하지 않을 수 없다.

2. 공해와 생명 존중 사상의 쇠퇴

생명의 존엄성을 위협하는 공해의 원인으로 흔히 무분별한 산업 개발과 도시의 인구 집중 등을 지적한다. 이러한 거시적인 원인 규명은 선진 국가를 중심으로 논의된다. 그러나 우리나라의 공해는 그러한 범세계적인 공해 원인도 작용하지만, 특히 오늘날 우리나라의 특유한 반사회 윤리적인 병폐가 자연을 더욱더 심각하게 오염시키고 생명 존중 사상을 더욱더 쇠퇴하게 만들고 있다. 그러므로 우리는 생명의 존엄성을 경시하게 만드는 이 한국적 공해 원인을 성찰해 보지 않을 수 없다.

첫째, 성장 위주의 경제 정책: 국민 총생산GNP 지수가 높아지면 선진국 대열에 낄 수 있고 고용 증대가 이루어질 수 있다는 단순한 고식적인 단견이 한국에서는 특히 정치가들에게서 지배적이다. 그러나 이러한 견해는 우리나라 국토 전체에 회복하기 어려운 오염을 야기해 왔다. 수자원 보호를 위해 폐수를 강력히 규제해야 한다는 호소에 대해 목전의 이익만을 최대한 추구하는 기업가와 정부 당국은 값싼 상품 생산에 지장을 준다는 이유로 이를 묵살하거나 무시해 버리며, 땅의 오염을 막기 위해 제초제, 살충제, 화학 비료 등의 피해를 따지거나 영농 방식을 유기 농법으로 대체할 것을 호소하면 농산물 증산에 지장을 준다는 이유로 이러한 건의는 묵살되며, 공기 오염과 소음 공해 등을 규제할 것을 요구하면 정부 당국은 예산 부족 타령만 하기 일쑤다. 그래서 헌법에 명시되어 있는 국민의 기본권으로서 환경권 보호는 경제 성장 위주의 정책에 지장을 준다는 이유로 무시되고 있다.

둘째, 과시적 국토 개발 정책의 발호: 지방 자치제가 실시된 후 지방의 자연 보전은 오히려 뒷걸음질치고 있다. 지방 정부는 중앙 정부보다 선심 정책과 세수 증대에만 더 급급한 나머지 자연 파괴를 능사로 하고 있다. 지방 정부는 성급한 각종 대규모 토목 공사를 수시로 벌리고 이를 위해 중앙 정부보다 더 경솔하게 그린벨트를 풀 것을 주장하고 향토 보전을 등한히 한다. 누구를 위해 개발exploitation("착취"라는 뜻도 담겨져 있다)하여야 하는가를 물어야 할 것인데, 지방 정부의 과시적 개발 정책을 견제할 세력이 현재로서는 너무나도 미약하다.

셋째, 소비 위주의 산업화 정책: 케인스Keynes의 "소비가 미덕"이라는 산업 정책은 과소비와 자원의 낭비를 부추기고 가속화시켰다. 아무런 큰 불편을 주지 않는데도 불구하고 아파트를 리모델링한다든가, 더 오래 사용할 수 있는 자동차, 전자 제품, 전화기(핸드폰) 등등 각종 기계류, 가구와 각종 공산품을 조기에 폐기 처분하고 새 모델로 바꾸는 짓거리는 자원 낭비를 초래하고 결과적으로 자연을 파괴하는 원인이 된다. 왜냐하면 물자의 대량 생산과 대량 소비는 각종 오염 물질을 과도하게 배출하기 때문이다. 그러므로 각종 공산품을 수선하고 가능한 오래 사용하도록 권장해서 자원 절약, 즉 자연 보호를 꾀하여야 할 것이다. 특히 일회용품의 제작과 판매가 철저하게 규제되어야 할 것이다. 지방 정부가 이를 등한히 하고 있다. 지방 정부는 업자의 농간에 휘말려서 공해 업소 규제를 철저하게 시행하지 않고 있다.

넷째, 공해 발생의 은폐와 미봉책: 공해는 사실 그대로 정확하게 그리고 신속하게 공개함으로써 이에 대한 대비책을 철저하게 강구하고 모든 시민의 지혜를 동원하여 그 피해를 최소화할 수 있어야 할 것이다. 그러나 관계 당국은 시민의 불안과 동요를 염려한 나머지 고의로 공해 정도를 축소하거나 은폐하기 일쑤고, 또 기업은 기업대로 기업의 이익만을 우선하여 공해를 은폐하여 시민의 생명권을 경시하는 경향이 있다. 공해의 은폐나 미봉책은 나중에 더 큰 화를 불러올 수 있다. 예컨대 공해 발생을 축소하거나 공지하지 않으므로써 많은 시민의 생존권과 건강권이 침해를 받은 예가 많이 있었다. 가령 온산, 반월 공단과 원진레이온 공장 등의 공해는 당국의 미봉책과 기업의 은폐로 엄청난 피해를 가져왔다.

다섯째, 한국의 공해의 중대한 원인은 정부의 근시안적인 계획과 무모한 예산 집행에서 빚어지고 여기에 시민들의 무지몽매로 큰 것과 화려한 것과 새것을 선호하는 허영심이 상승 작용을 한다. 도무지 분수를 모르는 불요불급한 지방 정부 청사의 거대하고 화려한 신축과 개축 등이 대표적인 실례이다. 우리나라 대부분의 국민들은 더 편한 것, 더 쉬운 것, 더 큰 것, 더 화려한 것, 새로운 것을 맹목적으로 추구하는데, 이것이 우리나라의 생태계를 파괴하는 주요한 원인이다. 이러한 관민의 반생명적인 생각이 우리나라의 자연 환경을 더욱 나쁘게 만들고 복잡하게 만들며 생명 경시를 초래한다.

그러므로 공해를 추방함으로써 자연을 보호하는 것이야말로 생명을 지속 가능하게 하는 기본 조건이다. 생명 존중은 그 무엇보다 최우선시되어야 할 절대 가치이며, 생명을 존중하는 문화만이 영속하고 훌륭한 결실을 맺을 수 있다는 사실을 우리 모두는 유념해야 할 것이다.

3. 생명 공학과 생명 경시

생명 공학은 그 개념의 정의를 두고 외포와 내연에 관하여 학자들 간에 견해 차이가 있긴 하나 대체로 생명 현상을 이용하여 산업 및 의료 분야에서 경제적 이득을 획득하려는 모든 기술적 혁신innovation과 그 응용을 의미한다고 말해도 과언이 아닐 것이다. 20세기를 원자력 기술과 정보 기술의 시대라고 한다면 21세기는 생명 공학 기술의 시대가 될 것이라고 전망하는 시각이 점차적으로 확산되고 있다. 지금까지 우리나라에서 생명 공학에 대해서 알려진 것은 대체로 유전 공학자들의 기대와 과장된 주장들을 여과없이 소개하거나 선전하는 것이 대부분이었다. 특히 언론 매체는 대중의 관심을 끌기 위해서 전체를 보지 못하고 부분만을 보고, 윤리적인 성찰 없이 단순 사고하는 생명 공학자 또는 생명 공학 관련 업자의 검증되지 않은 꿈같은 주장만을 보도하는 데 주력했고, 생명 공학 기술의 역기능이나 부정적 측면에 대해서는 거의 다루지 않았다. 소위 BT(Bio-Technology) 사업은 김대중 정부의 중점 사업이었음을 우리는 유의하지 않을 수 없다.

생명 공학bioengineering이라는 말은 생명에 공학이라는 말을 덧붙인 것으로서 이 말 자체가 생명조차도 인간이 "만들어낼 수 있다"는 저의가 담겨져 있는 오만방자하고 불경스러운 말이다. 생명 공학은 인간의 생명을 포함하여 각종 동물과 식물과 미생물의 생명 현상을 공업적으로 이용하여 돈을 벌려고 하는 데만 주력하고 있다. 그러므로 유전자 재조합 기술의 산물인 유전자 변형 식품과 동물 복제는 생태계의 균형 파괴와 인간의 건강에 심각한 위험을 초래한다는 우려가 점증하고 있다. 유럽에서는 유전자 변형 식품과 복제된 동물의 식용은 엄금되고 있으나 우리나라에서는 아무런 통제도 받고 있지 않다. 이것은 국민의 건강권과 생명권을 경시하는 무책임한 처사이다.

최근의 생명 공학의 주요 관심사는 유전자 조작 기술과 체세포 복제 기술의 개발이다. 예컨대 병충해에 강한 작물, 제초제에 대하여 저항성이 강한 작물, 특정한 영양소를 다량 함유하는 작물 등의 개발이 활발히 진행되고 있다. 그러나 이러한 유전자 조작 작물의 개발은 근본적으로 생태계의 질서, 생태계의 순환과 생물 상호 의존성과 생물의 다양성을 파괴한다. 뿐만 아니라 유전자 조작 기술 개발은 엄청난 재원이 필요하므로 불과 5개의 다국적 기업들이 이 기술을 독점하고 있으며, 전세계 농산물의 생산과 유통과 소비를 농단하고 있다. 그들은 돈을 벌기 위해서는 수단과 방법을 가리지 않고 어떤 짓도 할 수 있는 비윤리적인 집단으로 막강한 권력을 자행하고 있으며, 전통적인 자연

친화적인 농업을 파탄에 이르게 하고 있을 뿐만 아니라 인간과 생명의 존엄성을 철저히 무시한다.

최근에는 축산 분야와 어업 분야에서도 생명 공학자들은 생산성이 높은 새로운 가축과 어류를 개발하고 있으며, 특정한 영양소나 생체 기능 물질을 분비하는 가축을 개발하려고 시도한다. 우리나라에서도 1998년 수산 양식 연구진이 보통 미꾸라지보다 40배나 무거운 슈퍼 미꾸라지를 개발했으며, 1999년 세포 성장 인자CSF가 함유된 젖을 분비하는 흑염소 "메디"를 유전자 조작으로 출생시켰다. 또 최근에는 의학 분야에서 인간에게 이식 가능한 장기를 생산하는 동물을 만들기 위한 연구도 활발히 하고 있으며 유전자 조작 기술을 이용하여 각종 질병의 "모델 동물"이 만들어지고 있다. 동물의 특정 유전자 부위를 파괴하여 인간의 면역 세포가 공격하는 부위를 발생하지 않도록 하거나 인간의 유전자를 동물에 이식하여 인간의 면역계와 합치하도록 함으로써 이종 장기 이식에서 생기는 거부 반응을 최소화시킬 수 있다는 것이 그러한 개발의 이유라고 한다. 약학계에서도 동물을 사용하여 생체 약물을 생산해 낸다. 그러나 이러한 기술들은 동물 학대일 뿐만 아니라 동물의 생존권을 경시한다는 비난이 동물 보호 단체들에 의해 비등하고 있다. 스스로 자기 권리를 주장할 수 없기 때문에 보호받을 수 없다는 것은 비윤리적이다. 그러므로 동물도 하나의 생명체로서 마땅히 보호받을 권리가 있다. 어떠한 경우에도 인간을 비롯한 모든 생명은 함부로 침해될 수 없는 존귀함을 가지고 있다. 따라서 이종異種간 교잡 행위가 금지되어야 하는 것도 당연한 것이다. 의학 분야의 유전 공학 기술의 응용은 인간의 존엄성과 직접적으로 상관 있기 때문에 문제는 더욱 심각하다.

소위 "인간 게놈 프로젝트"는 한마디로 인간의 생명 그 자체를 하나의 정보 현상으로 간주하게 만들었다. 만일 각각의 유전자의 기능과 역할이 완전히 밝혀진다면, 사람들은 인간의 생명 현상을 유전자라는 부호로 다시 보게 될 수도 있을 것이다. 문제는 유전자 진단과 유전 정보가 질병의 예방이나 치료 외에 다른 목적으로 악용될 수 있다는 것이다. 가령 보험 회사나 고용주, 또는 정부의 어떤 기관에서 이를 악용할 수도 있고 종래에는 인간의 차별을 더욱 심화시킬 수도 있다는 것이다. 예컨대 선천적 질환이 있다든가, 지능이 낮다든가, 신장이 작다든가 하는 것이 미리 알려질 때 그릇된 편견에 사로잡혀 있는 부모에 의해 태아가 살해될 위험이 늘어날 것이다.

질병을 치료하는 유전자 조작 기술은 "유전자 치료"라고 불려지고, 질병이라고 할 수 없는 어떤 인간의 속성을 개선하려고 하는 시도는 "유전자 개량"이라고 불려지는데, 문제는 "질병"과 "질병 아닌 것"의 구별이 사람에 따라 모호하다는 것이다. 그러므로 설사 유전자 치료가 법적으로 인정된다고 할지라도 유전자 치료는 남용될 위험성을 배태하고 있다. 아무튼 우생학적으로 유전자를 개량한다는 것은 비윤리적이다.

지금의 시점에서 생명 공학에서 가장 심각하게 문제되는 것은 복제 cloning 문제이다. 인간의 개체 복제는 기술적으로 가능한 것으로 알려지고 있다. 현재 인간 개체 복제는 인간 존엄성을 존중해야 한다는 윤리적 이유로 모든 나라에서 금지되고 있으나 인간의 배아 복제는 환자의 치료에 유용할 것이라는 기대에서 많은 생명 공학자들이 연구하고 싶어한다. 그러나 영국에서는 조건적이긴 하지만 인간 배아 복제에 대한 연구를 허용하고 있고, 일본에서도 2002년부터 쿄토 대학에 한정한다는 조건으로 냉동 잔여 배아에 대한 연구를 할 수 있게 되었고, 우리나라의 생명윤리자문위원회의 생명윤리기본법의 시안 속에도 "한시적으로 냉동 잔여 배아에 대한 연구를 허용하자"는 조항이 담겨 있고, 미국에서는 2001년 7월 하원에서 인간 배아가 인간임을 천명하고 인간 배아 복제를 금지할 것을 가결했으나 생명 공학 산업을 주도하려는 야심을 가진 부시 대통령이 교묘한 타협책으로 2001년 8월 냉동 잔여 배아로부터 추출된 64개의 줄기 세포주stem cell lines만을 연방 정부의 기금으로 연구할 수 있도록 허용했다.

체외 수정 및 인공 수정은 윤리적으로 논란의 여지가 있다(예컨대 부부 아닌 사람의 난자와 정자의 사용 문제, 대리모 등). 그리고 기술적으로 가능하다고 모든 것을 실행할 수 있는 것은 아니므로 우리는 모든 생명 공학 관련 기술들에 대해 윤리적으로 타당한 것인가, 생명의 존엄성을 존중하는 것인가에 대해 항상 예의 주시해야 할 것이다.

4. 사이비 예술의 비인간화

현대의 예술가들 중에는 특이한 것과 기상천외의 것만을 추구하면서 일체의 윤리적 제약으로부터 벗어나 자기의 느낌과 욕정을 자의적으로 표현하려는 사람들이 많이 있다. 그들은 처음에는 시대에 앞서가면서 인간의 소외와 기계화, 사물화 등 비인간적인 작태를 고발하거나 경고하기도 했으나 나중에는 비인간적인 병적 작태를 자학적으로 즐기고 있다. 우리는 오늘날 거의 모든 예술 장르에서 인간의 존엄성이 파괴되는 모습을 볼 수 있으나, 그중에서도 가장 비인간적인 작태를 우리는 대중이 쉽게 접할 수 있는 영화와 만화 및 애니메이션, 산업 미술 등에서 자주 볼 수 있다.

도대체 현대 예술에서 인간의 고귀함과 고결함, 순결한 사랑, 아름다운 이별, 품위 등을 찬미하는 작품을 찾아보기가 매우 드문 일이 되었다. 인간의 권위를 짓밟는 것은 흔한 일이 되었고, 인간의 목숨을 파리목숨처럼 다루거나 인간을 단순한 기계나 상품으로 다루는 온갖 사이비 예술 작품을 대중 매체 등을 통해서 우리는 항다반사로 접하게 된다. 엽기적 살인, 근친 살인, 마약 중독, 음란 행위, 이유 없는 불특정 다수의 집단 살인, 그리고 가학성과 자학성을 극대화하는 잔인한 폭력 등의 상세한 묘사는 인간의 존엄성을 파괴하려는 정신병적 복합 감정의 발로라고 할 수 있을 것이다. 아무튼 현대 예술은 상업성과 결탁하여 인간의 말초신경을 자극하고 흥분시키거나 인간을 비하하는 것을 능사로 삼고 있다. 한마디로 현대 예술가들 대부분은 인간성을 상실한 비도덕적인 사람들이라는 지탄을 면하기 어려울 것이다. 일찍이 공자님도 한 나라가 망할 때 난세지음亂世之音(세상을 어지럽히는 詩, 歌, 舞)과 망국지음亡國之音(나라를 망하게 하는 詩, 歌, 舞)이 횡행한다고 경고했는데, 이 말씀이 지금 우리에게 해당된다고 필자는 생각한다. 예술가들이 앞장서서 비인간화 현상을 고취하고 있느냐 아니면 예술가들이 이미 비인간화 되어 있는 현상을 나중에 묘사하느냐는 논란이 있으나 필자는 비윤리적인 예술가들이 "죽음의 문화"를 만들어내는 데 누구보다 더 큰 역할을 하고 있다고 생각한다.

5. 놀이 문화의 비인간화

논다는 것은 인간의 어떤 단순한 의식보다도 더 원초적이며 근원적이다. 인간은 생명을 부여받는 순간부터 모태 속에서 이미 꿈틀거리며 논다. 놀이(유희) 속에는 생명을 주창하려는 직접적인 충동만으로는 다 설명할 수 없지만 살고 있다는 것을 표시하는 중요한 의미가 담겨져 있다. "어린이는 놀면서 자란다"고 한다. 그런데 이 놀이는 항상 다른 사람을 배려하게끔 되어 있고 따라서 질서가 있기 마련이다. 그래서 제대로 놀려고 하면 반드시 다른 사람과 함께 놀 수밖에 없고 다른 사람의 기분을 상하지 않고 자기뿐만 아니라 다른 사람도 기쁘게 해 줄 수 있어야 한다. 그래야만 공정하고 깨끗한 놀이, 즉 파인 플레이 또는 패어 플레이가 되는 것이다.

그러나 만일 누군가가 "더티 플레이dirty play"를 하게 되면, 그러한 놀이는 오래 지속될 수 없을 것이며, 그 피해는 당사자뿐만 아니라 그 사회에 널리 퍼지게 된다. 예컨대 우리는 사행심을 조장하는 각종 놀이의 폐해를 고려해 보아야 할 것이며, 특히 우리나라에서 성행하는 각종 도박은 반사회적이며 종래에는 인간을 황폐화시킨다는 것도 유념해야 할 것이다. 그리고 스포츠도 놀이의 일종이라고 할 수 있는데, 오늘날 스포츠는 기업화되고 있고, 순기능뿐만 아니라 역기능도 보이고 있다는 것을 준열히 검토해 보아야 할 것이다. 어떤 스포츠는 선수를 혹사하고 인권을 유린하고 상품으로 간주한다. 고도의 기술 연마를 위해 때로는 선수의 안전을 소홀히 하기도 하고 선수를 대중의 꼭두각시로 전락시키기도 한다. 그래서 일부 극소수의 운동 선수들은 치부를 하나 건강을 상실하기 일쑤이고, 그 밖의 대부분의 운동 선수들의 말로는 비참하다. 대부분의 스포츠는 도박화되어가고 있다. 도박이 인간을 황폐화시킨다는 것은 불문가지이다.

집단 체조, 특히 카드 섹션 등은 인간을 기계처럼, 기계 부속품처럼 취급한다. 놀이의 본질은 휴식, 연대 의식 함양, 긴장 이완과 재창조recreation이나, 오늘날의 스포츠는 오히려 저열한 경쟁 심리를 부추기고 긴장을 유발시키며 집단 이기주의를 선동하고 연대 의식을 파괴하기도 하고 인간성을 상실하게 만든다. 예컨대 소위 훌리건의 행패와 선수들의 음주벽과 약물 복용은 우연한 작태가 아니다. 베르그송이 말한 대로 문화의 본질은 인간의 경쟁심을 완화시키는 것인데, 오히려 오늘날의 놀이 문화는 대체로 추악한 것으로 전락하고 인간의 존엄성을 파괴하고 있다.

6. 현대 의학과 비인간화

인간관에 초점을 맞춰 서양 현대 의학의 특징을 살펴보면 우리는 다음과 같이 개관해 볼 수 있다.[2]

① 현대 의학의 설명 전략은 물질적 환원주의와 심신 이원론과 기계적 결정론과 개체주의가 주류를 이루고 있다. 이것은 현대 의학을 소위 "수선업"으로 전락시키는 단초를 만들었다.[3]

② 물리학, 생화학, 분자 생물학, 공학과 같은 자연과학은 현대 의학의 이론적 기조를 이루고 있다. 가령 해부학, 생리학, 병리학, 약리학 등은 전적으로 자연과학의 이론에 근거를 두고 있다. 인간의 기능과 질은 가능한 한 수량으로 표현되고 측정 가능한 생화학적 · 생물리학적 과정으로 환원된다.[4] 따라서 현대 의학의 시술은 과학적 추상성에 기반을 두고 인간을 사물화한다.

③ 현대 의학은 질병의 존재론적 개념에 기반을 둔 의학 지식의 배열, 즉 질병 기술학nosography, 분류학taxonomy, 결의론casuistry에 의거하고 있다. 환자와 의사의 "주체성"을 의도적으로 최소화하는 방식으로 환자의 신체적 상태만을 검사한다. 다시 말해서 현대 의학의 시술은 기계가 인간의 신체를 이끌고가는 방식을 취한다. 이와 같은 현대 의학의 기조는 결과적으로 우리가 실제로 측정할 수 있는 것만이 인생의 전부가 되고 초월적 실재를 부인하게 만들고, 종래에는 인간의 존엄성을 상실하게 만드는 주요한 원인이 되었다.

현대 의학은 급기야 모든 질병을 유전적 소인에 의해 결정된다는 유전자 결정론까지 내세우면서 인간의 유전자를 해독하고 유전자를 조작 · 변형하고 생명을 복제할 수 있는 데까지 이르렀다. 현대 의학은 기능주의적으로 발전할수록 인간의 존엄성에 깊고 어두운 그림자를 드리우고 있다.

　　최첨단 의료 기구에 둘러싸인 의사들은 환자의 목소리를 듣지 않게 되었고, 의사와 환자의 대화는 단절되었고, 의사와 환자 간의 신뢰는 무너지고 있다. 더욱 무서운 것은 돈에 눈먼 비양심적인 의사들의 과잉 검사와 과잉 진료가 만연되고 있다. 그러므로 만일 의료계 종사자들이 그들 스스로를 단순한 기술자나 상인에 불과하다고 생각하지 않고 사람들로부터 신뢰를 받으려면, 그들은 인간 존중과 생명 존중에 대한 충실한 교육을 받아야 하고 환자와 긴밀한 대화를 나누어야 할 것이다.

7. 의 · 식 · 주의 비인간화

　　인간은 옷을 입게끔 되어 있다. 인간은 피부의 결점을 보완하기 위하여, 추위와 더위로부터 몸을 보호하기 위하여 옷을 입는다. 그러나 그와 같은 실용적인 목적 외에도 아름답게 보이기 위하여, 체면을 차리기 위하여, 신분을 과시하기 위하여 옷을 입기도 한다. 그리고 옷은 문화 이념의 중요한 기본 요소인 전통성과 사회성과 윤리성을 개진하기도 하는 중요한 인간사이기도 하다. 그러므로 어떤 시대에, 어떤 곳에 사는 사람들이 어떤 옷을 즐겨 입느냐 하는 것은 문화를 평가하는 중요한 척도가 된다.

　　그런데 최근에 모델이라는 직업이 돈을 많이 벌 수 있기 때문에 인기가 높다고 한다. 이제는 상점의 진열장에는 마네킹이 거의 필요없다고 한다. 왜냐하면 나무나 석고나 합성수지 등으로 만들어진 마네킹 대신에 인간이 마네킹 역할을 하기 때문이다. 소위 "모델"이라는 살아 있는 사람이 진열대에서 옷을 걸치고 막대기나 기계처럼 서있거나 무대에서 걸어다닌다. 소위 "패션쇼"에서는 모델이 단 몇 분만에 옷을 갈아입고 연출자의 지시에 따라 워킹을 한다. 돈에 팔려 그런 일을 하는 사람이 제정신으로 그 짓을 감당하기는 어려울 것이다. 그들은 도대체 부끄러움을 모르는 것 같다.

옷은 제2의 피부라고 할 수 있다. 다시 말해서 옷은 한계를 가진 인간의 피부, 즉 신체의 부분을 연장하고 보완하는 것이다. 그래서 옷이 날개라는 말도 생겨났을 것이다. 옷은 실용적 목적 외에 사람의 내면세계의 일부를 밖으로 드러내며, 그 사람의 인품을 드러내기도 한다. 아이는 아이답게, 여자는 여자답게, 노인은 노인답게, 성직자는 성직자답게, 군인은 군인답게 옷을 입어야 한다. 다시 말해서 사람은 사람답게 살기 위해 자기 분수에 맞게 입어야 한다. 그런데 만일 여자가 남자 옷을 입거나 남자가 여자 옷을 입는다면 그것은 성도착 증세를 나타내는 것이며, 군인 아닌 사람이 군복을 입는다면 그것은 범법 행위로 제재를 받아야 할 것이다. 만일 어떤 사람이 모름지기 가려야 할 치부를 드러내고 다닌다면 그 사람은 노출증에 걸린 정신병자라고 해야 할 것이다. 그럼에도 불구하고 유니룩unilook이라고 불리는 옷, 선정적이다 못해 거의 벌거벗은 것과 같은 옷이 유행한다면 이것은 바로 문화의 몰락을 의미하는 것이다. 사치한 옷을 입거나 정신 나간 사람이나 입는 옷을 입고도 부끄러움을 모른다면 그런 사람은 이미 사람답게 사는 것을, 문화인의 긍지를 망각한, 즉 인간성을 상실한 사람이다. 아무튼 전통을 무시한 급변하는 옷차림은 인간을 불안정하게 만들고 인간을 병들게 만든다.

음식 문화가 인간성 상실에 미치는 영향에 대하여 살펴보자. 음식은 생존을 위해서 필수적이지만, 비단 생물학적·의학적인 측면뿐만 아니라 예술적 측면, 종교적 측면에서도 의미를 천착해 볼 수 있을 것이다. 그러나 음식은 문화 윤리 측면에서, 특히 인간의 품위와도 직결된다. 왜냐하면 밥은 알맞게, 즉 정도正道에 맞게 먹어야 하기 때문이다.

우리나라에서 식사 예절은 학교에서도 가정에서도 거의 무시되고 있다. 대도시는 물론이고 전국 방방곡곡이 온통 음식점으로 넘쳐나고 있다. 외식이 식사의 주류를 이루고 있는가 하면, 길거리의 음식점은 물론이고 가정에서조차도 인스턴트 식품이 판을 치고 있다. 자랑스러운 고향의 맛이라든가, 풍미風味는 온데간데없이 사라지고 전통 음식은 명맥을 이어가기 어렵게 되었다.

밥(음식)은 인간의 행동 방식에 결정적인 영향을 미치며, 전통 문화의 유지와 인간의 자긍심에 지대한 영향을 미친다. 그러므로 뿌리가 없는 뜨내기 음식, 즉 햄버거나 피자, 프라이드 치킨, 핫도그 같은 인스턴트 식품과 외래 음식은 전통 문화를 고사시킬 뿐만 아니라 인간의 정신을 황폐화시킨다. 무엇을 어떻게 언제 먹느냐 하는 것은 인간의 정신과 가치 판단과 성격에 영향을 끼친다.

사랑하는 가족과 손님을 위해 밥을 짓는다는 것, 즉 요리를 한다는 것은 기쁨이며 참으로 사람다운 일이다. 요리를 할 때의 노동은 살려고 하는 인간의 의지와 연대감을 상징한다. 그래서 누가 요리하기를 기피한다면 그는 인간이기를 거부하는 것이다.

인간은 밥을 통하여 곡식을 제공해 주는 흙에 뿌리를 박으며 동시에 흙을 자신의 속으로 합일시킨다. 그래서 인간은 밥을 통해서 흙(우주)과 하나가 된다. 그러므로 밥을 낭비하거나 함부로 버리는 것, 가령 우리나라에서 매년 8조 원 어치의 음식물을 버리는 짓은 큰 죄가 된다. 왜냐하면 음식 속에 들어있는 가치들, 인간의 생명을 구하는 힘과 하느님의 축복과 인간의 노동을 얕보는 것이기 때문이다. 오늘날 지구상에는 수천만 명의 영양 실조자와 수십만 명의 아사자가 속출하고 있는데도 불구하고 인류의 연대성을 망각하고 음식물을 버린다는 것은 비인간적이다.

우리나라의 대표적 음식인 떡은 원래부터 함께 만들어서 자연(하늘)과 이웃과 함께 먹도록 되어 있는 자랑스러운 음식이다(예컨대 잔치떡, 생일떡, 제사떡 등). 그러나 어린이들과 젊은이들이 인스턴트 식품을 선호하고 떡을 좋아하지 않게 된 것과 뿌리를 알 수 없는 퓨전 떡이나 다랍기 짝이 없는 혼자서 한 입에 먹게 만든 토막낸 떡이 유행하는 것은 참으로 유감스러운 일이다.

이즈음에 누구나 불량 식품의 범람에 공포를 느낀다. 음식물을 가지고 큰돈을 벌려는 사람들의 횡포에 국민 전체가 전율을 느끼며 산다. 음식 원료에서부터 가공 식품에 이르기까지, 각종 농약, 보존제, 방부제, 착색제, 세제, 항생제 등에 오염되어 있다. 사람은 먹어야 사는데, 먹을 때마다 음식물의 성분을 의심해야 한다면, 어떻게 안심하고 살 수 있겠는가? 밥을 안심하고 먹을 수 없는 환경에서 산다는 것은 사람답게 사는 것이 아니다. 이것은 인간의 위기이다. 사람들은 바이오 식품을 찾는다. 이 바이오 식품은 생명 공학의 산물이 아닌 자연 식품이다. 인간은 원래 제고장에서 제철에 자연스럽게 나오는 식품을 알맞게 요리해서 먹도록 되어 있다.

건축 문화가 인간성 상실에 미치는 영향에 대해서 살펴보자. 사람이 산다는 것은 집에서 산다는 것을 의미한다. 집 없는 사람은 버림받은 사람이다. 왜 남녀가 서로 사랑하면 그들만이 살 수 있는 오붓하고 아늑한 보금자리를 마련하고 싶어하는가? 신혼 부부뿐만 아니라 사람은 누구나 사랑하는 가족과 함께 자기 집에서 남의 눈치를 보지 않고 남의 간섭을 받지 않고 자유롭게 평화롭게 살기를 원한다.

생텍쥐페리는 "인간이 산다는 것과 인간을 위한 사물의 의미가 그 인간의 집의 의미에 따라서 변화한다는 위대한 진리를 나는 발견했다"고 그의 『사막의 도시』[5]에서 기술했다. 이 말은 "집은 사람을 만든다"는 격언과 같은 맥락으로 이해할 수 있다. 바슐라르는 "집은 하늘과 삶의 폭풍우 속에서도 인간을 꿋꿋하게 지탱시켜준다"[6]고 말했다. 그런데 오늘날 우리나라의 집은 어떤가? 건축이 각 시대의 사회를 반영한다는 말은 긴 설명이 필요없을 것이다.

오늘날 건축은 시멘트와 철조, 합성수지, 유리 등으로 만든 긴 상자를 일직선으로 나열하거나 수직으로 높이 쌓아 올린 것으로 아파트와 빌딩은 강제 수용소와 포로 수용소를 연상시킨다. 고층 건물은 고도의 기술의 산물이지만 그 차가움과 살벌함은 금방이라도 사람의 목을 조를 것만 같은 기분을 자아낸다. 현대 도시의 위기는 건축의 위기이며 건축의 위기는 주택의 위기이다. 이것은 환경 오염과 생태계 파괴의 원인이기도 하다. 이제 우리는 건축의 단말마의 비인간화를 살펴보자.[7]

① 건물의 대형화는 중앙 집권과 권력 집중을 상징하는 것이다. 부자연스러운 직각直角의 과용은 위압적이다.

② 현대 건축술의 공업화는 단조롭고 획일적이고 기능주의적이다. 이것은 한마디로 비인간적이다.

③ 현대 건축은 투기 업자들의 전횡과 만행으로 녹지대는 최소화되고 자동차 도로와 주차장, 건물 이용도는 극대화되어 소음이 심하고 신선한 공기를 마시기 어렵게 되어 있고, 좁은 공간에서 아이들은 극성스럽게 되고 집 밖에 나와서 놀 수 없게 되어 있다.

④ 고층 건물, 특히 고층 아파트에 사는 사람들은 항상 단전, 단수, 청소부나 관리인의 파업, 연쇄 방화 등에 대한 잠재적인 불안을 가지고 산다.

⑤ 아파트에 사는 사람들은 익명인 채로 산다. 그들은 이웃에 대해 무관심하며 이기적이며, 무간섭을 좋은 것으로 착각한다. 가령 폭설이 내려도 눈을 쓸 생각을 하지 않고 자기 집에만 위협이 안 되면 남의 집에 화재가 나건 도둑이 들건 상관 않는다. 그들은 자기 집값 상승에만

관심이 있고 자기 집을 영혼의 안식처가 아니라 돈벌이를 위한 투기의 대상으로 삼는다. 그래서 집을 사기도 전에 팔아먹을 생각부터 먼저 한다. 아파트나 연립 주택이나 다세대 주택은 "잠을 자는 공간"으로 변모해 버렸다.

⑥ 도시에 사는 사람들은 소위 각종 "도시병"으로 신음한다. 그들은 집에서 안식을 취할 수 없으므로 거리를 헤매고 다니든가 알코올과 담배, TV, 음란 비디오 등에 자기를 내맡기고 집안에서도 엄청난 양의 진통제와 진정제 등을 복용하게 되고 각종 신경 계통의 병과 천식, 습진, 알레르기, 심장병, 심근경색 등을 앓게 된다. 도시인들은 과밀한 사람들 속에서 살면서 고독하게 비인간적으로 산다.

그러므로 우리는 자연 파괴와 도시의 황폐화 속에서 우리의 보금자리를 되찾아야 한다. 집은 투기꾼이나 투기꾼에 놀아나는 건축 기술자의 전유물이 아니라 인간성의 요람이며 안식처이므로 안식을 염원하는 모든 사람이 참여 의식을 가지고 모든 건축 시공에 발언권을 행사할 수 있어야 할 것이다.

우리나라에서는 이밖에도 직접적으로 인간의 존엄성을 파괴하는 죽음의 문화가 많이 있다. 예컨대 매춘과 음란물의 제작 배포 과정에서 여성을 성적 노리개로 삼고 여성의 인권을 무시하는 것, 인신 매매(장기 매매), 노동 시장에서의 착취와 수탈, 각종 위험 작업장의 안전 시설 미비, 향정신성 물질의 구입 용이와 범람으로 수백만 명이 약물 중독으로 인간성이 상실되어 가고 있는 것, 불로소득과 일확천금을 노리면서 백만 명 이상이 도박벽으로 인간성을 상실하는 것, 알코올 중독자의 속출, 그밖에도 돈만 벌 수 있다면 무슨 짓도 마다하지 않고 하겠다는 풍조, 가령 유괴, 납치범, 우후죽순처럼 생겨나는 사이비 종교의 수탈과 각종 인권 유린, 청소년의 인간성을 파괴하는 대학 입시 교육 제도, 남을 배려하지 않는 교통 문화, 그리고 정보화 사회에서 컴퓨

터와 뉴미디어에 의하여 주체성을 상실한 인간의 사물화와 소외 현상과 인간성 상실은 더욱더 가속화되어가고 있다는 것 등을 열거할 수 있을 것이다. 이러한 죽음의 문화의 양상이 우리 사회에 암영을 던지고 인간성을 상실하게 하는 요인이 되고 있다.

우리는 다음 장에서 이러한 죽음의 문화로부터 벗어나 근본적으로 문화 재건의 토대를 구축하기 위한 문화 윤리의 과제에 관해서 성찰해 보기로 하자.

III. 문화 윤리의 과제

고전적인 문화 이해는 보편적이고 영속적인 하나의 통일된 문화만 있다는 생각에 익숙해 있었다. 그래서 고전적인 문화 이념은 규범적이고 가치론적이다. 그러나 이러한 고전적인 문화 이념은 근세 이후 경험적이고 과학적인 문화 연구에 의해 설자리를 잃게 되었다. 그러나 경험적인 문화 이념은 문화 상대주의에 빠지고 종래에는 문화의 탈가치론을 주장하기도 하고 심지어 반윤리적인 문화의 자유방임주의로 전락하게 되었다. 어떠한 규범도 거부하고 있는 현대 문화는 몰락의 비운을 맞게 되었다.

현대의 문화 이념은 대체로 경험적이다. 미국의 대표적인 문화 인류학자들, 크뢰버Kroeber와 클럭혼Kluckhohn에 의하면 "문화는 살아있는 존재의 어떤 특수한 활동의 양태이며, 그들의 집단 생활 조직의 어떤 특수한 양태에 불과한 것이다. 따라서 그들에 의하면 보편적이고 가치론적인 문화는 부인되며, 문화 이념은 상대적일 수밖에 없다."[8]

그 결과 문화의 본질에 대한 이해는 보편성을 문제삼는 철학자들의 관심에서부터 멀어지게 되었다. 근대 이후 학문의 세분화 경향은 철학에도 상당한 영향을 미치게 되어 철학자들까지도 전문적인 영역을 기술하는 것에 집착하고, 총체적인 인간 이해에 필수적인 세계관과 문화 이념을 위한 노력을 등한히 하게 되었다. 실제로 문화를 만들고 문화적 활동에 종사하는 대부분의 사람들은 철학을 외면하고 있으며 심지어 철학 없이도 문화의 성립과 보전과 발전이 가능하다는 생각을 하게 되었다. 슈바이처가 통탄하는 것처럼 19세기 중엽 이후 철학은 문화에 대하여 거의 철학적 사고를 하지 않았으며 문화에 대하여 반성을 하지 않았다. 이러한 사실은 종래에는 오늘날의 문화 위기 또는 문화 몰락을 촉진하게 된 원인이 되었다.[9]

1차 세계대전 후 이러한 문화 위기를 극복하기 위하여 일부의 철학자들이 문명 비판과 문화에 대한 반성을 시도하는 문화 철학에 관심을 가지게 되었고, 철학적 인간학이 대두하면서 문화의 본질 이해에 대한 연구가 활성화되기 시작했다. "문화 이념은 철학적 인간학의 중심 문제이다."[10] 필자는 이 장에서 먼저 문화 이해를 위해 철학적 인간학의 관점에서 문화 이념의 지평의 구성 요소를 검토해 보고, 그 다음 문화 비판의 준거와 문화 재건의 기초에 대해서 생각해 보기로 한다.

1. 문화 이해의 기본 요소

인간은 자연 상태에서 주어진 그대로 자기 생존을 유지하기에는 너무나도 부족한 상태에 있다. 그래서 겔렌A. Gehlen은 인간을 생물학적인 기능 면에서 "결핍된 존재"라고 표현했다. 인간은 자기의 결핍을 극복하기 위해서 자기를 의식하고 반성하다 보니, 그 보상으로 모방과 자유로운 선택과 고안할 수 있는 능력을 가지게 되었다. 이러한 모방과 선택 능력과 고안은 바로 인간 정신의 작용이다. 이 인간 정신의 발로가 곧 문화이다.[11]

그러므로 문화란 미완성된 상태로 태어난 인간이 자기 생존을 위해서 스스로 생각해 낸 자기 의식과 자기 반성의 결과의 집적이다. 따라서 문화는 자기 반성의 산물이므로 본질적으로 윤리적일 수밖에 없으며 윤리적이어야만 한다.

인간은 본질적으로 문화 존재Kulturwesen이기 때문에 우리는 인간의 문화의 창조성과 피조성을 돌이켜봄으로써 인간에게 숨겨져 있는 인간 본질의 해명이 가능할 것이라고 기대할 수 있다. 그래서 로타커 Erich Rothacker를 비롯하여 란트만, 카시러E. Cassirer, 플레스너H. Plessner 등은 인간은 오로지 문화 존재로서만 이해되어질 수 있을 뿐이라고 한다. 따라서 이러한 관점에서 본다면 문화 인간학Kultur-anthropologie(영어의 cultural anthropology, 즉 문화 인류학과는 구별된다. 문화 인류학은 독일어에서는 Völkerkunde로 표기된다)은 철학적 인간학의 어떤 하나의 분과의 내용이 아니라 문화 이해를 통한 인간의 본질을 탐구하는 철학적 인간학의 전체가 된다.

란트만에 의하면 문화적-철학적 인간학은 5가지 차원 — 창조성, 순치성Kulturlarität, 사회성, 역사성, 전통성[12] — 으로 해명된다. 필자는 란트만의 이러한 5가지 기본 요소 외에 문화의 윤리성도 문화이해의 기본 요소라고 생각한다. 우리는 문화 이해를 위한 이러한 6가지 기본 요소가 바로 문화 철학의 기본 요소이며 동시에 철학적 인간학에서 본 문화 이념의 기본 요소라고 해도 무리가 없을 것이다.

(1) 창조성

인간은 본질적으로 비전문화되어 있다는 것은 철학적 인간학에서의 인간 이해의 출발점이다. 인간은 동물과는 달리 본능에 따라 이미 결정된 삶을 사는 것, 즉 전문화가 아니라 자기 결정을 할 수 있는 자유를 가지고 있다. 이 자유는 미리 주어진 가능성의 선택뿐만 아니라 자기의 행동 방식 자체를 새롭게 결정할 수 있는 능력을 의미한다. 그러므로 인간은 소극적으로 "…로부터의 자유," 즉 본능의 지배로부터 벗어나는 자유와 적극적으로 "…을 하는 자유," 즉 창조적으로 자기 결정을 하는 자유를 가지고 있다. 이렇게 자기의 행동 방식을 자유롭게 결정하는 창조적인 행위가 바로 문화이다.[13]

현대 문화의 대중화 현상의 역작용, 즉 기계화, 자동화, 주조화가 유발하는 획일성과 아노미 현상은 인간의 개성 상실과 행위에 대한 무책임을 초래하게 했고 종래에는 창의성을 빈약하게 만들었다. 문화의 발전은 창조성을 발휘하는 개성의 힘과 의지가 중요한 관건이다. 창의성의 근원은 자아의 주체적 사고력이다. 그러므로 미래 문화에서는 개인과 개성에 최고의 가치가 부여되어야 할 것이다. 인간은 개성을 자유롭게 발휘할 때에 삶의 보람과 의미를 느끼고 의욕적으로 창조 활동을 한다. 이 개성 존중과 발휘는 반사회적인 이기주의를 말하는 것이어서는 안될 것이다. 우리가 추구하는 이상적인 문화는 모든 개인이 방종에 빠지지 않으면서도 모든 것을 살게 해주는 자연과 인간의 개성을 최대한 누리면서 인류 공존공영이라는 문화 보편성과 개성의 조화를 도모하는 것이어야 할 것이다.

인간의 자기 완성은 문자 그대로 바로 완전하게 한다는 것을 의미하지는 않는다. 인간은 자기에게 높게도 하고 또는 낮게도 하고, 풍부하게도 하고 또는 빈약하게도 하는 형식을 줄 수 있다. 그러므로 인간의 문화 창조도 그가 결정하기에 달렸으므로 여기에는 위험이 따른다. 문화 창조에는 오류와 죄악의 가능성이 내포되어 있다. 인간은 자기 형성의 능력과 자유를 다른 동물이 하는 것보다 더욱 동물적으로, 더 추한 것으로 행할 수도 있고, 이와는 정반대로 천사처럼 행할 수도 있다. 문화 창조는 개성을 가지나, 이 개성이 극도로 강조되면 반사회성을 띨 수도 있고 도리어 문화를 파괴할 수도 있다.

그러므로 문화 창조에는 책임이 뒤따른다. 따라서 인간의 문화 창조는 동시에 인간의 윤리성을 고려하지 않을 수 없다.

(2) 순치성

인간은 문화를 창조하기도 하지만, 그가 만든 문화에 의하여 순치되기도 한다. 인간은 문화에 의해서 만들어지는 자이다. 인간은 학습 존재이다. 그 학습의 내용이 문화임은 물론이다. 모든 사람은 문화 학습에 의하여 인간으로 된다. 그래서 인간은 문화에 의하여 주조된다고 말할 수도 있고 문화를 주조하는 자라고 말할 수도 있다.

우리는 혼자서 만들 수 있는 것보다 더 많은 것을 가질 수 있다. 한 개인이 그의 짧은 생애에서 생각해 낼 수 있는 것은 비교적 적은 것이며 혼자서 만들 수 있는 것도 극히 적은 것이지만, 어떤 집단이, 어떤 민족 전체가, 아니 인류가 오랜 세월 동안 발명해 놓은 것은 대단히 풍부한 것이다. 모든 개인은 초개인적인, 자기 자신을 넘어서 모든 집단과 사회에 공통된 문화의 매개물에 참여함으로써 비로소 그 자신이 될 수 있다.

그래서 인간은 그가 속한 문화의 구속을 받으며, 이러한 의미에서 인간은 문화 존재이다. 문화는 그 문화를 완성시키는 인간 없이 존재하지 못하는 것과 마찬가지로, 인간도 문화 없이 존재하지 못한다. 그래서 우리는 어떤 문화를 통하여 그 문화를 만든 인간을 이해할 수 있다.

(3) 사회성

인간의 사회성이 인간의 본성이냐 아니냐는 문제는 아직도 논란이 되고 있으나, 철학적 인간학자는 자연법 지지자들처럼 사회 존재론을 지지한다. 인간의 사회성이 본성 필연적naturnotwendig이라고 한다면, 사회성은 이미 어떤 문화 영역을 형성한다. 문화는 사회적인 것의 표현이다.

사회, 즉 가족, 민족, 국가 등의 집단은 그 자체가 하나의 문화 영역일 뿐만 아니라 동시에 문화 전체의 보지자保持者이며 전승자이다. 그러므로 인간이 문화적 존재일 수 있기 위해서는 동시에 사회적 존재일 수밖에 없다.

문화 참여의 길은 사회적인 것의 관여를 전제로 한다. 우리에게 문화를 전달해 주는 것은 사회이다. 따라서 문화는 인간 정신의 사회적 표현이다. 우리가 우리의 문화를 존중하고 자랑스러워하는 것도 그것이 우리 자신의 표현이기 때문이다. 그래서 우리는 어떤 민족의 문화를 통하여 그 민족을 평가하고 그 사회를 평가한다.

그러나 사회성도 가르치고 배우는 데 따라 달라질 수 있다. 그러므로 인간은 문화를 통해서 사회적으로 되고 사회를 통해서 문화적으로 되지만, 사회성만으로 문화가 성립하는 것은 아니다. 왜냐하면 문화는 비사회적인 것에 참여함으로써 발생하기도 하기 때문이다. 그러므로 문화에 대한 윤리적 성찰이 반드시 요구된다.

(4) 역사성

인간은 "열려져 있는 존재Offenheitswesen"이다. 인간은 그의 내면의 비고정성으로 말미암아 그 자신에게 형상을 부여할 수 있다. 이 형상은 역사가 경과함에 따라 다른 모습을 띤다. 그러므로 인간의 문화는 인간의 역사성을 내포한다.

우리는 문화 일반을 만들어내지 못하고, 항상 역사적으로 제한된 문화를 만들 수밖에 없다. 역사성은 단지 외적 영역에서만 작용을 미치는 것은 아니다. 가장 자발적인 기도와 사랑의 행위는 역사성과는 무관한 것처럼 보이지만, 절대적으로 통용될 수 있는 근거, 즉 언제나 어디서나 누구에게서나 통용될 수 있는 근거를 우리는 결코 가지고 있지 않다. 그래서 신앙도 열려져 있어야 하고 역사적일 수밖에 없다. 그래서 종교의 토착화가 요청된다.

그러면 인간과 문화에는 가변성만 있고 인간의 본질과 정체성은 없다는 말인가? 인간이 자기에게 주는 모든 역사적인 모습들은 물론 사라지는 것일 수도 있고 바뀔 수도 있다. 그러나 인간은 어떤 궁극적인 무정형Amorpheit으로부터 항상 반복해서 자기의 모습을 부여할 수도 있고 또 부여하지 않으면 안 된다는 사실과 조소성彫塑性과 자기형성의 요청이 서로 뒤섞여있다는 것은 모든 변화를 이겨내는 다년생 초목과 같은 인간의 특성을 준다고 할 수 있다.[14] 플레스너H. Plessner에 의하면, "인간화된 인간homo hominatus"은 역사적이지만, "인간이 되는 인간homo hominans"의 창조적 배태胚胎는 영원한 것이다.[15] 바로 이 점에 인간의 본성이 존재한다. 인간에게는 변하면서도 변하지 않는 것이 있다. 우리는 인간의 자기 형성의 역사적 과정인 문화를 통해서 열려져 있는 인간의 본질을 일시적으로만 밝힐 수 있을 뿐이다.

(5) 전통성

역사적으로 만들어진 문화 형식들은 유전될 수는 없으나, 보존할 수는 있다. 이 보존이라는 형식이 바로 전통이다. 전통에 의해서 지식들과 예능이 대를 이어 전승된다. 보존되어야 할 것은 전통 속에 자리를 잡는다. 과거는 전통에 의하여 현재에서 재현되고 반복된다.[16]

전통은 배우고 가르치면서 지켜진다. 배우는 것이 전통을 구성하는 것의 절반이라고 한다면, 전통을 구성하는 다른 절반은 가르치는 것이다. 젊은이들은 오랜 과정을 거쳐 전통 속으로 이끌려 들어가지 않으면 안 된다. 인간은 문화를 만든 후, 교육을 통해서 문화를 잊어버리지 않도록 염려하지 않으면 안 된다. 인간을 학습 존재라고 하는 것은 인간은 전통적인 존재라는 것을 의미하기도 한다.

인간은 예전에 만들어진 것들에 의지하고 살면서 그의 독자적인 창조성을 조금 보여준다. 문화의 창조란 기실 무로부터 새로운 것을 창조하는 것이 아니라 이미 있었던 것의 수정과 변형이라고 말할 수 있다. 그래서 하늘 아래에 새로운 것이란 존재하지 않는다는 격언이 생겨났을 것이다.

전통은 고정 불변한 것이 아니라 융통성을 가지고 있다. 전통은 그때그때 새로운 해석을 허용한다. 그래서 전통은 유전과 구별된다. 그러므로 우리는 실제로 전통의 지배를 받으면서도 전통에 대해 거리를 두고 산다. 우리는 전통을 수용할 수도 있지만 거부할 수도 있다. 전통이 우리의 느낌과 일치하지 않는 경우, 우리는 전통으로부터 떠날 수 있으며 때로는 그 전통에 항거할 수도 있다. 전통은 보존의 원칙을 형성하지만, 또 변할 수도 있고, 새로운 창조에 힘입어 더욱 풍부해질 수도 있다. 전통은 한번만에 이루어지는 것이 아니다. 개별적으로 이루어진 수많은 것들이 비판과 반성을 거쳐 전통 안에 집적된다. 이 집적의 과정은 오늘날에도 앞으로도 계속될 것이다.

창조의 재능은 전통주의가 고수될 때도 발휘되기 어렵지만, 문화 창조의 자유가 과도해질 때도 제대로 발휘되기 어렵고 오히려 쇠퇴하게 된다. 란트만은 이를 두고 "창조적인 능력이 어떤 시대에는 탕진될 수 있다"[17]고 말했다. 그 시대가 바로 우리가 살고 있는 시대이다. 이러한 이율배반은 때로는 갈등을 불러일으키기도 하지만 인간에게 문화에 대해 끊임없이 반성하게도 한다. 전통의 경직성에서부터 벗어나면서도 아직 개인주의의 방종이 절정에 이르지 못한 과도기에 문화는 발전한다.

하이데거는 "전통의 참뜻은 그것과 만남으로써 각자의 실존 가능성을 재획득하는 것이며, 전통의 반복은 표명된 전승, 즉 이전에 있었던 현존재의 가능성으로 되돌아가는 것"[18]이라고 말했다. 전통의 반복은 단지 과거의 재연만도 아니며 현재를 과거에 되돌려 결부시키는 것만도 아니며 오히려 전승된 것을 초월하는 것이어야 할 것이다. 그러므로 우리는 전통과의 만남을 통해 도덕적인 자아를 새로이 파악하고 문화의 윤리성을 형성하려고 노력하는 데서 다양한 전통의 역사적·사회적인 상대성을 극복할 수 있다. 문화는 한편으로 변하면서 다른 한편으로 변화하지 않는 것이 있다. 이것을 전통은 우리에게 가르쳐준다. 그러므로 전통 문화를 보전해야 한다. 문화의 생명은 전통 문화에 뿌리를 두고 있기 때문이다.

(6) 윤리성: 문화 윤리의 과제

문화의 꽃이라고 할 수 있는 예술과 도덕의 상관성에 관한 문제는 참으로 오랫동안 논란되어온 어려운 문제이기도 하다.[19]

19세기 이후 가치 상대주의가 팽배해지면서 철학자들까지도 문화 일반에 대한 비판적 연구를 소홀히 하였다. 그러나 1차 세계대전 후 문화 위기라는 말이 인구에 회자되면서 문화 철학이 배태되고 문화 윤리학이 등장하게 되었다. 인간은 그가 이룩한 문화에 대해 반성과 비판을 하지 않을 수 없다. 우리는 문화 판단의 근거를 그 문화의 윤리성에서 찾을 수밖에 없다.

우리가 윤리의 근본 원리를 인간의 삶을 보전하고 촉진하고 발전할 수 있게 해주는 것에 최고의 가치를 부여하는 것이라고 할 수 있다면, 선은 생명을 긍정하고 보전하고 발전시키는 것이 되고, 악은 삶을 부정하고 해롭게 하는 것이 될 것이다. 바로 이러한 윤리의 근본 원리를 인간의 구체적 삶에서 구현시켜야 하는 것이 바로 참된 문화의 근본 목적이며 문화 윤리의 과제이다.

어떤 시대, 어떤 사회의 문화를 판단하고 비판하는 기준을 찾는 것은 철학자의 과업이다. 어떤 문화가 인간의 정신적 삶을 촉진시키는가 아니면 방해하느냐에 따라 우리는 훌륭하다든가 또는 그 문화가 나쁘다는 판단을 내릴 수 있다. 그래서 몬딘B. Mondin은 "문화들과 문화의 기획을 판단하는 절대적이며 보편 타당한 기준이 있다. 이것이야말로 진정한 철학적 인간학의 과업이다"[20]라고 말할 수 있었다.

슈바이처는 "인간의 창조 능력의 발휘와 지식의 증대가 문화의 본질적 요소는 아니다. 그것들은 다만 문화 활동에 부수되는 비본질적인 요건에 불과하다. 문화 창조 활동이 진정한 윤리적인 태도 위에 근거할 때라야 제대로 온전한 결과를 거둘 수 있게 될 것이다…. 사람이 인간으로서 진정한 가치를 발휘하려면 윤리적인 근본 정신 위에 확립되어야 한다. 윤리적인 근거를 상실하면 아무리 훌륭한 창조력과 지력을 가지고서도 결국 문화 속에 위기를 배태시키고 만다"[21]고 문화의 윤리성을 갈파했다. 그는 현대의 비윤리적인 문화의 모습을 한마디로 "문화의 몰락"이라고 말했다. 문화에 대한 대부분의 평가는 여러 가지 능력이 예술, 경제, 산업 등의 영역에 관여해 온 과정과 과학 기술적, 예술적 성과를 계산하는 데에만 급급했다. 사람들은 문화가 가지고 있어야 할 윤리성을 간과했다. 문화에 대한 윤리적 반성을 오히려 시대에 뒤떨어진 생각으로 보는 사람들이 아직도 많다. 그들은 그들이 실현해야 할 문화의 전체적인 목적을 상실한 채, 계획도 근본도 없이 자신의 미래를 혼돈 속에 내맡기고 있다.[22] 그래서 오늘날 천박한 사이비 예술인, 황금의 노예가 되어버린 지식인, 문화인을 자처하는 협잡꾼들이 세상을 떠들썩하게 만든다. 그래서 치졸한 익살꾼들이 표현과 창작의 자유를 내걸고 판을 차리게 되면, 심지어 오랫동안 전승되어 온 제도적 기구나 규율화된 문화 단체들까지도 그들 본래의 목적과 사명을 유연하게 만들어 저들에게 아부하고 저들과 타협한다. 문화의 꽃이라고 할 수 있는 예술은 상업주의에 놀아나면서 그때그때 즉흥적으로 피상적인 외양만 바꾸어가면서 인간의 말초신경을 자극하는 것을 능사로 삼는다. 그 결과 대부분의 이성적인 사람들은 이성적 사고와 반성을 포기하고 있는 현대 예술 일반을 백안시한다.

오늘날 정상적으로 사고하는 사람은 누구나 문화의 몰락이 진행되고 있음을 부인하지 않는다. 문화란 인간이 자기 생존을 위해 자기 반성을 한 결과의 집적이라고 말할 수 있다. 현대 문화의 몰락의 근본적인 원인은 인간이 자기 반성을 하지 않는 데 있다. 무수한 생명이 죽어가고 인간이 비인간화되고 사물화되어가는 데도 불구하고 사람들은 속수무책이다. 죽음의 문화 속에서 허덕이면서도 문화와 예술의 탈가치화를 주장하는 사람들이 아직도 현대 사회에는 너무나 많이 있다.

윤리성은 문화의 본질 요소이다. 따라서 윤리적인 힘이 우리들의 신념 속에서 자유롭게 작동할 수만 있다면 문화는 몰락으로부터 재생의 길로 들어설 수 있다.[23]

슈바이처는 "문화의 발전은 개개인이 전체의 진보를 목적으로 삼는 이성적 이상을 가지고 현실과 관계하여 그것이 그 사회 상태에 가장 효과적인 영향을 줄 수 있는 형태를 취하도록 하는 데 있다"고 말했다. 문화의 창조자와 피조자로서의 인간의 능력은 바로 인간이 항상 반성하는 존재이며 도덕적인 존재라는 점에 기인한다. 경제가 발전하고 기술이 진보하고 생활이 윤택해져도 진정한 문화는 오히려 퇴보하고 몰락에 이르게 된 것은 바로 인간이 문화의 주체로서 자기의 책임을 다하지 못하고 있기 때문이다. 인간은 삶의 주체로서 문화를 생생하게 하는 윤리적이고 이성적인 이상을 품고 자유롭고 계획적인 목적 의식을 가지고 문화를 창조하고 학습해야 할 것이다.[24]

2. 문화 비판과 문화 재건의 기초

(1) 문화 비판의 준거

철학자는 인간이 이룩한 모든 작품과 행위에 대해 비판하는 작업을 짊어진 자이다. 현대 문화의 타락과 몰락은 문화 담당자의 철학의 빈곤과 철학자들의 문화의 본질에 대한 몰이해와 문화에 대한 비판적인 사고의 포기에 기인한다.

우리는 앞에서 문화 이해의 구성 요소를 6가지로 나누어 검토해 보았다. 우리는 이 문화 이해의 6가지 구성 요소를 준거로 삼아 어떤 특정한 문화의 상태를 이해하고 진단하고 비판할 수 있을 것이다.

문화 작품 평가의 첫째 근거는 그 문화 작품이 얼마만큼 창의성을 드러내고 있는가 하는 점을 찾아내는 데 있다. 문화의 발전은 창조성을 발휘하는 개인과 집단의 능력과 의지가 관건이 된다. 개성이 자유롭게 발휘될 수 있을 때, 사람들은 삶의 보람과 의미를 느끼고 의욕적으로 창조 활동을 할 수 있다. 그러나 이 창의성은 규범을 완전히 무시하는 반사회적인 이기주의나 자유 방임주의를 말하는 것이 아님은 물론이다. 따라서 우리는 방종에 빠지지 않으면서도 개성이 최대한 발휘되고 모든 것을 살게 해주는 자연과 인류의 공존공영이라는 문화의 보편적인 창의성을 문화 비판의 척도로 삼을 수 있다.

둘째로, 우리는 문화의 순치성, 즉 문화에 의해 어떻게 인간이 길들여지는가 하는 점을 고려하면서 인간의 피조성을 살펴보고 어떤 문화의 상태를 평가할 수 있다. 다시 말해 우리는 문화 학습의 자세, 즉 문화 규범을 어떻게 익히고 있는가를 살펴봄으로써 그 문화를 이해하고 진단할 수 있다.

셋째로, 문화 작품에 담겨 있는 사회성을 가지고 그 문화 작품의 특수성을 진단할 수 있다. 특히 공생을 장려하는 점을 문화 평가의 기준으로 삼아야 할 것이다.

넷째로, 우리는 어떤 문화 작품의 역사성을 통해서, 즉 그 작품의 역사적 성립 과정과 변천 과정을 통해서 그 작품을 풍부하게 이해하고 진단할 수 있다.

다섯째, 우리는 역사적으로 만들어진 문화재들이 어떻게 전승되어 왔는가를 살펴봄으로써 그 문화재를 이해하고 진단할 수 있다. 오랜 세월 동안 절차탁마되어오고 뿌리를 제대로 내리고 있는 문화의 전통성을 통해서 우리는 문화를 평가할 수 있다.

여섯째로 우리는 인간의 생명을 보전하고 발전시키는 문화의 윤리성을 또한 문화 비판의 근본 요소로 볼 수 있다. 인간의 삶을 얼마만큼 보존하고 있고 인간의 품위와 존엄성을 얼마만큼 고양시키고 있는가에 따라 문화재를 평가할 수 있다. 그러나 어떤 작품은 도덕적인 것은 아니지만 그렇다고 비도덕적인 것이라고 할 수 없는 경우도 있다. 이런 경우 그런 작품은 앞에서 검토해 본 다른 요소를 준거로 삼아 평가할 수밖에 없을 것이다. 모든 작품이 한결같이 문화 이념 일반의 기본 요소를 다 갖추고 있거나 다 갖추어야만 하는 것은 아니다. 문화 이념의 6가지 기본 요소는 어디까지나 우리가 어떤 문화의 상태를 이해하고 진단하는 하나의 필요 조건일 뿐이다. 따라서 문화 작품에 따라 비판의 준거가 똑같을 수는 없으며, 문화 비판의 준거는 어디까지나 문화 이해를 위한 방편이라고 말할 수 있을 것이다.

(2) 문화 재건의 기초

많은 현대인들은 윤리성이 문화의 결정적인 구성 요소이며 문화의 근본임을 망각하거나 고의로 부정하고 있다. 그래서 우리는 현대 문화가 전반적으로 하강 또는 몰락 중에 있다고 말하지 않을 수 없다.

현대 문화의 몰락의 원인은 현대 철학이 인도人道와 문화에 대하여 본질적인 사고를 하지 않게 되면서 이상적인 인간관과 세계관을 상실하고 있기 때문이다. 오늘날 철학은 대중의 사고력을 도와주지 못했기 때문에 스스로 시들어버리고 말았으며, 모든 사람에게 문화적 이상을 가질 수 있도록 이끌지도 못했다. 그러므로 철학은 이제 문화의 존립 근거가 될 수 있는 윤리적 이상을 위하여 싸워야 한다.[25] 한마디로 철학의 궁극적 사명은 일반 이성의 지도자로서, 또한 문화의 목자로서 활동하는 것이다.

"현대인은 윤리적인 관점에서 보면 수단과 목적의 도착을 일으키고 있으며, 인도를 무시하고 전체적인 사회 조직에 예속되어 자아를 상실하고 비인도적인 독존과 배타의 길을 걷고 있으며 서로 무관심하고 서로 분열하고 허무감에 빠져있고 심지어 인간성에 대하여 증오를 느끼고 있기도 하다. 이것이 개인적으로나 사회적으로 불안을 빚어내고 문화의 위기를 자아내는 원인이 되었다"[26]고 슈바이처는 그의 『문화의 몰락과 재건』에서 통탄하고 있다. 이러한 그의 현대 문화 진단은 반세기가 지난 오늘날에도 타당하다고 보여지며, 우리는 그때보다 더 심한 위기에 처해 있다고 말하지 않을 수 없다. 인간 소외, 인간성 상실, 비인간화, 인간의 무사려증은 갈수록 더욱 가속화되고 있고, 비윤리적인 문화 현상은 우리에게 혐오감을 준다. 이제는 문화 부정론과 문화 무용론 같은 반문화 현상이 속출하고 있다.

현대의 문화 담당자들은 이미 이성적인 사고와 인간성을 상실하여 버렸기 때문에 냉철하게 자기 반성을 하거나 문화 현상에 대해 올바르게 비판할 줄 모른다. 그들은 그때그때의 사실이 그들에게 가져다주는 즉흥적이고 찰나적인 생각과 감정의 지배를 받거나 상업주의와 매우 근시안적인 이해타산으로 하나의 사실로부터 다음의 사실을 무비판적으로 이끌어낼 뿐이다. 그들은 그들이 실현해야 할 전체적인 목적을 명확히 의식하고 있지 못하기 때문에, 계획도 없고 합리적인 목표도 없이 자신의 미래를 혼돈 속에 방기하고 있다.

제들마이어Hans Sedlmayr는 그의 책 『중심의 상실』에서 19세기와 20세기 예술의 특징은 중심Mitte의 상실이라고 말했다. 그는 현대 예술의 경향을 "순수" 영역의 고립, 양극화 현상, 무기물로의 편향, 뿌리의 상실, 고의적인 하강화, 인간성의 배제, 상하 구분의 지양이라고 했다.[27] 제들마이어는 또 그의 『예술과 진리』에서 현대 예술의 특징을 4가지로 보았다; 첫째, 혐오감을 불러일으키는 것, 둘째, 패러독스(변증법적이라고 말하기도 한다), 셋째, 아이러니(미학적 허무주의), 넷째, 악마적인 모습das diabolisches Bild.[28] 우리는 이러한 현대 예술의 경향을 한마디로 죽음의 문화라고 할 수 있을 것이다.

그러면 우리는 이제 죽음의 문화로부터 어떻게 사람을 살리는 문화로 되돌아갈 수 있는가? 그것은 윤리적인 힘이 우리들의 의지 속에서 자유롭게 작용할 수만 있다면 문화는 몰락으로부터 재건될 수 있다는 확신을 갖는 데에서 가능하다. 문화의 본질은 우리의 생명에의 의지(살려는 의지) 속에서 가치를 얻으려고 노력하는 생명에 대한 외경이 개개의 인간과 인류의 내면에 자리를 잡으려고 하는 데서 존속한다. 이 생명에의 의지는 모든 생명체를 위하여 삶의 외경을 확인하고 생명에 대한 외경이라는 인간의 정신 속에서 완성을 기한다. 이것이 바로 문화이며 그 밖의 것은 진정한 문화의 모습이 아니다.

우리는 지금 지구의 파멸을 목전에 두고 있을 정도로 심각한 생명의 위기와 자아의 위기 속에서 허덕이고 있다. 인간은 모든 생명체를 보호하고 자연을 지키는 파수꾼의 사명을 지니고 있다. 우리는 우리의 생명 보존을 위해서 생명과 문화의 터전인 자연을 온전하게 보존하는 "살림의 문화"를 이룩하지 않으면 안 된다. 그러기 위해서 우리는 두 가지 문화 재건의 요건을 고려해 볼 수 있다. 그 하나는 생존 경쟁을 해소시킬 수 있어야 한다.

생존 경쟁은 안팎으로 이중으로 이루어진다. 밖으로 자연 가운데서 자연에 대하여 경쟁하게 되고 안으로 인간들 사이에서 인간에 대하여 경쟁하게 된다. 그렇기 때문에 이러한 생존 경쟁이 감소되려면 인간의 이성이 밖으로 자연을 조종하고 안으로 인간의 본성을 지배하는 정도가 최대한 정신화되지 않으면 안 된다. 이러한 정신화가 참된 문화를 창조한다. 그러므로 참된 문화는 자연에 대한 이상적 이성의 돌봄, 즉 자신의 돌봄과 인간의 본성에 대한 정신의 돌봄으로써 완성된다.

사람들은 문화의 성립을 단순히 자연력에 대한 이성의 지배로 이루어진다고 간주한다. 그러나 자연력에 대한 이성의 지배만으로 문화의 본질적인 진보를 보장할 수가 없다. 왜냐하면 이성의 자연 지배는 생존 경쟁을 격화시킬 뿐만 아니라 자연을 파괴하고 인간의 삶을 위태롭게 할 수 있기 때문이다. 우리는 현대 사회의 경제 활동의 역작용에서 이러한 면모를 뚜렷하게 찾아볼 수 있다. 이성이 자연을 지배하고 물질이 아무리 풍부해도 인간의 생존 경쟁은 약화되지 않는다. 생존 경쟁이 해소되지 않는 한 인간은 안정된 삶을 살 수 없다. 따라서 인간의 삶을 위한 문화는 우선적으로 인간의 생존 경쟁을 해소시키지 않으면 안 된다. 그러므로 참된 문화는 생존 경쟁을 해소시킬 수 있어야 한다.

다산茶山 정약용은 일찍이 "사람과 더불어 경쟁하는 마음이 없으면 항상 평화롭다(與人不競心常靜)"고 하지 않았던가? 지구의 자연 자원의 고갈의 근본 원인은 불필요한 경쟁심에서 초래된 것이다. 사치와 자원의 낭비는 인간의 허영심을 부추기는 경쟁에서 나온 것이다.

또 다른 하나는 우리가 자연과 인류의 공생을 위해 절제와 검소한 문화 생활을 하지 않으면 안 된다는 점이다. 문화는 인간과 자연을 상생相生하게 하는 역할을 보여주는 것이어야 한다. 아놀드 겔렌은 1952년 스위스의 상트 갈렌 대학에서 행한 "현대의 인간학에서 본 인간상"이라는 강연에서 미국의 실용주의자 윌리엄 제임스W. James가 한 말을 이렇게 인용한 적이 있다. "내 생각으로는 전쟁도 물리칠 수 있는 우리가 추구하는 도덕적인 것을, 다소 한쪽으로 치우치는 것같이 보일는지 몰라도, 옛날 수도자들이 누려온 청빈 사상에서 찾아야 할 것 같다…. 오늘날 우리에게는 새삼스럽게 가난을 위한 찬송이 절실히 요구되고 있다…. 모든 일마다 성급하게 달라붙거나 혹은 돈을 탐내서 허둥대는 사람이 아닌 사람을 우리는 생각이 모자란다고 하거나 명예욕이 없다고 비난을 하지만, 나로서는 우리 모두가 이 문제를 새삼스럽게 진지하게 숙고하도록 권장하고 싶다. 참으로 교양 있는 사람들까지도 맹목적으로 가난을 두려워한다는 것은 현대인이 시달리는 최악의 도덕적 병폐이다."[29]

만민이 자유롭게 평화 안에서 누려야 할 바가 문화가 지향해야 할 목표이고, 문화가 본질적으로 윤리적일 수밖에 없다면 우리는 절제와 검소한 문화 생활에서 우리의 선조들이 노래 불렀던 문화 재건의 단초를 찾지 않을 수 없다.

"마음대로 허용되는 풍요permissive cornucopia"에 사로잡혀 있는 소위 경제 선진국들이 절대 빈곤에서 허덕이는 나라들과 하나의 지구 공동체의 연대성을 추구하면서 물질 소비의 무제한적 탐욕과 향락을 자제하고 가난한 나라들, 가난한 사람들이 최소한의 사람다운 생활을 할 수 있도록 도와주어야 할 것이다. 그렇지 않다면 물질적 탐욕과 경쟁으로 말미암아 정신적으로 황폐화된 현대 문화의 몰락은 돌이킬 수 없을 것이다.

문화의 물질적 측면과 정신적 측면이 조화롭게 균형을 이루기 위해서는 항상 절제와 검소의 생활이 요청된다. 인간의 존엄성을 유지하면서 인간의 삶의 실존적 차원을 풍성하게 하고, 지구 공동체의 물질적 불평등을 극복하고, 지구 생태계를 보존하는 것은 문화 재건의 과제이다. 올바른 문화는 인간의 경쟁 의식을 약화시키며 갈등을 최소화하고 온 인류에게 평화를 가져다주는 것이어야 할 것이다.[30]

그러므로 진정으로 그리스도를 믿고 따르는 사람들은 그리스도교 문화의 최후의 보루를 지키고 있는 수도자들이 말씀에 순명하고 가난 속에서 평화를 누리고 금욕 생활에서 정결을 칭송해 마지 않는 것을 본받고 따라야 할 것이다.

주

1) 본 논문은 한국천주교주교회의 생명윤리연구회 정기 세미나에서 발표한 것으로서,『생명의 문화』, 2001.11, pp.11-38에 실려 있음을 밝힌다.

2) 진교훈, 『의학적 인간학』(서울: 서울대학교출판부, 2002), pp.28-30 참고.

3) L. Foss, "The Challenge to Medicine," *Journal of Medicine and Philosophy*, Vol.14., 1989, pp.165-191 참고.

4) D.M. Levin & G.F. Solomon, "The discursive formation of the body in the history of medicine," *Journal of Medicine and Philosophy*, Vol.25, 1995, p.533f.

5) A. de Saint-Exupery, *Citadelle* (Paris: Gallimard), 1948.

6) G. Bachelard, *The Poets of Space*, Marie Jolas (trans.) (New York: Orion, 1964), Ch.1 참고.

7) 진교훈, 「집의 철학적 의미와 그 위기」, 『空間』, 1989년 8월호. pp.99-101. 참고.

8) Alfred L. Kroeber and Clyde Kluckhohn, "Culture: A Critical Review of Concepts and Definitions," *Harvard University Peabody Museum of American Archeology and Ethnology Papers*, Vol.47. No.1 (Cambridge, Mass.: The Museum, 1952), p.181.

9) A. Schweitzer, *Verfall und Wiederaufbau der Kultur*, Kulturphilosophie, München 1923, SS.1-2.

10) Mark D. Morelli, *Philosophy's Place in Culture* (London, New York, Lanham: University Press of America, 1984), p.2.

11) A. Gehlen, *Der Mensch*, Berlin, 1940. S.16 참고.

12) Michael Landmann, *Fudnamental-Anthropologie*, Bonn, 1979, SS.77-91 참고; 같은 사람, *Philosophische Anthropologie*, Berlin 1969. 진교훈 역, 『철학적 인간학』, 경문사, 1977, pp.206-240참고.

13) M. Landmann, 진교훈 옮김, 『철학적 인간학』, pp.206-207 참고.

14) M. Landmann, 진교훈 옮김, 『철학적 인간학』, p.233.

15) H. Plessner, *Zwischen Philosophie und Gesellschaft*, Berlin 1953, SS.11-13 참고; M. Landmann, 진교훈 옮김, 『철학적 인간학』, pp.233-234.

16) M. Landmann, *Fundamental-Anthropologie*, SS.88-92.

17) M. Landmann, *Das Ende des Individiums*, Stuttgart, 1971, S.17.

18) M. Heidegger, *Sein und Zeit*, Tübingen, 1960, S.386.

19) M. Rader and B. Jessup, *Art and Human Values* (New Jersey: Prentice Hall, 1976), pp.212-234 참고; 같은 저자, 김광명 역, 『예술과 인간가치』 (서울: 이론과 실천사, 1987), pp.283-312쪽 참고.

20) Battista Mondin, *Philosophical Anthropology* (Rome: Urbaniana University Press), 1985, p.189. 및 Morelli의 앞의 책, p.2 참고.

21) A. Schweitzer, *Verfall und Wiederaufbau der Kultur*, München, 1923, 서문.

22) M. Heidegger, *Vorträge und Aufsätze*, Pfullingen, 1954, S.89.

23) 진교훈, 『철학적 인간학 연구(I)』, pp.157-159 참고.

24) 진교훈, 「철학적 인간학에서 본 문화이념」, 한국철학회편, 『문화철학』 (서울: 철학과현실사, 1995), pp.252-267 참고.

25) Schweitzer, 앞의 책, SS.1-3, SS.5-7 참고.

26) 위의 책, S.6.

27) Hans Sedlmayr, *Verlust der Mitte*, Frankfurt a.M./Wien, 1977, SS.114-118 참고.

28) 같은 사람, *Kunst und Wahrheit*, München, 1978, SS.153-156 참고.

29) W. James, *The Experience of Religion*, 1907. p.346f; A. Gehlen, *Anthropologische Forschung*, Reinbeck, 1965, S.59.

30) 진교훈, 「철학적 인간학에서 본 문화이념」, pp.268-275 참고.

제14장

성욕의 인간학적 이해[1]

I. 서 론

신문, 잡지, 방송, 텔레비전은 최근 빈번하게 발생하는 어린이 성폭행, 강간, 인신 매매단의 여인 납치 사건을 보도하고 있다. 미국 대도시의 암흑가에서나 있을 법한 일이 우리나라에서도 만연되기 시작했다. 밤중에 부녀자들이 혼자서 마음 놓고 외출을 못할 뿐더러, 초등학교, 여자 중·고등학교에서는 대낮에도 여학생들이 학교 화장실을 마음 편하게 못 간다고 말들을 한다. 그러면 무엇이 우리 사회의 성 도덕을 이토록 병들게 만들었을까?

우리는 이 원인을 첫째로 성에 대한 무지, 둘째로 학자들의 그릇된 성 윤리관, 셋째로 표현의 자유를 빙자하여 성을 상품화하는 상업주의의 발호에서 찾아볼 수 있다. 우리는 한국 사회의 성 도덕 문제 해결을 위한 실마리를 여기서 찾아내어 논구해 볼 수 있을 것이다.

우선 성의 올바른 이해를 위하여 성욕의 인간학적 이해와 성욕의 본질과 윤리성을 살펴보고 그 다음으로 현대의 일부 학자들의 그릇된 성 윤리관의 문제점을 검토해 보고, 끝으로 성 도덕 문제 해결을 위한 구체적 방안으로 왜 도색물의 제작과 판매는 금지되어야만 하는가를 논구해 보기로 한다.

II. 성욕(성 충동)의 인간학적 이해

인간이 무엇인가를 제대로 이해하지 못하는 자, 즉 인간은 한갓 동물이 아니라 그 이상의 존재라는 것을 모르는 자는 인간의 성의 근본이 어디에 기초하고 있는가를 알지 못한다. 다시 말해서, 성욕의 인간학적 동기를 무시하는 자는 성욕(성 충동)을 단순히 생물학적 문제로 격하시켜버린다. 실제로 성 도덕의 쇠퇴와 수많은 결혼 생활의 파탄과 실패는 이 문제와 관련되어 있다. 인간의 성의 신비는 생물학적 본성(성질)과 인격의 상호 연관성 속에 있다. 이것은 단지 생물학적 본성이 인간의 인격에 영향을 미칠(최근에 성을 문제삼는 대부분의 사람들은 이 점에만 주목하고 있다) 뿐만 아니라 또한 생물학적 본성도 인간 존재의 인격성에 의하여 영향을 받는다는 것을 의미한다. 인간의 생물학적 본성은 동물의 생물학적 본성과 똑같지 않으며, 인간의 성욕은 동물의 성욕과 전혀 같지 않다. 그러므로 우리는 인간의 성욕의 특이한 본질을 먼저 충분히 이해하지 않으면 안 되며, 성의 문제를 다룰 때, 우리는 인간의 인격과 사회성과 생물학적 본성 사이의 상관 관계를 규명해 보지 않으면 안 된다.

인간의 성은 인간의 전체성, 즉 인간의 생각 · 감정 · 의지와 깊이 연관되어 있다. 우리는 인간의 성(성욕)을 편의상 존재론적인 측면과 기능적인 측면으로 나누어 생각해 볼 수 있다. 존재론적인 측면은 윤리적인 측면과 상관되어 있으며, 책임감 · 수치감 · 가치감 · 인간의 존엄성·인간 행동의 합목적성과 상관된다. 반면에 기능적 측면은 생리적인 측면과 상관되어 있으며, 성취·욕구 충족·생식·쾌감 등과 상관된다. 이 두 차원의 상관 관계, 즉 인격적 영역과 생물학적 기능은 구체적인 온전한 한 인간에게서는 분리될 수 없다.

만일 성욕이 단지 하나의 생물학적 기능에 불과하다면, 우리는 배우자를 수시로 마음대로 바꾸지 못한다든가, 혼음·잡혼을 금하는 사회적 제도를 이해할 수 없을 것이다. 우리가 일부일처제, 배우자 선택의 유일회성을 존중하고 다른 사람의 유일회성을 존중하는 것은 우리가 성욕을 단순한 기능이 아니라 다른 어떤 것으로 생각한다는 사실을 밝혀주고 있다. 다시 말해서, 성생활의 무분별한 해방을 주장하는 난봉꾼도 자기가 사랑하고 사랑받는 여인이나 딸의 성생활의 문란을 찬성하지 않는다는 사실은 성욕이 생리적 기능 그 이상의 의미가 있다는 것을 단적으로 인정하는 것이 된다.

생물학적 유물론 내지 생물학적 자연주의에서 인간의 성욕은 완전히 번식 기계의 기능과 유사한 것으로 되어버리거나 배설 욕구의 도구 역할을 하는 것에 불과하다. 예컨대, 기능적인 면에서만 인간의 성을 생각하는 사람들은 성적 욕망의 충족이 결혼 생활의 전부인 것처럼 말하며, 얼마든지 필요에 따라 배우자를 교환할 수 있다고 생각한다. 그러나 한 인간의 "존재"는 그 누구와도 대치할 수 없고 반복될 수 없는 존재이기 때문에, 배우자 교환이 만연한 곳, 즉 성적 혼란이 있는 곳에서는 인간은 인격적 존재의 위기에 직면한다.

인간은 다른 생물에 비하면 미완성된 상태로 출발한다. 다른 동물들은 그들이 살아가야 할 자연 환경에 알맞도록 육체적인 기관 기능들이 특수화되어 있고 자동화되어 있다. 그래서 다른 동물들은 본능에 따라 기계적으로 자동적으로 반응하면서 살아간다. 그러나 인간은 완전한 본능이라고 할 수 있는 것을 가지고 있지 않다. 예컨대, 식욕이나 성욕은 인간과 동물 간에는 큰 차이가 있다.

인간의 성 충동은 다른 동물처럼 계절이나 시간의 제약을 받지 않으며, 언제나 성교할 수 있고 자동 조절이 되어 있지 않다. 동물은 영양 상태와 발육이 좋은 때를 골라 발정기와 수태기가 정해지며, 주위 환경이 종족 번식에 적합할 때 성교를 하며 수태를 한다. 그렇지만 천재지변이 있을 때나 동물의 건강 상태가 나쁠 때 동물은 발정하지 않으며, 아무 때나 성욕을 느끼지 않는다. 그러나 인간은 정신적으로 불안하거나 힘들 때, 천재지변이나 전쟁 중일 때, 또 육체적으로 병이 들었을 때도 성욕이 항진한다. 동물은 수태 중일 때 자동적으로 성교를 하지 않으나 인간은 수태 중일 때도 성행위가 가능할 정도로 엄청난 자유가 주어져 있다. 그러므로 인간의 성욕은 의도적으로 조절하지 않을 수 없다. 인간은 성행위에 있어서 의식적 자기 반성을 통하여 항상 도덕적인 판단을 내리지 않으면 안 되도록 되어 있다.

우리는 마니교도나 플라톤처럼 성욕을 죄악시할 필요는 없으나 성의 문란이 곧 인격 파탄에 이른다는 것을 부인할 수는 없다.[2] 그러면 인간의 성욕이 어떤 의미를 가지고 있는가를 좀더 살펴보자.

III. 성욕의 본질과 윤리성

성욕(성 충동)이란 한 인간이 다른 한 인간 존재와 정신적·신체적 합일을 이루기 위하여 쾌락적이고 황홀한 상태에서 이 쾌락을 극대화하려는 자극을 수반한 욕망이다.[3]

여기서 합일이라는 말은 성 윤리의 중심이 되는 공동체의 개념과 상관된다. 그런데 합일을 이룩하기 위한 성의 쾌락은 일시적인 성격을 가지고 있으며, 지속적이지 않고 오래가지 못한다. 이 쾌락은 가파르게 상승했다가 하강하는 흥분인데, 인간은 누구나 항상 흥분 상태에 있을 수는 없다. 그래서 사람들은 그러한 흥분의 순간에 더 오래 머물고 싶어하고, 그러한 상태가 더 오래 지속되기를 원하며 끝없는 아쉬움을 느낀다.

그러나 성욕의 일시적 성질은 쾌락과 냉담, 도취와 침울의 뒤바뀜을 보여줄 뿐만 아니라 이율배반적인 인척引斥 법칙, 즉 한편으로는 끌어당기면서 다른 한편으로 밀어내는 양면성을 가지고 있다. 성행위는 한편으로는 순간의 동물적 쾌락을 추구하여 쾌감의 절정에 이르게 하지만, 쾌감의 절정에 도달한 후는 즉시 혐오감과 염증 같은 반발 작용을 수반하며, 다른 한편으로는 흥분이 사라진 후에도 충족감과 감사의 느낌을 계속 가지고 싶어하게 만든다. 여기에 성의 신비가 감추어져 있다.

성의 신비는 영육적인 존재인 인간에게 한 남성형 또는 한 여성형을 주고, 그 양성兩性은 하나의 깊고 긴장에 찬 관계를 부여한다. 남성과 여성은 이 관계를 유혹과 약속과 책임으로 체험하고 있다. 그러나 그들의 상호 관심은 때로는 고상하고 몰아적이고 때로는 방탕하고 이기적이기도 하며, 불안에 떨기도 하고 상대방을 억압하고 싶을 때도 있다.

성행위는 남녀가 서로 자신을 증여하는 헌신적인 영육의 표현이며, 상호 완성에 이르기 위한 상보성을 요구하는 행위이다. 그러므로 인간의 성행위는 자제와 헌신 같은 윤리적인 성격을 가지고 있다. 그래서 인간 본성에 바탕을 둔 성행위는 이성異性과 하나가 되는 혼인과 내면적으로 관계되고 있다. 성행위가 자기애에 머물 때 이기적으로 되며, 종래에는 남성이나 여성의 성의 능력에까지 파괴적인 영향을 미친다. 그러므로 근본적으로 성 충동은 어떤 방식으로든 제어되어야 한다.

인간의 본성에는 수치심이 있다. 정신적 수치심은 과오나 범죄에 관계가 있을 경우 가장 명백하게 드러난다. 수치심에는 또한 사회적 수치심이 있다. 사람들은 다른 사람으로부터 멸시받지 않을까 염려한다. 예컨대, 거동이나 복장, 주택 등에서 사람들이 자기 과시욕이나 자기열등감을 느낄 때 사회적 수치심이 나타난다. 그런데 인간의 수치심에는 정신적 수치심과 사회적 수치심 이외에 성적 수치심이 있다.

이 성적 수치심은 단순히 습관이나 교육의 산물만도 아니며, 공포나 혐오감의 작용 때문만도 아니며 오로지 인간만이 가지고 있는 본래적인 감정으로, "인간은 단순히 본능적인 힘이 지배하는 권역으로 추락시키지 않겠다"는 하나의 자연적인 방어력이다.[4] 수치심은 성적 성숙 과정과 함께 생겨난다. 성적 수치심은 많은 아이들에게 있어서 대체로 5세 때부터 싹트기 시작하여 10세가 되면 모든 아이들이 가지게 된다.

성적 수치심은 삼가는 것과 유보(예비)라는 두 가지 의미를 갖는다. 성적 수치심은 다른 사람과 거리를 두면서도 동시에 새로운 방법으로 결합을 하려고 한다. 다시 말해서, 그것은 자신을 방어(보호)하는 억제와 결혼할 때 깨끗하게 증여할 가치의 적립을 말한다. 그러므로 성적 수치심은 동물적인 본능 생활에 대한 자기 보호이다.[5] 동시에 성적 수치심은 사랑이 자라고 익어갈 기간, 즉 예비 기간을 갖게 하는 것이다. 그러나 이 성적 수치심의 외적 표현 방식은 시대의 사회적 풍조에 따라 변화하기도 하며 쉽게 변질되기도 한다. 특히, 그릇된 선전이나 성의 무지와 그릇된 성 교육은 성적 수치심을 둔감하게 만들며, 최근의 상업주의와 결탁한 악질적인 성 해방은 사이비 예술의 표현의 자유를 빌미로 성적 수치심을 파괴하고 있다. 혼인의 신성성과 가정 질서의 방파제로서 성적 수치심의 파괴는 인간의 존엄성을 위협하고 사회 해체 현상의 근본적인 원인이 되고 있다.

Ⅳ. 자연주의적 성관의 비윤리성

여기서 말하는 자연주의는 유물론적 진화론을 비롯하여 인간을 한갓 물체나 기계로 보고, 인간의 의식 일반을 물리·화학적 반응에 불과한 것으로 간주하는 프로이트의 사상까지를 망라한 것이다. 프랑스의 라메트리La Mettrie가 인간을 기계라고 말한 것을 필두로 다위니즘의, 인간은 자연 발생된 존재로서 다른 동물과 마찬가지로 적자 생존의 법칙과 자연의 법칙의 지배를 받는다는 생각은 인간의 성 윤리에 큰 영향을 미쳤으며, 전통적인 성 윤리에 맹타를 가한 것은 프로이트의 리비도설이다. 자연주의자들 내부에서도 성욕에 대해서는 다소 상이한 견해가 있으나, 대체로 성적 욕망을 충족시키는 것은 좋은 것이며, 성적 욕망을 억제하는 것은 부자연스런 것으로서 정신분열증이나 우울증을 유발하는 나쁜 것이라고까지 말했다. 이러한 성에 대한 생각, 특히 프로이트의 리비도설은 금세기에 들어와서 미술·문학·조각·사회학·심리학·철학·정신의학 등에 엄청난 영향을 미쳤고, 복식에 있어서의 노출증을 정당화하는 궤변을 낳기도 했다.

프로이트는 제1차 세계대전 전에는 성욕을 인간의 생존욕과 결부시켜 본능이라고 했으나, 제1차 세계대전 후에는 그의 인간관에 변화가 생기면서 인간에게 파괴 본능이 있다고 말하며 성욕을 이 파괴 본능과 결부시켜 설명했다. 그는 서구의 전통적인 가족 제도와 성 윤리를 부인했다.[6] 그의 이른바 오이디푸스 콤플렉스나 엘렉트라 콤플렉스는 과학적인 근거가 빈약한 하나의 가설에 불과한 것이다. 가령 그의 성 본능설에 의하면 어린 아들이 어머니의 젖을 빨거나 가지고 노는 것조차 일종의 성적 대상 행위라고 하는데, 그러한 생각이야말로 바로 성도착병性倒着病의 발로라고 말할 수 있으며, 그가 말하는 근친상간의 성향과 정신병의 발발의 상관성은 오늘날 많은 정신의학자들에게서도 부인되고 있다. 아버지가 아들보다 딸을 더 좋아하고 어머니가 딸보다 아들을 더 좋아한다든가, 아버지와 아들은 어머니를 사이에 두고 서로 독점하려고 하는 경향이 있다는 것은 과연 일반화될 수 있는가? 우리는 정상적인 소년은 짐승과 달라서 자기를 낳아주고 길러준 어머니를 성적 대상으로 삼지 않는다고 말할 수 있다. 우리나라의 어머니들이 아들을 딸보다 좋아하는 것은 유교적인 제사 풍속과 그 밖의 경제적 이유 등에 의한 남아 선호 사상에 기인하는 것이며, 동양 문화권에서는 아버지도 딸보다 아들을 더 좋아하는 경향이 강하며, 서양에서는 딸을 더 좋아하는 어머니들도 있다. 다시 말해서, 자녀들의 성별에 대한 선호도는 노동력·경제력과 상관될 수는 있으나 성 충동과는 무관한 것이다.

현대의 사이비 성 심리학자들 중에는 성생활이 결혼 생활의 전부인 것처럼 말하는 사람도 있다. 이와 같은 그릇된 성관性觀은 현대의 이혼율 격증의 중요한 원인이 되고 있다. 성생활을 하지 못하는 사람들도 얼마든지 결혼 생활을 할 수 있다는 것을 아무도 부인할 수 없다. 우리는 아름다운 로맨스 그레이와 노인 부부의 사랑이 성생활과 무관함을 알고 있다.

최근에 킨제이나 화이트Whyte 등의 성에 관한 조사 보고가 얼마나 허구적이며 날조된 것인가가 판명되었다. 오늘날 성에 관한 책들 대부분은 성을 빌미로 하는 상업주의의 소산이다. 섹스 산업의 규모는 군수 산업 다음으로 큰 것이며, 무기가 인류를 직접적으로 파멸의 구렁텅이로 몰고 가고 있다고 한다면 도색물은 간접적으로 인류를 파멸시키고 있으며, 가정과 국가를 근본적으로 밑바닥에서 붕괴시키고 있다. 우리는 다음 절에서 왜 도색물의 제작과 판매와 홍보를 금지해야 하는가를 구체적으로 살펴보기로 하자.

Ⅴ. 왜 도색물의 제작과 판매는 금지되어야 하는가?

"전통적으로 도색물pornography은 부도덕하다고 비난받아 왔다. 그것은 노출과 성욕에 대해 '음란한 관심' 또는 '병적인 관심'을 유발시키도록 고안된 방법으로 만들어진 적나라한 성적 자료이며, 게다가 그것은 어떠한 보완적 가치도 아니며 '일상적인 순결관'을 파괴하는 자료이기 때문이다." 이 말은 1954년 미국 형법 Model Penal Code 조항에서 "외설"에 대해 정의한 것인데, 이 법은 독자나 시청자에게 성적 자극이나 쾌락을 유도할 목적으로 신체의 특정 부분과 성행위를 노골적으로 묘사하거나 제시하는 것을 제한하고 있다. 이러한 제한은 성을 출산에 관련된 것만으로 그리고 합법적 결혼 외의 모든 성행위를 규제하는 하나의 성 윤리이다. 1960년대에 와서 이 법령은 성 혁명론자들의 일차적 공격 대상이 되었다. 이후 많은 부분에서 개방된 성행위가 인정받게 되었고 그 결과 성의 문란이 초래되었다.

성 혁명이 낳은 이로움이 있다면, 그것 중의 하나는 성 관습의 문제와 도덕성 문제 간의 식별의 폭을 넓혀주었다는 것이다. 부도덕하다는 것은 타인에게 해를 끼치는 행동을 가리킨다. 그러한 상해는 신체적이거나 심리적인 것이다. 타인에게 고통을 주고 거짓말을 하고 권리를 침해하고 착취하고 경멸하고 욕하는 것은 부도덕한 행위이다. 그러므로 자위나 동성 또는 이성 간의 동의하에 자발적인 성행위를 하는 것은 타인이나 상대방에게 상해나 침해를 주지 않는 한 부도덕한 것이 아닐 수 있다. 몇몇 성행위는 도덕적으로 제거되어야 하지만 그것은 성적 특성 때문이 아니다. 그러므로 간통은 법적으로 결혼하지 않은 자와 성행위를 했기 때문이 아니라, 배우자에 대한 성적·정서적 신뢰를 깨뜨렸기 때문에 부도덕하다. 가학적이며 음란한 또는 강제에 의한 성교는 상대를 상해했거나 침해했기 때문에 부도덕하다.

오늘날 도덕에서 성적 순결을 분리시켜놓은 것은, 성행위의 여러 행태가 단지 그리스도교의 전통적 성 윤리를 파괴하기 때문에, 그리고 사생활의 행위 기준에서 벗어나기 때문에 비난할 수 없다는 것을 의미한다. 그리하여 도색물이 아무리 파탄적인 것이라 할지라도 우리는 자유라는 미명하에 그것을 묵인해야 하는 것으로 되어 있다. 그러나 도색물은 사람에게 해를 주고 인간의 존엄성을 파괴하기 때문에 부도덕한 것이다.

그러면 도색물은 무엇인가? 도색물은 성행위의 시각적·청각적 노출로서 정의될 수 있다. 미국의 "도색과 외설에 관한 위원회"의 말에 따르면, 그러한 성행위는 "여성의 인권과 역할을 저질스럽고 추잡하게 묘사하는 두드러진 특징을 가지고 있고, 성적으로 조작되고 이용된 단순한 성적 대상일 뿐이다." 도색 서적, 잡지, 영화에서 여자는 남자에게 수동적이며 노예처럼 매어진 것으로 표현된다. 여자 배우자의 역할은 남자의 성적 유희물에 국한되어 있다. 여자의 성적 쾌락까지도 남자의 쾌락에 달려 있고 남자와 마찬가지로 그 자체로 끝나지 않는다. 여자에게서의 만족이란 남자의 욕구를 충족시키기 위해 그들의 육체를 사용하게 하는 일이다. 여자의 성적 대상화가 모든 도색물의 공통점이기 때문에 심지어 여자는 폭력적인 도색물에서 더욱더 비참하게 취급된다. 거기서 여자는 살해되고 고문받고 강간당하고 불구가 되고 묶이거나 경멸당함으로써 남자의 성적 자극이나 쾌락의 수단이 된다. 상호 존중하는 성인간의 성적 접촉에 관한 표현은 한때는 도덕적으로 비난받았지만 지금은 그렇지 않다. 그러한 표현은 성행위자 상호간의 개인적 욕구나 경험을 존중하는 것이다. 그러한 접촉에서는 기본적인 인간의 존엄성과 사람다움을 서로 인정한다. 마찬가지로 인간에 대한 존중을 유지하는 범위 내에서 부분적으로나 전체적으로 노출된 인간의 육체를 묘사하는 것은 타락된 표현이 아니며, 도덕적으로도 제한되지 않는다. 성을 묘사하는 조형 예술뿐만 아니라 성 교육용 필름은 이러한 범주에 들어간다. 어떤 성애물은 지나친 감이 없지는 않지만 부도덕한 것이 아닐 수 없다. 상호 존중이 지켜지지 않는 성관계의 표현은 적어도 인간으로서의 존엄성을 무시하는 것이기에 그것은 더 이상 단순한 성애물이 아니다. 타락한 행동을 표현하는 것은 도색적인 것이다. 그것이 도색적인지 아닌지는 내용적으로 그러한 기능을 하는가에 달려 있다. 서적이나 영화에서 폭력 과정을 연상할 수 있을 만큼 자세하게 강간을 묘사하고 표현할 수도 있을 것이다. 그러나 피해자의 인간성이나 존엄성을 무시할 만큼 추잡하고 타락된 행동을 묘사하더라도 그 내용적인 흐름은 그러한 행동의 결과를 생각해 봄으로써 피해자의 존엄성을 확고히 다져주게 된다. 그러한 서적이나 영화는 결코 도색적인 것이 아니고 높은 수준의 도덕일 수도 있으며, 그것은 도덕적 현실주의moral realism에 속한다.

어떤 작품이 도색물이라는 것은, 단순히 추잡하고 타락된 성관계를 노골적으로 표현하고 있기 때문이 아니라 암시적으로라도 부도덕한 성행위를 받아들이고 따르게 하는 것이기 때문이다. 즉 육체적으로 또는 심리적으로 작품의 한 인물의 인간성을 파괴하는 성행위인 것이다. 그때의 도색물은 작품 인물을 난잡하고 타락된 성행위로 묘사하고 표현함으로써, 독자가 그것을 탐닉케 하는 언어나 그림 등의 자료이다. 이성간의 성을 다룬 모든 도색물에서 그렇게 취급되는 역은 여자나 아이이다. 그러한 도색물은 사실상 여자와 어린이에게 가학적이고 타락된 성행위를 하는 것에 만족하도록 하는 자료이다. 여기서의 "성행위"라는 말은 사람간의 성적 접촉인데, 배역의 한 인물의 위해危害, 성적 쾌락이나 성적 자극을 낳는 행위나 성적 활동을 위한 전희적 행위를 포함한다. 타락하고 추잡한 행위에는 육체적 가해나 학대, 그리고 신체적·심리적 강요가 포함된다. 더군다나 어떤 방식으로든 배역 인물의 참된 경험·욕구·관심을 깎아내리고 무시하는 행위는 타락된 것이다. 결국 사람을 강요로 윽박지르고 해를 가하고 학대한다는 사실은 그러한 행위의 타락된 성격을 바꾸지 못한다는 것이다. 도색물은 거기서 표현되는 행위에 대한 긍정을 유포시킨다. 여자에 대한 학대가 남자의 쾌락을 위해 표현된다. 이것은 어떤 점에서도 인간성에 대한 존중이 아니며, 인간을 은연중에 경시하는 것이 되고 만다. 도색물에서 표현된 행위는 두 가지 문제점이 있다. 첫째로, 그러한 자료는 본질적으로 내용 면에서 이미 도색적이다. 둘째로, 그러한 자료는 외형적으로 남자의 성적 쾌락, 성적 도발, 성적 만족을 제공하게 되며, 그런 행위를 간접적으로 인정하거나 묵인하도록 만들 수 있다. 표현 자체는 도덕적으로 타락된 행위를 고무하거나 정당화하려는 것이 아니라고 하더라도 문맥상 은근히 성적 호기심, 성적 쾌락, 성적 도발을 유도하거나 촉구하는 도색적 표현도 오늘날 상당히 많다. 예컨대, 1990년대에 들어와 스포츠 신문들이 판매 부수 확장을 위하여 의도적으로 도색적 표현을 많이 사용하였고, 심지어 젊은 소녀와 청소년을 주요 독자로 하는 월간지, 그밖에도 주요 신문사들이 출판하는 주간지들까지도 도색적 표현을 이용했다. 이런 경우 전체적으로 볼 때 분명히 도색적이다.

지금 우리가 여기서 논의하는 도색의 구분은 문맥상 언어와 그림에 관한 자료에 국한하고 있다. 그러나 전후를 살펴보면 인간의 존엄성을 파괴하지 않으면서도 그렇게 표현할 수 있을 것이다. 그러나 성폭력의 스틸 사진이나 그림은 성폭력과 타락을 은근히 돋보이게 한다. 사진 앨범 표지나 잡지 표지는 그러한 강조의 예이다. "오하이오 플레이어 Ohio players의 사슬에 묶인 여자"라는 묘사에는 폭력이 미화되어 있고, 심지어 고도의 상업 예술이라고 간주되기도 한다. 그러나 그러한

"강조glamorize와 미화prettification"가 바람직한 것으로 적용되어 왔기 때문에, 이러한 앨범과 잡지에 의해 여자에 대한 폭력이 바람직한 것으로 만연되어 왔다. 특히, 행인을 유혹하는 유방·생식기·항문을 보이도록 묶어놓은 여자에 대한 표현은 이러한 것이 부당하다는 아무런 암시 없이 표현되기 때문에, 보는 사람으로 하여금 그런 장면을 자연스럽게 받아들이도록 한다.

포르노그라피란 말은 옥스퍼드 영어 사전에 "매춘부와 고객의 삶의 묘사"라고 정의되어 있다. Porno(Porne): 'harlot'(매춘부)＋graphy(graphein): 'to write,' 그러므로 "문학이나 예술에서의 외설이나 정숙치 못한 주제를 표현하는 것"이다. 이 정의의 첫 부분을 보면 매춘부와 고객의 접촉에서 매춘부는 고객의 성적 쾌락을 위해 그들의 몸을 사용하여 직접 또는 간접으로 돈을 받는다. 어떤 남자들은 인간적으로 존중해 주어야 하는 아내나 여자 친구에게서 얻지 못하는 것을 매춘부에게서 얻으려고 한다. 아내나 여자 친구는 예의로 대우해 주어야 하기 때문에 남자에게 쾌락을 제공하는 매춘부를 찾는다. 오늘날 도색물의 여자는 남자의 쾌락을 위해 존재할 뿐이다.

거기에서는 여자를 인격적으로 존중해 줄 아무런 장치도 만들어지지 않는다. 이로 인해 모든 여자는 남자의 더럽고 추잡한 성적 환상을 실행에 옮길 수 있는 적절한 대상으로 암시된다. 이러한 것이 일차적 목적이다. 최근에 도색물에서의 폭력의 확산은 이러한 점에서 인간으로서 여성의 존엄성을 무시하는 데 "기여"한 부도덕한 장르라고 할 수 있다.

도색물이 나쁜 것은 그것이 여자를 비인간적으로 표현하고 있기 때문이다. 도색물은 본질적으로 여자를 남자의 환상을 위한 단순한 도구로 여기거나 남자의 종속물로 여긴다. 이를 위해 도색물은 거짓을 자행한다. 도색물은 여자의 성생활이 남자에 대한 봉사에 종속되어야 한다는 점에서 여자의 쾌락은 자신이 아닌 남자를 만족시키는 데에서, 강간·속박·고문·살인의 알맞은 대상으로서 여자를 본다는 점에서 거짓을 행한다. 도색물은 공공연히 여자의 성욕에 대한 거짓을 행하고 그러한 거짓은 여자의 존엄성과 인간성, 인간애에 대한 거짓을 낳는다.

게다가 도색물에서는 여자를 정당하게 대우하지 않고 섹스 그 자체를 위한 폭력의 적당한 대상으로 묘사한다. 도색물에서는 폭력당하는 것을 당연하다고 느끼는 것이 여자다움이라고까지 묘사하기 때문에 도색물의 거짓은 모든 여자에 대한 거짓이다. 그러므로 모든 도색물은 여자에 대한 중상모독적이고 명예 훼손이다. 도색물에서 여자를 보는 시각은 전적으로 똑같다. 출판, 영화, 음반 등의 산업에서 여자는 성적 자극의 원천으로서 다루어지고 묘사되고 있을 뿐이다. 잡지대에서, 길거리의 신문 판매대에서, 음반 가게에서, 심지어 식료품 가게에서 돈을 지불할 때도 그런 점을 인식하지 않을 수 없다. 여자에 대한 남성 중심의 정의를 이해할 수 있는 도색물을 보거나 읽는 데 그리 많은 시간이 필요치 않다. 이젠 포장지에서 뿐만 아니라 광고판에서도, 심지어 신문·잡지 표지에서도 성적 자극물이 공공연히 전시되고 있다.

도색물의 현대 문화의 침식은 공공연한 성적 메시지의 전달 이상의 중요성이 있다. 도색물에서 여성을 1차적 대상으로 하는 것이 남자의 성적 쾌락을 제공하기 위해서라면, 그것은 여자를 독립된 인간으로, 심지어 남자와 똑같은 환경에서조차 평등을 부정하는 것이다. 이러한 부정은, 특히 미국처럼 우월 의식을 선으로 느끼는 계급 사회와 위계 사회에서 더욱 잘 나타나고 있다. 도색물은 자본주의 사회의 또 다른 도구이다. 미국뿐만 아니라 동양에서도 남자는 성적으로 여자보다 우위에 있다고 믿어 왔다. 그래서 그들이 살고 일하는 사회가 어떻게 착취하고 억압하든 간에 그들은 여자와 같은 사람에게 최소한의 우월감을 느끼고자 하는 데 관심을 기울인다. 도색물은 여자를 음란하고 추잡한 남자의 성적 도구로 만듦으로써 그러한 관심을 직접적으로 충족시킨다. 도색물이 그토록 부패하게 만드는 성욕은 그 근본적인 성격으로 말미암아, 즉 수치감을 동반할 수 있기 때문에 노골적인 공적 토론의 대상에서 쉽게 벗어날 수 있다. 여자에 대한 도색적인 이미지의 그 어떤 사회적 부정의 부재로 말미암아 이러한 이미지는 사회가 아무리 공개적으로 성 평등을 주장해도 여전히 여성 차별 태도를 고수하게 만든다.

더욱이 여자의 인격 부정은 여자의 도색적 시각과 밀접하게 연관되어 있다. 예컨대, 여자에 대한 성폭행 행위나 강간을 다루는 도색물의 범람에서도 그 연관성을 우리는 찾아볼 수 있다. "외설과 도색에 관한 위원회"의 보고와 달리 더 많은 연구 보고에 따르면, ① 일반적으로 폭력적 표현의 노출은 실제로 폭력을 행하는 것과 상호 연관성이 있다. ② 도색물의 범람은 여자에 대한 성적 학대와 폭력의 행사와 상호 연관성이 있다. 좀더 연구가 진척되어 정확한 인과 관계를 밝혀내야겠지만, 이른바 완전 성인용 도색물도 명백한 피해를 준다는 것이다. 오늘날 도색물은 모든 부문에서, 특히 통신과 오락 매체에서 준-제도적 quasi-institutional 성격을 띠고 있다.

동기가 어떠하든 대중 매체에서의 도색물 수용은 문화의 하강을 의미한다. 도색물 자체만큼이나 여자에 대한 타락되고 왜곡된 이미지의 사회적 허용과 묵인도 심각한 문제이다. 왜냐하면 그것 때문에 일반적으로 여자에 대해서 기본적인 인간의 존엄성을 인정해 주려고 하지 않으며, 그런 식의 처우를 정당화하기 때문이다. 다시 말해서, 여자에 대한 강간·속박·고문의 도색적 표현에 대한 사회적 관용으로 인해 실제상의 여성에 대한 신체적 학대에 대해서 더욱더 방임적인 분위기가 창출되고 유지되고 있다. 이러한 방임은 여성에 대한 비인간적 용어 사용을 허용한다. 예컨대, 영어의 chick, bird, fox, filly, babe, skirt, fuck, screw, bang, 우리 말의 깔치, 꽃, 반편 등 도색 희생자에게 책임을 묻는 법 제도의 경향은 이러한 것을 단적으로 나타내주는 것이다. 롱지노Longino에 의하면, 요컨대 도색은 세 가지 점에서 여자에게 피해를 준다.

첫째, 도색물, 특히 폭력적 도색물은 여자에 대한 폭력 유발을 함축한다.

둘째, 도색물은 여자에 대한 깊고도 사악한 거짓을 유포시키는 매체이다. 그것은 여자에 대한 중상모략이며 명예 훼손이다.

셋째, 현대 사회에서도 여자의 본성에 대한 왜곡된 시각의 만연으로 말미암아 남성 중심의 성 차별 태도가 여전히 지지되고 있으며, 여자에 대한 착취나 억압이 어떤 면에서는 도리어 강화되고 있다.[7]

도색물, 특히 오늘날의 대규모 도색물에 대한 사회의 관용은 이러한 형태의 피해를 강화시킨다. 그러한 거짓을 부정하지 않으므로써 여자는 열등한 종속된 피조물이라는 남성 중심의 통념이 여전히 지지되고 있다. 그럼으로써 여자에 대한 심리적 · 신체적 폭력에 방임적 분위기가 유지되도록 영향을 준다. 그러나 도색물의 제작과 유포는 사회적 · 도덕적 죄악이다. 오늘날 도색물 제작량의 증가와 여자의 지위를 격하시키는 도색물의 통신 매체로서의 침식을 살펴본다면, 도색물에 대한 통제는 필수 불가결한 것이다.

키팅C.H. Keating, Jr.은 도색물도 일종의 매춘의 한 형태라고 말한다. 왜냐하면 포르노그라피는 돈을 받고 성적 만족을 제공하기 때문이다. 모든 비인격적 성행위는 인간의 존엄성을 해치고 떨어뜨린다. 포르노그라피는 쾌락을 위한 쾌락의 추구이고, 보다 높은 인간의 삶의 목적이나 가치를 배제하기 때문에 비도덕적인 것이다.[8]

성행위의 합목적성은 본래 인간의 사랑과 인격적 만남에서만 이루어질 수 있는 것이다. 성행위의 합목적성은 욕망의 일시적 충족이 아니며, 다른 사람을 욕구 충족이나 욕망 해소의 수단으로 삼는 데 있는 것도 아니다. 인간의 행동은 육체적 기능의 표현 이상의 의미를 가지고 있는 것이다. 인간만이 오로지 사랑을 할 수 있다. 성행위는 사랑하는 사람들간의 상호 애정의 표시이다. 비인격적이며 오로지 쾌락만을 위해 육체를 사용하는 성행위는 인간의 존엄성과 성실성에 손상을 주며, 인간을 비이성적이며 무책임한 한갓 짐승으로 전락시킨다. 그러므로 도색물은 전통적인 남성 우월주의를 기반으로 하고 여성의 인간성을 모독할 뿐만 아니라, 또한 남성의 인격도, 남성의 인간성도 모욕하는 것이 된다. 따라서 도색물의 사용은 금지되어야 한다. 표현의 자유는 인간의 존엄성에 우선할 수 없다. 정신병자의 격리 수용과 정신병자의 망언에 제재를 가하는 것이 합법적이며 도덕적으로 정당하다면, 도색물의 판금과 도색물 유포의 엄단은 법적으로도 윤리적으로도 정당한 행위가 될 수 있다. 유해 식품의 제조와 판매를 금지하는 것이 당사자의 이익에 반하고 인간의 행위의 자유를 구속하는 것이 될 수 있지만, 이것이 법적으로나 윤리적으로 정당한 행위인 것과 마찬가지로 도색물의 제작과 판매를 금하는 것도 윤리적으로 정당한 것이다.

VI. 맺음말

  필자는 한국 사회의 성 도덕 문제 해결을 위해서는 앞에서 논했던 것처럼 무엇보다도 먼저 올바른 성에 대해 이해할 수 있어야 하겠고, 그 다음으로는 도색물에 대한 검열을 강화하고 도색물의 제작·판매·홍보를 법으로 엄금해야 한다고 생각한다. 그러나 법적 제재는 오늘날 기술적인 면에서 한계가 있고, 그 실효도 크게 기대할 바가 못된 다고 생각된다.

그러므로 필자는 성 윤리적 문제의 보다 근본적인 해결책은 법적 제재는 물론이고 학교 교육에서 성 윤리 교육을 교과 내용으로 중요 하게 다루어야 하고, 또 가정 교육과 사회 교육에서도 성 윤리 문제를 중요한 과제로 삼아야 할 것을 주장한다. 특히, 대중 매체에 종사하는 사람들의 자숙과 전폭적인 협조는 성 윤리 문제 해결에 크나큰 도움 이 될 것이다.

주

1) 본 논문은『오늘의 철학적 인간학』(서울: 경문사, 1997), pp.275-290에 실린 글임을 밝힌다.

2) 진교훈 ,『철학적 인간학연구I』(서울: 경문사, 1982), pp.67-68.

3) H. Schelsky, "Die sozialen Formen der sexuellen Beziehungen," in H. Giese(hrsg), *Die Sexualität des Menschen, Handbuch der medizinischen Sexualforschung*, Hamburg, 1945, S.242 참고.

4) T. Muncker, *Die psychologischen Grundlagen der katholischen Sittenlehre*, 4. Aufl, Düsseldorf, 1953, S.285.

5) 앞의 책, S.288 및 E. Maasure, "Die Vergeistigung der Ehe," in J. Violler(hrsg.), *Vom Wesen und Geheimnis der Familie*, Salzburg, 1957, S.225.

6) E. Fromm, "Philosophische Anthropologie und Psychoanalyse, Das Menschenbild S. Freuds," in R. Roceku, O. Schatz(hrsg), *Phillosophische Anthropologie Heute*, München, 1972, SS.84-102 참고.

7) Helen E. Longino, "Pornography, Oppression and Freedom," in T.A. Mappes and J.S. Zembaty(eds.), *Social Ethics* (New York: McGraw-Hill, 1987), pp.306-314.

8) Charles H. Keating, Jr., "Pornography and the Public Morality," in Thomas A. Mappes and Jane S. Zembaty(ed.), *Social Ethics* (New York: McGraw-Hill, 1987), pp.298-301.

제15장

사형 제도에 관한 인간학적 성찰[1]

I. 문제 제기

우리나라는 법적으로 사형 제도를 인정하고 있다. 우리나라의 형법과 군軍 형법 등에 사형이라는 형벌이 명문화되어 있으며, 정부는 실제로 사형 제도를 실시해 오고 있다. 학계에서 이수성 등 형법학자들이 사형 제도의 부당성에 관한 논문을 발표한 바 있었다. 그러나 우리나라에서 1988년에 앰네스티 인터내셔널이 1989년을 "사형 제도 폐지의 해"라고 선언한 후, 그때까지 산발적이던 사형 제도 폐지 운동은 1989년 5월 종교인들과 법조인들이 중심이 되어 "한국사형폐지운동협의회"를 결성한 후부터 조심스럽게 시작되었다. 그 동안 여러 차례 대법원과 헌법재판소는 사형 제도의 위헌 여부에 대한 심판을 하여야만 하였고, 그때마다 사형 제도가 폐지되는 것이 원칙적으로 바람직하나 아직은 우리 사회에서 사형 제도의 존치가 필요하다는 판결을 내렸다. 그러나 최근에는 종교계가 앞장서서 사형 제도 폐지 운동을 활발히 전개하고 있고, 금명간 국회에서 사형 제도 폐지 법안이 상정되어 심의될 것으로 보인다.

그러나 우리나라 철학계에서는 1997년 "대한철학회"의 논문집 『철학연구』에 문학성의 「사형 제도의 도덕성에 대한 논쟁」이라는 논문을 찾아볼 수 있을 뿐이다.

사형은 인간의 생명권과 직결되는 문제이므로 비단 법률적인 형벌의 문제일 뿐만 아니라 또한 종교적 · 윤리적 문제이기도 하며, 특히 인간의 본질 이해와 인간의 존엄성을 규명하려고 하는 철학적 인간학의 문제이기도 하다.

사형 제도는 비단 우리나라뿐만 아니라 전세계에서 아득한 옛날부터 시행되어 왔고, 당연시해 왔다. 그러나 아무도 이를 오랫동안 공개적으로 문제삼지 않았다.

사형 제도 폐지가 공공연히 논의된 것은 1714년 러시아 제국의 엘리자베트 여황제가 사형 제도의 부당성을 지적하고 사형 집행을 중지할 것을 선언한 것을 효시로 하며, 1763년 이탈리아의 형법학자인 베카리아Cesare Beccaria가 자신이 저술한 『죄와 형벌』에서 잔인한 형벌인 사형의 폐지를 주장하면서부터라고 대체로 알려져 있다. 그 이전에는 그리스도교에서조차도 사형 제도를 인정하였다. 아우구스티누스, 토마스 아퀴나스, 마르틴 부버, 장 칼뱅 등 신구교의 중요한 인물들도 사형 제도를 인정했다. 그리고 철학자인 칸트, 헤겔, 루소, 공리주의자인 벤담과 밀도 사형 제도를 옹호하는 글을 쓰기까지 했다. 그러나 20세기에 들어와서 인권 사상이 대두되면서, 철학계에서도 본격적으로 인간학과 사회 존재론적 사회 윤리학의 측면에서 사형 제도를 비판하기 시작했다.

사회 존재론적 측면에서 보면, 사형 제도는 근본적으로 모순이다. 왜 그런가? 사형 제도는 원래 개인이 저지른 죄는 전적으로 개인의 책임이라는 개인 윤리에 기초하고 있기 때문이다. 그러나 어떤 개인이 죄를 짓게 되는 것은 그 개인의 사회적 여건과 무관하지 않다. 어떤 개인이 저지른 범죄에 대한 책임은 그 당사자 개인에게만 있는 것이 아니라, 동시에 그 개인이 소속되어 있는 그 사회도 부분적으로 책임이 있다는 것을 우리는 인정하지 않을 수 없다. 대부분의 범죄자들은 사람 대접을 제대로 받지 못하는 열악한 환경 조건에서 성장했다. 그러므로 우리는 범죄를 개인의 차원에서만 고찰해서는 안 된다. 예컨대 만일 최저 생계비도 안 되는 박봉에 허덕이며 사는 공무원에게 협박과 감언이설 등으로 뇌물을 받게 만들어 놓고서는, 뇌물 공여자에게 책임을 묻지 않고 뇌물받은 공무원만 처벌한다면, 그 처벌은 공정한 것이 아닐 것이다. 칸트는 이와 관련하여 다음과 같은 말을 했다:

평등의 원리란 정의의 저울추가 어느 한 쪽으로 기울어지지 않게 하는 것을 말한다. 그러므로 만일 당신이 다른 사람을 부당하게 괴롭히면 당신은 당신 자신을 괴롭히는 것이다. 만일 당신이 타인을 비방하면, 당신 자신을 비방하는 것이 된다. … 만일 당신이 다른 사람을 살해하면, 당신은 당신 자신을 죽이는 것이다.

우리는 계몽주의자로서 개인 윤리를 이성주의적으로 체계화하려고 애써 온 칸트의 글에서, 그도 인간의 연대 책임을 인정했다는 사실을 찾아볼 수 있다.

사형 제도 존치론자들은 철학적으로 동해보복(일명 탈리오 법칙lex Talioni)의 정의를 그 자체로 가치 있는 것으로 간주하는 경향이 있고, 정의의 실현을 위해 사형이 인정되어야 한다고 주장한다. 그러나 정의의 이름으로 자행된 수많은 복수와 살육을 우리는 역사에서 수없이 보아왔다. 그리고 우리는 사랑이 없는 정의는 무자비하게 되고 복수와 증오를 불러일으킨다는 역사적 사실을 외면해서는 안 된다.

필자는 본 글에서 사형 제도는 근본적으로 인간에 대한 편견의 산

물이며, 인간의 사회적 연대성과 가능성에 대한 무지에 의해 발생한다
고 보았다. 그리고 우리나라 사형 제도에 대해 비판적으로 성찰하고,
왜 사형 제도가 시급히 폐지되어야만 하는가를 살펴보았다.

II. 인간에 대한 편견과 사형 제도

모든 인간은 평등하다. 모든 인간은 하나의 인류를 구성한다. 인류
의 구성원인 인간은 누구든지 국적, 성별, 인종, 언어, 종교, 학식, 재산,
장애 유무의 차별없이 인간으로서 충분하고도 완전한 권리를 가지고
있다. 그럼에도 불구하고 하나의 인류라는 개념이 국제법적으로 승인
받은 것은 불과 1세기도 못되며 아직도 많은 사람들은 인간에 대한 편
견에서부터 벗어나지 못하고 있다. 가령 유럽인의 반셈족 사상
antisemitism, 백인의 유색 인종에 대한 편견, 예컨대 미국의 KKK단,
타종교인에 대한 편견과 적개심 — 예컨대 같은 조상을 가졌다고 하
는 유태교와 이슬람 교도간의 반목 — 낯선 문화인에 대한 경멸, 장애
인과 유전적 질환자에 대한 편견, 성 차별, 우생학, 지역 감정 등은 아
직도 현대 사회에 만연되어 있다.

어떤 사람들은 그들의 풍속이나 생활 습관과 다르게 사는 사람들을
멸시하면서 야만인이라고 부른다. 이 야만인이라는 말은, 사전적 정의
에 따르면, "조상의 기원을 알 수 없는 자"라는 뜻을 가지고 있다. 일
찍이 희랍의 헤로도토스Herodotos는 야만인이라는 말의 상대성을 지
적하면서 "무례한 희랍인보다 정직한 야만인(이방인)이 더 낫다"라고
말했다고 한다. 중국 사람들은 중화中華 사상에 젖어 있고, 유태인이나
독일인들은 선민 의식에 사로잡혀 있다. 고대 이집트인들은 그들만을

인간이라고 불렀고, 낯선 이방인들은 인간이라고 부르지 않았다고 한다. 이와 같이, 자기 민족 중심적인 사상을 종족 중심주의ethno-centrism라고 한다. 모든 인간은 자기 자신과 자기 자신의 부류만을 높이 평가하는 나르시시즘적인 경향이 있다고 말할 수 있다. 영어의 hostility(적개심)라는 말은 희랍어의 손님hostis, $\acute{o}\sigma\tau\iota\varsigma$이라는 말에서 파생되었는데, 낯선 사람과 손님이라는 말은 한때 적이라는 말과 같은 뜻으로 쓰였다고 한다. 독일어의 "낯선fremd"이라는 말은 "잘못된" 것이라는 뜻이 담겨져 있었다고 한다. 그래서 독일 사람들은 "낯선 사람"에 대해 편견을 가지고 있다. 희랍에서는 낯선 사람을 야만인(barbaros, barbar, 귀머거리라는 뜻을 가지고 있다)과 귀머거리라는 말로 불렀다고 한다. 옛날 중국의 한漢족들은 그들 외의 사람들을 오랑캐라고 불렀다.

그러나 신앙 고백 방식과 전례典禮와 풍속의 차이점이란 일시적이고 부차적인 것이며, 본질적인 것은 인간은 어디서나 평등하다는 것이다. 인간의 차이점과 다양성은 인간 일반이 가질 수 있는 것을 따로따로 임시로 보여준 것일 뿐이다.

"모든 인간이 사람답게 살 때 비로소 전 인류가 온전한 인간"이라고 말한 괴테의 명언도 우리가 항상 유념하고 있어야 할 말이다.

그러므로 인간에 대한 편견이 과거뿐만 아니라 현대에서도 여전히 사형 제도를 유지하게 만든다고 해도 지나친 말이 아닐 것이다. 이제 우리는 인간에 대한 편견이 사형 제도를 만들어냈다는 것을 좀더 구체적으로 성찰해 보기로 하자.

사형은 법적 보호를 받는 데 불리한 사람들, 예컨대 가난한 정신 장애인, 인종적·종교적 소수 집단에 속하는 사람들에게 가장 많이 행해져 왔다. 사형 언도를 받은 대다수는 그 사회의 하층 계층에 속해 있었다. 만일 그들이 상류층에 속해 있었다면, 그들 중 대부분은 사형을 면할 수도 있었을 것이다. 우리는 그들을 재판하는 사회 지도층의 하위 계층, 특히 흑인이나 멕시코인 등에 대한 인종적 편견이 반영되었음을 규지할 수 있다. 예컨대, 앰네스티 인터내셔널의 어떤 보고서는 미국에서 인종 차별과 사형 선고 사이의 관계를 명기한 바 있다. 그 보고서에 의하면 희생자가 백인일 때는 흑인일 때보다 범인은 5배 이상 더 사형에 처해졌다고 한다. 사회학자인 새무얼 그로스와 로버트 모로는 1976년에서 1980년 사이 미국의 아칸사스, 플로리다, 조지아, 일리노이, 미시시피, 노스캐롤라이나, 오클라호마, 버지니아 주 등에서 일어난 사건 희생자들의 피부색에 대한 보고를 면밀히 분석하고나서 백인에 대한 살인은 흑인에 대한 살인보다 9배 정도 더 사형으로 처벌되었다는 결론을 내렸다. 또 남아프리카공화국에서는 오랫동안 사형은 거의 전적으로 백인으로 구성된 법정이 흑인과 그 밖의 유색 인종들에게 부과한 것이었다. 사형 심리가 진행되는 법원에 배석한 배심원들은 언제나 백인들이었고, 만일 피해자가 백인이고 그 백인을 살해한 자가 흑인일 때 사형 언도는 거의 확정적이었다고 한다. 예컨대 1982년 6월부터 1983년 6월 사이에 백인 살해자로 기소된 81명의 흑인 가운데 38명이 사형되었고, 이와 반대로 백인을 죽인 52명의 백인 가운데 단 1명만이 사형을 당했고, 흑인을 죽인 백인은 전혀 처형되지 않았으며, 흑인을 죽인 2,208명의 흑인 중 55명이 교수형에 처해졌다고 한다.

이러한 잔인무도한 인종 차별적인 형벌은 미국과 남아프리카공화국뿐만 아니라 사형 제도가 실시되고 있는 거의 모든 나라에서 법적으로 무방비인 사람들에게 행해졌으며, 지금도 행해지고 있다는 것은 의심의 여지가 없다. 오늘날에도 가난한 사람들은 그들을 제대로 변호해 줄 수 있는 유능한 변호사를 내세울 재력이 없으므로 공판정에서 불리한 재판을 받는 것은 흔한 일이다.

III. 인간은 가능성의 존재이다

우리는 흉악범들의 범행이 아무리 극악해도 흉악범들에게도 개과천선할 기회를 주어야 할 것이다. 왜냐하면 인간은 되어가는 존재이며, 가능성을 가진 존재이기 때문이다.

인간은 자기가 잘못한 것에 대해 책임을 지고 벌을 받아야 할 것이다. 따라서 국가는 범법자들의 범행에 대해 응분의 벌을 내려야 할 것이다. 그러나 어떤 경우에도 극형에 처함으로써 그들이 선도될 기회를 원천적으로 박탈한다면 그것은 비인간적이다. 다시 말해서 우리는 그들에게 참회의 기회와 교화될 수 있는 시간을 주어야 한다. 한때 폭악한 공산주의자였던 사람이 열렬한 반공주의자가 된 사람도 부지기수이며, 합법적인 절차에 의해 사형 언도를 받은 사형수가 사형 집행의 날만을 기다리고 있다가 어느 날 갑자기 정세의 변화에 의해 무죄 방면되고 복권되었을 뿐만 아니라 나중에 일국의 대통령과 국회의원이 된 사람들도 있다. 그러면 소위 운 좋은 사람은 사형을 면하고 운 나쁜 사람은 사형을 당해야만 한단 말인가? 역사적으로 정치적 보복에 의한 사형은 수없이 많이 있었다. 예컨대 영국에서 헨리 8세는 38년 재위 기간 동안 7만 2천여 명을 사형시켰고, 엘리자베스 1세는 그녀의 50년 치세 동안 8만 9천 명을 처형했다. 1572년 프랑스에서는 하루에 7천여 명을 학살했고, 독일에서는 히틀러가 오스트리아 합병 때 합병에 반대하는 오스트리아 정치범 2만 7천여 명을 사형시켰고, 독일 내에서도 1만 6천여 명을 처형했다.

조선 왕조에서 당쟁에 의해 얼마나 많은 무고한 사람들이 처형되었는가? 조광조, 남이 등의 충신 열사는 물론이고, 수많은 천주교 신자들이 법의 이름으로 처형되었다. 일제 치하에서 처형된 독립 투사는 고

사하고라도 광복 후에도 무고한 많은 사람이 정치적으로 처형되었다. 한국 전쟁 때 한강 인도교 조기 폭파 혐의를 뒤집어쓰고 속죄양으로 처형된 최창식 공병감은 1964년 재심에서 당당히 무죄 판결을 받았다. 조봉암과 조용수의 처형, 그리고 소위 인혁당과 남민전 사건 등은 정치적으로 악용되었다는 것은 오늘날 주지의 사실이다.

그럼에도 불구하고 사형을 시킨 정치인들은 처형의 이유를 사회 공동체의 안녕과 질서를 보호하기 위하여, 흉악범들은 사회 공동체에 존재하기에 적당하지 않고 교화敎化가 불가능하기 때문에, 법의 엄격함에 대한 경각심을 일깨워주기 위하여, 장기 격리 복역은 경제적 부담이 많기 때문이라고 열거한다. 그러나 이러한 주장들은 얼마든지 논박될 수 있고 온당하지 않다. 왜냐하면 교화가 불가능하다든가, 사회 공동체의 일원으로 적당하지 않은 사람은 실제로 드물기 때문이다. 설사 있다고 하더라도, 가령 소위 양심수는 종교적 확신 또는 어떤 확고한 신념을 가지고 있기 때문에 그들을 세뇌시키는 것이 어려운 것은 사실이지만, 우리는 오히려 그러한 신념과 확신을 가진 사람들에 대해서 위정자의 관용을 베풀어야 할 것이다. 순교자가 많이 나올수록 그 종교는 위축되는 것이 아니라, 오히려 더욱 강화된다는 사실을 우리는 역사에서 배운다. 처형이 두려워서 범행을 더하지 않을 것이라는 기대는 현실적으로 입증되지 않는다는 것은 이미 널리 알려진 사실이다.

사형이 위하력(겁먹게 한다는 뜻)이 없다는 것은 사형을 폐지한 나라에서 사형에 해당하는 범죄가 증가하지 않았다는 사실로 입증된다. 지난 20세기를 통하여 유럽 어느 나라에서도 사형을 폐지했기 때문에 살인 사건이 증가했다는 기록은 없으며, 미국에서는 사형 제도가 없는 12개 주가 사형 제도가 있는 38개 주보다 살인율이 높지 않다는 것이 판명되었다.

공리주의자들의 주장처럼, 장기수의 비용 때문에 장기수를 조기에 처형하겠다는 발상은 인간을 상품으로 취급하는 비인간적인 작태로서 논란의 여지가 있는 것이다.

요컨대 사형 제도는 인간의 그릇된 증오심에서 생겼고, 대부분의 경우 정적을 제거하기 위해 합법을 가장한 비인간적인 제도일 뿐이다. 따라서 가능한 빨리 사형 제도가 지구상에서 없어져야 한다.

IV. 사회적 연대성과 사형 제도

인간은 사회적 존재로서 누구나 연대성을 가지고 태어난다. 어떤 인간이 그가 소속되어 있는 사회에 대하여 연대적인 책임 의식을 가지고 있건 가지고 있지 않건 간에 그는 공존재共存在로서 사회적 구성원의 일원으로 대접받을 천부적인 권리를 가지고 있다. 그러므로 사회적 연대성은 한편으로는 인간으로서 누구나 수행하여야 할 책임이며, 다른 한편으로는 동시에 이를 향유할 수 있는 권리이기도 하다.

인간의 상상을 초월한 극악무도한 살인범들도 우리 사회의 구성원이다. 따라서 그들에게도 연대성이 적용되어야 하는 것은 물론이다. 나의 부모, 나의 자식, 나의 남편과 나의 아내, 나의 친구들도 아니 인간은 누구나 한순간에 정신착란 등으로 흉악범이 될 수 있는 가능성을 가지고 있다는 것을 우리는 생각해야 한다. 그렇다면 우리는 먼저 왜 흉악범들이 생겨났는지를 물어보아야 한다. 그들의 범행은 우리 사회 자체의 과오와 모순에서 기인한다고 생각하지 않을 수 없다. 이제 우리는 흉악범들이 발생하게 된 사회적 배경과 범행의 기저를 간단히 살펴보기로 하자.

우리 사회에는 개인과 집단 이기주의와 황금 만능주의가 팽배되어 있고, 생존 경쟁에서 낙오된 사람은 최소한의 사람 대접조차 받기 어렵게 되어 있다. 정당한 방법으로 치부한 사람은 드물고, 악랄한 수단과 방법으로 치부한 사람들일수록 교만방자하고 향락과 사치에 몰두하고, 적반하장이라는 말 그대로 고지식하고 무능해 보이는 사람들과 가난한 사람들을 멸시한다. 그래서 그러한 졸부들과 세력가들은 소외된 자들에게 증오심을 유발한다.

내 가족이나 나의 친지만 잘 살면 그만이라는 생각을 많은 사람들이 하고 있다. 남이야 죽건말건 나만 살고 보자든가, 나의 가족이나 나의 친지만 잘 살면 그만이라고 생각하는 사람들이 너무나도 많다. 가령 한국인의 난폭한 운전 태도, 건축 토목의 부실, 불량 식품의 범람, 인체의 장기 매매 등을 보면 이기주의가 어느 정도인지를 누구나 쉽게 짐작할 수 있다. 그래서 "인간은 인간에게 이리"라든가 "만인은 만인의 적"이라는 말까지도 우리 사회에서는 과장이 아닌 것처럼 들리기도 한다. 그러므로 누구라도 이와 같은 비인간적이고 비정한 사회에서는 엽기적인 범죄를 일으킬 수도 있다는 것을 우리는 이해하지 않으면 안 된다. 도로 사정은 무시하고 고용주가 덤프 트럭 운전사에게 한 번 운행할 때마다 일정한 금액을 주면서 무조건 빨리 많은 짐을 싣고 갔다가 오기만을 강요하는 소위 "탕튀기"를 강요하면 대부분의 운전사는 자기가 살기 위해서라도 도로 규칙을 위반하는 길을 선택할 수밖에 없을지 모른다. 그러므로 어떤 사람으로 하여금 법을 어기지 않을 수 없게 만들고 나서 그가 법을 어기기만을 호시탐탐 기다리고 있다가 그를 구속해 처벌한다면 그것은 법 제정의 근본 정신에도 어긋날 뿐만 아니라 비윤리적이고 비인간적인 행동이다. 그러나 우리 사회는 많은 사람에게 범법을 강요하는 분위기를 유도하고 있다. 이제 우리는 구체적으로 한국 사회의 반생명적 분위기를 살펴보자.

우리는 "에잇, 죽일 놈"이라는 욕설을 도처에서 쉽게 들을 수 있다.

"죽여버리고 말겠다"든가 "너, 죽고 싶어!," "너 죽고, 나 죽자," "저런 놈 왜 살려두나?" 등의 폭언이 난무하고 있다.

낙태와 같은 살인이 공공연히 이루어지고 있다. 일 년에 백만 건 이상되는 낙태가 이루어져도 의사들이나 낙태 범인들은 거의 처벌받지 않는다. 인간의 생명이 얼마나 고귀한 것인가를 많은 사람들은 모르고 있거나 깨닫지 못하고 있다. 그래서 인명 경시 풍조가 우리 사회에 만연되어 있다.

인간의 존엄성도 무시되고 있다. 영화, 만화, 애니메이션, 소설 등에서는 사람의 목숨이 파리 목숨처럼 취급되고 있다. 특히 "가상 공간 cyber space"에서의 엄청난 살인은 청소년들에게 "가상 현실virtual reality"과 실제 현실을 혼동하게 만들 수 있고, 그들로 하여금 잠재적으로 언제든지 기회가 생기면 쉽게 살인을 감행할 수 있는 소지를 마련해 주고 있다.

우리 사회는 "목적이 수단"을 정당화하는 모습을 보여주고 있다. 어떤 사람들은 목적이나 명분만 정당하다면, 그 다음 수단과 방법을 가리지 않고 무슨 짓이든, 심지어 살인까지도 할 수 있다고 생각한다. 인간의 생명과 관계 있는 문제에 대해서도 우리 사회는 죄의식과 책임감이 매우 무뎌져 있다. 정당화와 합리화는, 특히 우리 사회에서 정상배政商輩는 물론이고, 교육계에서조차도 만연되고 있다. 특히 해방 직후와 한국 전쟁 때에 수많은 양민들이 살해되었고, 이데올로기를 빙자하여 수많은 사람들이 학살되었다. 아직도 얼마나 많은 무고한 사람들이 죽임을 당했는지 아무도 정확히 모른다. 빨갱이를 죽이는 것에 대해서는 오랫동안 아무도 감히 반대하지 못했다. 공산주의자들의 잔인무도함에 대해 사람들은 치를 떨었고 복수심과 적개심에 불탔다. 정치인들은 대중의 이러한 흥분을 정략적으로 악용했다. 그러나 공산주의 폭도들도 우리의 동포이며 형제가 아닌가? 누가 그들을 공산주의자로 만들었는가? 누가 그들을 흉악범으로 만들었는가? 그들은 강대국에 의해 분단된 우리 사회의 희생양이 아닌가? 우리는 불쌍한 그들에 대해 연민과 측은한 마음, 동포애의 연대 의식을 가지고 있어야 하지 않겠는가? 이유야 어떻든 흉악범도 우리 사회의 모순에서 생겨났다. 우리는 우리의 부모와 형제 자매가 아무리 무거운 죄를 지었더라도 그들을 사형할 수도 없고 사형해서도 안 된다.

Ⅴ. 우리나라 사형 제도의 합헌 판결에 대한 비판적 성찰

인간의 고유성과 존엄성을 규명하고 중시하는 철학적 인간학에서는 인간의 생명은 고귀하고, 이 세상에서 그 무엇과도 바꿀 수 없는 것이며, 존엄한 인간 존재의 근원이라고 밝히고 있다. 인간 생명에 대한 권리, 즉 생명권은 인간의 생존에 대한 요구와 살려고 하는 의지에 바탕을 둔 선험적이고 자연법적, 즉 본성법적인 권리로서 모든 인간의 기본권의 전제 조건이며, 모든 기본권의 근원이 된다. 따라서 생명권은 최고의 기본권이다. 그러므로 생명권은 어떠한 제도나 법률에 의해서도 박탈될 수 없고 박탈되어서도 안 된다. 모든 기본권은 생명이 있을 때만 비로소 의미를 가진다. 그렇다면 이 생명권은 우리나라 헌법에서는 어떻게 해석되고 있는가?

대한민국 헌법에는 인간의 생명권을 명시적으로 보장하는 조항은 없다. 그러나 인간의 생명권이 인간의 기본권으로 보장된다는 내용을 우리는 헌법 10조에서 찾아볼 수 있다.

헌법 제10조: "모든 국민은 인간으로서의 존엄과 가치를 가지며 행복을 추구할 권리를 가진다. 국가는 개인이 가지는 불가침의 기본적

인권을 확인하고 이를 보장할 의무를 진다."

헌법 제10조에서 국가가 보장하는 인간의 존엄성은 바로 인간의 기본권 보장을 목적으로 하는 것이다. 만일 인간의 생존의 기초가 되는 생명권이 부정된다면 인간의 존엄성이 보장될 수 없음은 불문가지이다.

또 헌법 제37조에 "국민의 자유와 권리는 헌법에 열거되지 아니한 이유로 경시되지 아니한다"고 명시되어 있는데, 이 조항도 생명권의 보장을 뒷받침한다고 우리는 해석할 수 있다.

그러나 우리나라 대법원의 판례에 의하면 사형 제도를 명시한 형법의 합헌성에 대하여 대법원은 지금까지 누차에 걸쳐 사형 제도가 위헌이 아니라는 입장을 취해 왔다. 가장 최근의 대법원의 판결문은 "인도적 또는 종교적 견지에서 존귀한 생명을 빼앗아가는 사형 제도는 모름지기 피해야 할 일이겠지만, 한편으로는 범죄로 인하여 침해되는 또 다른 귀중한 생명을 외면할 수 없고, 사회 공공의 안녕과 질서를 위하여 국가의 형사 정책상 사형 제도를 존치하는 것도 정당하게 긍인肯認할 수밖에 없는 것이므로 형법 제338조가 그 법정형으로 사형을 규정하였다 하더라도 이를 헌법에 위반되는 조문이라고 할 수 없다"(1987. 9. 8. 선고 87도145 판결)고 하였고, 또 "국가의 형사 정책으로 질서 유지와 공공 복리를 위하여 형법에 사형이라는 형법을 규정하였다 하여 이를 헌법에 위배된 것이라 할 수 없다"(1990. 4. 24. 선고 90도 319 판결)고 하였다. 그리고 1996년 11월 28일 헌법재판소의 판례도 사형 제도는 합헌이라는 결정을 내렸다(헌법재판소 1996. 11. 28. 96헌바 1). 9인의 헌법재판소 재판관 중 7인이 사형 제도가 합헌이라는 의견을 개진하였고, 김진우와 조승현 2인이 이에 반대하여 사형 제도는 위헌이라는 의견을 개진하였다. 9인의 재판관은 생명권이 헌법상 보장되는 기본권이라는 점에 대하여 모두 찬성했으나, 생명권이 헌법 제37조 2

항에 의한 일반적 법률 유보의 대상이 되는지 여부에 대하여 의견이 갈라졌다. 합헌이라는 의견은 타인의 생명 또는 이에 상당하는 중대한 공익을 침해할 경우 생명권도 일반적 법률 유보의 대상이 된다는 것이다. 이 의견은 헌법 제37조 2항 "국민의 모든 자유와 권리는 국가 안전 보장, 질서 유지 또는 공공 복리를 위하여 필요한 경우에 한하여 법률로써 제한할 수 있다"고 되어 있는 것을 근거로 삼은 것이다. 그러나 우리가 주목해야 할 것은 김진우 재판관이 사형 제도가 위헌이라는 의견을 제시한 내용이다. 그는 "인간의 생명권은 선험적이고 자연법적인 권리로서 이를 박탈할 수 없다. … 인간의 생명권은 사람의 생존 본능과 존재 목적 그리고 고유한 존재 가치에 바탕을 두고 있으므로 이는 선험적이고 자연법적인 권리일 수밖에 없다. 또한 이는 모든 기본권이 생명이 있음을 전제로 하여 비로소 의미를 가지는 것으로서 모든 기본권의 근원이 되는 최고의 기본권이기 때문에 어떠한 법률이나 제도에 의하여서도 박탈될 수 없다고 할 것이다"라고 개진했다.

사형 제도가 위헌이 아니라는 의견의 논거에서 "다른 귀중한 생명을 외면할 수 없다"는 말은 실제로 무엇을 의미하는가? 그것은 예방적 차원에서 다른 생명을 외면할 수 없다는 뜻인가, 아니면 이미 억울하게 죽은 사람을 위하여 복수를 하겠다는 뜻인가? 그러나 범인을 사형시키지 않고서도 얼마든지 오랫동안 범인을 사회로부터 격리시켜 재범할 기회를 주지 않을 수 있기 때문에, 이 표현은 사형해야만 하는 충분한 이유가 될 수 없다. 또 만일 이 표현이 죽은 영혼을 달래기 위해서나 죽은 사람의 가족의 복수심을 고려해서 범인을 사형시킨다면 이것도 적절하지 않다. 왜냐하면 범인을 죽이는 것이 이미 죽은 사람을 위해서 아무런 도움도 줄 수 없고, 가족 또는 친지의 원한을 푸는 데 일시적인 감정 해소를 해줄 수 있을지는 몰라도 허망한 짓일 뿐이다.

그 다음 "사회 공공의 안녕과 질서를 위하여"라는 말도 적절하지 않다. 범인을 사형시켰다고 해서 흉악한 살인범이 생기지 않거나 줄어들지 않는다는 것은, 이미 사형 제도가 폐지된 나라와 사형 제도가 시행되고 있는 나라 사이에 범인 발생 빈도에 아무런 차이가 없는 것으로 판명되었다. 오히려 사형 제도가 있는 나라에서 사형 제도가 없는 나라보다 흉악범이 증가하고 있다는 통계도 나오고 있다. 그러므로 "질서 유지"란 정치가들이 국민을 위협 통치하려는 구실과 술수에 불과한 것이다. 법관들은 정치가들에게 부화뇌동하거나 잘못된 선입견에 사로잡혀 있기 때문에 질서 유지라는 미명하에 사형 언도를 내리는 것일 뿐, 실제로 사형은 질서 유지와는 직접적인 상관이 없다.

김진우 재판관이 사형 제도가 위헌이라는 의견 제시에서 "인간의 생명권은 선험적이고 자연법적인 권리이며 사람의 존재 목적과 고유한 존재 가치에 바탕을 두고 있다"는 표현이야말로 인간의 존엄성에 근거한 것이다. 생명권은 그 무엇으로도 대치할 수 없는 유일무이한 고유한 존재 가치를 가지고 있는 것이다. 따라서 생명권은 사람이 주거나 뺏을 수 있는 것이 아니며, 오로지 하느님의 관할권에 속하고, 인간이 만들 수 있는 권리가 아니라 하느님만이 만드실 수 있는 자연법적 권리이다. 따라서 생명권은 하느님만이 거두어가실 수 있을 뿐이며, 인간이 만든 법률이나 제도에 의해서 박탈될 수 없는 인간의 최고의 기본권이다.

설사 사형에 처할 만한 중대한 범죄가 성립된다고 할지라도, 재판은 불완전한 인간이 행하는 심판이다. 따라서 오판을 절대적으로 배제할 수 없다. 오판이 시정되기 이전에 사형이 집행되었을 경우 하나밖에 없는 인간의 생명을 누가 복원시킬 수 있는가? 인간은 항상 가능성을 가지고 있는 존재이다. 어떤 인간이 어떤 때는 악마처럼 행동할 수도 있지만, 그는 누구를 만나 어떤 교육과 감화를 받느냐에 따라 천사처럼 행동을 하고 새 사람이 될 수도 있는 것이다. 따라서 인간의 가능성을 배제하는 사형 제도는 어떠한 이유로도 그 정당성을 설명할 수 없다. 그러므로 사형 제도는 반드시 빨리 폐지되지 않으면 안 된다.

VI. 결론

우리는 앞에서 사형 제도는 인간에 대한 편견과 인간의 사회적 연대성과 가능성과 존엄성에 대한 무지에 의해 발생한다고 보았고, 우리나라 사형 제도의 모순점도 살펴보았다. 사람을 더 이상 직접적으로 가해할 수 없는, 구금되어 있는 죄수를 법의 이름으로 처형하는 사형 제도는 정부에 의한 계획적인 법적 살인이며, 다수에 의해 미리 공모된 제도 살인이다. 사형 제도는 한마디로 일종의 "국가 테러리즘state terrorism"이기도 하다. 국가는 국민을 위해 존재하고, 법은 국민의 생명을 보호하기 위해 존립할 수 있음에도 불구하고 국민을 살해한다는 것은 국가와 법의 존립 정신에도 모순된다. 독일에서 사형 제도를 폐지할 때의 논거는 "인간의 존엄성은 더 이상 법률적인 정의를 필요로 하지 않으며, 인간의 존엄성은 불가침적인 동시에 시간과 공간에 좌우되지 않는 인간 본성에 근거하는 것이므로 사형은 인간의 이러한 본성을 거스르는 것이다. 따라서 인간의 존엄성을 존중하고 보호하는 것이 국가 공권력의 의무"라는 것이다.

결론적으로 사형 제도 폐지 주장의 인간학적 배경은 한마디로 인간 존엄성을 고양하자는 것이다. "한 사람의 생명은 천하보다 더 귀하다"는 말을 우리는 새겨들어야 한다. 생명은 인간의 가장 본질적인 것이며 원천이므로 유일무이한 생명의 박탈은 바로 인간의 존엄성의 침해

인 것이다. 따라서 어떠한 법률로도, 그 누구도, 국가까지도 무방비 상태에 있는 사람을 죽일 수도 없고 죽여서도 안 된다.

사형 제도는 수형자의 생명권의 침해일 뿐만 아니라 사형 집행인, 사형 선고인, 사형 집행 확인인, 사형 집행 현장의 배석자의 인권도 침해하는 비인간적인 제도이다. 따라서 사형 제도는 마땅히 조속히 폐지되어야 한다.

사람은 누구든지 죄를 지을 수 있으나, 용서받고 사랑받을 권리가 있다. 사람다움의 핵심은 사람을 사랑하는 데 있다. 왜냐하면 인격의 핵심은 바로 사랑 자체이기 때문이다. 그러므로 인격자가 되고 싶은 모든 사람은 정당 방위가 아닌 한 그 누구도 죽일 수 없고 죽여서도 안 된다. 따라서 국가 살인인 사형 제도를 폐지하는 것은 마땅하고 옳은 일이다.

주

1) 본 논문은 새한철학회(주제: "사형제도 존폐문제에 관한 학제간 대화")에서 발표한 것으로서, 『철학논총』, 새한철학회, 제26집 제4권, 2001, pp.279-291 에 실린 글임을 밝힌다.

제16장

생명 공학의 발전과 생명 윤리[1]

I. 생명 윤리의 중요성

지난 20여 년 이래 급속도로 발달한 유전 공학genetic engineering 이 주축이 되고 있는, 현대의 생명 공학Biotechnology은 전통적인 생명 과학과는 근본적으로 다른 양상을 띠고 있다. 현대의 생명 공학은 우선 그 연구 범위가 매우 광범위하다. 특히 의학과 농수산업 및 식품 산업 등의 분야에서, 생명 조작 기술은 급속도로 발전하고 있다. 이것은 인류에게 새로운 희망을 불러일으키기도 하지만, 동시에 생명의 존엄성과 인간의 존엄성에 깊은 암영을 던지고 있다. 오늘날 기술은 삶의 질을 향상시키는 객관적 실재일 뿐만 아니라 인간의 정신과 사고의 변화까지 가져오는 주체의 일부가 되어버렸다. 과학 기술로 말미암아 인간은 그 자신의 근본 문제, 즉 삶과 죽음의 문제에까지 심각한 혼란을 겪고 있다. 이 혼란은 특히 유전 공학적인 조작, 산과학産科學의 기술적 발전, 생명 연장 기술 등을 통하여 나타나고 있다. 오늘날 생명 문제를 직접 또는 간접적으로 다루고 있는 생명 공학자들과 정책 결정자들에게 가장 심각히 요청되는 것은 그들의 직무를 윤리적 태도

위에서 수행하는 일이다. 그럼에도 불구하고 수많은 생명 공학 종사자들과 의료인들, 국가의 정책 결정자들, 입법가들은 새로운 기술적 가능성 앞에서 보편적 윤리 원칙에 근거해 판단과 행위를 결단할 윤리 지식을 갖추지 못하고 그때그때 자의적인 가치 평가를 하거나 무사려증Anomie에 빠져 있거나, 상업주의에 놀아나고 있다. 우리가 특히 유념해야 할 것은 생명 공학은 생명 현상을 이용하여 산업 및 의료 분야에서 경제적 이득을 얻으려는 모든 기술적 혁신innovation과 그 응용을 의미한다는 것이다.[2]

20세기가 원자력 기술과 정보 기술의 시대라고 한다면, 21세기는 생명 공학 기술의 시대가 될 것이라고 전망하는 시각이 점점 더 확산되고 있다. 문제는 생명 공학 기술 그 자체의 이용을 찬성할 것인가 또는 반대할 것인가 하는 것이 아니라, 어떤 종류의 생명 공학 기술을 선택할 것인가 하는 것이다.

최근에 생명 공학에 대한 논의는 대체로 유전 공학자들의 주장을 일방적으로 소개하고 선전하는 것이 대부분이었으며, 특히 상업적인 언론 매체는 단순한 사고를 하는 생명 공학자 또는 생명 공학 관련 업계의 검증되지 않은 꿈같은 주장을 보도하는 데만 주력하였고, 생명 공학 기술의 부정적 측면에 대해서는 거의 다루지 않았으며, 그나마도 아주 피상적으로 다루고 있다. 주지하다시피, 인류의 삶을 풍요롭게 해줄 것이라고 기대했던 핵 에너지가 오히려 인류와 지구 파멸의 위기로 몰아가고 있는 것처럼, 인간의 자만과 통제되지 않는 욕구가 생명 공학 기술을 통하여 인간을 위협하고 나아가 인류의 종말을 초래할 수도 있는 것이다. 그러므로 무엇보다도 우리에게 긴요한 것은 생명의 존엄성에 대한 시민 의식의 성숙이다. 왜냐하면 생명의 문제는 생명 공학 기술자, 바이오벤처, 즉 생명 산업가와 정책 입안자뿐만 아니라, 사회 구성원 전체의 공익을 대변할 수 있는 사람들을 포함한 모든 사람들의 관심사이기 때문이다. 인간과 생명의 존엄성을 침해하는 어떠한 연구와 실험도 모름지기 거부되어야 한다는 철저한 의식이 요청된다. 따라서 생명 공학이 오로지 인류의 안녕과 행복에 기여할 수 있도록 우리는 감시해야 할 것이며, 생명 공학자들이 안심하고 연구할 수 있는 한계도 제시해 주어야 할 것이다. 우리는 소극적으로는 과학과 기술을 통제하는 제도와 법을 제정하고 이를 누구나 준수하도록 해야 할 것이고, 적극적으로는 생명 존중에 대한 교육, 즉 생명 윤리 교육을 강화해야 할 것이다. 만일 생명 공학 기술자들이 공명심이나 상업성의 유혹을 뿌리치지 못하거나 건전한 양식에 대한 교육을 받지 못한다면, 그들은 인간의 존엄성을 파괴하고 말 것이고, 인류에게 재앙을 가져다주는 죄인이 되고 말 것이다.

인간은 기술적으로 가능하다고 해서 무엇이나 해도 되는 것은 아니며, 할 수는 있지만 해서는 안 되는 일을 하지 않을 때 비로소 사람다운 사람이 되듯이, 우리는 과학 기술의 몰가치화와 비인간화로부터 탈피하여 과학 기술의 인간화와 도덕화를 위하여 매진해야 할 것이다. 생명 공학이 가져올 긍정적 결과와 부정적 위험에 관한 논의는 아직 일천하므로 생명 공학 기술에 대한 허용과 제한에 대한 논의는 각계 각층에서 더욱더 활발히 논의되어야 할 것이고, 이를 위한 일반 대중의 계몽, 즉 생명 윤리 교육과 여론의 환기가 참으로 긴요하다.

1970년대 초까지 세계의 어느 의과 대학에서도 의료 윤리 내지 생명 윤리를 정규 교과목으로 채택하지 않았고, 21세기에 이르러서도 이공 계열 대학에서 생명 윤리를 교과목으로 채택하고 있는 곳은 거의 전무하다할 정도이고, 우리나라에서는 1990년대에 들어와서야 비로소 의료 윤리 내지 생명 윤리를 교과목으로 채택하기 시작했을 정도이다. 생명 과학과 관련이 깊은 환경 윤리에 대한 교육조차 실천적 영향을 미칠 수 있는 이공 계열 대학, 법과 대학, 사회과학 대학 등에서는 오늘날에도 무시되고 있고, 최근에 철학과에서 응용 윤리 교과목의 일부로서 다루어지고 있을 뿐이다. 그러므로 우리들에게 참으로 긴요한 것은 학교 교육에서 인간 존엄성을 일깨워줄 수 있는 전인 교육과 생명의 존엄성을 깨닫게 해줄 수 있는 생명 윤리 교육을 강화하는 것이다.

이에 이 글에서는 II에서 생명 공학 연구의 현황과 윤리 문제를, III에서 생명 윤리학의 의미를, IV에서 2000년 11월부터 9개월간 우리나라의 각계각층의 전문가들로 구성된 과학기술부의 "생명윤리자문위원회"가 논의해서 합의를 본 "생명윤리기본법"(가칭)의 골격안을 중심으로 생명 공학의 중요한 윤리 문제들에 대해 성찰해 보려고 한다.

II. 생명 공학 연구의 현황과 윤리 문제

주지하다시피 1953년 왓슨Watson과 크릭Crick이 DNA가 유전 정보를 담고 있는 유기 분자임을 밝히면서 그 유전 암호를 해독할 수 있는 길을 열어놓았다. 1970년대에 들어와서 각종 DNA 절단 효소와 중합 효소를 이용하여 분자를 임의로 변형하고 복제할 수 있는 기술이 발명되었다. 1997년 복제양 "돌리"의 출생은 생명 윤리에 엄청난 파문을 던졌다. 2000년대에 들어와서는 급기야 유전 암호 서열이 밝혀졌고, 2001년에 소위 인간 게놈 지도가 완성되었다. 이제는 원하는 유전자를 삽입하고 당장 필요하지 않거나 원하지 않는 부위를 제거하고 대치시키고 자연 상태에서는 전혀 나타날 수 없는 변종 생물을 생산할 수 있게 되었다. 이렇게 유전 공학적으로 외래 유전자가 도입되어 변형된 생물체를 형질 전환체transgenic organism라고 부른다. 이 형질 전환체는 원래 없었던 새로운 종류의 유전자, 즉 새로운 종류의 형질을 부여받은 것이다. 이러한 기술은 전통적인 생명 공학 관련 산업에서뿐만 아니라 많은 산업에 걸쳐 엄청난 파급 효과를 미쳤으며, 특히 생명에 대한 생각 자체를 크게 뒤흔들어놓았다.

최근의 생명 공학의 주요 관심사는 유전자 조작 기술과 체세포 복제 기술의 개발에 대한 연구이다. 이러한 기술이 가장 활발한 분야가 농업이다. 예컨대, 생산성이 높은 새로운 농작물의 개발, 제초제에 저항성이 강한 작물의 개발, 병충해에 강한 작물의 개발, 특정한 영양소를 다량 함유하는 기능성 작물의 개발 등이 활발히 진행되고 있다.

그러나 이렇게 유전적으로 변형된 작물은 생태계의 질서를 훼손시킬 수 있으며, 세계 농산물 생산과 매매를 좌지우지하는 미국의 5대 특정 기업에만 이익을 가져다준다는 비난을 우리는 주시하지 않을 수 없다. 예컨대, 제초제에 저항성이 강한 유전자가 잡초에 옮겨지게 되면 어떤 농약에도 살아남는 "슈퍼 잡초"가 나와 생태계의 순환과 생물 상호 의존성을 파괴할 수 있으며, 유전적으로 단일한 작물은 특정한 병충해에 매우 취약하며, 더욱이 유전적 다양성 내지 생물의 다양성을 파괴한다. 그밖에도 유전자 조작 식품이 인간의 건강에 얼마나 나쁜 영향을 미칠 것인가에 대해서 현재로는 아무도 확인할 수 없다. 이미 유전자 조작 콩이 알레르기를 일으킨다든가, 미생물의 유전자 조작으로 생산된 식품 첨가제인 트립토판에 의하여 수십 명이 사망한 사례도 발표되었다. 유전자를 조작할 때 표지 유전자로 사용되는 항생제 내성 유전자에 의해 만들어진 단백질의 잠재적인 독성 유발 가능성과 또 항생제의 남용으로 장腸 안에 있는 미생물에 유전자가 전이될 가능성이 있다는 것이다. 그러므로 유전자 조작 식품의 위험성을 경고하는 교육이 필요한 것은 당연한 것이다.

유전자 조작 기술 개발에는 엄청난 재원이 필요하기 때문에 미국이 유전자 조작 기술에 대한 특허를 거의 독점하고 있으며, 몇몇 다국적 기업들이 유전자 조작 식품의 개발, 생산, 유통, 소비 등의 전 과정에서 그들만의 이익을 철저히 관철시켜 나가고 있다. 그러므로 유전자 조작 식품을 비롯한 생명 공학 기술의 독점적 특허 제도는 국제적으로 인정되지 않아야 한다는 윤리적 주장도 우리는 고려하지 않을 수 없다. 우리는 미국의 거부로 주춤하고 있는, 유엔 환경 계획UNEP에서 제기한 "생물 다양성 협약" 및 "생명 공학 안정성 의정서Biosafety Protocol"가 전세계에서 조속히 비준되고 실제로 이행되도록 촉구해야 할 것이다.

최근에는 축산과 의학 분야에서 인간에게 이식 가능한 장기를 생산하는 동물을 만들려는 연구도 활발히 진행되고 있다. 유전자 조작 기술을 이용하여 각종 질병 "모델 동물"이 만들어지고 있다. 각종 암, 면역 질환, 파킨슨병, 고혈압, 당뇨병을 가진 모델 동물이 개발되었거나 현재 개발되고 있다. 동물의 특정 유전자 부위를 파괴하여 인간의 면역 세포가 공격하는 부위를 발생하지 않도록 하거나 인간의 유전자를 동물에 이식하여 인간의 면역계와 합치하도록 함으로써 이종간 장기 이식에서 생기는 거부 반응을 최소화할 수 있다는 것이 그러한 개발을 하려는 이유라고 한다.

약학 분야에서는 생명 공학 기술을 이용하여 신약 개발 기간을 단축시킬 수 있으며 약물의 작용 부위를 파악하여 새로운 약물을 개발할 수 있다고 한다. 인슐린과 간염, 백신 등을 미생물, 또는 여러 동물들을 사용하여 저렴한 비용으로 생산해 낸다. 그러나 이러한 기술이 동물 학대라는 비판이 일고 있다. 스스로 자기 권리를 주장할 힘이 없다고 해서 보호받을 수 없다는 것은 비윤리적임은 물론이다. 동물도 하나의 생명체로서 마땅히 보호받을 권리를 가지고 있다. 그리고 다국적 제약 회사의 시장 독점과 횡포, 항생제 남용 촉진 등은 무지한 시민의 건강에 심대한 피해를 주고 있음을 우리는 유의하지 않을 수 없다. 어떤 경우에도 인간을 비롯한 모든 생명은 함부로 침해될 수 없는 존귀함을 가지고 있다.

의학 분야에서 유전 공학 기술의 응용은 직접적으로 인간의 존엄성과 상관되며 그 의미가 더욱 심각하므로 이를 좀더 자세히 살펴보기로 하자.

소위 "인간 게놈 지도"의 완성은 한마디로 인간의 생명 그 자체를 하나의 정보 현상으로 볼 수 있게 만들었다. 만일 각각의 유전자의 기능과 역할이 완전히 밝혀진다면 우리는 인간의 생명 현상을 유전자라는 부호로 다시 보게 될 것이다. 우리가 유전자 암호의 내용을 알게 되면 그것을 우리가 원하는 대로 조작할 수 있을 것이라고 낙관적으로 말하는 소위 바이오 벤처들이 있으나 그것은 과대 선전이며 실제로 불가능한 것이라고 반박하는 학자들도 있다.

오늘날 암, 파킨슨병, 고혈압 등의 난치 질환에서 유전자 진단과 맞춤 치료가 시도되고 있고 장차 대부분의 질병으로 확대될 것이다. 고혈압 환자들은 그들의 머리카락이나 침 등에 대한 간단한 유전자 검사를 받아봄으로써 그들이 어떤 유형의 고혈압에 해당되며, 예후와 합병증이 어떻게 나타날 것인가를 예상하고 이에 대한 대비를 할 수도 있을 것이라고 한다. 만일 이것이 실제로 실현된다면, "개별화된 진단과 치료"라는 의사의 꿈이 실현될 수 있을 것이다. 그러나 문제는 이러한 유전 정보가 치료 외의 다른 목적으로 사용될 수 있다는 것이다. 가령 보험 회사나 고용주나 정부의 어떤 기관이 이러한 정보를 요구할 수 있으며, 그 결과는 인간의 차별을 더욱 심화시킬 수 있다는 것이다.

우리나라뿐만 아니라 많은 나라에서 합법화되고 있는 체외 수정을 통한 임신은 자궁 착상 이전에 수정란에 대한 면밀한 검사를 요구할 수도 있을 것이다. 다운증후군이나 선천성 면역 결핍증과 같은 질환이 발견되면 수정란을 폐기하더라도 합법적인 것으로 용인되고 있지만, 다른 여러 가지 유전 정보를 쉽게 파악할 수 있게 되면, 가령 지능이 낮다든지, 신장이 작다든가 하여 부모가 바라지 않는 형질을 가진 배아도 폐기될 위험성이 늘어날 것이다. 심지어는 수정란의 자궁 착상 이후에라도 낙태를 조장할 가능성이 더욱 많아질 것이다.

질병을 치료하는 유전자 조작 기술은 "유전자 치료"라고 불려지고, 질병이라고 할 수 없는 어떤 인간의 속성을 개선하려고 하는 시도는 "유전자 개량"이라고 불려진다. 문제는 "질병"과 "질병 아닌 것"의 구별이 모호해질 수 있다는 것이다. 다시 말해서 어떤 사람들이 바람직한 형질 또는 바람직하지 않는 형질이라고 임의로 말하는 속성들, 예컨대 피부색, 신장, 코 높이, 유방 크기 같은 것들은 시대와 장소에 따라 사회 문화적인 가치 판단에 따라 얼마든지 평가가 달라질 수 있기 때문에 신체의 어떤 부위를 개량할 것인가는 사회적 합의를 얻을 수 없다. 그리고 이러한 속성들은 대부분 유전자 한두 개만이 상관 있는 것이 아니라 여러 유전자가 동시에 작용하고 있기 때문에 어떤 한두 개의 유전자만을 조작한다고 해서 해결될 수 있는 것이 아니라는 것이다. 인간의 유전자는 총체적으로 상호 작용하며, 또 환경의 영향을 받으면서 그 발현이 조절되므로 이를 완전히 이해하고 자기 의도에 알맞게 조절한다는 것은 실제로 대단히 어려운 작업이다. 아무튼 우생학적으로 유전자를 개량한다는 것은 비윤리적이다.

지금 시점에서 가장 심각하게 문제되는 것은 복제cloning 문제이다. 인간의 개체 복제는 기술적으로 가능한 것으로 알려져 있다. 현재 인간 개체 복제는 인간 존엄성을 존중해야 한다는 윤리적 이유로 거의 모든 나라에서 시행이 금지되고 있다. 그러나 인간의 배아 복제는 환자의 치료에 유용할 것이라는 기대에서 많은 생명 공학자들이 연구하고 싶어한다. 현재 이에 대한 규제와 허용 범위가 논란이 되고 있다. 유럽 대부분의 나라에서는 인간 배아 복제가 엄격히 법적으로 금지되고 있다. 그러나 영국에서는 2001년부터 조건적이긴 하지만 인간 배아 복제에 대한 연구를 허용하고 있고, 미국에서는 2001년 7월 하원에서 인간 배아가 인간임을 천명하고 인간 배아 복제를 금지할 것을 가결하였으나 부시 대통령은 파괴된 냉동 잔여 배아로부터 추출된 64개의 줄기 세포주stem cell lines만을 연방 정부의 기금으로 연구할 것을 허용하기도 했다.

체외 수정 및 인공 수정에 대해서도 윤리적으로 논란의 여지가 있다(예컨대, 부부 아닌 사람의 난자와 정자의 사용 문제, 대리모 등). 이밖에도 기술적으로 가능하다고 해서 인간은 무엇이든지 실행할 수 있는 것은 아니기 때문에 우리는 모든 생명 공학 관련 기술들에 대한 윤리적 타당성에 대해서 항상 성찰해야 할 것이다. 생명 윤리학은 이와 같은 성찰을 연구 과제로 삼는다.

그러므로 다음 III에서 생명 윤리학의 의미와 그 과제에 대해 살펴보자.

III. 생명 윤리학의 의미와 과제

생명의 의미[3]가 가지고 있는 다의성多義性과 학제적interdisciplinary 특성 및 해석학적 순환성 때문에, 생명 윤리학의 정의, 범위, 방법론, 방향, 과제에 관해서는 아직도 다양한 견해가 노정되고 있다. 생명 윤리학은 생물학과 의학의 지식을 근거로 하고 인간학과 윤리학의 학문적 기초 위에서 연구될 수밖에 없는 복합적인 학문이다. 생명 윤리학은 인간관, 세계관, 자연관, 가치관 등을 다루는 인간학과 윤리학을 포함하는 철학적 반성을 통해 윤리적 규범의 지평을 여는 학문이지만, 또한 윤리 신학 내지 종교 윤리와 과학, 사회학, 과학 철학 및 법 철학 등을 감안하지 않을 수 없는 공동 연구의 특성을 지니고 있다. 그래서 이러한 공동 연구의 특성 때문에 생명 윤리학을 하나의 독립된 학문으로 정립시키기보다는 하나의 문화 재건 운동으로 보고 싶어하는 학자들도 있다. 그러나 생명 윤리학은 오늘날 학문적 기초와 원리들을 통하여 하나의 학discipline으로서의 지위를 얻고 있다고 하겠다. 이제 하나의 학문으로서의 생명 윤리학은 윤리학 영역에서 인간 생명뿐만 아니라 인간 생명과 불가분리의 관계에 있는 살아있는 모든 존재자들의 생명의 가치를 궁구窮究하고 있다.

생명 윤리의 개념 정의는 학자들의 관점에 따라 강조점이 다를 수 있으나, 응용 윤리학의 한 분야로서 생명 공학, 특히 의학과 유전 공학에서의 실행 및 발전에 대한 간섭 또는 통제의 정당성 여부를 성찰하는 학이라고 넓은 의미로 해석하는 것이 무방할 것이다.[4]

역사적으로 보면 생명 윤리학Bioethics이라는 말은 미국 위스컨신 대학의 종양학자였던 포터V. R. Potter가 1970년에 최초로 사용한 것으로 알려지고 있다. 그는 "생물학의 지식과 인간의 가치 체계에 관한 지식을 결합하는 새로운 학문 분야"라고 생명 윤리학을 정의했다.[5] 레이Warren Reich는 그가 편집한 『생명 윤리학 백과 사전 *The Encyclopedia of Bioethcis*』에서 생명 윤리학은 "의학 및 생물 과학의 윤리적 차원에 관한 연구"라고 정의했다.[6] 이탈리아의 테타만치D. Tettamanzi 는 생명 윤리학에 대해 개념 정의를 내린 여러 학자들의 견해를 종합 · 정리하여 다음과 같이 요약하였다: "생명 윤리학은 생물학 및 의학의 연구와 치료에 관한 최근의 발전과 그 가능성에 의거하여, 출생과 삶 및 죽음에 관한 윤리적 문제에 관심을 기울인다. 생명 윤리는 무엇보다 먼저 낙태, 불임 시술, 산아 조절, 유전자 조작, 안락사 및 인체 실험에 대한 윤리적 문제를 연구한다."[7] 오룩K.D. O'Rourke과 보일P. Boyle은 생명 윤리의 연구 과제들을 다음과 같이 구체적으로 적시하고 있다: 낙태, 노인 문제, 에이즈, 인공 수정, 시신 해부, 뇌사, 의사와 환자의 관계와 신뢰 문제, 산아 조절, 이중 효과의 원리, 배아 연구, 안락사, 유전학 연구의 허용 범위, 장애자, 보건 행정, 환자의 인권, 생명 연장 의료 문제, 고지된 승낙, 체외 수정, 환자의 진의眞意 표명 문제, 의료직의 사명, 의료 보험, 가족 계획, 간호, 장기 기증 및 이식, 진통, 의료 정책, 보건권, 불임 수술, 고통 완화 수술, 대리모, 진실 밝히기, 생명 유지 기기의 사용과 철거 시기, 전체성의 원리, 생명의 성스러움 등.[8] 그리고 이밖에도 우리는 무고한 불특정인을 대량 살상하는 생물학 무기(탄저균, 천연두 등의 병균의 배양과 살포)와 화학 무기(VX, 사린 등의 독가스)의 연구 및 생산 금지도 생명 윤리의 과제로 포함시켜야 할 것이다.

최근에는 생명 공학에서 야기되고 있는 윤리적 문제, 특히 인간 복제, 인간 배아의 연구와 활용 및 복제, 유전자 조작 및 치료의 허용 범위, 종간 교잡 행위, 동물의 유전자 조작과 변형의 연구, 인간 유전 정보의 활용과 보호 등이 생명 윤리학에서 중점적으로 활발하게 논의되고 있다.

IV. 생명 공학의 중요한 윤리 문제

우리가 앞에서 살펴본 것처럼 오늘날 첨단 생명 공학 기술의 급속한 발전은 윤리적 문제를 야기하고 있다. 생명 윤리의 문제는 이제 어떤 특정한 나라의 문제만이 아니라 전세계적인 중요 관심사가 되었다. 우리나라도 생식 기술 분야에서는 세계 최첨단에 있다고 알려져 있다. 그래서 우리나라에서도 생명 공학 기술이 암, 에이즈, 치매 등 난치병의 치료와 식량 증산, 수명 연장 등을 가져다줄 것이라는 기대에 부풀어 있는 사람들도 있다. 그리고 이러한 기대를 산업화하여 돈을 벌 수 있을 것이라는 희망을 가지고 소위 BT(biotechnology), 즉 생명 기술 산업에 기업체는 물론이고 국가적 차원에서도 엄청난 재정 지원을 하고 있다. 그러나 이러한 희망적인 기대에 못지않게 시민 단체NGO와 학계와 종교계에서 적지 않은 시민들이 생명 공학 연구들 중 어떤 것들은 비윤리적이며 안전 조치도 불충분한 것으로 생각하고 심각하게 우려하고 있다. 그리고 연구자 자신들도 생명 공학 연구에 바람직한 법적 지침과 윤리적 지침이 마련되어 있지 않아 그들의 연구가 무분별하게 진행될 수 있다는 점을 시인하면서, 바로 이 점 때문에 시민들의 반발을 불러일으키고 그들의 연구가 오히려 위축될 수도 있다고 생각해 국가적 차원에서 누구나 신뢰할 수 있는 연구 지침이 정해지기를 고대하고 있다. 외국에서는 이미 1970년대부터 생명 윤리가 활발히 논의되면서 생명 공학 기술의 발달에 따르는 부작용을 막기 위해 생명 윤리 교육과 생명 윤리에 대한 정책이 강화되고 있고, 더 나아가 최소한의 생명 윤리를 지키기 위한 법들이 제정되었거나 제정 중에 있다.

1. 우리나라 "생명윤리기본법"(안)의 주요 내용

우리나라에서도 그러한 우려를 불식시키면서 생명 공학 연구자들을 보호하기 위하여 바람직한 생명 공학 발전을 도모할 수 있는 윤리

지침의 제정과 생명 윤리 준수를 위한 법 제정이 시급히 요청되었다. 학계와 종교계 그리고 시민 단체 등의 강력한 요청에 의하여 정부는 생명의 존엄성을 지키기 위하여 생명 윤리에 관한 법률을 제정하지 않을 수 없게 되어 뒤늦게나마 생명윤리자문위원회를 구성하기에 이르렀다.

우리나라 생명윤리자문위원회는 2000년 9월 국무조정실에서 "생명윤리자문위원회"의 구성·운영 방향이 결정되고 과학기술부장관이 약 2개월 동안 학계와 종교계 및 시민 단체 그리고 보건복지부의 추천과 건의를 받아들여 생명 공학자 5명, 의학자 5명, 인문 사회·법학자 5명, 시민·종교 단체 5명 등, 총 20명의 해당 전문가들을 위원으로 위촉하여 발족되었고, 이 위원회의 임무와 운영 방향을 제시하였다. 이 위원회의 임무는 인간 및 동물의 복제 허용 범위 검토, 인간과 동식물의 교잡 허용 범위 검토, 인간 유전 정보의 보호에 관한 사항 검토, 기타 생명 윤리 확보에 필요한 사항 검토라고 명시되었다. 그리고 위원회의 운영에 대해서는 공개적이고 민주적인 절차에 의해 추진 방향을 설정하고 완전히 자율적으로 운영할 것과, 과학기술부는 위원회의 운영 경비를 지원하고 생명윤리위원회는 생명윤리기본법의 시안을 2001년 5월 말까지 제출하고 과학기술부는 보건복지부와 협의하여 이 시안을 법률안으로 작성하여 2001년 정기 국회에 제출하기로 하였다.

생명윤리자문위원회는 2000년 11월 21일 제1차 전체 회의가 개최된 이래 2001년 8월 14일 제18차 전체 회의에 이르기까지, 또 2000년 11월 28일 제1차 의제 선정 소위원회가 열린 이래 2001년 8월 7일 제16차 운영 소위원회에 이르기까지 모든 심의와 결정을 자율적이고 민주적인 절차로 진행하여 왔다.

생명윤리자문위원회는 상이한 학문적 배경과 인생관 및 생명관을 가진 위원들로 구성되었으나 서로 존중하면서 모든 토의를 투명하게 민주적이고 합리적인 절차를 거쳐 행하였고 생명윤리기본법의 골격 안 제정을 합의하여 이룩하였다. 이것은 참으로 자랑스러운 쾌거가 아닐 수 없다. 생명윤리자문위원회 위원장 진교훈(필자)은 바람직한 생명윤리기본법 제정을 위한 생명윤리자문위원회 활동 보고서(총757쪽)의 머리말의 말미를 다음과 같은 말로 마무리지었다. "조속히 생명윤리기본법이 입법화되어 9개월간의 생명윤리자문위원들의 사심없는 성실한 노력이 결실을 이루고 생명윤리기본법이 배금 사상과 인명경시가 횡행하는 이 사회에서 온 국민이 가일층 인간 존엄성과 생명존중을 준수하는 데 지침이 될 것을 간절히 기원한다." 다시 말해서, 생명윤리기본법은 생명 공학 기술이 모든 생명체의 존엄성을 확보하고 신장시키면서 건전한 발전을 하도록 돕는 것을 근본 목적으로 한다는 것이다.

한국생명윤리자문위원회에서 합의된 "생명윤리기본법" 안의 중요한 내용을 간추려보면 다음과 같다.

1 "생명윤리기본법"의 목적
 · "생명윤리기본법"은 생명 공학 기술이 생명의 존엄성을 확보하고 신장시키면서 건전한 발전을 하도록 돕는 것을 근본 목적으로 삼는다.

2 국가생명윤리위원회의 설치와 운영
 · 생명 공학 발전에 따르는 윤리와 안전 문제를 총괄하는 상설 기구로 대통령 소속 국가생명윤리위원회(이하 위원회)를 둔다.
 · 위원회는 생명 공학 분야 지식과 기술 적용으로 야기될 수 있는 윤리와 안전 문제에 대처하고 그러한 문제를 사전에 예방하기 위

한 기본 계획을 수립하고 전반적인 대책을 마련하는 것을 기본 임무로 한다.

3 생명 복제와 종간 교잡 행위에 관하여
· 체세포 핵이식 등의 방법을 이용하는 인간 개체 복제 행위는 일체 금지하며, 이를 지원, 방조, 교사하는 행위도 금지한다.
· 인간과 동물의 종간 교잡 행위는 일체 금지한다.

4 인간 배아의 연구와 활용에 관하여
· 불임 치료 목적으로 체외 수정 방법을 통해 얻어진 인간 배아는 보호되어야 한다.
· 폐기될 동결 보관 배아를 이용하는 연구는 한시적으로 허용한다.
· 체세포 핵이식 방법으로 인간 배아를 창출하는 행위와 불임 치료 이외의 목적으로 난자를 채취하거나 인간 배아를 창출하는 행위는 금지한다.

5 유전자 치료에 관하여
· 생식 세포, 수정란, 배아 및 태아에 대한 유전자 치료는 금지한다.
· 암, 유전 질환, 후천성 면역 결핍증 등 사망률이 높고 난치성인 질환과 다른 확실한 치료 방법이 없는 만성 질환의 경우, 체세포에 대한 유전자 치료는 허용될 수 있다.

6 동물의 유전자 변형 연구와 활용에 관하여
· 국가생명윤리위원회 안에 동물연구특별위원회(이하 특별위원회)를 둔다. 특별위원회는 "유전자 재조합 실험 지침"의 밀폐 기준 4등급에 해당하는 유전자를 이용하는 동물의 유전자 변형 연구에

대해 감독, 관리한다.

7 인간 유전 정보의 활용과 보호에 관하여
· 모든 인간은 유전적 특성에 관계없이 똑같이 존중받을 권리가 있
   으며 국가는 그 권리를 보호하여야 한다.
· 보험회사 등이 유전 정보를 이유로 보험 가입자 등을 차별하는
   행위는 금지한다.
· 고용주 또는 그 대리인이 유전 정보를 이유로 피고용인을 차별하
   는 행위는 금지한다.

2. "생명윤리기본법"(안)에서의 주요 쟁점에 관한 윤리적 성찰

생명윤리기본법 안에서 합의가 가장 어려웠고 논란이 많았던 것은
"인간 배아의 연구와 허용에 관하여"의 항목이었다.

인간 배아의 지위에 대해서는 3가지 주장이 있다: 착상 전 배아는
"단순한 세포 덩어리에 불과하다," "완전한 인간이다," "완전한 인간
은 아니지만 잠재적 인간, 즉 인간이 될 수 있는 생명체이다." 배아가
"단순한 세포 덩어리에 불과하다"는 주장에 동의하는 생명윤리자문
위원회 위원은 한 명도 없었고, "완전한 인간이다"는 주장과 "완전한
인간은 아니지만 인간이 될 수 있는 생명체"라는 주장에 대한 토론이
분분했으나 인간 배아도 생명체이므로 가능한 배아의 생명권도 존중
되어야 할 것이라는 점에 자문위원들은 대체로 동의했다. 그래서 연구
용 인간 배아의 창출 금지에 대해서는 별다른 갈등 없이 합의에 도달
했다. 그러나 곧 폐기될 운명에 처해 있고, 이미 체외 수정과 인공 수
정은 법적으로 허용되고 있으므로 "잔여" 냉동 배아를 이용한 줄기 세

포 연구를 한시적으로 허용하자는 안은 장시간의 치열한 찬반 토론을 거친 후 타협책으로 결정된 것이다. 만능 세포라고 할 수 있는 줄기 세포주가 난치병 연구의 돌파구가 될 것이라는 국내외적인 기대가 워낙 크므로 국내의 일천한 생명 공학 산업의 육성과 국가 경쟁력 차원에서, 특히 영국과 일본과 미국에서도 허용되고 있다는 점 등이 고려되어 성인 줄기 세포의 연구를 적정 수준에 이를 때까지 허용하자는 주장이 우세했다.

그러나 냉동 배아는 해동解凍 후 자궁에 착상하면 인간으로 출생할 수 있으며, 또 연구에 일단 사용된 배아는 필연적으로 손상을 입고 거의 파괴될 수밖에 없고, 이것은 결국 생명을 경시하는 결과를 가져오기 때문에 체외 수정 후 사용되지 않고 냉동되어 있는 잔여 배아를 연구용으로 사용하도록 한시적으로라도 허용하자는 안에 대하여 필자는 반대 입장을 표명했다. 현재 우리나라에는 최소한 50만 이상의 잔여 냉동 배아가 있다고 알려져 있다. 그래서 그들은 곧 폐기될 운명에 처해 있으며, 체외 수정과 인공 수정은 이미 우리나라에서도 법적으로 인정되고 있으므로 "잔여" 냉동 배아를 난치병 연구 목적으로 사용하자는 공리적인 주장은 윤리적으로 정당화되지 않는다고 필자는 생각한다. 배아가 생명권을 가지고 있다는 것은 더 이상 논할 필요가 없고, 따라서 물건처럼 취급되어서는 안 되며, 신생아를 죽이는 것이 원칙적으로 허용될 수 없다면, 배아를 파괴하는 행위 또한 허용될 수 없다. 또 곧 폐기될 운명이라는 것이 함부로 취급해도 좋다는 것을 정당화시키지 못한다. 만일 우리가 임종이 가까운 난치병 환자를 함부로 안락사시키거나 실험용으로 생체 해부를 할 수 없다면, 곧 폐기될 운명에 놓인 냉동 배아도 마찬가지로 함부로 죽일 수 없다. 수정란이 착상되기 전, 그리고 배아에서 원시선이 나타나고 기관 분화가 시작되는 14일 이전에는 인간이 아니라는 주장은 순전히 자의적인 기준에 불과할 뿐이다. 생명은 연속 과정이다. 배아나 태아는 자기 결정권을 가지고 있지 못하기 때문에 더욱더 보호되어야 한다.

생명 복제와 종간 교잡 행위를 금지시킨 것과 유전자 조작 및 치료에서 생식 세포, 수정란, 배아, 태아에 대한 유전자 치료는 금지되고 체세포에 대한 우생학적 목적의 유전자 치료를 금지시킨 것은 윤리적으로 당연한 처사라고 하지 않을 수 없다. 단지 "난치성 질환과 다른 확실한 치료 방법이 없는 만성 질환의 경우 체세포에 대한 유전자 치료만은 허용될 수 있으나 이 경우 해당 의료 기관의 기관심사위원회 IRB가 그 유용성과 위험성을 검토하여 허용 여부를 결정하고 그 결정 내용과 치료의 진행 상황을 국가생명윤리위원회에 즉시 보고하도록 한 것은 현재 유전자 치료가 그 안전성조차 확실하게 검증되지 않았을 뿐만 아니라 아직도 준비와 실험 단계에 있을 뿐이기 때문이다.

필자에게 특히 아쉬웠던 점은 이 생명윤리기본법에 동물권, 즉 동물의 생명권에 대한 보호가 미흡했다는 점이다. 그러나 법은 타협의 산물이므로 과학자들의 실험 동물의 관행을 수정하는 것은 쉬운 일이 아니었고, 과학자들과 타협하지 않을 수 없었다. 보건복지부의 생명안전윤리법안과 과학기술부의 생명윤리기본법안도 생명 윤리에 대한 국제적인 동향을 참고하였음은 물론이다.

3. 외국의 인간 배아 복제 및 종간 교잡 행위에 대한 규제 동향

인간 복제 금지법이 없는 나라는 있지만 인간 개체 복제는 어떤 나라에서도 공식적으로 허용되지 않고 있다. 그러나 영국, 스웨덴, 사우디아라비아, 중국, 일본은 생식을 목적으로 체외 수정을 하고 남은 폐기될 냉동 배아나 수정 후 14일 이내의 배아 연구를, 절대로 자궁에 착상시키지 않는다는 조건 아래에서 허용하고 있다. 배아 복제 기술의 원조인 영국에서조차도 배아 연구에서 냉동 잔여 배아로는 도무지 대체할 수 없다는 것이 입증되는 경우에만 인간 배아 복제가 허용된다.

영국과 스웨덴 이외의 모든 EU 국가는 인간 배아 복제와 종간 교잡 행위를 금지하고 있을 뿐만 아니라 배아를 파괴할 위험이 있는 인간 배아 연구를 금지시키고 있다. 그리고 배아 연구를 허용하는 영국, 일본, 스웨덴에서도 종간 교잡 행위는 엄격히 금지되고 있다. 문제는 인간 개체의 복제와 인간 배아의 복제가 근본적으로 다른 것으로 보느냐 아니냐에 따라, 다시 말해 배아를 인간으로 보느냐 아니냐에 따라서 배아 연구 및 배아 복제 허용 여부가 결정된다는 것이다. 종교계는 물론 일반 시민 단체와 대다수의 윤리학자들은 배아의 생명도 인간의 생명처럼 존중되어야 한다고 강력히 주장하고 있다. 유네스코의 국제 생명윤리위원회의 「인간 배아 줄기 세포 연구의 윤리적 측면에 관한 연구 보고서」(2001년 4월)에서 모든 입장을 고려해 볼 때 배아 줄기 세포 연구는 허용되어서는 안 된다는 결론을 내렸으며, 유럽의회의 "연구를 위한 일반 지침서"의 「인간 배아를 포함하는 연구의 윤리적 함의」의 최종 보고서(2000년 7월)와 유럽의회의 「생명윤리협정」(1998년 8월)에서도 모든 나라가 배아 복제를 금지하고, 인간 배아 연구 자체를 하지 말 것을 권고했다. 특히 우리가 유념해야 할 것은 2002년 6월 초 독일 외무성에서 열린 독일과 프랑스의 국제 정책 포럼, "하나의 지구적 생명 윤리를 향하여"에서 인체의 상업화, 특히 배아의 상업 거래 금지를 선언했다는 점이다. 유럽특허청EPO은 2002년 7월 24일 인간 배아 줄기 세포의 상업 목적 이용을 전면 금지했는데, 이는 유럽의회의 지침에 부합하는 것이다. 이번 조치는 독일, 이탈리아, 네덜란드 정부 및 국제 환경 단체 그린피스가 유럽특허청에 정식으로 연구용 특허권 규정 수정을 요청한 데에 따르는 조치이다. 유럽특허청은 1999

년 12월 호주의 줄기 세포 학자에게 허용한 유전자 조작을 위한 배아 세포 추출 관련 특허권을 취소했다.

주

1) 본 논문은 『환경과 생명』, 제33호, (사)환경과 생명, 2002, pp.39-52에 실린 글임을 밝힌다.

2) Michael Reiss, "Biotechnology," in *Encyclopaedia of Applied Ethics*, Vol.I (San Diego, London : Academic Press, 1978). pp.320-322.

3) 진교훈, 『철학적 인간학 연구(II)』 (서울: 경문사, 1993), p.265 참고.

4) Elio Sgreccia, *Bioetica, manuale per medici e biologi* (Milano: Vita e Pensiero, 1987), p.41 참고.

5) Van Resselaer Potter, "Bioethics, the Science of Survival," in *Biology and Medicine 14* (1970), pp.127-153 및 그의 저서, *Biology, The Bridge to the Future* (Englewood Cliff : Prentice Hall, 1971) 참고.

6) D. Callahan, W. T. Reich (ed), *The Encyclopedia of Bioethics*, Vol.4. (New York, London : Oxford University Press, 1978).

7) D. Tettamanzi, *Bioethica* (Casale Monferrato: Piemme, 1991), pp.28-29.

8) K. D. O'Rourke and P. Boyle, *Medical Ethics* (St. Louis: The Catholic Health Association of the United States, 1989), pp.28-34.

제17장

인간 배아 복제에 대한 윤리적 고찰[1]

I. 서론

2002년 12월 26일 세계 최초로 인간 복제 아기가 만들어졌다는 보도는 온 인류에게 엄청난 충격을 가져다주었다. 이 아기가 발표처럼 실제로 인간의 체세포 핵이식에 의한 배아 복제로 만들어졌는지는 검증되지 않았다. 그러나 복제양 "돌리"의 출현 이후 생식학자들은 인간 복제가 기술적으로 가능하다고 예견해 왔기 때문에 언젠가 인간 복제가 시도될 것이라는 것은 주지해 온 일이다. 중요한 것은 인간 복제를 시도하는 것 자체가 비인간적인 만행이며, 반인륜적인 작태이고, 하느님의 섭리에 어긋나는 죄악이라는 것이다. 누군가에 의해 언제건 인간 복제가 실현된다면, 이것은 인류 역사에 전례가 없는 파장을 몰고 올 것이고, 종내에는 인류 사회의 종말을 초래할 참극이 될 것이다. 왜냐하면 복제된 인간의 출현은 인간 존엄성을 파괴하고 기존의 사회 질서를 무너뜨리는 것을 의미하기 때문이다. 그런데 이 천인공노할 인간 복제가 바로 우리가 문제삼는 인간 배아 복제를 통해서 이루어진다는 것이다.

생명 현상을 이용하여 경제적 이득을 얻으려는 생명 공학 종사자들은 국내외를 막론하고 세계 도처에서 인간 배아 복제를 집요하게 획책하고 있다. 그들은 인간의 배아 복제가 난치병 치료 연구에 돌파구를 제시해 줄 수 있다고 주장한다. 그래서 그들은 치료나 연구를 위한 인간 배아 복제를 허용해야 한다고 강력히 주장한다.

우리는 20세기 중반에 인간의 생체를 실험 대상으로 삼아 무수한 사람들을 희생시킨 역사적 사실들을 잊을 수 없다. 독일 나치 정권 시대의 강제 수용소에서, 일본 군국주의 시대의 관동군 산하 731부대에서, 스탈린 정권 시대의 오파린 연구소에서, 이보다 앞서 미국의 여러 의학 연구소 들에서 수많은 살아있는 인간의 신체와 생명이 생명 과학자들에 의해서 실험 대상이 되었었다. 아직도 이 세상에는 유물론적 환원론과 인간 기계론을 신봉하고 법만 허용한다면 인간의 신체를 기계의 부속품처럼 실험 대상으로 삼으려는 생명 과학자들이 적지 않다. 그들 중에는 돈만 벌 수 있다면 무슨 짓도 할 수 있는 무책임한 도덕 불감증 환자들이 있다. 심지어 인간 복제도 기술적으로 할 수만 있다면 어떤 구실을 내세워서라도 하려는 자들도 있다. 우리는 소극적으로는 그들의 비인간적 만행을 사전에 막아야 할 것이고, 적극적으로는 그들에게도 올바른 생명 윤리 의식을 갖도록 일깨워주어야 할 것이다. 그러기 위해서 우리는 먼저 생명 공학자들이 어떤 논거를 가지고 인간 배아를 실험 대상으로 삼고 심지어 인간 배아 복제까지도 서슴지 않고 하려는 가를 이해하고 그들의 오류가 무엇인지를 지적해 주어야 할 것이다. 그래서 필자는 이 글에서 인간 배아의 도덕적 지위를 여러 관점에서 살펴보고, 그 다음 인간 배아의 실험 및 복제의 윤리적 문제점들을 파헤쳐보고, 이어서 다른 나라들은 인간 배아 실험 및 복제에 대하여 어떤 정책을 가지고 있는가를 살펴보고, 끝으로 우리는 왜 인간 배아의 생명을 보호하지 않으면 안 되며, 더 나아가 어떻게 우리가 인간 생명의 존엄성을 보전할 수 있는가를 규명해 보려고 한다.

II. 인간 배아의 도덕적 지위

윤리적으로 아무런 문제될 것이 없다면 인간의 신체는 생물학자나 의학자의 연구 대상이 될 수 있는 것처럼, 인간 배아도 훼손만 되지 않는다면 연구 대상이 될 수 있을 것이다. 문제는 인간 배아가 도덕적으로 성인과 동등한가 아닌가 하는 것과 인간 배아의 도덕적 지위를 어떻게 보아야 할 것인가 하는 것이다.

정상적이고 자연스러운 방법에 의하여 남녀 두 사람의 인격적 교제와 상호간의 책임과 희생을 감수하는 사랑의 수고, 즉 성교를 통하여 자궁 속에서 정자와 난자의 융합에 의해 수정된 배아, 즉 태아는 완전한 생명체이다. 따라서 이러한 배아의 도덕적 지위는 성인과 같은 도덕적 지위를 갖는다는 것은 이론異論의 여지가 없다. 따라서 이러한 태아를 죽이는 것은 엄연한 살인이다. 한때 생명의 영속성을 무시하고 임신 기간에 따라 태아가 온전한 인간이냐 아니냐 하는 논의가 있었고, 인구 조절이라는 미명 아래 낙태를 합법화하기 위해서 일정한 기간 내의 낙태는 살인이 아니라는 궤변까지 나돌기도 했다. 아무튼 가톨릭 교회는 인간의 생명의 시작을 수정된 순간부터라고 확언한다. 자궁 속에서 계속 성장하고 있는 생명체에서 배아와 태아의 차별이란 있을 수 없다.

그러나 인위적으로 체외에서, 즉 시험관에서 아기를 만들다 보니까 수정란을 산모의 자궁에 착상하기 "전"과 "후"라는 시간 차이가 생겼고, 자궁에 착상하기 전을 초기 배아preembryo라고 부르고, 자궁에 착상한 후를 태아fetus라고 부르는 생명 공학자들이 나타났다. 어떤 생명 과학자는 수정 후 2주까지, 소위 원시선primitive streak이 나타나기 전까지를 배아, 3개월 후부터 출산 때까지를 태아라고 구분해서 부르기도 한다. 그러나 이러한 구분은 배아 훼손 내지 파괴를 정당화하기 위하여 임의로 조작해 낸 구분에 불과한 것일 뿐이며 과학계에서 공인된 것은 아니다. 그러나 생명 공학자들의 요구에 의하여, 척추와 뇌로 발전하기 시작한다고 알려진 원시선이 나타나기 이전의 배아를 완전한 생명체로 보지 않고 연구를 허용하는 나라들이 있다. 그러나 헬렌 피어슨Helen Pierson은 2002년 7월 4일에 발간된 자연과학계에서 권위를 자랑하는 『사이언스*Science*』지에 난자와 정자가 수정된 후 24시간 이내에, 지금까지는 원시선이 나타난 이후에야 결정되는 것으로 간주된 현상들이 결정된다는 것을 밝혀냈다. 그녀에 의하면 수정된 배아의 어느 한 부분에서 머리와 다리가 생기며 또 어느 부분이 등이 되고 배가 될 것인지는 정자와 난자가 결합한 지 수분 내지 수 시간 내에 결정된다는 사실을 밝힌 것이다. 따라서 원시선이 나타나기 시작하는 수정된 지 14일 이후에야 비로소 인간 배아가 완전한 생명으로서의 기능을 발휘한다는 종래의 가설은 비윤리적일 뿐만 아니라 과학적인 것이 못된다고 하겠다. 어떻게 보면 자연과학적으로 입증되기 이전부터 인간의 생명의 시작점을 수정의 순간으로 본 가톨릭 교회의 가르침이 오히려 더 과학적인 것으로 밝혀진 셈이라고 하겠다. 지금까지 원시선이 나타나기 시작하는 수정 후 14일 이전의 배아는 생명체가 아니라 세포 덩어리에 불과하기 때문에, 다른 실험용 세포와 마찬가지로 얼마든지 실험 대상으로 삼을 수 있다는 견해가 생명 공학자들 사이에서는 널리 주지되어 왔다. 그리고 생식 과정에 대한 전문적 지식이 없는 정치가들과 일반 시민들은, 생명 공학자들이 일방적으로 생명체라고 볼 수 없다고 역설하던 인간 배아의 실험과 복제를 통해서 난치병을 퇴치할 수 있다는 주장에 현혹되어 왔다.

인간 배아의 도덕적 지위에 관한 논의를 세 가지 견해로 요약해 볼 수 있다.

첫째, 인간 배아는 그 창출 순간부터 완전한 인간의 지위가 부여된다. 따라서 자궁에 착상되기 전의 인간 배아도 성인과 도덕적으로 동등한 존재라는 것이다: 이는 가톨릭 교회의 공식 입장과 대부분의 개신교 교회의 견해와 생명 윤리학자들의 견해이다.

둘째, 자궁에 착상되기 전의 인간 배아는 단순한 세포 덩어리cell mass에 불과하므로 특별한 도덕적 지위를 가지지 못한다는 것이다. 배아는 체세포의 DNA를 제공한 자의 소유물property of progenitors에 불과하며, 따라서 배아는 배아를 만든 자의 의도에 따라 처분될 수 있으므로 과학적 실험의 대상이 될 수도 있고 실험 과정에서 배아가 파괴되더라도 실험 동물과 마찬가지로 아무런 윤리적 문제가 수반되지 않는다고 주장된다. 이 견해는 유물론자와 기계론자들의 지지를 받는다.

셋째, 인간 배아는 "잠재적 인간 존재potential human being"로서의 특수한 지위를 지닌다는 것이다. 인간 배아는 성장하면서 점차적으로 도덕적 지위를 얻게 된다고 한다. 그래서 초기 단계의 배아의 경우에, 그것에 대한 연구로부터 얻을 수 있는 잠재적 이익을 배아에 대한 존중과 비교하여 평가할 수도 있다고 본다. 이 견해는 공리주의자들의 지지를 받으며 많은 생명 공학자들이 이러한 견해에 동조한다. 앞에서 살펴본 인간 배아의 지위에 대한 두 번째 견해는 논의할 만한 가치가 없다. 과학기술부 산하 생명윤리자문위원회 위원 20명 중에서 단 1명도 이 견해에 찬동하지 않았으나 자연과학 계열 11명과 사회과학 계열의 위원 중 과반수가 세 번째 견해를 지지했다. 그들은 주로 조만간 폐기될 수밖에 없는 냉동 잔여 배아에서 추출해 낸 인간 배아 줄기 세포의 활용에 특별한 관심을 가지고 있었다. 이것의 문제점에 대해서는 다음 III에서 상론하겠지만, 아무튼 어떤 경로로 배아가 창출되었든지 간에 냉동 잔여 배아도 엄연히 생명체이므로 생명권을 인정받아야 할 것이다. 냉동 배아도 해동 후 자궁에 착상되면 인간으로 출생할 수 있으므로 모름지기 냉동 배아에게도 도덕적 지위가 부여되어야 한다. 성인이나 신생아를 살해하는 것이 원칙적으로 허용될 수 없다면, 생명권을 가진 배아를 살해하는 것도 허용되어서는 안 된다. 설사 냉동 잔여 배아가 조만간 폐기될 운명에 처해 있다고 할지라도, 그것을 소모품처럼 함부로 취급하는 것은 윤리적으로 정당화될 수 없다. 우리가 임종이 가까운 난치병 환자를 함부로 안락사시키지 않고 장기 이식이나 실험용으로 생체 해부를 허용하지 않는다면, 곧 폐기될 운명에 놓여 있는 냉동 배아도 마찬가지로 함부로 죽여서는 안 된다.

우리는 또한 체외 수정을 통해서 만들어진 배아와 체세포 핵이식을 통해서 만들어진 배아, 즉 복제 배아도 정상적으로 수정된 배아와 마찬가지로 생명권과 도덕적 지위를 인정해 주어야 할 것이다.

III. 인간 배아 복제 및 실험의 문제점

우리나라에서는 인간 개체 복제를 공공연하게 지지하는 생명 과학자는 아직까지 나타나고 있지 않다. 그러나 수의사들을 필두로 인간 배아 연구자들 중에는 인간 배아 복제의 허용을 강력하게 주장하는 사람들이 있다. 그들은 난치병 치료에 이용할 수 있는 줄기 세포를 얻기 위해서는 인간 배아 복제가 필요하다고 역설한다.

생명 과학자들이 줄기 세포 획득에 열광하는 이유는 배아 줄기 세포가 인간의 어떤 기관 조직도 만들 수 있는 만능 세포이기 때문이다. 다시 말해서 수정란이 자궁에 착상되기 전 초기 배아기, 즉 포배기의 단계에 있는 배아 줄기 세포는 장차 분화 조절하는 인자만 밝혀진다면 인간의 모든 신체 조직 부위를 만들 수 있다는 것이다. 그래서 생명 공학자들은 앞다퉈 되도록 많은 줄기 세포를 얻어내려고 진력하고, 배아 연구를 위해서는 배아 복제가 불가피하다고 주장하기도 한다. 그러나 줄기 세포는 여러 가지 출처로부터 추출해 낼 수 있다.

1. 줄기 세포의 다양한 출처

① 유산이나 낙태로 말미암아 사망한 태아의 조직으로부터 추출해 낼 수 있다.

② 불임 치료를 위해 체외 수정을 할 때 사용하지 못하고 남은 잔여 배아로부터 추출해 낼 수 있다. 우리나라에서는 1998년 11월부터 박세필 박사가 시도해 오고 있다.

③ 연구 목적을 위해 의도적으로 창출된 배아로부터 추출해 낼 수 있다.

④ 체세포 핵이식somatic cell nuclear transfer(SCNI라고 부름)을 통해 생성된 배아로부터 추출해 낼 수 있다. 이것을 흔히 "배아 복제"라고 한다. 우리나라에서는 황우석 박사가 시도하고 있다.

⑤ 출생시의 탯줄에 있는 혈액 세포로부터 추출해 낼 수 있다. 우리나라에서는 가톨릭의대 부속병원에서 시도되고 있고, 가톨릭 교회가 적극적으로 이를 지지하고 있다.

⑥ 일부 성인 조직, 예컨대 골수로부터 추출해 낼 수 있다. 가톨릭

교회가 이를 적극 지지한다.

⑦ 성숙한 성인의 조직 세포를 리프로그래밍reprogramming하여 줄기 세포의 역할을 하게 한다. 이론상 가능하나 아직 초보 단계에 머물러 있다.

흔히 "배아 줄기 세포embryonic stem cell"로 불리우는 것은 위의 ①부터 ④까지의 출처에서 얻은 줄기 세포를 말하며, ⑤로부터 ⑦까지의 출처에서 얻은 줄기 세포는 "성인 줄기 세포adult stem cell"라고 부른다. 문제는 배아 줄기 세포는 배아 복제를 통하거나 배아를 훼손하면서 얻을 수 있기 때문에 윤리적으로나 종교적으로 볼 때 심각한 생명권의 남용을 초래한다는 점이다. 한편 성체(성인) 줄기 세포의 경우엔 배아를 따로 만들거나 배아를 파괴하지 않는다는 점에서 윤리적으로나 종교적으로 거의 문제가 없다.

2. 배아 줄기 세포 연구의 윤리적 문제점

첫째, 죽은 태아의 조직으로부터 배아 줄기 세포를 추출하는 방법은 낙태를 조장할 우려가 있다. 설사 의도적으로 낙태를 조장하지 않는다고 할지라도 낙태와 같은 부도덕한 행위를 이용하는 것은 결과적으로 낙태에 대한 윤리적 · 정치적 · 법적 반대를 점차적으로 무력화하고 종내에는 반생명적인 낙태를 정당화하는 구실을 줄 수 있다는 것이다.

둘째, 잔여 배아들로부터 만들어진 배반포blastocyst에서 줄기 세포를 추출하는 것은 필연적으로 해당 배아를 파괴하게 된다. 배아가 인간 존재와 동등한 도덕적 지위를 갖는다고 생각하는 사람은 이 방법을 이용할 수 없다. 이 방법은 배아 공여자가 상업적으로 자신의 배아 이용권을 주장할 수도 있고, 잔여 배아를 고의로 많이 만들어 낼 수도 있는 위험을 안고 있다.

셋째, 연구를 목적으로 배아를 창출하는 행위는 배아를 과학 연구를 위한 수단으로 전락시키게 되므로 비윤리적이다. 폐기될 잔여 배아를 사용하는 연구자들조차 대부분 이 방법이 비윤리적이라고 반대한다.

넷째, 체세포 복제 기술을 이용하여 복제된 배아를 창출해 내는 것은 수정 과정을 실제로 거치지 않으며, 체세포 핵을 제공하는 환자 자신의 세포를 이용하여 줄기 세포를 배양하는 것이기 때문에 이식한 후의 조직 거부 반응의 문제를 극복하기 쉬운 장점을 가지고 있다. 그러나 복제된 배아를 자궁에 착상시키면 바로 인간 복제가 되는 위험성을 지니고 있다. 배아를 복제하는 이유가 인간 배아를 목적이 아닌 수단으로 취급하는 것이므로 인간의 존엄성을 침해하는 것이 된다. 생명 공학자들은 이러한 배아를 자궁에 착상시켜 복제 인간을 만들지 않고 치료와 연구 목적으로만 사용한다면 비윤리적이 아닐 수 있지 않느냐는 반문을 제기하기도 한다.

인간 배아는 이미 생명을 지닌 온전한 생명체이고 완전한 인간으로 되어가고 있기 때문에 인간 배아를 실험 도구로 사용한다는 것은 분명히 성장한 인간을 실험 도구로 이용하는 것과 마찬가지로 인간 생명의 존엄성을 파괴하는 극악무도한 만행이다.

엄밀히 말하면 모든 인간 복제는 인간 배아 복제로 이루어지기 때문에 복제된 개체의 생존을 배아 상태로 한정하여 사용하는 것을 일컫는 인간 배아 복제도 실상은 인간 복제의 일종이라고 윤리 신학자들은 주장한다. 이것은 인간을 죽인다고 말하는 것보다 태아를 낙태시키거나 인공 유산을 시킨다는 말이 듣기에 덜 끔찍스럽게 느껴지는 것처럼, 인간 복제보다 배아 복제라는 표현이 인간의 죄의식을 조금이라도 더 누그러뜨릴 수 있지 않을까 하는 의도로 사용된다는 것이다.

인간 배아 복제 실험에 관한 연구 논문은 조건부이긴 하지만 인간 배아 복제 실험을 허용하고 있는 영국과 일본을 포함하여 전세계 어디에서도 발표된 적이 없다. 그렇다면 인간 배아 복제에 관한 연구 논문이 발표되지 못하는 이유는 무엇일까? 그 이유는 이미 양이나 소와 같은 동물 복제 실험에서 드러난 것처럼 배아 발생률이 매우 낮으며, 유산율, 기형률이 매우 높아서 배아 세포의 안정성이 확보되지 않았을 뿐만 아니라 인간 배아 복제로부터 얻을 수 있는 인간 배아 줄기 세포는, 윤리적 문제를 수반하지 않는 인간 성체 줄기 세포와는 달리, 럭비 공이 튀는 것처럼 분화 과정이 쉽지 않고 분화 후 다시 역분화되어 기형화하거나 종양 세포로 발전할 가능성이 높기 때문이라고 한다. 또 인간 배아 복제를 치료에 이용하고자 시도할 경우, 매번 제3자의 수백 개의 난자를 빌려야만 하는 불편함과 고비용과 윤리적 문제가 발생한다. 난자 매매, 복제된 배아의 소유권 문제, 난자 확보를 위해 불임 클리닉들에 가해질 압력, 난자의 과배란 유도, 난소 절제술의 남용 등, 여성의 몸의 도구화, 또 구하기 어려운 인간 난자 대신 쉽게 구할 수 있는 동물 난자를 이용하는 이종간 교잡 행위에 단순한 생명 공학자는 쉽게 말려들 수 있는 위험성 등이 있다.

필자는 배아의 도덕적 지위를 논하면서 줄기 세포의 출처로서의 냉동 잔여 배아 사용의 비도덕성을 간단히 지적했으나 이제 냉동 잔여 배아 실험의 문제점을 윤리적 관점에서 좀더 살펴보려고 한다. 1978년 체외 수정 성공 사례가 처음 발표된 때부터 오늘날까지 30만을 헤아리는 시험관 아기가 출생했음에도 불구하고 가톨릭 교회는 여전히 체외 수정을 반대해 왔다. 그 이유는 무엇이며, 체외 수정을 허용한 후에 생긴 풀기 어려운 냉동 잔여 배아 처리의 딜레마를 살펴보기로 하자.

냉동 잔여 배아 처리의 딜레마

냉동 잔여 배아 처리는 딜레마로부터 벗어나기 어렵게 되어 있다. 가톨릭 교회는 근본적으로 체외 수정(시험관 수정)이나 대리모 출산 등 인간 생명의 인위적인 조작을 반대한다. 그러나 우리나라에서도 전국 20여 개 이상의 불임 클리닉에서 체외 수정에 사용하고 남은 배아, 즉 잔여 배아(잉여 배아)가 수십만 개 이상 냉동 보관되어 있는 것으로 추정되고 있다. 이 잔여 배아들은 보통 3-5년이 지나면 폐기 처분되고 있다. 어차피 폐기될 이 잔여 배아를 연구 실험용으로 활용하고 줄기 세포를 만들 것을 제안하는 생명 공학자들이 국내외에 있다. 실제로 2000년 우리나라에서도 폐기 처분될 처지에 있던 냉동 배아를 이용해 줄기 세포주를 만들어내는 데 성공했다는 발표가 있었고, 작년에 미국 국립보건원에서도 도합 8개의 줄기 세포주가 한국에 있다는 것이 공식적으로 통보된 바 있다. 우리나라의 생명 공학자들은 체외 수정에 사용하고 남은 배아를 흔히 "잉여" 배아라고 부르는데, 존엄한 인간 생명체에 "쓰고 난 나머지"를 뜻하는 잉여라는 표현을 사용하는 것 자체가 배아를 일종의 물건처럼 취급하려는 저의가 있다고 볼 수 있다. 설사 체외 수정이 합법적일지라도 난자 사용은 반드시 수정에 꼭 필요한 최소한도를 지킴으로써 잔여 배아가 생기지 않도록 엄격한 제한을 두어야 할 것이다. 독일과 프랑스 같은 나라에서는 체외 수정 규정이 엄격하여 잔여 배아가 거의 발생하지 않도록 법적 조치가 되어 있다.

가톨릭 교회는 배아를 인위적으로 만드는 것은 물론이고 또한 배아를 냉동 보관하는 것에 대해서도 비윤리적이라고 비판한다. 한번 생성된 인간 생명은 어느 누구도 개입해서는 안 되는 자연적인 진행 과정을 가지는데, 배아를 냉동 보관함으로써 배아의 성장을 인위적으로 중지시키는 행위는 인간 생명에 대한 부도덕한 개입이라고 지탄한다. 가톨릭 교회는 더 나아가 냉동 보관된 잔여 배아일지라도 인간 생명체라는 점에서 복제 실험 연구에 결코 이용되어서는 안 된다고 천명하고 있다. 그리고 체외에서 얻은 배아일지라도 인간 생명체이므로 의도적으로 죽도록 방치하거나 폐기하는 것도 결국 생명을 존중해야 할 도덕률에 모순되므로 모름지기 배아의 생존 보존을 위한 안전 수단이 사전에 예비되어야 했었다.

그렇다면 현실적으로 이미 만들어진 최소한 수십만 개로 추정되고 있는 잔여 배아들을 어떻게 처리해야 할 것인가? 이와 관련하여 마치 아이를 입양하는 방식처럼 배아를 불임 부부에게 나눠주는 방법, 또는 이미 냉동 보관되어 있는 배아들에 대한 냉동 기간을 연장해 영구보관하는 방법 등이 대안으로 거론되고 있다. 그러나 잔여 배아를 윤리적으로 올바르게 처리할 명료한 방법은 나오지 않고 있다. 결국 잔여 배아 문제는 부자연스러운 체외 수정을 함부로 하는 것이 얼마나 큰 윤리적결과를 초래하는가를 우리에게 일깨워주고 있다. 참으로 중요한 것은 처음부터 잔여 배아 문제가 발생하지 않도록 확실하고 안전한 제도적 장치가 먼저 마련되어야 했었고, 이제라도 비윤리적인 체외 수정을 금하는 것이 가장 바람직하다.

잔여 배아 처리의 난문제는 인간 생명체나 배아의 연구와 실험 및 복제 문제에 시사하는 바가 매우 크다. 가톨릭 교회는 배아 연구와 관련하여 이렇게 가르친다.

"배아(배자)에 대한 치료적 기술 조작은 배아의 생명과 온전함을 존중하고 배아에 부당한 위험을 주는 일이 없이 치료적인 의도만으로 시행된다면, 그 사용은 도덕적으로 타당하다. 그러나 이 일이 인간 배아의 완전성과 개별적 생존에 위협을 주는 조작일 때는 부당하다"(인간 생명의 기원과 출산에 대한 훈련 1.3)고 말한다.

Ⅳ. 인간 배아의 실험 및 복제에 대한 규제의 국제적 동향

영국, 스웨덴, 호주, 중국, 일본, 이스라엘을 제외한 대부분의 국가들은 인간 배아 복제를 엄격히 금지하고 있다. 영국은 1990년 원시선이 출현하는 14일 이전의 배아 연구를 국가생명윤리위원회의 승인을 받아 할 수 있도록 허용했고, 2001년 1월 세계 최초로 인간 배아 복제 연구까지도 허용하는 법률을 제정했으나, 인간 배아 복제 방법 외의 다른 연구 방법이 없음을 반드시 증명해야 한다는 단서가 붙어 있어서 2002년 12월까지 단지 1개 연구 기관만이 연구 신청을 냈으나 아직 승인되지 않아서 시행되지 않고 있다. 스웨덴과 핀란드, 그리스 등은 원시선이 나타나기 이전의 초기 배아 연구만을 허용하고, 연구용 배아를 만드는 것을 엄금하고 있다. 미국은 2001년 8월 국립보건원이 5년 이상 보관된 폐기될 냉동 배아로부터 추출한 줄기 세포주의 연구에 연방 자금을 지원하기로 했으나 인간 배아 복제에 대한 연방 자금 지원을 금하고 있으며, 2001년 7월 하원에서 배아도 인간임을 가결하고 인간 배아 복제 금지 법안도 통과시켰으나 상원에서 계류중에 있다. 2002년 10월 30일 부시 행정부는 인간연구보호자문위원회의 규정을 고쳐 실험용 인간 배아도 태아, 아동, 성인과 함께 보호받아야 할 인간임을 천명했다.

유네스코 국제생명윤리위원회의 「인간 배아 줄기 세포 연구의 윤리적 측면에 관한 연구 보고서」(2001년 4월)는 인간 배아 줄기 세포 연구는 허용되어서는 안 된다는 결론을 내렸으며, 유럽의회의 연구를 위한 지침서의 「인간 배아를 포함하는 연구의 윤리적 함의」의 최종 연구 보고서(2000년 7월)와 유럽의회의 "생명윤리협정"(1998년 8월, 2001년 수정, 보완)에서도 모든 나라가 인간 배아 복제를 금지하고 인간 배아에 대한 연구 자체를 하지 말 것을 권고하고 있다. 2002년 6월 독일에서 독일 외무성과 프랑스 외무성이 공동 개최한 국제 정책 포럼 "하나의 지구적 생명 윤리를 향하여"에서 인체 연구 결과물의 상업화, 특히 배아의 상업 거래 금지를 선언했다. 이 포럼의 목적은 10월 유엔 총회를 대비하여 세계의 저명한 생명 윤리학자를 초청하여 인간의 존엄성을 지키기 위한 헌장 제정을 위한 준비 작업이기도 했다. 필자도 참석하여 전세계가 인체 연구 결과에 특허권을 주어서는 안 된다는 요지의 논문을 발표했다. 유럽특허청은 2002년 7월 인간 배아 줄기 세포에 대한 상업적 목적의 이용을 전면 금지했다. 유럽특허청은 1999년 12월 호주의 줄기 세포 학자에게 부여한 "유전자 조작을 위한 배아 세포 응용"에 관한 특허권을 취소했다. 이것은 독일, 이탈리아, 네덜란드 정부와 국제 환경 단체인 그린피스가 유럽특허청에 연구용 특허권 규정 수정을 청원한 결과였다.

V. 결론

인간 개체 복제를 허용하는 나라는 지구상에 없다. 그러나 인간 복제에 대한 어떤 설문 조사에 의하면 놀랍게도 20% 정도의 사람들은 인간 복제에 동의하고 있다고 한다. 오늘도 외신에서 인간 복제를 두려워할 필요가 없다고 공언하는 생명 과학자들이 있음을 읽을 수 있다. 더군다나 우리나라에는 인간 배아 복제와 이종간 교잡 행위까지도 허용해야 한다고 주장하고 심지어 연구 활동에 아무런 제재도 없어야 한다고 주장하는 사람들이 있다. 그들 중에는 과학기술부의 생명윤리자문위원회가 그토록 애써서 만든 생명윤리기본법안과 보건복지부가 마련한 생명윤리안전법안을 무산시키려고 획책하는 무서운 생명 산업자들이 있다.

생명 산업자들은 돈을 벌기 위해 혈안이 되어 있다. 인간 복제도 인간 배아 복제도 한마디로 돈을 벌기 위한 수단일 뿐이다. 인간 배아 복제가 허용되면 인간 복제도 필연적으로 허용되는 방향으로 가게 되어 있다. 이것은 바로 인류 사회의 종말을 예고하는 것이다. 그러므로 우리는 이를 저지해야 한다. 그러기 위해서는 우선 배아 복제를 막을 법을 빨리 만들어 생명 산업자의 준동을 저지해야 하고, 특히 전 국민을 상대로 생명 윤리 교육을 강화해야 할 것이다.

주

1) 본 논문은 『사목』 제289호, 한국천주교중앙협의회, 2003, pp.35-48에 실린 것임을 밝힌다.

제18장

세계 환경 문제와 한민족의 생태 철학[1]

I. 서론: 문제 제기

오늘날 환경 문제는 지역적 국소적 차원의 관심사의 범위를 넘어서서 점점 전 지구적인 차원으로 그 영향과 인식의 범위가 확대되어가고 있다. 그래서 대부분의 환경 문제는 이제는 세계 환경 문제로 되고 있다. 예컨대 중국에서 발생한 환경 오염은 중국에서만 심각한 공해를 유발하는 것이 아니다. 특히 중국의 환경 오염 가운데 가장 심각한 문제는 대기 오염인데, 이 대기 오염은 중국과 인접하고 있는 한국과 일본에 직접적인 영향을 끼치는 것은 물론이고 더 나가서 대기권에도 영향을 미치며, 아니 전 지구촌 차원에서도 심각한 문제를 야기하고 있다. 이 문제는 한국, 중국, 일본 3국간의 국지적인 환경 보호 공존 정책 같은 소극적 대책만으로 해결될 수 있는 것이 아니다. 중국의 생태계 파괴 문제는 그 규모와 속도 면에서 이제는 너무나 심각하여 미국과 유럽연합뿐만 아니라 전세계가 공동으로 관심을 가지고 적극적으로 대처해야 할 문제가 되었다. 이처럼 대부분의 환경 문제는 세계 환경 문제로 되고 있다. 오늘날 주지하다시피 환경 오염은 비단 중국에서만 발생하고 있는 것이 아니라 한국과 일본은 물론 전세계 어디든 지 발생하고 있다. 그러므로 우리가 환경 문제를 근본적으로 해결하기 위해서는 단기적인 정책과 기술적인 대응도 강구하지 않을 수 없으나 보다 더 장기적인 관점에서, 즉 생태 윤리학의 차원에서 근본적인 성찰을 해야 할 것이다. 왜냐하면 생태학적 위기를 초래하게 된 근본 원인은 바로 인간의 그릇된 자연관과 산업주의에서 비롯하기 때문이다.

전 지구적 생태학적 위기를 맞이하고 있는 오늘날에도 전세계는 경제 성장이라는 진보의 이데올로기와 산업주의의 수렁에서 헤어나지 못하고 있다. 자연의 착취와 파괴라는 관점에서 보면 현대 사회의 자본주의와 공산주의 또는 사회주의 사이에는 아무런 근본적 차이도 없다. 공산주의와 자본주의는 모두 다 인간의 물질적 욕구의 충족을 절대시하고, 그것을 위해 자연을 종속시키는 산업주의로 수렴되고 만다. 따라서 산업주의는 인간과 자연의 관계를 단지 물질적 욕구의 충족이라는 단선적 관점에서만 보기 때문에 자연의 가치를 무시하게 되고 종내에는 자연을 파괴하고 급기야 생태학적 위기를 초래하였다. 그러므로 우리가 생태학적 위기를 극복하기 위해서는 내면적으로 인간의 욕구를 다양하게 발전시킬 필요가 있으며 외면적으론 자연도 물질적·도구적 가치만을 가지고 있는 것이 아니라 다양한 가치를 지니고 있음을 지심해야 할 것이다. 우리는 환경 위기에 대한 근본적 대응책으로 생명 중심적 세계관, 유기체적 자연관과 정신주의적 가치관에 입각하여 생명관과 자연관을 근본적으로 바꾸지 않으면 안될 것이다. 자연관의 변환, 즉 자연에 대한 잘못된 이해의 시정은 과학 기술 만능주의로부터 탈피하여 모든 개체 생명과 온 생명 체계를 존중하고 과학 기술을 재정립하는 것이다. 우리는 자연과 인간을 대립물로 보는 서구의 이원론으로부터 자연과 인간을 하나로 보는 동양 전통 사상의 일원론으로, 그리고 기계주의적 과학관으로부터 유기체적 과학관으로 발상의 전환을 시도해야 할 것이다. 우리는 자연 환경 파괴로 야기된 생명의 위기에서 생명 가치를 지키고 인간 사회를 생태 지향적 사회 체제로 재구성해야 한다. 이것은 정치, 경제, 문화, 교육 어느 하나의 국면에 한정된 문제가 아니다. 전 인격, 전 지구의 존폐가 걸린 총체적이고도 근본적인 문제이다.

II. 자연 환경보존의 의의

인간이 자연을 파괴하면 결국에 가서 그 자신까지 훼손시키고 만다는 사실이 우리가 자연 보호를 해야만 하는 근본 이유이다. 이때 인간은 자기를 자연과 대치되는 것으로 이해하며, 데카르트처럼 주체로서의 자기와 자연을 구분한다. 그러나 요나스에 의하면 "자연은 인간과 분리된 단순한 대상이 아니라 인간과는 불가분리의 관계에 있는 다른 것이며 인간을 구성하고 있는 인간 존재의 부분이며, 인간 자신의 실존적 완전성의 한 요소이다."

인간이 요구하는 것을 자연이 제공해 주는 한, 자연에 대한 인위적 침해는 별로 문제가 되지 않는 것처럼 사람들은 생각해 왔다. 그러나 기본적인 자연 재화들인 공기, 물, 토양, 빛, 지하 자원들의 이용은 제약을 받는다. 그러므로 자연 재화의 부족과 자연과 인간 모두를 위한 자연 재화 보존의 중요성은 정의正義를 요구한다. 그러나 재화들은 개별적으로 분배되고 배당되며 원래 쪼갤 수 없는 것이기 때문에 정의의 요구에 부응한다는 것은 불가능하다. 그러므로 우리는 현세적이고 잠재적인 인간의 환경으로서의 자연을 보편적인 선으로 보호하고 자연을 건전하고 재생 가능하도록 보존하지 않으면 안 된다.

우리는 자연 재화를 공공 재화라고 보아야 한다. 공공 재화는 그 누구도 그것의 사용에서 제외되어서는 안 되며 모든 사람들이 이용할 수 있어야 한다. 다시 말해서 공공 재화는 어떤 시대의 몇몇 사람들이 독점할 수는 없는 것이며 탕진할 수도 없는 것이다. 그러므로 지금 살고 있는 사람들에게는 자연의 처리와 사용 능력이 잠시 위임되었을 뿐이다. 따라서 인간은 그 자신의 이해 관계에만 얽매여 자연을 배타적으로 사용해서는 안 되는 신탁자信託者의 위치에 있다. 우리는 이러한 신탁 관계를 두 가지 관점으로 나누어 살펴볼 수 있다.

(1) 인간과 자연과의 관계에서 인간이 신탁자라는 것은 가톨릭의 전통적 사유권 제도의 인정과 밀접한 관련이 있다. 하느님만이 창조자와 최고 지배자로서 사물의 완전한 소유권을 가진다. 하느님은 인간에게 단지 사물을 사용할 권리만을 위임하셨다. 그러나 인간에게 주신 권리 위임은 모든 인간에 대한 인간 존중을 고려한 것이다. 그러므로 인간의 자연 이용은 하느님이 원하시는 사용 목적에 따라서만 하도록 의무가 주어진다.

그러므로 우연히 자연 재화를 소유하거나 이용할 수 있는 몇몇 사람들의 이익만을 충족시키기 위해서 자연 재화가 단순히 재료와 자료로서만 이용되거나, 또 다른 사람들을, 특히 미래에 살 사람들을 함부로 제외시키는 것은 불의한 것이다. 인간은 언제 어디서나 좋은 공기를 호흡하고 좋은 물을 마실 수 있는 권리를 보장받아야 한다. 이것은 국가의 영향으로부터 벗어나는 개인적인 자유권의 의미로 이해될 수 없으며 사회적 기본권의 의미로 생각하지 않으면 안 된다. 따라서 자연 재화의 이용은 생존권의 수단으로 위임된 것이므로, 자연을 파괴하거나 인간의 생존권을 위협해서는 안 된다.

(2) 인간이 자연과의 관계에서 신탁자라는 것은, 인간은 자연 보존에 대한 책임을 진다는 것이다. 우리는 자연 보존을 실현하기 위해서 다음과 같은 세 가지 방향을 고려해 볼 수 있을 것이다.

그 하나의 방향은 자연의 고유한 가치를 인정하는 것이며 다른 하나의 방향은 인간의 윤리적 의무의 범위를 시간적 공간적으로 확대해서 자연을 인간 삶의 조건으로 끌어들이는 것이다. 이 두 가지 방향은 최근에 그리스도교적 신학자들과 철학자들 간에 활발히 논의되고 있다.

첫번째 방향

자연은 단순히 인간을 위해서 봉사하는 것에서만 의미 있는 것이 아니라 일종의 주체성과 같은 독자성을 가지고 있다. 예를 들면, 동·식물을 도구로만 취급하는 것은 부적절한 것이며, 생물의 생존권을 인정하는 것이다.

오늘날 많은 저술가들은 인간과 자연과의 관계를 새로운 용어를 사용해서 표현하고 있다. 예를 들면, "동반자 관계," "협력 관계," "연대성" 심지어 "형제 관계" 등으로 표현하고 있다. 우리는 이 첫번째 방향을 편의상 3가지로 나누어 살펴볼 수 있다.

① 슈바이처의 "생명에 대한 외경"이라는 구호에서 볼 수 있다. "인간은 그가 도울 수 있는 모든 생명체를 도와주고 또 어떤 생명체에도 해가 되는 일을 삼갈 것을 간청하고 또 여기에 그 자신이 순응할 때에만 비로소 진정한 의미에서 윤리적이다. 윤리적인 인간은 이 생명 또는 저 생명이 얼마만큼 값이 나가는지 묻지 않으며, 또 그것을 얼마만큼 지각할 수 있는지도 묻지 않는다. 그에게는 삶 그 자체가 거룩하다. 그는 나무에서 나뭇잎 하나 따지 않으며, 어떤 꽃도 망가뜨리지 않으며, 또 어떤 곤충도 밟아 죽이지 않도록 항상 주의한다."

슈바이처는, "윤리학은 살아있는 모든 것에 대해 무한한 책임을 지는 것을 지칭하는 것이다"라고 말하기도 했다. 그는 모든 현상에는 각자가 자기 자신 안에서 느끼는 것과 똑같은 "삶의 의지"가 있다고 본다.

② 인간은 무엇보다도 우선적으로 자연과 공속共屬 관계에 있고 아주 밀착된 관계에 있다는 것이다. 이것은 환경 윤리학의 출발점이다. 환경 윤리학은 자연과 자연의 개별적 구성 부분이 고유권을 가지고 있음을 인정한다. 서양 근세 사상에서의 주관과 객관의 대립적인 이원론의 영향을 받아 인간과 자연은 마치 적대 관계에 있는 것처럼 보이기도 하지만, 근본적으로는 인간은 자연의 일부분이라는 것이다. 따라서 우리는 모든 피조물을 동등하게 대우하는 평등 원칙을 요청하지 않을 수 없다. 우리는 자연에 대한 책임을 단지 동물 보호만으로 다한 것이라고 생각할 수는 없다. 우리는 한 걸음 더 나아가 식물이나 무생물계까지도 인간이 책임지는 것을 전망할 수 있다.

비인간적 존재와 사물은 그들의 성분과 질서 기능을 파악할 수 없기 때문에 주체적 권리의 소유자가 될 수는 없을 것이다. 그러나 죽은 자, 아직 태어나지 않은 자, 의식을 상실한 자 등의 권리를 전통적 규범에서도 이미 인정해 오고 있는 것은 생명의 존엄성의 존중에서 그 타당한 근거를 찾을 수 있다.

③ 자연과 인간이 하나라는 생각은 자연의 일부분이나 자연을 신적인 것이 나타나는 양태의 전체로 간주할 때 생길 수 있다. 우리는 이것을 특히 한국인의 민간 신앙에서, 또 그리스도교 이전의 신화 세계에서 찾아볼 수 있다.

드레버만Drewermann은, "환경 윤리는 기존의 그리스도교의 자연관의 근본적인 수정 없이는 전망 없는 단순한 시도에 그치고 만다. 이 근본적 수정은 다른 종교들과 고대 종교들의 지혜를 그들의 중요한 상징으로 받아들이지 않으면 안 된다"고 말했다. 그래서 그는 지금까지 서양의 정신사에서 사이비 범신론으로 또는 무신론으로 취급되어 배척되었던 하나의 종교적 세계의 체험, 즉 하나의 통일 사상으로 되돌아가서 보다 더 근본적인 새로운 종교적 성찰을 할 것을 요구한다.

두 번째 방향

두 번째 방향은 인간과 자연의 올바른 관계를 규명해 보려는 시도라고 간단히 말할 수 있다. 인간 이외의 것은 인간이 정해 놓은 목적에 따라 이용할 수 있는 원료에 불과한 것이 아니라는 것이다. 그래서 인간의 책임은 단지 인간과 인간과의 관계 형성에만 그치는 것이 아니라 그 범위가 확대되어야 한다는 것이다. 우리는 이것을 편의상 세 가지로 나누어 살펴볼 수 있다.

① 인간, 동물, 식물, 무생물 상호간의 질적 차이에 대한 폭넓은 비교 타당성의 검토이다. 인간을 동식물과 비교해 보면, 그 차이란 실상 아주 작고 별것 아니라는 것이다. 아무튼 동물을 학대하는 것은 인간까지도 쉽게 멸시하게 만든다. 동식물을 사랑하는 것은 인간성을 교육시키는 데도 도움이 된다.

② 두 번째 문제점은 자연과 인간과의 교제에 대한 표준에 관한 것이다. 그 표준이 자연 자체 안에서만 발견되어야 한다면, 자연을 무엇이라고 보느냐에 따라서 그 표준이 달라진다. 따라서 자연 안에서 나타나고 있는 고통이 삶의 원칙에 가장 깊이 저항하는 것으로서 파악되거나 아니면 다 함께 보전되기를 목표로 하는 삶과 죽음의 형평으로 지향될 때 자연은 도덕적으로 규정될 수 있을 것이다.

③ 세 번째의 문제점은 자연이 자기 목적을 수행한다고 할 때 과연 일관성을 가지고 있느냐 하는 것이다. 인간성이 인간의 기본적인 요구와 갈등을 느끼는 것과 마찬가지로 자연은 자기 주장의 필연성과 갈

등에 빠질 수 있다. 가령 영양 섭취는 생물간에 갈등을 가져온다.

슈바이처는 이 점을 시인하면서도 어떤 상태에서든 삶을 멸절시키거나 손상을 주는 모든 행위는 악이라고 주장했다. 이와 같은 딜레마를 우리는 기술에서도 살펴볼 수 있다. 기술은 순기능과 역기능을 가지고 있다. 우리는 기술의 부작용만을 문제삼아 기술을 과소 평가할 수는 없다. 우리는 환경 위기의 해결을 기술 발전의 억압에서 찾으려고 해서는 안될 것이다.

세 번째 방향

우리는 자연의 아름다움을 누릴 줄 알아야 한다. 우리는 자연의 아름다움을 완성하면서 생명의 신비를 느끼며, 생명의 존귀함을 배우며, 우리의 생존을 감사하게 생각하고 안식을 찾는다. 자연을 우러러볼 줄 아는 이는 생명을 사랑하고 자연을 감히 훼손시키지 않는다. 그러므로 환경 교육에 있어서 미학적 감상 능력의 배양이야말로 생명에 대한 외경심을 길러주며, 자연 보전의 지름길이다.

인간은 모든 생명체를 살게 해주시는 하느님의 창조 사업의 조역자助役者이며, 착한 목자牧者로서 자연의 파수꾼 역할을 하는 자이다. 인간은 자연의 한 부분이다. 자연은 인간을 구성하고 있는 인간 존재의 한 부분으로서 인간 자신의 실존적 완성의 한 요소이기도 하다. 우리는 생명 보전을 위해서도 생명의 터전인 자연을 온전하게 보전하지 않으면 안 된다. "만물이 본래 가지고 있는 천성을 그대로 실현시켜 그 생명 발전을 끊임없이 존속하게 하는 것이 도의가 할 일이다(成性存存道義之門)" (『역경易經』).

인간이 다른 생명체의 희생으로 살 수밖에 없다면, 인간도 다른 생명체를 위해 자기의 불이익과 희생을 감수해야 한다. 우리는 절제할줄 아는 "살림살이oikodom"에서 우리를 살리고 자연을 살리고 생명을 아끼는 법을 실천할 수 있다. 이제 우리는 청빈한 삶을 살줄 알아야 한다. 청빈paubertas은 나와 인류와 온 누리를 구하는 길이며, 생명 가치를 구현하는 길이다.

III. 환경 윤리학의 과제

1. 생태학적 양식의 성찰

생태 윤리학은 인간의 자연에 대한 도덕적인 가치 판단을 탐구하는 학문이다. 인간의 자연에 대한 도덕적인 가치 판단의 기준은 견해에 따라 차이는 있지만, 디쉬Disch에 의하면, 인간의 자연에 대한 태도는 "생태학적 양식ecological conscience"에 따라 선과 악으로 판별된다. 칸Kahn은 우리가 살고 있는 지구 환경과 그 속에 살고 있는 모든 생물 종을 아끼고 사랑하며 다른 생물을 직간접적으로 해치는 사리사욕을 버리며, 환경에 가능한 흔적을 남기지 않는 것이 선이라고 해석한다. 레오폴드Leopold는 생물 군집을 보호하고 안정성을 유지하며 심미감審美感을 보전해 주는 행위는 선이며, 그렇지 않은 행위는 악이라고 환경 윤리의 실천 지침을 제공한다. 뒤보Dubos와 파크레Fackre는 인간이 지혜와 창의를 가지고 자연을 선용하고 관리하며 감사하는 마음으로 식물을 배양하고 동물을 사육하여야만 생태권ecospehre을 지속시킬 수 있다고 보고, 생태권을 지속시킬 수 있는 것은 선한 것이며, 생태권을 위험에 빠뜨리는 것은 악한 행위라고 규정했다. 그들은 생태권을 위험에 빠뜨리면 결국 인간 자신도 위험에 빠진다고 경고한다.

환경에 대한 윤리적 가치 판단은 생태학에 관한 지식에 근거하지 않을 수 없다.

예컨대, ① 생태계의 보전 및 다양성을 이해할 수 있는 지식, ② 인간은 자연의 지배자가 아니고, 자연의 한 구성원이라는 것, ③ 모든 생물 종은 생존할 권리가 있으므로 인간이 함부로 생태권을 위험에 빠뜨려서는 안 된다는 것, ④ 지구 자원의 낭비는 환경의 오염과 파괴로 직결된다는 등의 생태학적 지식이 요청된다. 그리고 이러한 생태학적 지식은 생태학적 양식을 형성하는 기초가 된다. 우리는 생태학에 대한 지식 없이는 우리의 행동이 환경(자연)에 대하여 유익한지 유해한지를 판단하지 못한다.

그러므로 인간의 생태학적 양식을 북돋워주는 것은 바로 자연 보전과 환경의 질을 향상시키는 것과 상관된다. 자연을 지키려는 마음은 결국 자연을 아름답게 볼줄 아는 데서만 찾을 수 있다. 그러나 자연의 아름다움을 볼줄 아는 마음은 하루 아침에 이루어질 수가 없으며 오랜 시일을 두고 꾸준한 교육과 훈련을 통해서만 가능하다. 바로 이것이 생태 윤리학 또는 환경 윤리학의 과제이다.

2. 자연 보존을 위한 국제적 협력

1972년 6월 스웨덴의 스톡홀름에서 열린 유엔 인간 환경 회의는 인류 역사에서 최초로 "인간 환경 선언문"이 채택되었다. 그 선언은 자연 보존과 그 향상에 관한 인류 공존의 사상과 원칙을 천명했다. 그 선언은 "이제 인류는 역사적 전환점에 이르렀다"고 주장하면서, "현재와 미래의 세계를 위하여 인간 환경을 보호하고 개선하는 것은 이제 인류의 지상 목표가 되었으며 그 목표는 인류의 평화와 범세계적 경제 사회 발전이라는 확고하고 기본적인 목표 아래 조화 있게 추구되어야 한다"고 강조했다. 그러나 "인간 환경 선언"에서 표명된 자연관은 자연 보전의 중요성을 인정하면서도 어디까지나 인간을 위주로 한 것이며, 최근에 활발히 논의되고 있는 생태 윤리학에서처럼 자연 보존의 독자적 의미는 인정되지 않고 있다. 그렇지만 이 선언문에서 민족주의의 한계를 지적한 것은 의미 있는 것이다. 지구상의 많은 나라들이 제각기 자기 이익만을 추구할 때 그 무책임한 통치권 하에서 지구가 온전하기 어렵다는 것이다. 그래서 제기되는 문제가 탈민족 공동체 post national community이다. 이제 우리에게 참으로 중요한 것은 지구는 단 하나뿐이며, "단 하나의 인류"가 있을 뿐이라는 사실을 우리 모두가 깨닫는 것이다. 단 하나뿐인 지구에서 자연과 환경의 보전을 위한 교육이야말로 사회 윤리학의 근본 과제이다. 우리나라의 "자연 보호 헌장"에도 "국민 모두가 자연에 대한 인식을 새로이 하여 자연을 아끼고 사랑하며 모든 공해 요인을 배제함으로써 자연의 질서와 조화를 회복, 유지하는 데 정성을 다하여야 한다"고 명기明記되어 있다.

Ⅳ. 한민족의 생태 철학

생태학적 위기를 극복하기 위해서 인간은 자연과 조화롭게 공생共生을 누릴 수 있어야 한다. 그러기 위해서는 물질적 욕망에 대한 절제와 단순한 삶을 추구하는 생활 방식이 우리에게 참으로 필요하다.

인간의 모든 고통의 근원인 과도한 물질적 욕구를 벗어나서 탈물질주의적인 정신적 가치를 되찾을 수 있을 때 마음의 평화와 안정을 얻을 수 있고, 이것이야말로 인간의 행복을 위한 필수적 요소임을 우리는 깨달을 수 있어야 할 것이다.

서양 근대의 자연관은 맹목적으로 진보와 발전을 추구하면서 자연을 인과율에 의해서만 지배되는 죽어있는 물질에 불과한 것으로 간주하고 유용성의 관점에서 자연을 도구로서만 인식하고 대상화하면서 착취 수탈을 일삼았다. 그러나 오늘날 서양의 생태주의자들도 동양의 전통 사상에서 새로운 자연관을 모색하고 있다. 우리나라 사람들의 고대 생활에 대해서 기록해 놓은 문헌으로 가장 오래된 것으로 보이는 『후한서後漢書』「동이전東夷傳」을 보면, "동방을 이夷라고 한다. 이夷라는 것은 뿌리(低)다. 어질면서 살리기를 좋아하는 것이다. 만물은 땅에 뿌리박아 나오므로 천성이 유순하다 … 군자가 죽지 않는 나라가 되기에 이른 것이다. 동이족은 대대로 그 땅에 친근감을 가지고 붙어살며 술마시고 노래하고 춤추는 것을 즐겼다. 때로는 관을 쓰기도 하고 비단옷을 입고 제품祭品을 사용하기도 했다. 중국에서 예를 잃으면 구해올 곳이다(東方曰夷者低也 言仁而好生 萬物低地而出 故天性柔順 … 至有君子不死之國焉 東夷率皆土着 喜飮酒歌舞 或冠牟衣錦 器用俎豆 所謂中國失禮 求之者也)."

우리는 이 기록에서 특히 "인이호생仁而好生"이라는 말에 주목할 필요가 있다. 우리는 이 말을 "어질면서 살리기를 좋아한다"는 뜻으로 해석할 수 있다. 다시 말해서 이 말은 우리 민족은 살리기를 좋아하는 민족이라는 뜻으로 해석할 수 있다. 그러므로 우리 민족은 아득한 옛날부터 호생好生, 즉 생명 존중 사상을 가지고 있었음을 충분히 짐작할 수 있다.

1. 한국인의 전통적 자연관의 현대적 의의

우리는 한국인의 전통적 자연관을 우리 선조들의 민간 신앙에서 또 그들의 전통적 문화 생활에서 어떤 이론적인 철학 및 종교 사상보다 더 여실하게 찾아볼 수 있을 것이다. 그러므로 우리는 한국인의 민간 신앙의 자연관과 한국인의 전통 문화 생활 속에 나타나 있는 자연관을 살펴보기로 하자.

동아시아의 지리적 여건으로 보아 한국인의 전통적 자연관이 대체로 중국의 전통 사상으로부터 많은 영향을 받았다는 것은 아무도 부인하기 어려울 것이다. 특히 중국의 도가와 유가의 자연관은 한국의 식자층의 자연관에 깊은 영향을 주었다. 그러나 우리는 무속 신앙, 도참圖讖, 풍수지리, 신선神仙 사상 등과 한국의 민속 불교 사상과 도교 사상이 한데 어우러진 토속적인 민간 신앙이 무엇보다 대부분의 한국인의 전통적 자연관에서 중요한 역할을 하고 있다고 보아야 할 것이다.

우리는 한국의 민간 신앙(민중 신앙 또는 민속 신앙으로 불려지기도 한다)을 무속, 풍수지리, 도참 사상, 신선 사상, 가신家神 신앙, 속신俗信, 구비 전승되고 있는 금기어禁忌語 등에서 찾아볼 수 있다. 우리는 이러한 민간 신앙 속에 나타나 있는 자연관에서 한국인 특유의 전승적 생태 철학을 밝혀볼 수 있다.

(1) 무속 신앙과 자연관

무속의 신관神觀은 그 자연관과 불가분리의 관계에 있다. 무속의 신관은 다신적 자연 신관으로서 우주 만상의 모든 물체에 정령이 깃들어 있다고 믿으며 산山, 수水, 초목, 암석 등의 자연물이 신성시된다.

종교학적으로 무속 신앙은 애니미즘animism이라고 할 수 있다.

대부분의 한국인은 어떤 종교를 믿건 간에 무속 신앙에서 연원하는 기복祈福 사상의 지배를 받고 있다. 한국의 무속은 단군 신화로부터 천도교와 증산교에 이르는 한국의 자생적 종교와 그밖에도 민간 신앙은 물론이고 유교와 도교와 그리스도교에 이르기까지 실제로 엄청난 영향을 주고 있다. 한국 무속의 연구가 일천하고 특히 무속의 윤리적 기능에 대한 연구는 거의 전무하다시피 하지만 굿의 사례를 중심으로 그 윤리적 의의를 연구해 보아야 할 것이다. 적어도 무속 신앙을 가지고 있는 사람들은 영적 존재인 자연물을 존중하고, 함부로 자연을 파괴하지는 않을 것이다.

(2) 풍수지리 사상과 자연 존중

산천을 눈으로 살펴 그 미추美醜와 좋고 나쁨의 느낌을 판별하고자 하는 노력이 풍수 사상을 통해 결집되었다고 생각해 볼 수 있을 것이다. 이 풍수 사상은 이미 삼국시대에 중국으로부터 수용된 흔적이 있고 그로부터 근세 조선에서 극성을 이루었고 오늘날에 이르기까지 한국인에게 끊임없이 지속되어 왔다.

풍수 또는 풍수지리는 음양오행설과 지기설地氣說에 기초하여 민속적으로 지켜져 내려오는 지술地術로서, 집터, 묏자리의 방위(성향), 지세와 형국 등의 좋고 나쁨이 사람의 길흉화복과 관계가 있다고 보는 설說이다.

혈족 의식과 조상 숭배 사상을 가진 민족들에게는 지모地母 사상이 있다. 인간은 땅에서 나서 땅으로 돌아가기 때문에 땅은 생명의 모체이고 육체의 고향이며 우리의 신체는 땅(자연)의 일부분이다. 그러므로 인간의 생명이 유구한 조상으로부터 면면히 이어와서 혈통을 이루고 연속된다고 보며, 부모의 유체遺體를 안전하고 지기地氣가 왕성한 곳에 안장하면 그 지기가 유체에 작용할 것이고, 그 힘은 마침내 살아 있는 자손에게까지 감응할 것이라는 지기감응설地氣感應說이 생겨날 수도 있었을 것이다.

풍수 사상은 묘지쟁송墓地爭訟이나 의타적 발복發福 사상 등의 반윤리적 피해도 많았음에도 불구하고, 근본적으로 땅을 생명을 가진 것으로 인정한다는 점에서 높이 평가하지 않을 수 없다. 그러므로 풍수 사상을 믿는 사람은 땅과 물을 더럽히거나 깨고 부수는 짓을 함부로 하지 않고 생명의 근원인 땅을 아끼고 사랑하지 않을 수 없는 것이다.

(3) 도참 사상과 자연 보호

세상의 종말과 앞날의 길흉에 대한 예언을 믿는 도참 사상은 우리의 민간 신앙으로 옛부터 끈질기게 신봉되어 왔다. 가령 『정감록鄭鑑錄』을 믿고 따르는 사람들이 아직까지도 있다.

신라 말기의 도선道詵은 『도선비기圖詵秘記』를 저술하고 지리쇠왕설地理衰旺說, 지리순역설地理順逆說 등을 주장했다. 그에 의하면 땅과 자연의 힘은 때로는 성하기도 하고 때로는 쇠하기도 하는데, 지기가 왕성한 곳에 자리를 잡으면 사람이 흥하게 되고 지기가 쇠하는 곳에 자리를 잡으면 사람이 망한다고 한다. 그리고 그는 지리적 조건이 좋지 않는 자리일지라도 인공적으로 또는 불력에 의해 보완할 수 있는 방법이 있다고 했다.

우리는 여기서 지맥地脈이니 수맥水脈이니 하는 말이 사람의 몸 속에 있다고 하는 혈맥血脈과 상통한다는 것을 발견할 수 있을 것이다. 따라서 여기서는 지리적 요소와 인간의 실재성이 상관 있으며 인간과 자연의 조화를 엿볼 수 있다.

(4) 구비 전승의 속신과 자연 보호

우리는 한국인의 전통적 구비 전승의 속신俗信에서 인간과 자연과의 공생을 찾아볼 수 있다. 예를 들면 고수레, 까치밥, 자연 보호와 관련된 금기어 등을 들 수 있다. 동물 보호와 관련된 금기어로는 다음과 같은 것이 있다.

까치나 제비를 죽이면 죄를 입는다.
매미를 잡으면 가뭄이 온다.

식물 보호와 관련된 금기어로는 다음과 같은 것이 있다.

큰 나무를 베는 사람은 쉬 죽는다.
나무를 많이 때면 산신령에게 마움을 받는다.

그밖에도 "땅을 파면 어머니가 돌아가신다"든가 "어린 아이가 실없이 땅을 파면 부모가 죽는다"는 금기는 땅을 함부로 파헤치지 못하게 하는 효과가 있다고 하겠다.

고사와 가신 신앙

고사告祀는 가신 신앙의 의식으로서 어떤 큰 일을 도모하거나 가족의 안녕을 위해 가신들에게 음식물(주로 팥시루떡)을 바치고 비는 행위를 말한다. 고사 음식은 이웃들과 나누어 먹는데, 동시에 그 음식물의 일부를 집안 곳곳에 있을 법한 귀신과 대문 밖이나 나무 등 자연에게 바치기도 한다.

고사는 가신의 종합제綜合祭로서 흔히 지신제地神祭라고도 불리우며 주부들의 소관이다.[2] 따라서 가신 신앙의 수호자는 거의 다 가정 주부들이다. 그들은 만유영유론萬有靈有論(animatism)을 믿으며 자연을 존중할 줄 안다. 그러므로 가신 신앙을 가진 사람들은 자연(地)을 함부로 파괴하지 않고 자연을 보존하려고 한다. 우리는 가신 신앙에서 인간과 자연과의 "나눔"을 찾아볼 수 있다.

귀신과 자연관

우리나라의 고대 소설과 전설과 민담에는 귀신 이야기가 많이 등장하며, 아직도 귀신이 있다고 믿는 사람들이 많이 있다. 한국의 신은 자연신계自然神系와 인신계人神系로 크게 나누어볼 수 있다. 우리가 여기서 주목할 것은 자연관과 관련된 자연신이다. 자연신은 천신天神, 산신山神, 수신水神, 지신地神, 암석신岩石神, 식물신植物神, 동물신動物神 등이 있고 무신巫神과 결부되면 더 많은 종류의 신들이 있다. 이 자연신은 인간의 자연에 대한 외경 사상에서 나왔다고 해석할 수 있으며 결국은 인간으로 하여금 자연물을 존중하도록 하는 도덕 교육적 효과를 가져왔다고 우리는 긍정적으로 해석할 수 있다.

민속 의학과 자연관

우리나라의 민속 의학은 인간이 자연에 속한 생명체로서 자연과 자연물에 상응하여 살아가는 가운데서 건강을 지킨다고 간주하며, 자연 요법을 가리킨다. 자연 요법은 오랜 경험과 속신에 의거하여 대체로 구전되어 오고 있으며, 민간 요법이라고도 한다. 사람이 장수무병長壽無病하게 산다는 것은 결국 자연계의 변화에 순응해서 생활하는 것을 의미한다.

민담 등에 나타난 동물 애호 사상

우리 조상들은 추운 겨울에는 소에게 쇠죽을 끓여주고 방한용 덮개를 씌워준다든가 농사나 군용으로 부려먹던 우마牛馬는 함부로 도살하지 않고[3] 사람에게 인정을 베풀듯이 동물에게도 인정을 베풀어야 한다고 말해 왔다.

(5) 신선 사상과 자연 보호

화랑을 국선國仙이라고 하고 화랑사花郎史를 선사仙史라고 한 것은 샤머니즘을 계승한 때문이다. 신라뿐만 아니라 고조선 이래 선교仙敎는 우리나라에 일관되게 전해져 온 민간 신앙이다. 우리나라 산에는 신선태神仙台, 신선 바위가 도처에 있다. 입산하여 수도하는 사람을 선仙, 곧 신선이라고 하였다. 풍류를 즐기는 선비의 신선풍미神仙風味나 신선정조神仙情操는 어떤 시대에 갑자기 생긴 것이 아니라 아득한 옛날부터 이미 있었던 것이라고 보아야 할 것이다. 신선 사상은 한국인의 건강과 자연에 대한 이해에 큰 영향을 미쳤다. 한국 선비의 신선취미神仙趣味는 도교적이라고 해도 지나치지 않을 것이다. 선비는 풍월을, 자연을 사랑하지 않을 수 없다. 그러나 이 신선 사상은 유감스럽게도 서양의 합리주의 사상으로 말미암아 질식되어가고 있다.

(6) 한국 민속 불교와 자연 보전

불교가 한반도에 도입된 이래 한국인의 전통 사상에 미친 영향은 그 어떤 종교보다도 막강한 것이었다. 주지하다시피 불가의 계율에서 불살생不殺生이나 살생유택殺生有擇은 훌륭한 생명 존중 사상이다. 불교의 종지宗旨인 자비는 자연에도 적용되며 만물의 인연화합因緣和合

사상이나 연기법緣起法에서 우리는 상생相生의 원리를 엿볼 수 있다. 그러나 우리는 불교 사상의 만물 순환론이나 제행무상諸行無常, 허무적멸虛無寂滅 등에서 구체적인 자연 보존 사상을 찾아보기는 어렵다. 다시 말해서 우리는 불교의 경전에서 자연 보존과 직접 상관되는 분명한 자연관을 찾아볼 수 없다. 왜냐하면 불교는 자연이라든가 사물에 집착하는 것을 배격하기 때문이다.

우리가 불가에서 자연 보호와 관련된 의미를 찾아본다면, 만물이 상생연관相生聯關되어 있음을 깨닫고 인간이 허망한 자연 착취의 욕심을 버림으로써 간접적으로 자연을 보호할 수 있을 것이라는 것이다. 그러나 한국의 민속 불교에서 우리는 자연 보전과 관련되는 것을 찾아볼 수 있다. 왜냐하면 한국에서 불교는 한국의 고대 신앙 체계인 샤머니즘의 바탕 위에서 수용되었고 한국인의 민간 신앙인 민속 불교는 애니미즘을 신봉하기 때문이다.

따라서 한국의 서민 불교는 무속 사상을 비롯한 우리나라 원시 종교의 영향을 받아 불교 본래의 교조적敎條的 의의와는 다른 양상을 지니고 있으며, 자연 숭배 사상과 일맥 상통하고 있다. 따라서 우리는 한국의 민속(서민) 불교에서도 만유영유론萬有靈有論을 찾아볼 수 있을 뿐더러 그 자연 숭배 사상에서 또한 자연이 보호되고 있음을 엿볼 수 있다.

(7) 천재지변과 기우제

우리 선조들은 자연에서 발생하는 천재지변은 하늘이 인간의 행위를 심판하고 벌을 내리는 것이라고 생각해 왔다. 우리나라 역사에는 옛날부터 기우제의 기록이 많이 있다. 기우제의 제관은 군수나 면장 등 행정 관료가 주로 담당하는데, 이것은 가뭄의 원인이 국왕 자신에게 있다는 재이설災異說 내지 천인감응설天人感應說의 영향이라고 하겠다.

우리는 앞에서 무속, 풍수지리, 도참, 속신, 신선 사상, 가신 신앙, 민속 의학, 민속 불교 등의 한국의 전통적 민간 신앙에서의 자연관을 살펴보았다. 만일 우리가 민간 신앙을 고등 종교의 교리와 과학적 사고를 가지고 검토해 본다면, 민간 신앙은 그 미신적 요소를 비롯하여 누구나 수용하기 어려운 점을 많이 가지고 있음을 우리는 부인할 수 없다. 그러나 한국인의 사고의 기저에는 적어도 자연을 경외하고 자연을 존중하는 사상이 깃들어 있음을 부인할 수 없다. 따라서 우리는 한국인의 민간 신앙에서 찾아볼 수 있는 자연 존중 사상을 오늘날에도 긍정적으로 수용할 수 있는 여지가 있음을 고려해 보아야 할 것이다.

2. 한국인의 전통적 문화 생활과 자연관

우리는 한국인의 전통적 문화 생활, 특히 한국인의 실생활에 반영되어 있는 미 의식 속에서 한국인의 여실한 전통적인 자연관을 찾아볼 수 있다.

그러므로 우리는 한국인의 전통적 문화 생활의 진솔한 모습을 상류 사회가 향유했던, 중국의 영향을 받은 고급 미술보다는 가장 한국적인 옛 조경과 건축과 민화와 민예품 등에서 더욱 잘 찾아볼 수 있을 것이다. 따라서 우리는 그러한 것들 속에 배어있는 우리 조상들의 정신과 그 정신에 깃들어있는 자연관을 밝혀내야 할 것이다.

(1) 한국의 옛 조경과 자연의 조화

"한국의 조원造苑은 인공적 조영물을 속된 것으로 생각하여, 모든 것을 자연에 잘 동화시키고자 하는 생각에 따라 조영된 것이다." 지형을 존중하여 자연을 허물지 아니하려고 했고 토질을 변질시키는 일을 하지 않았다. 습지면 습지에 잘 사는 나무를 심고 계간溪澗을 조성했다.

서양인들은 무엇을 만들거나 집을 지을 때 자연을 원상 회복이 불가능하도록 깨부수고, 늘 자연과 긴장 관계를 유지하면서 산다. 일본인은 집안에, 즉 뜰이나 방안에 자연을 끌어들이는 데 골몰하지만, 우리 조상들은 자연 안에 들어가서 집을 짓고 살며, 무엇을 만들 때도 되도록 자연을 거스르지 않으면서 자연에 융화되어 살려고 했다.

한국의 조원은 음양오행 사상과 풍수지리설의 영향을 받았으며, 대체로 선경仙境을 동경하는 신선 사상의 영향도 받았다. 그러나 한국의 건축과 조경에서 줄기차게 일관된 것은 자연과의 조화와 순리를 존중하는 것이었다.[4]

(2) 민화와 자연미

우리 민화는 우리 겨레의 미 의식과 정감이 가시적으로 표현된 옛 그림이며, 한반도에서 우리 겨레가 오랜 역사를 살아오면서 체득한 생활 감정과 생활 철학이 구체적으로 표현된 생활 미술로서 민족 회화의 줄인 말이라고 해석해야 할 것이다.[5] 외통집 안방의 장벽이나 샛문에 붙어있는 민화와 병풍에 그려져 있는 민화의 대부분은 산수도山水圖와 화조도花鳥圖나 수복장수壽福長壽나 벽사 邪의 의미를 담은 그림도 있다. 이 민화의 화제畵題는 여러 가지가 있으나 그 주류는 철저하게 한국의 산, 절벽, 계곡, 기암奇岩, 강, 수림樹木, 꽃, 새, 동물, 풀벌레 등의 자연을 그린 것이다.

그러면 한국 민화의 산수도의 특징은 무엇인가? 왜 우리 조상들은 그토록 산수도를 좋아했는가? 우리 조상들이 산수도를 그토록 좋아했던 것은 그림 속의 산수를 바라보면서 자연과 하나가 되고자 했으며 산을 경외하고 산의 한결같음을 놓치지 않으려는 염원이 있었기 때문일 것이다.

민화 중에 비교적 수효가 많은 유형이 호랑이 그림이다. 민화의 호랑이들을 보면, 그 얼굴은 맹수의 무서운 모습이 아니라 우습고 친근감을 주며 해학적인 표정을 짓고 있다. 호랑이를 의인화하여 호랑이에게조차도 적대감을 가지고 대하지 않고 자연과의 합일을 꾀하고 있었음을 짐작할 수 있다.

(3) 한국 민예품의 자연미

민예품이란 서민 사회에서 이름 없는 공장工匠의 손으로 가식없이 만들어져서 서민(민중)의 일상생활에 사용되는 것이다. 민예품은 우리 선조들의 정서와 숨결이 배어있는 것이다.

우리의 선조들이 일상적으로 사용해 왔고 완상해 왔던 조선 시대의 도자기와 목공예품에서 우리는 그들의 여실한 생활 철학과 자연관을 들여다볼 수 있다.

① 목공예의 자연미

김원용은 조선시대의 목공예품에 대해서 다음과 같이 말했다. "우리 조상들의 자연에 대한 애착은 조선의 목공품에서 가장 잘 나타나 있다. 조선의 목공품처럼 소재의 자연미를 살려서 인공의 선과 면을 최소한으로 줄이는 데 성공한 미술품은 없을 것이다."[6] 또 황호근은 이렇게 말했다. "우리는 조선의 목공예를 통해서 조선시대의 우리 조상들의 소박한 자연미를 체득할 수 있으며, 그들의 자연에 통하는 마음을 그 목공예의 형태에서도 발견할 수가 있다."[7]

야나기 무네요시는 『조선의 목공품木工品』이라는 글에서 조선의 목공품은 "작위作爲가 없고 미망迷妄이 없고 자연의 의지를 충족시켜주는 것"이며 "자연을 쫓아 더욱 자연에 작용하며," "모두가 자로 재서 만든 것이 아니므로 정밀한데는 없지만, 그만큼 여유가 있고 따뜻하며," "이지理智의 작품이 아니며 유순하고 순하고 태평스럽고 온화하다." 그것은 "자연을 살리고 있다. 왜냐하면 자연의 아름다움이 여기서 한층 더 응집되기 때문이다"[8]라고 했다.

김원용은 "자연에 대한 애착, 자연 현상의 순수한 수용, 이것이 한국 민족의 특성이요, 또 한국 미술의 본질인 것이다"라고 갈파하고 나서, 특히 조선의 목공예에 대하여 "인공 이전, 미 이전의 세계에서 일하며 형용할 수 없는 불후불멸不朽不滅의 미를 만들어내고, 소재가 가지는 자연의 미를 의식적으로 보존하려는 노력은 세계에 자랑할 만한 성과요 감각이었다고 할 수 있을 것이다"[9]라고 피력하였다.

② 도자기의 자연미

김원용은 조선 도자에 나타나고 있는 자연미에 대해 이렇게 말했다. "조선 도자의 기본적 특색은 결국 '자연'이라는 말로 귀약될 것이다. 미사여구를 써서 갖가지 표현이 나올지 모르나, 결론은 결국 다른 한국 미술에서와 마찬가지로 '자연' 한마디로 귀결될 것이다."

③ 한국 자수 공예의 자연미

오랜 전통을 가지고 있는 우리나라의 자수 공예품은 다른 민예품과 같이 우리 민족의 정서가 깃들어있다. 특히 자수 공예품은 우리 민족의 태반을 차지하고 있는 여성의 손으로 만들어진다. 한국의 전통 자수의 특징은 무엇보다도 다른 나라의 자수와는 달리 어떤 규정이나 규제에 얽매이지 않고 자유스러움을 추구하고 있는 것이라고 말할 수 있다. 즉 대담한 생략과 자유스러운 표현이 돋보인다.

④ 초고草藁 공예의 자연미

우리나라의 도처에 흔한 완초莞草, 짚, 갈대, 부들은 유성油性의 각피가 알맞게 덮여있어 수분의 침투가 어렵고 잘 끊어지지 않는 질긴 성질을 가지고 있어서 공예품으로 일찍부터 많이 이용되었다.

그러면 우리나라의 화문석은 국내외를 막론하고 왜 그토록 호평을 받을 수 있었는가? 화문석의 문양은 범, 학, 까치, 원앙, 대나무, 소나무, 바위 등이 적당히 어우러져 있기도 하고 또는 용과 봉황을, 또는 매화, 모란 등의 꽃과 함께 수복부귀壽福富貴, 만자문卍字紋, 아자문亞字紋과 구름, 거북, 사슴 등을 소재로 삼았다.

우리는 지금까지 일상생활과 밀착되어 있는 목공예, 도자기, 자수와 초고 공예가 담고 있는 한국인 특유의 정취와 자연미를 살펴보았다. 우리의 전통 문화는 민예품 속에서 숨쉬고 유지되고 발전될 수 있었다. 그러므로 우리는 지금 우리의 선조들의 슬기를 되찾아 갈고닦아 길이 후손들에게 물려주어야 할 막중한 책임을 지고 있다.

우리의 전통 문화 속에서 우리의 내면에 흐르고 있는 정신 세계를 밝혀보고 여기서 문화 민족의 긍지를 찾아보는 일이 바로 우리의 자연을 보존하는 길이기도 한 것이다. 왜냐하면 우리의 전통 문화의 배경과 무대가 바로 우리의 자연이며, 따라서 전통 문화의 경시가 곧 자연을 경시하는 것이 되기 때문이다.

(4) 한국 고미술과 자연의 조화

우리는 앞에서 한국인의 전통적인 문화 생활을 서민(또는 평민)들에 초점을 두고 살펴보려고 했다. "한국 고미술의 공통 특색은 결국 자연에 적응하는 조화, 평범하고 조용한 효과, 그리고 그 모든 것에 무관심한 무아무집無我無執의 철학이라고 하겠다. 이것이 삼국시대의 불상에서 조선의 석인石人, 고구려 벽화에서 조선의 회화, 채색 토기에서 조선의 잡기雜器에 이르기까지 모두 공통되고 있는 한국의 특색인 것이다."[10] "김식金埴의 우도牛圖, 단원檀園의 산수도山水圖, 변상벽卞相璧의 동물도動物圖, 신사임당申師任堂의 초충도草蟲圖 등이 그러한 조선 회화의 특색을 가장 잘 나타내고 있다고 하겠다."[11]

우리의 선조들은 서양인들처럼 자연 환경을 정복하려고 하지 아니했고 인간도 자연 속에서 자연의 한 구성 분자처럼 삶을 즐겼으며 자연의 품에 안겨서 조용히 살아가는 것을 숙명처럼 생각했다. 이러한 자연에 대한 생각과 느낌이야말로 한국 민족의 근본 사상을 이루는 것이다. 우리는 지금 산업화에 밀려 범세계적인 생태학적 위기를 맞고 있다. 그러나 만일 우리가 우리 조상들이 자연에 대해서 품고 있었던 외경과 겸손과 사랑을 배우고 깨달을 수만 있다면 이 위기를 극복할 수 있을 것이다.

주

1) 본 논문은 1999년 한민족철학자대회에서 발표한 것으로; 『한민족과 2000년대의 철학』, pp.264-277에 실려 있음을 밝힌다.

2) 장주근, 「민간신앙」, 고려대민족문화연구소편, 『한국민속대관』, 1982, pp.128-129 참고.

3) 高麗史 卷 39, 刑法 2에 문종, 예종, 충열왕, 충선왕, 충숙왕 등이 屠殺과 殺生과 屠牛를 禁한 것이 기록되어 있다.

4) 李重煥, 『擇理志』참고; 洪萬選, 『山林經濟』참고.

5) 김호연, 『韓國의 民畵』, 열화당, 1976, p.7.

6) 김원룡 안휘담, 『韓國美術史』, 서울대학교출판부, 1993, p.6.

7) 황호근, 『韓國의 美』, 을유문화사, 1970, p.68.

8) 柳宗根. 『朝鮮의 藝術』, 朴在姬 역, 東西文庫, pp.213-214.

9) 金元龍, 『韓國美術史』, 범문사, 1973, p.5.

10) 金元龍, 『韓國美의 探究』, 열화당, 1978, p.25.

11) 金元龍, 앞의 책, p.24.

찾아보기

| 사항 |